제조기업 **생존 키워드!**

스마트
팩토리

중소기업의 성공적인 스마트팩토리의
구축, 실행, 개선을 위한 안내서

SMART

FACTORY

제조기업 생존 키워드!

스마트
팩토리

정태용 지음

"앞으로 100년 살아남을 제조기업은

어떤 전략을

세우고 있는가?"

이미 우리가 나아갈 방향은 정해져 있다.

바른북스

차례

제1부

스마트공장을
왜 구축해야 하는가?

제 2 부

스마트공장을 올바르게
구축하는 방법은 무엇인가?

제 3 부

성공적인 스마트공장을 위해서 어떻게 할 것인가?

추천의 글

우리 회사처럼 부족한 금형제조회사도 스마트공장을 구축해야 한다고 합니다. 소규모의 기업도 아날로그에서 디지털로 관리해야 한다고 합니다. 무작정 하라고 해서 했는데 이 책은 그 이유를 알려줍니다. 소규모 기업들이 생존하기 위해 디지털로 전환되고, 직원들이 변해야 하는 데 이 책은 그 해법을 상세하게 알려줍니다.

금형제조 전문기업 부경정공 대표 이재근

스마트팩토리에 대한 많은 책이 시중에 나왔음에도 불구하고, 중소기업 대표자의 눈높이에 맞게 스마트팩토리를 설명한 책은 없었다. 책이 조금 더 일찍 나왔었으면 하는 아쉬움이 있지만, 지금이라도 이 책을 만나게 되어 다행스럽다. 이 책을 만나게 될 모든 중소기업 대표자들은 행운을 만난 것이다.

특수 부직포 제조기업 상우하이텍 대표 이상국

기업이 변화하기 위한 경영혁신도구로 스마트팩토리를 제시하고 있습니다. 기업의 목적은 성장이며, 생존입니다. IT 기술이 모든 것을 해결해 주지 않습니다. 제조기업이 이 시대에 가장 필요한 스마트제조 혁신 방법인 스마트팩토리를 알려주고 있습니다. 디지털 전환의 첫걸음, 스마트팩토리를 실현하는 것에서부터 출발해야 합니다.

자동차용 사출부품 제조기업 경진기계 대표 정명호

이론이 아닌 현장에서 발로 뛰며 직접 경험하고 시행착오를 겪으며 나온 책, 스마트공장 관련 책 중에서 유일하게 하드웨어와 보안솔루션을 다룬 책, 스마트공장 관련된 분들의 필독서!

정보보안 솔루션기업 (주)이노스벤 대표이사 현성철

급변하는 산업 생태계의 패러다임에 맞춰 기업에 필요한 스마트팩토리의 필요성What+Why+How이 잘 기술된 내용으로 실제 스마트팩토리를 구축하려고 하는 기업에게 꼭 추천드리고 싶은 책입니다.

인공지능 창고관리 솔루션기업 (주)티엔테크 대표이사 이재훈

4차 산업혁명의 중추적인 제조 소프트기술의 핵심인 스마트공장 추진 및 발전전략, 중소기업 경영진에게 미래를 준비하는 데 꼭 필요한 스마트공장 추진을 위해 필요한 책…. 저자의 실무적인 감각과 경험을 바탕으로 스마트공장 실현을 위한 최고의 안내서가 될 것입니다.

인공지능 머신비전 전문기업(주)엠엔비전 대표이사 최진욱

기업의 생존을 위해 선택이 아닌 필수로 자리매김한 스마트공장, 스마트공장 생태계의 다양한 이해당사자들의 입장에서 성공적인 구축 방법과 지속 가능성을 제시한 현장 지침서, 많은 기업 참여자들에게 참고가 되기를 바랍니다.

대구스마트제조혁신센터 센터장 황한재

제조기업의 '디지털 전환'은 시대적 흐름이다. 제조현장에서 직면한 문제의 확실한 해결책이 될 것이다. 스마트팩토리에 관심을 가지는 사람은 누구나 저자가 현장에서 경험하고 발견한 노하우를 통해 성공적인 스마트팩토리 추진방안을 찾을 수 있을 것이다.

또한, 스마트팩토리의 성과확산에 대한 바람과 건전한 스마트팩토리 생태계 조성에 대한 저자의 노력이 지역 사회에도 실현되기를 희망한다.

경북스마트제조혁신센터 센터장 송정훈

Smart Factory의 전도사로, 현장의 경험을 이론과 접목시킨 이 책은 공장혁신을 추구하는 기업의 경영자와 현장 중심의 제조현장에서 고민하고 있는 실무자에게 필수적인 교과서이다. 이 책을 통해 저자의 한국기업의 혁신을 향한 꿈이 기업현장의 산업역군들을 통해 실현되기를 소망한다.

계명대학교 산학협력센터 센터장 박창일

4차 산업혁명시대의 제조업 패러다임의 급속한 변화로 인해 스마트공장의 도입은 제품과 공정의 혁신, 효율적인 생산체제 구축, 다품종 복합 생산, 조달 및 물류 혁신 등을 가능하게 하여 기업경쟁력 등을 확보, 개선하는 지름길이 될 것입니다. 이 책은 중소기업의 제조경쟁력을 강화시킬 수 있는 스마트공장의 구축, 실행에 있어서 효율적인 로드맵을 제시할 것입니다.

영남대학교 경북빅데이터센터 사공운 교수

스마트공장은 제조기업의 '디지털 전환 도구'이다

오전 4시 25분, 요즘은 이렇게 새벽 시간에 잠을 깨는 경우가 많다. 어디 나쁘이랴, 기업을 운영하고 있는 대표자들이라면 이 시대에 편안하게 잠을 잘 수 있는 사람이 과연 얼마나 될까. 기업의 대표자들은 그동안 수많은 어려움을 겪어왔지만, 지금처럼 제조기업의 산업환경과 경영환경의 변화가 충격적으로 다가온 적이 있을까 싶다. 그런데, 요즘은 변화라고 하기보다는 아예 다른 세상이 되어가는 것 같아 무섭기까지 하다. 세상이 바뀌었다. 순식간에, 그것도 아주 몰라보게….

4차 산업혁명에 대한 파도wave가 높아만 가고 있고, 우리가 모르는 사이 생활 속 깊은 곳에 두려움이 자리 잡아가고 있다. 자고 일어나면 이곳저곳에서 디지털 변화에 대한 기삿거리가 넘쳐 흐른다. 2019년 2월 시작된 신종 코로나바이러스 감염증(코로나19)의 팬데믹(세계적 대유행) 사태는 우리의 일상을 완전히 바꾸어 놓았다. 학교에서는 비대면非

對面, On-tact 수업이 전면적으로 시행되었고, 일상생활에서도 비대면 방식의 거래가 활성화되었다. 비대면 관련 디지털 기술이 활용되는 산업은 오히려 호황을 누렸지만 대면을 필수적으로 행해야 하는 서비스업이나 사람 간의 이동을 사업모델로 한 여행업은 충격에 휩싸였다. 사회적 활동social activity과 경제적 활동economic activity의 기반에는 상호교류相互交流가 자리하고 있다. 인적교류, 물적교류, 정보교류가 사회적 자본을 축적해 나가며 국가와 사회를 지탱해 나감은 물론이거니와 경제발전을 촉진시킨다. 하지만, 코로나19로 인한 팬데믹은 모든 형태의 교류와 유통에 제약을 가져오고 있어 실물경제는 말 그대로 비정상적 상태라 해도 과언이 아니다.

세계무역기구WTO : World Trade Organization[1]는 1990년대에 세계 경제의 성장 발전을 촉진하고 국가 간 물자유통을 원활히 하기 위해 국제표준화기구ISO : International Organization for Standardization[2]를 통해 물자 및 방법system에 대한 표준standard을 제정하고 운영함으로써 기업 간 경영활동을 보다 더 효율화시키고 국가 간 물자 이동의 가치사슬을 통합화함으로써 전 세계는 유례없는 호황기를 맞이하였다. 하지만, 이러한 호황기는 과도한 양적 공급을 중요시 함으로 인해 각국 기업 간의 과잉생산으로 오히려 저성장기에 빠지는 오류를 범하였으며, 무분별한 제조활동은 지구를 병들게 하여 인류가 치러야 할 복구비용recovery cost과 환경비용environmental cost이 기하급수적幾何級數的으로 늘어나게 되었다.

세상의 패러다임이 변화함에 따라 과거의 변화와 혁신을 위한 방법으로는 현재와 미래의 기업성과를 성공적으로 이끌어 낼 수 없다. 다가올 미래는 고객의 요구나 가치를 무시한 채 공급자 위주로 많이 만들어서 공급하는 것supply push으로는 기업성과를 담보할 수 없으며, 데이터를 기반으로 한 과학적 의사결정을 통해 고객이 필요로 하는 demand pool 제품을 만들고 고객에게 새로운 가치를 제공해 줄 수 있는 제품product, service, solution, platform을 제공해야 한다.

공급과잉시대인 오늘날은 열심히 일하고 잘 만들기 위해 눈에 보이는 자원tangible resource도 중요하지만, 소프트웨어나 데이터가 기반이 되는 눈에 보이지 않는 자원intangible resource을 제대로 활용하지 못하면 경쟁에서 도태하게 된다. 기존의 사업모델이나 경영방식에 덧붙여 소프트웨어나 데이터를 제대로 활용하는 기업은 4차 산업혁명의 물결을 타고 디지털 경쟁력을 확보하고 강화함으로써 지속적인 성장과 고수익을 얻게 될 것이다. 미래에는 핵심적이고 가치 있는 소프트웨어와 데이터를 기업경영에 활용하는 기업과 그렇지 못한 기업의 경쟁력 격차는 현재 정보기술을 이용하는 기업과 수작업을 통해 기업을 운영하는 기업과의 경쟁력 격차보다 훨씬 더 커지게 될 것이다.[3]

제조기업이 스마트공장을 구축하려면 생산현장의 디지털화, 사람 간×장비 간×제품 간 연결화, 운영정보의 동시화는 물론이거니와 인공지능이 모니터링×분석×판단하고 사람은 결과를 보고 최적화된 의사결정을 해서 신속하게 조치하는 스마트화를 이루어야 한다.

어느덧 제조기업의 변화와 혁신을 함께 하는 공장혁신 컨설턴트가 된 지 25년이 되었다. 지난 세월 동안 많은 기업들과 함께 생산성productivity과 품질quality을 높여 경제성을 향상시키기 위해서 노력했다. 세상의 패러다임과 경영환경이 변화함에 따라 기업들의 경쟁력을 높여나가기 위한 혁신 방법론을 찾기 위해 끊임없는 연구와 노력을 병행해 나갔다. 하지만, 이제 내가 가지고 있는 혁신 방법은 어느덧 시대의 변화에 따라가지 못할 정도가 되어 쓸모없을 지경에 이르렀다. 세상이 완전히 바뀌어 다른 세상에 와있기 때문이다.

1990년대에 제조기업들의 가장 큰 이슈는 세계화였다. 1980년대까지는 국내에서 열심히 만들어서 수출하였다. 열심히 만들어서 팔다 보니 제조경쟁력이 좋아져서 세상 밖으로 나가고 싶은 욕심이 생겼다. 하지만, 막상 세상 밖으로 나가려고 하니 새로운 세상에 맞는 기준과 방식이 필요하여 제품을 규격화specification함은 물론 일하는 방법도 표준화standardization하여 적은 시간과 노력으로 보다 많은 제품과 일을 수행함으로써 경쟁국들보다 저렴한 원가로 제조경쟁력을 갖기 위해 노력했다. 그리고 그것을 해외 고객들에게 판매하기 위해서는 신뢰를 줄 수 있는 방법이 필요했는데 그것이 인증기관Certification Body을 통해 제품product과 제조하는 과정system에 대해서 세계적으로 공인된 제3자 외부기관third party body에게 인증을 받음으로써 해외의 고객들에게 신뢰를 줄 수 있게 되었다. 그래서 당시는 국제표준화기구ISO가 제정한 품질시스템 규격을 인증받는 것이 무엇보다 중요했고 단순히 제품을 만드는 것을 떠나서 고객이 요구하는 제품의 품질을 확보하기 위해서 노력했다. 그런 노력으로 국내에서 제조하여 수출하는 구조가 아닌 기업의 글로벌 전략global strategy에 따라 여러 국가에서 해당 국가의 고객들의 요구에 맞는 제품을 개발하여 생산×보급하게 되었다. 하지만, 지금은 공급과잉시대가 되었다. 아니, 소비축소시대가 되었는지도 모르겠다. 전 세계 인구는 줄어들고 있고 늙어가고 있다. 제품을 만드는 방법은 사람에 의한 제조과정보다 로봇에 의한 제조과정으로 인해 이제 더 정확하고 정밀해졌고 디지털과 통신기술에 의해 과거보다 결함 없는 품질과 자산 생산성이 극적으로 좋아졌다.

제조기업의 경쟁력은 고객이 제공한 표준과 기준에 적합한 제품을 만들어 신속하고 정확하게 그리고 저렴하게 제공하는 것이었다. 하지만, 현재는 지금까지의 선도기업들이 보유하고 있던 제조경쟁력 요소가 중국, 베트남, 인도 등 개발도상국들의 몫이 되었다. 오히려 고객이 제시한 표준에 새로운 설비facility와 새로운 방법method, solution으로 우리가 따라갈 수 없을 정도의 경쟁력을 보이는 국가도 생겨나고 있다. 중소기업들에게 갑자기 찾아온 이러한 환경변화는 중소기업들의 경쟁력 요소가 변화되었음을 알려준다.

저성장, 고령화, 4차 산업혁명, 팬데믹, 디지털 전환, 공급망 혁신 등의 패러다임 변화에 생존을 위해 기업들이 선택한 스마트공장 구현은 이제 제조기업이라면 필수불가결한 도구가 되었다. 제조기업의 운영에 있어서 디지털 전환은 생존을 위해 반드시 선택해야 할 길인 것이다. 하지만, 지난 세월 동안 혁신활동의 현장에서 바라본 우리 기업들의 스마트공장 구축의 실태를 보면 여전히 과거의 관행慣行, 관습慣習, 사고思考에 사로잡혀 본질적인 변화와 혁신에 어려움을 겪고 있다. 스마트공장을 구축하고 있다고 하지만, 속내를 들여다보면 생산설비를 투자하여 여전히 자본 생산성을 높이는 데 초점이 맞추어져 있다. 지금의 세상은 우리가 알던 세상과 전혀 다른 데도 말이다.

우리 기업의 상황에 맞는 스마트공장을 구축하는 것은 쉽지 않은 일이다. 그리고, 현재의 우리 기업 상황에 맞는 스마트공장 구축보다는 다가올 미래에 우리 기업이 생존 가능한 스마트공장을 구축하는 것이 더욱 어렵다. 필연적으로, 미래에 적합한 스마트공장을 추진하는 것이 바람직하다. 이를 위해 현시대에 맞는 변화와 혁신을 모색하는 기업의 경영자들이 지속 가능한 기업을 만들기 위해 추진하는 스마트공장에 대해 근본적으로 이해하고 공감할 수 있는 내용을 정리함으로써 올바른 스마트공장 실현을 통해 기업의 본질이 변화될 수 있는 기회가 되길 바란다.

스마트공장의 실현은 단순한 정보기술을 도입하는 문제가 아니라 기업의 본질과 문화를 근본적으로 혁신하기 위한 경영철학과 전략에서부터 시작됨을 이해해야 한다. 기술의 문제가 아니라 의식의 문제가 가장 중요한 요소이다.

기업의 모든 혁신활동이 그러하듯이 혁신을 추진하기 위해서는 추진하고자 하는 내용을 바르게 이해하는 것이 선행先行되어야 한다. 그리고, 이러한 이해를 통해 해당 기업에 필요한 것인지, 어떤 방향으로 추진해야 하는지를 결정하였다면, 성공의 절반은 경영자의 혁신 의지와 조직구성원들의 변화에 대한 공감共感이 될 것이다.

스마트공장은 제조기업의 생존과 지속성장을 위해 반드시 추진되어야 한다. 이에 스마트공장 추진에 있어서 올바른 지식 제공과 여러 가지 사례를 통해 스마트공장 추진의 올바른 방향을 제시하여 조금이라도 실패 확률을 줄였으면 하는 바람이다.

제1부 '스마트공장을 왜 구축해야 하는가?'에서는 제조기업의 생존전략을 기초로 생존과 성장을 위해 혁신하고자 하는 기업들이 패러다

임 전환과 기술혁신, 수축사회와 디지털 전환, 4차 산업혁명과 스마트 공장과의 관계에 대해서 설명함으로써 기업의 지속성장을 위한 디지털 기반 혁신에 대해서 설명하고자 한다.

제2부에서는 '스마트공장을 올바르게 구축하는 방법은 무엇인가?'라는 주제로 기업이 스마트공장을 성공적으로 추진하기 위해서 각각의 추진 단계별로 고려해야 할 실무적인 내용을 설명하고자 하였다. 스마트공장을 올바르게 추진하기 위해서 가장 중요한 것은 스마트공장이 무엇인지, 과연 우리 기업에 스마트공장이 꼭 필요한지부터 확인하는 것에서부터 출발해야 한다. 방향이 결정되면 올바른 프로세스를 거쳐 빈틈없는 실행이 성공을 가져다줄 것이다. 스마트공장을 해당 기업에 맞게 올바른 철학과 프로세스를 거쳐서 추진 방법을 이해함으로써 해당 기업의 성과를 개선할 수 있을 것이라 기대한다. 또한, 스마트공장이 추진되는 단계 및 수준에 따라서 적용되는 핵심기술에 대한 이해도 중요하다. 스마트공장의 궁극적인 실현 목표인 현실세계와 가상세계를 잇는 '사이버물리시스템 기반 스마트공장'을 구축하기 위해 요구되고, 이해되어야 하는 핵심기술들에 대한 개략적인 소개를 통해 고도화된 스마트공장을 구축하기 위한 방향을 제시할 것이다.

마지막 제3부에서는 '성공적인 스마트공장을 위해서 어떻게 할 것인가?'라는 주제로 중소기업의 스마트공장 구축 실패요인이 무엇인지, 스마트공장을 올바르게 구축하기 위해서 기업이 해야 할 일들이 무엇인지, 스마트공장 구축을 위해 정부정책 입안자들이 무엇을 고려해야 하는지, 스마트공장을 구축하는 데 참여하는 이해관계자들의 생태계는 어떠한지에 대해 논하면서 성공적인 스마트공장 생태계 구성을 위한 방안에 대한 제언을 하고자 한다.

부디 이 책이 성공적인 스마트공장 구축을 통해 제조기업들이 희망적인 미래를 개척하는 데 도움이 되길 바란다.

제 1 부

스마트공장을 왜 구축해야 하는가?

기업은 지속적으로 가치價值를 만들어야 생존할 수 있다. 혁신革新은 가치를 만들어 내기 위한 가장 확실한 방법이다. 만일, 미래에 일어날 여러 가지 상황을 확신할 수 있고, 예측 가능하다면, 혁신의 필요성은 줄어들 수밖에 없을 것이다. 하지만, 대부분의 경우 미래에 일어날 많은 일들을 예견할 수 없고, 기업 또한 이러한 미래에 아무런 준비가 되어있지 않다.

혁신이란 늘 해오던 일을 조금 더 잘하게 하는 것을 뜻하지는 않는다. 혁신은 새로운 획기적인 성과, 부와 성장의 폭발적인 증가, 새로운 시장의 창출, 심지어 한층 더 큰 부富와 자원의 창출을 의미한다. 많은 기업들이 내일을 위해 여러 가지 형태의 혁신을 수행하고 있다. 하지만, 이러한 혁신들은 참여자들의 기대와는 달리 항상 성공할 수 있는 것은 아니다. 어찌 보면 혁신에 있어 성공이라는 척도를 만들어 낼 수 없을지도 모르겠다.

혁신이란 오늘을 부정하는 것이고, 오늘을 변화시키는 것이기 때문에 내일이 되어야 성공 여부를 알 수 있는 것이다. 또한, 혁신에 참여한 구성원들이 어떻게 생각하고 행동하는지도 혁신의 성패成敗에 중요한 기준이 될 수 있다. 일반적으로 기업의 구성원들은 혁신을 귀찮은 일로 치부해 버린다. 지금까지 각자가 수행해 온 업무 방식이 몸에 가장 잘 맞다고 생각하기 때문이다. 하지만, 기업이 마주하는 변화는 혁신을 하지 않고는 생존할 수 없는 세상이다. 경쟁력을 갖추기 위해서는 국가, 기업, 개인 모두 반드시 모든 면에서 혁신에 앞장서야 한다. 이는 과거처럼 단순히 가격을 인하해서 경쟁력을 갖추려는 방식은 이제 효과적이지 않다. 제품과 서비스를 더욱 혁신적인 방법으로 제공해야만 경쟁력을 확보할 수 있을 것이다.

기업을 아날로그analogue에서 디지털digital로 전환하는 것은 말처럼 쉬운 일이 아니다. 기업의 경영자부터 실무 담당자들까지 생각하고 행동하는 방법을 아날로그라는 고전적 방식에서 디지털이라는 현대적 방식으로 변화시키는 것은 기업의 근본적인 혁신을 불러일으켜야 가능한 일이다. 아날로그는 연속적連續的이고 관념적觀念的이다. 하지만, 이를 저장할 수 없어 아날로그를 통해 세상을 변화시켜 나가는 것은 한계가 있다. 디지털은 이에 반해 단속적斷續的이고 객관적客觀的이다. 그렇기 때문에 정보로 만들어 담아낼 수 있고 개선할 수 있는 기회를 만든다.

많은 제조기업이 조직을 디지털로 전환하기 위해 '스마트공장Smart Factory'이라는 새로운 혁신도구innovation tools와 방향성initiative을 활용함으로써 미래의 변화를 선도해 나가기 위한 노력을 경주하고 있고 이는 새로운 시대에 필수불가결한 선택이 되고 있다.

그런데, 기업이 변화와 혁신을 선택할 수밖에 없는 필연적 이유는 기업이 처해있는 환경의 패러다임 전환paradigm transition과 기술혁신 technology innovation의 폭이 너무도 크기 때문이다. 현대의 패러다임 전환과 기술혁신은 기업들로 하여금 과거에 머물지 못하고 미래로 나아가기 위해 디지털로 전환하지 않고서는 생존할 수 없는 상황까지 내몰고 있다.

제조업의 비중이 높은 한국은 이러한 패러다임 전환과 기술혁신 환경 속에서 지속적인 생존을 위해 스마트공장의 구현은 더 이상 미룰 수 없는 과제이다.

1장

패러다임 전환과 기술혁신

우리의 일상은 확실성確實性보다 불확실성不確實性이 지배한다. 우리 일상 속에 고정된 것과 확실한 것은 아무것도 없고, 엄청난 변화와 불확실성만이 우리를 감싸고 있다. 더욱이 요즘처럼 전 세계적으로 발생된 코로나19 팬데믹을 겪고 있는 상황에서는 더욱 그 불확실성이 확대되어 가는 것 같다. 또, 변화change라고 부르기에는 그 폭이 크고 넓어서 전환transition이라는 용어로 사용하는 것이 바람직하다는 생각이든다. 변화는 이전의 속성이 점진적으로 바뀌어 새로운 속성이 되었기 때문에 이전의 속성으로 상황을 되돌릴 수도 있지만, 전환은 전혀 다른 속성attribute으로 바뀌었기 때문에 이전의 속성으로 상황을 되돌릴 수가 없다. 속성의 본질과 틀이 완전히 바뀌는 것이다.

기업은 항상 변화 속에 휩싸여 있다. 어떤 기업은 그러한 변화를 느끼고 또 어떤 기업은 변화를 느끼지 못한다. 변화는 기업의 외부에서 일어나지만 필요성 인식은 기업의 내부에서 일어난다. 변화의 인지주체認知主體가 기업 내부에 있는 구성원이기 때문에 이들이 주도적으로 변화를 감지하고 이해하려는 노력을 하지 않으면 인지할 수 없다. 하지만, 많은 기업organization 또는 많은 조직구성원individual은 이러한 변화에 대해 적극적으로 이해하고 인식하려고 애쓰지 않는다. 왜냐하면 변화를 이해하고 인식하는 구성원들은 인지된 변화에 대응해야 하기 때문에 변화를 애써 외면한다. 그렇기 때문에 시간이 지난 후의 변화는 더욱 크게 느껴질 수 있다.

작은 변화로 시작하여 완전히 새로운 변화가 일어나는 경우 기업이나 구성원들은 그런 변화를 이겨낼 힘이 없다. 그러므로, 변화가 이겨낼 정도의 폭이나 정도일 때 기업은 적극적으로 변화에 대처해 나가야한다. 하지만, 지금의 기업의 변화 상황은 너무도 극적이고 빠르기 때문에 적극적인 변화 대처의 힘으로는 부족하지 않을까 걱정스럽기까지 하다.

기업을 설립하고 성장하고 생존해 나가는 데는 많은 굴곡이 있다. 기업을 시작해서 처음부터 성공가도成功街道를 달리는 기업은 그다지 많지 않다. 국내의 경우를 볼 때 중소기업의 약 70%는 사업 시작 후 3년 이내에 시장에서 퇴출退出되어 사라진다고 한다. 그것은 기업가의 경영 실패가 요인 중 하나이기도 하겠지만 경영을 잘못했기 때문이 아니라 기업조직이 변화에 적응하지 못하고 대처하지 못했기 때문이다. 덧붙여, 기업 스스로가 그러한 변화에 어떻게 순응해 나가면서 기업을 생존, 성장시켜 나갈지 방법을 모르기 때문이기도 하다. 경영환경이 성장기인 경우에는 다소 환경적 대응이 잘못했다고 하더라도 기회가 있지만, 지금과 같은 저성장기의 경우에는 환경변화 대응의 실패는 곧 기업의 몰락沒落으로 연결된다.

국내 중소기업 대부분의 경우 대기업으로부터 주문을 받는 경우가 많고, 그렇다 보니 기업을 만들고 운영하는 대부분의 경영자가 기술을 기반으로 한 엔지니어가 대부분이기 때문에 환경변화에 따른 혁신 방법을 배운 적이 없고, 경영자나 조직구성원들이 변화에 대한 대처 방법과 혁신 프로세스를 모르기 때문에 항상 어려움에 빠진다.

기업의 나이에 상관없이 기업은 끊임없이 혁신을 시도해야 한다. 끊임없이 혁신을 시도하는 이유는 기업을 둘러싸고 있는 외부 환경의 패러다임 전환, 그리고 시장을 선도해 나가는 기술혁신 때문이다. 패러다임 전환은 기술혁신을 낳고 기술혁신을 통해 패러다임이 바뀐다. 이러한 상호작용은 업業의 본질적 변화本質的 變化가 이루어지고 이로 인해 기업은 근본적인 혁신을 요구받게 되는 것이다.

| [그림1] 혁신을 촉발하는 요인 |

그림 1에서 보는 바와 같이 기업을 본질적으로 변화하고 근본적인 혁

신을 추구하게 만들며, 기업 운영에 전략적 의사결정에 영향을 주고 있는 요인으로 '패러다임 전환'과 '기술혁신'을 꼽을 수 있다. 지금까지 한국의 제조기업들은 스스로가 연구한 제품을 고객에게 제공하기보다는 고객이 많은 연구개발과 시행착오를 통해 얻은 기술을 기반으로 만든 제품을 적은 비용에 잘 만들어서 제공해 주는 제조 중심적 시대를 살아왔다. 그러나, 이제는 한국의 제조기업들이 가지고 있는 생산기술의 차별성이 사라져 가고 있다. 또한, 숙련된 작업자에 의해 단순히 제조공정기술을 기반으로 제품을 만들어 고객에게 제공하는 시대가 아니라 혁신적인 기술을 바탕으로 한 공급사슬supply chain의 핵심기능에 의해서 경쟁력이 결정되는 시대가 되었다. 이제 한 기업이 가지고 있는 혁신 기술만으로 생존을 담보할 수 없으며 공급사슬의 혁신이 생존을 결정짓는 중요한 경쟁력이 되는 시대가 된 것이다. 또한, 산업화 시대를 거치면서 제품을 만드는 제조방식이나 제조설비들이 발달함으로써 작업자가 가지고 있는 노하우가 거의 사라져 경쟁우위로서 역할을 하지 못하기 때문이기도 하다. 현대의 제조경쟁시대에는 기업 고유 브랜드를 지닌 제품이 없는 경우 글로벌 경쟁에서 더 이상 성장 및 생존할 수 없는 시대가 되었다. 기업 고유 브랜드 제품은 기업이 스스로 연구×개발하여 경쟁기업이 만들 수 없는 제품 기능과 고객 만족 요인을 개발한 제품이다. 이제는 가격 및 원가 중심적인 경쟁을 펼치는 기업은 어려움에 처할 것이다. 이는 기업을 둘러싸고 있는 환경이 근본적으로 바뀌었기 때문이다.

2001년에 패트리셔 E. 무디Patricia E. Moody[4]와 리처드 E. 모얼리 Richard E. Morley[5]가 20년 후를 내다보며 쓴 책, 『2020년 기업의 운명 : Technology machine』에서 기업을 두 가지 종류로 나누었는데, 바로 '우수성 집단islands of excellence'과 '나머지 집단all the rest'으로 구분하였다. 우수성 집단은 많은 과정−제조 활동, 실시간 제품 디자인과 동시 생산, 또는 고객 요구사항 충족−을 극단적으로 잘 수행할 것이라고 말하면서 그들만이 가진 고유한 이름, 기술, 공급사슬을 통해 우수한 제품을 생산할 것이라고 했다. 하지만, 나머지 집단에서는 우수성 집단에서 규정하고 요구한 제품을 생산함으로써 모든 의사결정의 권한이 우수성 집단에 있게 될 것이라고 예견하였다.[6]

저자들이 예측한 내용이 세상에 나오고 20여 년이 지난 오늘, 그들이 예견한 대로 세상은 바뀌었다. 이제 우수성 집단에서 규정한 제품을 생산하는 기업은 고객과 시장을 선도할 수 없게 되었으며, 세상이 요구하는 새로운 혁신 제품을 만들어 내는 우수성 집단은 더욱더 위치가 견고해지고 있고 부를 팽창시켜 나가고 있다. 우리가 우수성 집단에 속할지 그 나머지 집단에 속할지 선택할 일만 남았다. 혁신의 시작은 이 선택에서부터 시작된다.

현시대에 '패러다임 전환'의 요소로는 디지털 전환, 인구구조 변화, 공급과잉, 개인맞춤생산, 양극화 등이 있다. 패러다임 전환을 통해 우리가 그동안 경험해 보지 못한 사고 체계나 사회 현상들은 기업의 생존과 운영방식에 많은 영향을 주고 있다. 또한, 이처럼 제조기업을 혁신의 골짜기로 몰고 가는 패러다임 전환과 더불어 상호작용하면서 영향을 주는 중요한 '기술혁신'은 제조기업의 디지털 전환을 촉진시키고 있는데, 대표적인 기술은 사물 인터넷, 클라우드 컴퓨팅, 빅 데이터와 인공지능, 로봇, 가상물리시스템 등이 있다.

01

패러다임 전환

21세기를 살아가면서 팬데믹_{pandemic-전염병이 전 세계적으로 유행하는 현상}이라는 것을 경험해 볼 거라고 생각해 본 사람은 아마 없었을 것이다. 코로나19의 팬데믹은 우리의 일상을 완전히 바꾸어 놓았다. 물론, 코로나19 팬데믹 이전에도 기업들이 마주하는 경영 패러다임의 변화는 많은 사람들이 예측하기 어려울 정도로 급변하고 있었다. 기업을 둘러싸고 있는 경영환경은 끊임없이 변화한다. 그렇지만, 그러한 환경변화는 점진적으로 일어나는 현상이 많기 때문에 기업들의 입장에서는 천천히 그러한 변화들을 받아들이고 적응해 나갈 수 있고 시간적 여유도 있다. 하지만, 패러다임의 변화 즉, '특정 시점 또는 특정 시대에 사람들이 보고, 듣고, 생각하고, 경험하게 되는 사상思想과 철학哲學적 틀frame-work의 변화'는 사람들이 쉽게 받아들이거나 적응할 수 있는 것들을 뛰어넘는 경우가 많다.

현대의 기업들은 패러다임의 변화와 복잡한 환경 속에서 어떤 경영전략으로 어떤 사업 분야domain에서 어떻게 경쟁하는가 하는 것이 매우 중요하다. 패러다임의 변화를 잘 읽고 변화하는 사업 환경과 경쟁 상황 속에서 이러한 변화에 적합한 새로운 비즈니스 모델Business Model 을 만들어 냄으로써 미래의 성장 가능성을 엿볼 수 있다. 지속성을 가 진 기업은 업력業歷으로 말하지 않는다. 오래된 기업이 좋은 기업이 아 니라 끊임없이 혁신하고 변화하여 환경에 적응하고 새로운 가치를 지 속적으로 창출하는 기업이 좋은 기업이다. 그러므로 기업의 궁극적 목 적은 '지속 가능 기업'이 되는 것이다.

　세상은 이제 눈에 보이는 가치보다 눈에 보이지 않는 가치를 더욱 소중하게 여긴다. 기업의 가치도 현재 기업이 갖는 자산적 가치보다 얼마나 미래 성장 가능성을 가지고 있는가에 따라 더 높은 가치를 인 정받는다. 현물 자산이 중요하게 인정받던 시절이 있었다. 하지만, 지 금은 눈에 보이는 현물 자산보다 눈에 보이지 않는 가상 자산기술, 지 식이 더욱 가치를 인정받고 있다. 이러한 가상 자산은 확대 재생산 및 가치 확산력이 예측할 수 없을 정도로 커져 나간다. 부동산을 많이 가 지고 있는 부자가 많았다. 하지만, 이제는 데이터를 많이 가지고 있는 부자가 많아지고 있다. 현재의 기업 상태가 재무적으로 손실을 기록하 고 있다고 할지라도 그 기업이 참여하고, 그 기업이 보유하고 있는 기 술의 경쟁력을 통해 새로운 시장을 열게 될 것이라고 인정하게 되면 그 기업의 가치는 우리가 상상할 수 없을 정도가 된다.

　또, 지금까지 경제주체들은 지구환경과 인류를 희생하면서까지 성 장이 중요했지만, 현재는 지구환경을 고려한 기업의 지속 가능성을 존 중하는 세상이 되었다. 지구온난화를 지연시키기 위한 전 세계의 노력 은 비즈니스 환경까지도 급속하게 바꾸어 놓고 있다. 탄소중립, 신재

생 에너지, ESG 등 기업들은 고객들의 요구사항을 만족시키기 위한 제품을 만들고 팔아서 돈을 버는 것만큼 고객들의 미래의 안정과 행복을 추구할 수 있는 윤리, 안전, 환경에 대한 욕구를 해결해야 할 의무가 높아만 가고 있다. 이제는 단순히 제품을 잘 만든다고 기업을 성장시킬 수 없다.

기업 활동에 많은 영향을 주고 있는 패러다임 변화들이 있다. 아날로그 세상에서 디지털 세상으로의 전환, 인구구조의 변화와 공급과잉으로 인한 경제 저성장, 소득 양극화의 고착화 등은 기업 운영 전반에 영향을 주고 있다.

디지털 세상

이제 세상은 디지털이 지배하는 시대가 되었다. 세상은 더욱 디지털화되고 있고, 변화의 속도는 가늠할 수 없을 정도로 빠르다. 기존의 산업들은 새로운 디지털 환경으로 바뀌었다. 음악, 사진, 출판, 언론, 은행, 금융, 제조, 의료, 교육, 엔터테인먼트 등 산업 부문마다 영향을 받지 않은 곳이 없다.

오늘날 디지털 기술은 현대사회를 살아가는 인간의 삶에 깊숙이 자리하고 있다. 디지털은 어떤 사물이든 디지털 신호로 변환시키고 있다. 디지털 기반 사회에서는 가상공간을 통해 흐르는 디지털 정보의 순환 시스템 역할을 하는 인터넷이 있다. 사용자 간의 놀라운 상호작용을 가능하게 하는 힘을 제공하는 인터넷은 전 세계의 수많은 컴퓨터들을 상호 연동하는 네트워크이다. 인터넷은 디지털 세상을 연결하는 통로이다. 디지털 세상은 새로운 형태의 기업을 탄생시켰다.

1990년대에 기업들은 활발한 정보기술 이용과 혁신성으로 산업화 사회에 유례없던 디지털 기업이 나타나게 되었다. 디지털 기업은 조직의 고객, 공급자, 조직구성원과의 주된 업무를 전적으로 디지털 방식으로 운영하는 기업을 말한다. 핵심 비즈니스 프로세스가 전사적 규모의 네트워크 혹은 조직들을 잇는 조직간 네트워크를 통해 수행되는 것이 특징이다.

신제품의 개발, 주문의 접수 및 처리, 구성원의 채용과 같은 비즈니스 프로세스들을 정보기술을 통해 보다 효율적으로 처리할 수 있는 것이다.

디지털 기업에서는 지적 재산권, 핵심역량, 재무/인적자원과 같은 회사의 주요 자산들을 디지털 수단을 이용하여 관리하며, 주요 비즈니스 의사결정을 지원하는 데 필요한 정보가 기업 내에서 언제 어디서든 존재한다. 디지털 기업은 전통적인 기업보다 훨씬 더 신속하게 환경변화에 대응할 수 있기 때문에 기업이 생존하는 데 필요한 유연성이 높다. 결국 업무를 디지털 방식을 활용해 효율화시킴으로써 기업의 채산성과 경쟁력을 높이는 데 기여할 수 있는 잠재력이 존재하는 것이다.

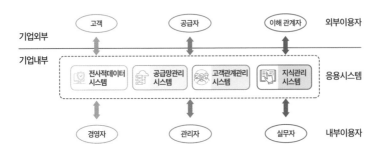

[그림2] 디지털 기업의 개념

디지털 기업은 기업경영을 위해 몇몇 핵심 정보기술에 전적으로 의존하는 점이 전통적 기업과 다르다. 디지털 기업의 경영관리자들에게 정보기술은 유용한 도구일 뿐만 아니라 비즈니스의 중심이자 경영관리의 핵심적 역할을 한다. 또한 정보기술은 물리적 공간을 뛰어넘어 전 세계 글로벌 비즈니스 활동을 촉진하는 기능도 제공한다.

디지털 기업이 운영하고 있는 중요한 정보시스템으로서 전사적 기업자원관리시스템ERP은 기업의 주요 내부 프로세스를 조정 관리하고 제조, 물류, 판매, 재무, 인적자원 부문의 데이터를 통합하며, 공급사슬관리시스템SCM은 공급기업들과 기업 간의 관계를 관리함으로써 제품 및 서비스의 기획, 제조 및 공급을 최적화하며, 고객관계관리시스템CRM은 기업이 유지하는 모든 고객과의 관계를 통합적으로 관리한다. 또한, 기업의 전문지식을 창출하고 수집하고, 저장하고 전파하는데 활용되는 지식관리시스템KMS을 활용함으로써 기업에서 생성 운영되는 정보를 디지털로 변환하여 활용한다. 디지털 기업은 이러한 핵심 정보시스템을 활용함으로써 아날로그에서 디지털로 변화하고 있다. 디지털 기업은 정보기술을 도입한다고 해서 이루어지는 것이 아니다.

정보기술과 기업전략, 업무프로세스와 조직이 디지털 기반으로 통합되어야 가능한 것이다. 제조기업이 단순히 디지털 도구를 도입, 활용한다고 디지털 기업이 되는 것이 아니다.

제조기업은 고객을 정의하고 요구사항에 대한 소통을 하는 것에서부터 고객에게 가치를 전달하는 것까지 프로세스 전반이 디지털의 도구를 활용하여 운영되어야 한다. 또한, 프로세스에서의 성과를 디지털로 분석해서 가치를 디지털로 전환하여 제공할 수 있는 패러다임으로 완전한 변화를 이루어야 한다. 제조기업이 디지털 기업으로 전환하기 위해 필수적으로 추진해야 하는 것이 스마트공장을 구현하는 것이다.

인구구조의 변화

21세기에 들어서면서 많은 사람들은 보다 더 활력이 넘치는 경제를 꿈꾸었다. 하지만, 경제의 활력도活力度가 극적으로 떨어진 가장 큰 요인은 '인구구조의 변화'이다. 경제의 크기와 활력도는 이를 운용하는 인구의 크기와 밀접한 관계가 있다. 한 나라의 경제적 운용에 있어서 경제의 순환을 결정짓는 공급과 소비는 그 국가의 경제성장에 영향을 미치기 때문이다. 인구가 감소하면 수요가 감소하기 때문에 경제성장률이 낮아지면서 다양한 사회적 문제가 발생한다. 현대사회에서 인구의 감소가 매우 심각한 수준에 이르고 있는데, 인구감소는 출산율 저하와 고령화로 인해 발생하는 현상이다.

2020년 9월 국회 예산정책처가 내놓은 경제전망에 따르면 한국경제는 코로나19의 후유증에 시달리며 극심한 저성장 시대에 직면할 것으로 전망하고 있다. 이 보고서에는 2020년~2024년 기간 중 실질 GDP 성장률을 이전 5년 대비 1.2% 하락한 1.6%로 전망하고 있다. 경제성장률 하락 추이가 지속하는 가운데 코로나19의 충격이 더해져 향후 5년간 성장률이 1%대에 그치는 파괴적인 위기가 도래할 것이라는 예측이다.

그렇다면, 전망한 5년 이후가 되면 어떻게 될까? 「2020년 OECD 한국경제보고서」에 따르면 한국의 2020년~2060년 평균 잠재성장률은 1.2%로 전망된다. 이는 2005년~2020년 평균 잠재성장률 3.0% 대비 크게 하락한 수준이다. 이 보고서에서는 "한국은 빠른 속도로 고령화가 진행되고 있으며 급격한 인구구조 변화에 따른 노동공급 감소가 잠재성장률을 떨어뜨리고 재정에 부담으로 작용한다."고 평가하였다. 고령화와 관련하여 2060년 한국 노년 부양비는 OECD 회원국 중 최고 수준인 80%를 초과할 것이라고 덧붙였다.

고령화는 경제성장에 꼭 필요한 자본과 노동, 생산성을 모두 위축시켜 경제성장을 둔화시킨다. 우선 고령화 사회일수록 저축률이 낮아지고 세금수입이 줄어들면서 투자할 자본도 함께 감소한다. 이런 상태에서 노인 복지 분야 지출이 점점 늘어나니 국가 재정은 건전성을 잃게 되는 것이다. 노동력은 어떤가? 15세~64세까지의 '생산가능인구'는 이미 2017년부터 감소하기 시작했다. 인구가 줄어들기 때문이 아니다. 생산가능인구가 감소되고 고령화가 진전되기 때문에 경제성장이 급속도로 하락할 것이기 때문에 걱정이다. 한국의 총인구는 2030년까지 5,216만 명으로 늘어날 것으로 전망된다. 이에 비해 생산가능인구는 2017년부터 감소, 2030년 말에는 3,000만 명 이하로 떨어지게 된다. 2040년경에는 전체 인구 중 55.6%로 줄어들고 2055년경에는 50.1%까지 감소한다. 이는 전 세계 201개국 중 꼴찌 수준이라고 한다.

또한, 한국은 '인구 데드크로스'[7] 현상이 2019년 11월 이후 계속 이어지고 있다. 저출산 영향으로 출생아 수는 갈수록 줄어드는 반면 고령화로 사망자 수가 지속적으로 늘어나면서 한국사회에 데드크로스 현상이 고착화하는 양상이다.

인구구조 변화와 코로나19의 여파 등으로 미래에 부모가 될 신혼부부 수도 급격히 줄어들면서 출생아 감소 추세가 계속 이어질 것으로 전문가들은 분석하고 있다. 인구의 자연 감소는 중, 장기적으로 생산가능인구 부족으로 이어져 잠재성장률과 국가 경쟁력을 악화시키는 요인으로 작용할 수밖에 없다. 특히 청년층의 인구감소는 노령 인구 증가와 맞물려 경제 활력을 떨어뜨리고 있다.

통계청이 발표한 「2020년 인구 총 조사」는 우리 사회의 인구구조와 삶의 패턴이 급변하고 있음을 여실히 보여주고 있다. 이제 고령화 사회는 피할 수 없는 현실이 되었다. 고령 인구(65세 이상) 비중이 2000년 7.3%에서 2020년 16.4%로 2배 넘게 증가했다. 유소년 인구(0세~14세)와 생산연령인구(15세~64세) 감소로 잠재성장률이 떨어지고, 고령 인구 증가로 국가 재정부담이 늘어나는 역피라미드 구조가 되어가고 있다.

[그림3] 대한민국 인구구조 변화

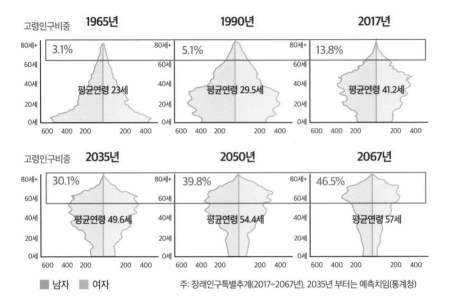

고령인구비중

1965년 3.1% 평균연령 23세
1990년 5.1% 평균연령 29.5세
2017년 13.8% 평균연령 41.2세

고령인구비중

2035년 30.1% 평균연령 49.6세
2050년 39.8% 평균연령 54.4세
2067년 46.5% 평균연령 57세

■ 남자　■ 여자　　　주: 장래인구특별추계(2017~2067년), 2035년 부터는 예측치임(통계청)

더 심각한 문제는 한국사회의 고령화 속도이다. 한국은 지난 2000년 '고령화 사회'로 진입했고, 2017년에 '고령사회'로 들어섰다. 전체 인구 중 7% 이상이면 '고령화 사회', 14% 이상이면 '고령사회', 20% 이상일 때 '초고령사회'라고 정의하는데, 한국은 2025년에 고령사회에서 초고령사회로 진입할 것으로 보인다. 이 속도는 초고령사회의 대표 국가인 일본보다 빠르다.

일본의 노인 인구 증가율은 연간 3.1%, 한국은 4.1%이다. OECD 국가 평균 증가율 1.1%~1.2%보다 네 배나 높다. 이 때문에 해외 선진국들이 평균 70년에 걸쳐 고령화 사회에서 초고령사회로 진입했던 것을 한국은 25년 만에 돌파하게 됐다. 참으로 암담한 상황이다(프랑스 154년, 미국 72년, 캐나다 79년, 독일 76년, 일본 36년).

빠른 고령화 속도와 더불어 한국의 합계출산율(여성 1명이 가임 기간 중 낳을 것으로 기대되는 평균 출생아 수) 또한 빠르게 줄고 있다. 1990년대 후반까지 한국은 1.7명~1.8명의 합계출산율을 보였으나 2000년 초반 들어 1.3명 이하의 '초저출산율' 수준으로 떨어졌다. 더욱이 2018년에는 1명 이하(0.98명)로 떨어지더니 2019년 0.92명, 2020년 0.84명까지 감소했다. OECD 37개 회원국 평균 합계출산율은 1.63명이다. 현재 한국은 OECD 국가 중 유일하게 합계출산율이 1.0명 이하인 국가가 되었다.

한국뿐만 아니라 독일, 일본 등의 많은 국가들은 인구의 고령화 속도가 빨라지고 있다. 이들 국가들은 고령화로 인해 저성장에 빠져있는데 국가의 존립과 미래 성장을 유지하기 위해서 사람의 노동을 대체할 수 있는 자동화automation와 사람의 제조 노하우를 대체하기 위한 인공지능AI, 로보틱스robotics를 중요한 과제로 추진하고 있는 경향이 있다. 그런데 자동화, 인공지능, 로봇의 발전이 사람의 노동을 대신하여 궁극적으로는 사람의 사회적 가치를 상실시킬지도 모른다는 공포가 점점 확산되고 있다.

노동자도 지금의 시대에 맞게 변화되어야 하는데, 패러다임과 기술의 변화에 맞는 능력을 개발해야 하며, 경영자와의 소통을 통해 공동체 정신을 가져야 한다. 사람뿐만 아니라 디지털 설비와의 협업에 대비하여 디지털 전환digital transformation 훈련이 되어있어야 한다. 사람 중심의 스마트기술은 작업자가 생산성을 극대화할 수 있는 장치와의 협업형協業形 기술의 개발에 초점을 맞추어야 한다. 그러므로 이 기술은 인간공학 중심의 디지털 기술의 융합이 필요한 것이다.

공급과잉

경제의 가장 기본적인 변수變數는 수요와 공급이다. 경제 운용을 안정적으로 하기 위해서는 수요와 공급을 안정적으로 운용해야 한다. 만들면 팔리던 시대에서는 공급이 수요를 만들어 가는 시대로 만들어서 공급하면 수요가 발생했다. 그리고, 새로운 기술을 통해 새로운 공급을 만들고 새로운 수요를 창출하는 시대가 되었다. 수요와 공급의 변화는 제품의 형태와 경쟁력의 변화를 불러왔다.

제조기업이 해야 할 가장 중요한 일 중 하나는 수요와 공급의 균형을 유지하는 것이다. 수요와 공급이 전체 물량과 각 제품구성에서 균형을 잃게 되면 고객 불만, 과잉재고, 불필요한 잔업 등의 문제가 발생하여 비용이 올라간다.

만들면 팔리던 시대에서는 제품을 만들어 낼 수 있는 것이 바로 경쟁력이었다. 새로운 제품을 만들어서 필요한 수요자에게 공급하는 것이 경쟁력인 셈이다. 산업이 발전하여 대량으로 생산하게 됨으로써 수요보다 공급이 많아지니 공급자 간에 경쟁이 치열하게 되었다. 그래서, 같은 기능을 지닌 제품이라면 가격이 저렴한 공급자가 경쟁력을 가지게 되었다. 그러나, 같은 제품을 더 저렴하게 공급하여도 고객이 요구하는 품질 가치를 제공해 줄 수 있는 공급자를 따라갈 수 없다. 공급자는 가격 우위를 선점하기 위해 원가절감 노력을 통해 고객에게 가격이 저렴한 제품을 제공하게 되었다. 그러나, 고객은 가격보다 더 높은 품질 가치를 원하게 되었으며, 이러한 제품의 품질 경쟁에서 차별적 경쟁으로 디자인과 색상, 그리고 유일성unique인 감성에 초점이 맞추어진 경쟁 요인으로 옮겨가게 되었다. 지금의 현대사회는 이보다 더욱 복합적이고 통합적인 관점에서 고객에게 가치를 전달해 줄 수 있는 유, 무형 가치인 정보, 지식, 플랫폼의 융합convergence이 가치의 핵심 경쟁 요소가 되었다.

[그림4] 경쟁력에 대한 시대적 변화

새로운 산업혁명이 발생할 때마다 과학기술을 통해 생산성이 증대되었고 증대된 생산성을 통해 공급능력을 향상시켰다. 지금 우리가 맞이하는 4차 산업혁명 또한 마찬가지이다. 공급과잉 상태의 저성장기를 돌파하기 위해서 스마트공장과 IT 기반 환경이 만들어지면 더욱 생산능력이 증가하게 되어 공급과잉 상태를 더욱 촉발하게 될 것이다. 하지만, 인구감소는 과잉공급된 제품을 소비할 수요가 정체되거나 줄어들게 될 것이다. 또한, 수요가 증가하려면 인구가 증가해야 하는데 인도와 몇몇 국가를 제외하고는 모든 국가에서 인구가 감소하고 있다. 그리고, 수요기반이 되는 인구조차도 고령화되어 가고 있다.

산업혁명을 통해 과학기술이 비약적으로 발전하고 기술의 비약적 발전으로 인류의 삶은 풍요로워졌다. IT 산업을 중심으로 한 3차 산업혁명은 더욱더 생산성을 높이는 데 활용되었다. 4차 산업혁명의 초입에 진입한 지금은 공급과잉으로 인한 저성장기를 돌파하기 위한 새로운 혁신을 진행하고 있다. 세상의 변화 속에서 고객의 요구 변화는 가치 전달 매개체의 변화로 볼 수 있다. 인간의 기본적인 욕구를 충족시키기 위해 만드는 물질적이고 유형적인 상품product에서 부가적이고 고도화된 욕구를 충족시키기 위해 생성되는 서비스service, 이를 통합적 관점을 통해 고객의 욕구 및 문제를 해결해 주기 위해 제공되는 솔루션solution에서 보다 더 효율적으로 가치 전달을 실행하기 위한 플랫폼platform으로 가치 전달 매개체는 변화되어 왔다. 이는 제품outputs을 단순히 만드는 것에서 머물러 있지 않고 고객에게 제공되는 가치의 전달체계를 어떻게 구성하여 운영해야 하는지 비즈니스 모델 전반에 영향을 미칠 수 있다. 또한, 비즈니스 모델과 가치 전달 매개체인 제품을 어떻게 정의하는 가에 따라 제품 및 가치를 창조하는 방식이 달라질 것이다.

| [그림5] 가치 전달 매개체 |

일부에서는 4차 산업혁명은 실체가 명확하지 않은 융합기술을 통해 새로운 혁신의 동기부여로써 활용되고 있다고 하는 사람들도 있다. 그러므로, 4차 산업혁명은 인간 주도적인 혁신이 아니라 인공지능AI이 주도하는 혁신이 될 것으로 내다보고 있다.

지금은 4차 산업혁명과 관련된 다양한 투자가 늘어나면서 경제성장에 도움을 주고 있다. 새로운 투자가 진행될 때는 부작용보다는 긍정적 효과가 먼저 나타나는 것이 일반적이다. 우리나라 제조기업의 체질개선 및 근본적인 혁신을 위해 추진하고 있는 스마트공장 관련 정책사업들을 통해 자동화 설비, 통신망, 소프트웨어 등의 산업이 호황기를 맞고 있는 것은 이 때문이다. 하지만, 지금은 4차 산업혁명 관련 산업을 적극 육성하고 있기 때문에 아직까지는 공급과잉 문제는 일부 굴뚝 산업의 영역이라고 치부할 수 있다. 그렇지만, 이런 투자가 상당 부분 진전된 후에는 4차 산업혁명으로 인한 공급과잉이 더 큰 파도로 우리에게 다가올 수 있음을 경계해야 한다.

| [그림6] post-covid 시대에 대한 변화예측 |

전 세계를 강타한 코로나19는 우리의 삶의 방식에 근본적인 변화를 야기시켰으며 '경기침체'보다 더 중요한 영구적 변화를 가져왔다.[8]

고객의 변화 측면에서 보면, 코로나로 인해 외부활동이 제약을 받게 됨으로써 집에서의 체류하는 시간이 늘어남에 따라 집 안에서 즐길 수 있는 디지털 컨텐츠의 니즈needs가 본격화되었으며, 디지털 컨텐츠 이용이 증가됨에 따라 고품질 컨텐츠의 생산자가 일반 사용자 중심에서 전문가 중심으로 변화되었다. 또한, 온라인 커머스^{commerce} 시장에서 보면 그동안 온라인에 취약했던 베이비부머 세대들의 온라인 침투를 가속화시켰으며, 이는 텍스트와 이미지 중심에서 동영상과 라이브 중심으로 온라인 전환이 확산되었다. 또한, 코로나19로 촉발된 건강에 대한 우려 및 건강 관련 상품과 서비스의 수요가 폭발적인 성장을 이루고 있다. 그중에서 가장 핵심적인 변화는 MZ세대의 고객 핵심 가치가 근본적인 변화를 가져왔는데, 재미와 행복을 최우선으로 두는 Fun, 극단적인 편의성을 추구하는 Comfort, 감성과 관심 영역의 만족 추구를 위한 Swag으로 요약해 볼 수 있을 것이다.

일하는 방식의 변화 측면에서 보면 기존 업무의 상당 부분이 정해져 있는 물리적 공간에서의 아날로그 방식의 인간 중심적 처리가 이루어졌다면 향후는 디지털 공간에서 디지털 도구를 활용하여 시간적 제약 없이 업무가 처리되는 원격근무 방식이 급격하게 늘어날 것으로 예상된다. 이러한 근무 방식의 변화는 기업조직의 구조도 피라미드형 의사결정 구조에서 플랫폼형 의사결정 구조로 변화되어 시장 대응에 신속한 애자일 조직$^{Agile\ Organization}$[9]으로 변화될 것이다.

산업 구조의 변화 측면에서 보면, 국가 간, 지역 간 인적/물적교류가 제약을 받게 되므로 기존의 위기상황과는 달리 업종별 명암이 당분간 극명하게 차이가 날 것으로 보여진다. 코로나19로 인해 식품, 헬스케어/제약/바이오, IT/플랫폼 분야는 성장의 기회를 맞는 반면 정유, 여행/항공, 패션, 뷰티 분야는 상당히 어려운 상황을 맞게 될 것이다. 또한, MZ세대 뿐만이 아니라 X세대와 베이비부머 세대들의 온라인 참여가 급속하게 늘고 있고, 온라인 채널을 통한 고객 경험이 증대하고 있어 온라인 상거래, 온라인 스트리밍 등 온라인 컨텐츠의 소비가 폭증하고 있음을 경험하고 있다. 특히, 코로나19로 인해 온라인 유통시장의 시장침투율이 3년~5년 정도 앞당겨졌다고 하는 평가가 나오고 있다.

최근 제조 산업 분야를 보면 인공지능^AI 기반의 4차 산업혁명으로 인해 인간의 노동이 로봇으로 급속히 대체되고 있다. 어느덧 이제 제조현장에서는 로봇과 인간이 일자리를 두고 경쟁을 벌이는 상황이 되었다. 단순 반복적이고 위험하며 환경이 열악한 제조공정들을 이제는 기계와 로봇을 통한 자동화로 대체해 나가고 있다. 이러한 자동화는 공급량을 비약적으로 높이는 상황을 만들었다. 하지만, 그 제품을 사용하는 사람의 수는 점점 줄어들고 있다. 결과적으로 수요는 산술급수적으로 증가하는 데 비해 공급은 기하급수적으로 증가하는 상황을 맞이하게 된 것이다.

차별적인 기술이나 시장 협상력이 떨어지는 기업들은 자신이 속해 있는 산업의 공급과잉을 돌파하기 위한 전략으로 역설적으로 생산능력을 증가시키기 위한 투자를 늘리는 경쟁을 하고 있다. 추가적인 공급과잉을 통해 경쟁기업을 고사_枯死시키려는 제로섬 기법을 사용하고 있는 것이다.

과거 성장기에 있을 때는 생산능력^capacity을 미리 늘려놓음으로써 고객에게 추가적인 생산 가능성 및 생산 여력^surplus이 있음을 알림으로써 고객 주문을 우선적으로 받을 수가 있었다. 하지만, 지금의 저성장기에서는 고객도 발주할 수 있는 물량이 줄어들어 그동안 함께해 왔던 공급업체에게 골고루 발주를 분배해 주는 상황이 되었다. 수요를 늘릴 수 없기 때문에 공급과잉을 해소하는 유일한 방법은 공급능력을 줄이는 것이다. 최근에 새로운 호황기를 맞고 있는 조선산업도 지난 10년간 구조조정에 들어간 것은 공급과잉을 해소시키기 위해서였다.

지금 모든 산업에서 가장 큰 위협으로 다가오는 것이 바로 공급과잉이다. 공급과잉은 일자리 문제와 저성장 문제, 그리고 양극화 문제를 동시에 촉발시키고 있다. 그렇다면 공급과잉을 해소시킬 수 있는 방안은 무엇인가? 공급과잉 시장 영역에서 싸움을 하지 않거나, 새로운 시장을 만들어야 하는 것이다. 그러면 우리는 지금부터 무엇을 해야 할까?

개인맞춤생산

사람들이 스스로 자급자족自給自足하던 1850년대에서는 수공업 시대craft production였다. 이때에는 공급되던 제품이 부족하여 제품을 만들어 공급하기만 하여도 돈을 벌던 시절이었다. 그러던 것이 1950년대에 들어와서는 제품을 대량으로 생산해 공급하는 대량생산시대mass production가 되었고, 소비자들이 단순한 기능 욕구보다 사용 욕구가 높아져서 대량생산은 하되, 고객별로 부분적인 맞춤형 공급을 했던 대량맞춤시대mass customization가 되었다.

2000년대부터는 글로벌화를 추구하여 전 세계 어디서든지 생산기지를 세우고 고객 각 개인의 요구에 맞는 개인맞춤시대personalized production와 지역화regionalization 기반의 글로벌화가 되었다. 개인맞춤시대는 공급과잉을 통해 기능을 만족시킬 수 있는 제품은 넘쳐흐르고 있고, 고객은 고객들의 경험과 욕구가 다양해지고, 개성이 차별화되고 있어 앞으로 더욱 개인맞춤시대는 고도화되고 촉진될 것이다.

고객 맞춤으로 개인맞춤생산은 실시간으로 고객 요구를 받아들여 실시간으로 의사결정을 하고 생산 및 배송을 지휘하고 지능형 시스템을 필요로 한다. 이 시스템은 고객 요구를 제품 기능, 공정순서, 부품 모듈로 전환하고 이를 바탕으로 생산 계획과 상세 공정계획을 수립하며 생산과 배송 지시를 내린다. 그리고 실행과정을 모니터링하고 돌발적으로 일어나는 상황을 인지하며, 위험을 판단하고 이슈가 발생했을 때 최적의 대안을 수립하는 역할을 맡는다.

맞춤생산을 최적화하기 위해서는 제조 플랫폼 구축이 무엇보다 중요하다. 제조 플랫폼은 여러가지 종류의 제품에 대한 표준화된 제품을 무작위로 생산할 수 있는 공정방식을 말하며, 부품의 흐름을 원활하게 하는 공정 모듈을 말한다. 이처럼 제품군群 구성의 표준화 및 부품의 모듈화, 제조 플랫폼, 모듈형 공정의 구성을 통해 표준화를 완성했을 때 하나의 공정에서 다양한 제품이 순서 없이 섞여서 생산할 수 있도록 하면서 다양한 제품을 한 개의 공정라인에서 생산할 수 있도록 할 수 있는 맞춤생산 인프라가 구성되어진다. 맞춤화 생산을 최적화하기 위해서는 공급사슬supply chain관리가 무엇보다 중요해졌다. 금번 코로나 팬데믹 상황에서 국가 간의 물자유통이 원활하지 못하자 공급망의 재설계 및 개편을 진행하는 것도 이러한 현상 때문이다. 미래 제조업은 개인화와 맞춤생산을 지향하며, 제조기업은 이 생산방식을 활용하기 위해서 표준화 전략을 수립하여 제품/부품/시스템을 모듈화modulization하고 표준화standardization해 나가야 한다. 스마트공장을 통해 얻고자 하는 또 하나의 목표는 고객 요구 맞춤 제품을 즉시 생산하고 납품하는 고객 맞춤생산에 있다. 고객 맞춤생산은 고객이 요구하는 개별 제품을 설계, 생산, 배달하는 생산방식individual manufacturing을 지향한다. 이 생산방식은 3D 프린터를 활용, 모듈형 공정과 프레임형 공정 등의 공정 표준화, 제품의 프레임화와 부품의 모듈형 표준화를 지향한다. 모듈형 공정은 여러 공정을 표준 모듈로 구성하여 작업조건 변경으로 인하여 공정 변경이 필요할 때에 즉시 해당 공정을 교체하도록 구성된 공정방식을 말한다. 프레임형 공정은 그룹기술을 이용하여 동일한 프레임을 갖는 제품을 분류하고 동일한 프레임의 제품의 혼류생산이 가능하도록 구성한 공정을 의미한다. 부품의 모듈화는 조립 공정을 표준화하여 생산성을 향상할 수 있도록 도와준다. 모듈형 생산의 대표적인 산업인 자동차산업의 경우 제품의 프레임 표준화와 프레임 방식의 공정개발, 부품의 모듈화, 그리고 주문생산방식의 생산관리시스템을 통해 대량맞춤생산을 지향하고 있다.

맞춤생산은 대량생산방식을 통해 생산된 제품가격과 동일한 수준으로 맞춤으로써 고객 맞춤생산을 지향하는 제조방식으로 대량맞춤생산을 추구하기보다는 고객이 만족할 만한 가격으로 고객이 원하는 개인 상품을 제공하여 제공하는 방식을 목표로 한다.

양극화

양극화 문제는 이제 우리 사회의 뿌리 깊은 문제이며 반드시 개선해 나가야 할 핵심과제이다. 세계화가 진전되면서 전 세계는 하나의 시장이 되었고 완전경쟁이 치열해지면서 부富는 정보와 자본을 독점한 계층에게 집중되었다. 국가 간에도 신자유주의에 잘 적응한 국가와 그렇지 못한 국가 간의 격차가 점점 커져만 갔다. 이러한 신자유주의체제가 유지되면서 우리에게 안겨준 것은 결국 거대한 부채와 양극화였다. 새롭게 창출된 부의 82%가 상위 1%의 부자들에게 집중된 반면 나머지 계층의 부는 늘어나지 않았다. 이와 같이 세계 모든 영역에서 양극화가 나타나고 있다.

4차 산업혁명을 통해 새로운 부를 만들고 경제적 기회를 창출해 나가는 긍정적인 면에도 불구하고 양극화를 더욱 촉진시켜 나가고 있다. 기술의 진보가 양극화를 강화시켜 사회적 갈등 수준을 더욱 높일 것이라는 것은 부인할 수 없는 사실이 되고 있다. 인구구조 전환, 과학기술발전, 개인주의라는 기초 환경이 신자유주의와 세계화, 4차 산업혁명과 만나면서 역사상 최고 수준의 공급과잉과 부채, 그리고 양극화를 만들어 내고 있다[10]. 코로나19로 촉발된 온라인 세상의 확대와 정보기술 중심의 경제는 사람들로부터 끌어모은 데이터로 사업을 하는 젊은 사업가들에게 큰 기회를 제공하게 되었다. 정보기술 중심의 경제사회는 점점 확대되어 정보를 독점하는 기업들에게 크나큰 부를 제공해 주고 있다. 더욱이 비정상적인 경제구조로 자산가격의 일시적 폭등은 이들의 부를 상상 이상으로 확장 시켰다. 이제 물리적 세상에서 제품을 만들고, 옮기고, 구매하고 소비하는 세상에서 가상의 세상 속에서 이러한 일들을 하게 될 것이다. 정보기술을 활용하여 데이터를 생성하고 이를 비즈니스 모델로 가진 많은 기업들은 이를 통해 만들어진 부가 일반 소비자들의 정보생산활동으로 인해 만들어졌다. 부를 가져다주는 가치는 누가 만들고 있는가? 정보기술을 만드는 이들인가? 데이터를 만드는 이들인가?

기술의 발달로 점점 더 많은 일상적인 일들이 자동화되고 있는 세상에서 살아간다는 것이 어떤 의미인지 우리는 그렇게 심각하게 생각해 보지 않는다. 하지만, 일은 우리가 생각하는 삶이란 개념의 중심에 있지만, 보수를 받는 일자리는 줄어들고 있고 드물며 불안정해져 가고 있다. 설상가상으로 보수가 평생 인간다운 삶을 유지하는 데 필요한 보수에도 못 미치고 있다. 이러한 상황이다 보니 일은 실제의 유용성보다 더 오래 살아남길 기대하는 어떤 이상적인 개념 같다. 로봇과 자동설비와 경쟁하는 인간이 수행하는 일에 대한 보수는 줄어들고 있고, 자동화 기술과 정보기술을 활용한 자본가와 정보기술 전문가들의 부는 기대한 것보다 훨씬 빠르게 커져만 가고 있다. 이제 일은 유용한 부의 배분방식配分方式이 아닐 수 있다. 일은 최저 생활임금을 확보하기 위한 노동자들의 몸부림에 지나지 않는다. 안타깝게도 그 몸부림은 기술이 발전하면서 점점 더 처절해져 가고 있을 뿐이다. 일부 노동자들은 부를 쌓기보다 생존을 위한 처절한 투쟁을 하고 있는지도 모른다. 그러므로, 일을 중심으로 한 경제 시스템 외에 사람들에게 생계수단을 제공하는 다른 방법이 있어야 한다. '탈 노동'의 미래란 오늘날 우리가 일이라고 부르는 것 비슷한 것들을 더 이상 하지 않는 그런 미래가 아니다. 그보다는 우리가 생존하기 위해 급여를 받고 일할 수밖에 없는 상황으로부터 자유로운 미래이다.[11]

이념과 세대 간의 양극화뿐만 아니라 계층 간 양극화가 심하다. 잘

사는 사람은 더 잘살고 상대적으로 못사는 사람은 더 못살게 느껴진다는 것이다. 경제적 양극화는 코로나19로 인해 더욱 심화될 것이라는 전문가들의 의견이 많다.

한국의 소득 양극화 상황을 보면, 통계청의 2020년 4분기 가계동향조사에 따르면 소득 하위 20% 가구의 월평균 소득은 164만 원으로 2019년 같은 기간보다 1.7% 증가했다. 반면 소득 상위 20% 가구는 1,003만 원으로 2.7%가 증가했다. 근로소득만 살펴보면 하위 40%까지는 줄어들었는데 비해 상위 20%는 1.8%가 늘었다.

자산 양극화 상황을 보면, 부동산 가격 급등으로 주택이 있느냐 없느냐에 따라 자산 차이가 크게 벌어졌다. 국토연구원이 2020년 10월에 발표한 「자산 불평등에서 주택의 역할」 보고서를 보면 2019년 기준 순자산 상위 20%의 총자산 중위값은 12억 7,000만 원으로 하위 20%의 3,252만 원보다 39.1배나 높았다. 거주 주택만을 따져서 자산 격차를 살펴보면, 상위 20%대 하위 20%의 총자산이 4.8억 원대 614만 원으로 77.6배가 차이가 난다. 투자목적을 포함한 부동산 자산 격차는 9.5억 원대 935만 원이다. 100배가 넘는 차이다.

교육 양극화 상황을 보면, 2021년 한국교육개발원이 내놓은 보고서 「교육분야 양극화 추이분석」을 보면 소득 하위 20% 집단이 사교육비나 학업성취 등 교육분야 핵심지표에서 상위 20%에 속할 가능성이 지난 10년간 더 낮아졌다. 계층 이동 가능성 지수도 2010년 대비 2020년에 17.7%나 높게 나타났다. 지난 10년간 교육 양극화가 더욱 심해진 것이다.

모든 분야의 양극화는 더욱 심해지고 고착화되고 있다. 양극화 현상이 더욱 심해지고 고착화될수록 사회적 갈등지수는 더욱 높아져만 가고 있다. 개인의 행복지수는 사회 내부의 경제적 격차가 가장 덜 벌어졌을 때 가장 높다고 많은 경제학자들은 말한다.

세계적으로 양극화가 더욱 심해지고 고착화됨으로 국가별, 계층별, 지역별, 인종별 갈등이 폭증하고 표면적으로 표출되기 시작했다. 최근에 출간되어 화제를 일으키고 있는 책,『세계화의 종말이 시작되었다 The End of the world is just the Beginning』에서는 비관적인 미래를 전망하고 있다. 저자인 전략 컨설턴트 라이한은 에너지, 금융, 농식품, 원자재, 제조업, 군사 등 거의 모든 분야에 걸쳐 양극화를 촉발시킨 세계화의 붕괴가 진행되고 있다고 분석했다. 또, 하나의 세계가 시작되고 있다고 하는데, 여기서 하나의 세계는 '세계화의 세계'이고 또 하나의 세계는 '탈세계화의 세계'다. 그는 1980년부터 2015년까지를 인류 역사에서 일종의 '일탈 기간'이었다고 평가한다. 이 기간에 인류는 풍요와 신뢰, 안정을 누렸다. 모든 것이 더 빨라졌고, 더 좋아졌고, 더 싸졌다. 그러나 이제부터는 상황이 완전히 바뀔 것이라고 내다보고 있다. 모든 것이 더 느려지고, 더 나빠지고, 더 비싸질 것이라고 단언한다. 양극화를 일으킨 세계화의 좋은 점에도 불구하고 많은 문제들이 나타나고 있다. 세계화를 통해 세계 경제에 참여하는 많은 국가들은 서로의 역할을 하며 상호교류가 확대됨으로써 성장을 이끌어 왔다. 하지만, 이제 세계화를 통해 성공한 국가와 기업, 몰락한 국가와 기업의 양극화로 전 세계는 새로운 경제 전쟁의 시대를 맞이하고 있다. '서로 연결된 세계'에서 '단절된 세계'로의 전환은 무엇을 의미하는 것일까? 이전과는 완전히 다른 세계가 눈앞에 펼쳐지고 있는 지금, 탈세계화에서 살아남을 수 있는 방안은 무엇일까?

기술혁신

기술발전이라는 것은 어느 날 갑자기 하늘에서 뚝 떨어지는 것이 아니다. 기술발전은 역사적 진화에 따른 도전挑戰과 응전應戰의 결과인 경우가 대부분이다. 문명은 일정한 방향으로 쉬지 않고 흐르고 있다. 다만, 진화하는 속도의 문제일 뿐이다. 근대사회 이후 인류를 지배계 층과 피지배계층으로 나누는 데 가장 큰 역할을 한 것이 바로 산업혁 명이라는 설說이 있다. 산업혁명의 근저根底에는 기술혁신이 자리 잡고 있는데, 혁신적인 새로운 기술의 탄생이 산업의 발전을 자극하고, 국 가와 사회의 경쟁력을 높이는 원천이 된다.

한때 해가 지지 않는 나라로 불리었던 영국은 전 세계에 자국의 식 민지를 건설하였는데, 영국의 경쟁력은 기술과 산업의 발전에서 기인 한다고 볼 수 있다. 영국의 산업혁명과 기술적 경쟁력의 시작점은 방 적기의 발명에서부터 시작되었다. 사람의 손으로 물레를 돌려 실을 뽑 아내던 작업을 기계가 대신하면서 생산효율이 급격히 높아졌다. 직물 을 다양하게 활용하기 위해 염료, 화학, 패션 디자인과 같은 전방 산업이 발달하였고, 직물 기계를 만들기 위해 광산업, 목화 재배업 등의 후방 산업도 빠르게 성장하였다. 직물과 관련한 제조업의 발달이 기계, 화학 등 고부가가치 산업 발달의 촉매제로 작용한 것이다. 기계를 이용한 대량생산의 가치를 확인한 영국에서 제련, 야금, 기계공작 기술이 발전하면서 철제 군함과 함포, 개인화기 등이 생산되었고, 이는 막강한 군사력으로 이어져 세계 제패의 도구가 되었다.

오늘날 우리 주변환경은 정보통신기술ICT의 눈부신 발달로 인하여 각종 시스템과 사물들things이 지능화되고 연결 및 공유되는 새로운 생활환경, 더 나아가 산업 전반의 생태계 변화를 겪고 있다. 이러한 변화의 배경에는 사물 인터넷, 클라우드, 빅 데이터, 인공지능, 가상물리시스템 등의 기술들이 있으며, 4차 산업혁명의 핵심기술로 확고한 위치를 차지하고 있다. 이런 기술들이 세상에 알려지고 사용되게 됨으로써 기업은 이러한 기술들을 활용하여 또 다른 비즈니스 영역을 만들고 비즈니스를 하는 방식을 근본적으로 혁신하게 되었다. 제조기업도 이제 인간 중심의 공장에서 기술 중심의 스마트공장으로 변화가 촉진되고 있다.

사물 인터넷

우리는 우리 자신도 모르는 사이에 많은 사물들things, persons과 연결되어 있다. 언제 어디서든지 이해관계자들과의 연결을 통해 자신이 머무는 위치, 자신의 걸음 숫자, 자신의 생각 공유 등 현대사회가 개발한 기술을 기반으로 한 각종 센서들과 네트워크를 통해 연결된 상태가 되어있다. 초연결사회를 지향하는 요즘, 사물 간 연결된 인터넷과 똑똑하게 연결된 디바이스를 통해 우리는 의도하든지, 의도하지 않든지 많은 사물 또는 사람들과 실시간으로 연결되어 있다. 실시간으로 연결되어 있으므로 실시간으로 정보가 유통되고 유통된 정보를 통해 새로운 가치를 만들어 나간다. 인터넷 환경 속에서 우리가 가지고 있는 각종 사물들은 고유의 식별이 가능한 고유성을 가지고 계속적으로 정보를 공유하는 환경을 가지고 있다.

스마트하고 연결된 세계 구현이라는 목표를 실현시키는 핵심기술인 사물 인터넷은 1999년 미국의 MIT의 부설연구기관인 'Auto-ID Center'에서 RFID를 활용한 인터넷 통신을 정의하면서 개념이 탄생하였다. '사물 인터넷'이란 '각종 사물에 다양한 센서와 통신기능을 내장, 인터넷에 연결하는 기술을 의미한다. 인터넷에 연결된 사물들이 데이터를 주고받아 스스로 분석하고 학습한 정보를 사용자에게 제공하거나 사용자가 이를 원격 조정할 수 있는 인공지능 기술'을 말한다.[12]

사물 인터넷을 통해 사물 간의 통신에 의해 교류된 데이터를 기반으로 가치 있는 정보를 만들어 내고 이를 통해 보다 효율적이고 가치 있는 행동을 취할 수 있게 되는 것이다. 사물 인터넷은 센서와 제어기와 결합하여 사물 간의 인터넷 통신을 통한 식별, 측정, 제어의 기능을 수행하는 역할로 발전하고 있다. 사물 인터넷은 M2M[Man to Man], IoT를 거쳐 IoE[Internet of Everything]로까지 확장되고 있다. 이러한 사물 인터넷은 디지털과 아날로그를 넘나들면서 온라인과 오프라인의 경계를 허무는 O2O[Online to Offline]의 첨병 역할을 할 것으로 생각된다. 이

때 클라우드 컴퓨팅이나 백엔드에서 다양한 O2O 서비스를 지원하는
인프라가 될 것이다.

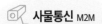

사물통신 M2M

- 물류   - 자판기
- 바코드(POS)   - 원격 검침기
- 주차장   - 교통신호
- CCTV등

사물인터넷 IoT

- 모바일   - 2차원 바코드
- 센서 네트워크 - NFC 등
- RFID

만물인터넷 IoE

<사람-사물-공간>
- 클라우드   - 빅데이터
- 프로세스   - 커넥티드 카
- 스마트 그리드 - 스마트 팩토리
- GPS, LBS, GIS 등

주대영·김종기 「초연결 시대 사물인터넷(IOT)의 창조적 융합 활성화 방안」, 산업연구원 ISSUE, 2014

클라우드 컴퓨팅

최근 스마트공장을 구축하는 데 있어서 중요한 핵심기술로서 클라우
드 컴퓨팅이 각광받고 있다. 클라우드 컴퓨팅은 기업을 아날로그 방식에
서 디지털 방식으로 전환하는 데 있어서 요구되는 막대한 규모의 IT 자
원을 효율적으로 운용함으로써 저렴하게 정보자원을 활용할 수 있도록
하기 위한 방안으로 제시되고 있다. 또한, 클라우드 컴퓨팅을 통해 기존
정보시스템 운영환경에서 안고 있는 여러 가지 제약점을 뛰어넘는 다양
한 도전을 가능하게 한다. 많은 기업조직과 사용자들에게 비즈니스를
수행하기 위해 요구되는 정보시스템을 구축하는 수고를 덜어주고 이미

준비된 클라우드 컴퓨팅 인프라 속에서 자신의 비즈니스에 집중하고, 전문가들의 많은 경험이 고려된 정보인프라를 저렴한 비용으로 운영할 수 있으며 사물 인터넷 등의 첨단 정보기술을 융합하여 활용할 수도 있다. 즉, 클라우드 컴퓨팅 서비스를 통하여 기업들은 대규모의 IT 인프라 투자 없이 시장수요에 맞게 IT 자원을 탄력적으로 운용할 수 있기 때문에 신기술 도입과 비즈니스화에 더욱 속도를 높일 수 있게 되었다.

클라우드 컴퓨팅은 1995년 3월에 미국의 거대 통신사인 AT&T를 비롯한 여러 통신사들과 제휴를 맺고 클라우드 컴퓨팅 서비스를 세계 최초로 시작하였으나, 기술, 환경 및 시장이 아직 형성되기 전이라 실패할 수밖에 없었다. 클라우드 컴퓨팅 서비스의 시작은 2006년부터 자사의 IT 인프라를 효율적으로 사용하고 사용한 경험을 토대로 자사의 IT 인프라를 공유하고자 한 인터넷 쇼핑몰 서비스 업체인 아마존 닷컴이 AWS^{Amazon Web Service}라는 자회사를 세우고 클라우드 컴퓨팅 서비스를 시작하였다. 클라우드 컴퓨팅은 일반 사용자들이 복잡하고 전문화된 IT 기술을 전문지식 없이도 정보통신기술 서비스를 활용할 수 있도록 하고자 하는 데 목적이 있다. 즉, 클라우드 컴퓨팅은 업무수행에 있어서 비용절감을 목적으로 하고 있고, 바이러스, 외부침입 등과 같은 방해물에 의해서 신경 쓰지 않고 정보자원을 사용할 수 있도록 도와주는 것이다. 그러므로 클라우드 컴퓨팅은 일관성과 규모의 경제를 달성하기 위해서 유한한 컴퓨팅 자원을 다수의 사용자들이 공유하는 개념이라고 할 수 있다. 우리나라의 스마트공장 고도화를 추진하기 위해 클라우드 컴퓨팅의 개념이 필수적으로 적용되고 있다. 많은 설비로부터 공정조건, 품질상태 등의 데이터를 클라우드를 활용하여 수집, 분석, 개선하는 데 활용하고 있다. 통신 인프라 즉, 인터넷의 속도와 기술 향상, 정보보안에 대한 신뢰성과 안전성 증가는 기업들로부터 보다 더 IT 자원을 효율적으로 사용하기 위한 방안을 제시하고 있다.

빅 데이터와 인공지능

오늘날 우리의 일상은 다양한 디지털 정보에 둘러싸여 있다. 과거 아날로그 시대의 종이로 된 편지에서 이제 전자적 신호에 의해 전달되는 이메일을 통해 소식을 전한다. 정보와 생각을 전달하려는 목적은 똑같지만, 그래도 정情과 감성感性이 전달되고 있는 것 같지 않아 조금은 아쉽다고 생각하는 사람들도 있다. 그리고 이제 인터넷을 기반으로 생성된 정보를 웹브라우저web browser를 통해 세상과 마주하고 있다. 세상을 혁신적으로 바꾼 스마트폰은 친구, 동료, 연인, 지인들과 하루에도 수많은 정보를 주고받고 있으며, SNS를 통해 세상의 뉴스를 접하고 소통한다. 스마트폰이 우리 손에 들어온 지 10년도 채 되지 않지만 이제 우리는 스마트폰이 없는 삶을 상상할 수 없을 정도가 되었다.

1980년대에 나타난 인터넷만 하더라도 세상을 이렇게까지 변화시킬 줄은 아무도 몰랐다. 단순히 컴퓨터를 통해 접속하고 다른 사람들과 채팅하며 다른 사람들이 만든 컨텐츠를 구경하는 것에 머물렀으며, 이러한 현상이 세상을 바꾸어 놓을 줄은 몰랐다. 인터넷을 통해 유통되는 데이터는 디지털로 바뀌었으며, 데이터들이 모여서 정보를 보여주기 시작했다. 몇몇 기관만이 가지고 있던 컴퓨터에서 개인들이 보유하게 된 컴퓨터를 통해 데이터들은 만들어지고 모여지기 시작했다. 지금의 시대는 공간의 제약 없이 인터넷을 통한 네트워크에 각 개인이 머물면서 스마트폰 같은 스마트 기기와 페이스북, 트위터, 카카오톡과 같은 SNS를 통해 데이터와 정보의 교류를 폭증시키고 있다. 또한, 초고속통신망과 WI-FI는 디지털 데이터를 세상 어떤 곳이든 필요한 곳으로 실시간 전송하는 전달자 역할을 충실히 해내고 있다. 이제 디지털 데이터는 언제 어디서나 만들어지고 있고, 저장되며, 필요한 곳으로 이동하며 필요한 곳에서 활용되어지고 있다.

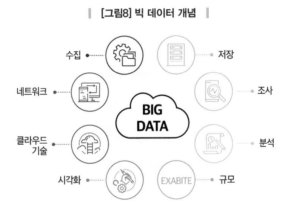

[그림8] 빅 데이터 개념

빅 데이터big data는 정보기술의 발전과 더불어 우리가 알 수 없는 영역으로의 발전 가능성을 보유하고 있으며, 미래의 유전이라 할 만큼 가치가 높아져 가고 있다. 데이터의 양이 적을 때는 유의미한 정보를 사용자에게 주기 힘들었다. 하지만, 데이터가 모이고 그 양이 우리가 생각한 것보다 많아졌을 때는 우리가 상상할 수 없는 많은 정보를 알 수 있게 해준다. 데이터가 이제 돈이 된다는 의견들이 많다. 그래서,

많은 기업들, 공공단체들, 정부까지도 의미 있는 데이터를 모으기 위해 노력하고 있다. 최근에는 빅 데이터라는 용어 외에도 데이터 호수lake, 데이터 댐dam이라는 용어가 사용되어지고 있다. 이처럼 데이터의 중요성을 많은 이들이 알아가는 것 같다. 빅 데이터는 인공지능을 가능하게 하는 원료이다. 만일, 빅 데이터가 없다면 인공지능을 구현하기 어려울 것이다.

인공지능artificial intelligence은 기계 또는 컴퓨터에 의해서 인공적으로 구현된 지능을 말한다. 인간이 가지고 있는 논리, 의사결정, 사고 체계를 인간이 인위적으로 창조하는 것이다. 인공지능이란 개념은 우리 일반인이 인식하기로는 알파고와 이세돌의 바둑경기를 통해 세상에 알려졌다고 생각하지만, 사실 그 용어는 컴퓨터가 등장한 직후에 제시되었다고 한다. 1940년대 중반에 제2차 세계대전에서 튜링 주도로 암호해독을 위해 영국군이 clolossus를 개발하였고(1945년), 세계대전 직후, 미군이 포병의 탄도 예측용 ENIAC을 개발하였으며(1946년), 최초 상업용 컴퓨터 Mark1을 IBM이 영국 맨체스터 대학에 납품하였다(1951년). 이러한 컴퓨터의 개발은 학자들에게 인공적인 지식의 구현이 가능할 것이라는 희망을 심어주었고, 이는 1956년에 다트머스 대학에서 열린 워크숍에서 학자들이 두 달여 간 논의한 끝에 'artificial intelligence'라는 용어를 처음 명명하게 되었다고 한다. 이전까지는 이처럼 인공적인 지식의 구현은 '생각하는 기계thinking machine'로 불리어졌다.[13]

이제 제조업이 사람의 노동력에 의해서 운영되는 시대는 끝났다. 고유한 제품, 예술적인 제품, 세상에 단 하나밖에 없는 제품을 만들 때에는 사람의 오감五感을 통해서 만들어야 하겠지만, 우리가 일상을 살아가는 데 필요하여 대량으로 만들어야 하는 제품은 이제 사람의 노동력으로 제조하는 시대가 아니라 시스템에 의해 제조하는 시대가 된 것이다. 사람에 의해 제조하던 시대에서 시스템에 의해 제조하는 시대로 급속한 변화가 일어나고 있는 과도기 시대를 맞이한 지금 어떻게 하면 시스템을 사람이 원하는 제품을 생산해 내게 할 것인가? 그것은 사람과 같이 사고하고 판단하고 운용하는 최적의 조건을 가진 상황에서 고객이 원하는 제품을 만들 수밖에 없기 때문에 인공지능을 기반으로 한 시스템적 제조를 할 수밖에 없는 것이다. 또한, 이제는 기술혁신을 통해 사람들이 가지고 있는 관념적이고 추상적인 능력보다 시스템이 가진 객관적이고 구체적인 능력이 더 효과적으로 사람들이 원하는 제품을 생산해 낼 수 있다. 그러므로 미래 시대에는 스마트공장의 실현을 통해 공장 스스로가 생각하고 판단하여 운영되는 시대가 도래된 것이다.

로봇

로봇은 어릴 적 공상과학 영화에나 나오는 신비로운 기계로 치부되며 우리 일상과는 거리가 멀다고 생각했다. 하지만, 이제는 공장factory에서뿐만 아니라 상점store과 식당restaurant까지도 로봇이 사람을 대신하는 모습을 심심치 않게 발견하게 된다.

지금까지 로봇의 역할은 자동차, 철강, 반도체 등 일부 산업에서 통제된 업무를 수행하는 데에 국한되어 사용되어져 왔다. 하지만, 일할 사람이 점점 줄어들고, 급격한 고령화로 인해 로봇은 우리의 일상 속에서도 사람을 대신하여 사람이 수행하는 단순 반복적인 일을 수행하게 되었다. 로봇기술의 급속한 진보는 인간과 기계의 협력을 가능하게 만들고 있다. 또한, 다양한 분야의 로봇기술의 발전은 로봇의 구조, 기능, 디자인 등 더욱 뛰어난 적응성과 유연성을 갖추어 가고 있다. 사람에 대한 존엄성과 역할의 고도화로 인해 노동비용은 급속히 상승한 반면 로봇과 같은 자본재의 비용은 기술혁신과 대량생산을 통해 노동비용을 대체할 수준까지 내려왔다. 로봇기술의 고도화는 인간이 설정해 놓은 자동 기능을 수행하는 것에서 머물지 않고 로봇 스스로 생각하고 판단하여 최적의 기능을 수행하는 기계로 진화해 나가고 있다.

최근의 로봇은 클라우드라고 하는 원격 지능을 기반으로 원거리에서도 정보에 접근 가능하고, 다른 로봇들과 네트워크로 연결되어 통신함으로써 인간과 로봇과의 협업뿐만 아니라 로봇과 로봇 간의 연계 및 통합 운영도 가능하게 만들었다.

로봇은 자동화의 일환으로 기준을 정하고 계획한 대로 일을 하도록 설계가 되어있다. 그러므로 아직까지는 인간이 수행하는 단순 반복적인 업무를 대체하는 데 그치고 있다. 그렇지만, 로봇기술의 고도화는 로봇이 지능을 갖고 스스로 최적의 기능을 수행하는 날이 가까워져 가고 있다. 로봇이라는 용어가 나온 것은 1921년 체코의 극작가 카렐 차페크가 발표한 「로섬의 인조인간Rossum's Universal Robot」이라는 희곡에서 체코어로 Robota, 즉 '일한다.' 또는 '노예'라는 의미로 사용된 것이 시초라고 한다. 이후 로봇이라는 용어는 많은 사람들에 의해 필요에 따라 정의되어 왔다.[14]

위키백과에서는 로봇을 "사람과 유사한 모습과 기능을 가진 기계 또는 무엇인가 스스로 작업하는 능력을 가진 기계를 말한다."고 정의하고 있고 국제로봇협회IFR, International Federation of Robotics에서는 "로봇은 고정 또는 움직이는 것으로서 산업 자동화 분야에 사용되며 자동 제어가 되고 프로그램이 가능하며 다목적인 3축 또는 그 이상의 축을 가진 자동조정장치."라고 정의하고 있다.

로봇은 산업적인 측면에서 볼 때 과거에 대량생산을 위한 단순 반복적인 로봇에서 현재의 다품종 소량생산을 거쳐 다양한 제품 생산에 가능한 유연한 생산시스템에 적용 가능한 로봇이 필요하게 되었다. 즉, 사람만의 능력으로는 모두 다른 제품의 생산에 필요한 정보를 처리해서 다양한 제품을 생산하기 어렵다. 또한 로봇도 사람처럼 섬세한 작업을 하기에는 아직 기술이 부족한 것이 현실이다. 이에 단순 반복적이거나 사람이 감당하기 어려운 작업을 로봇이 담당함으로써 같은 작업공간에서 서로 도와가며 제품을 생산하는 방식으로 변화하고 있다. 이에 따라 과거와는 달리 사람과 같은 공간에서 일을 할 수 있는 협동 로봇이 각광을 받게 되었다.

로봇은 스마트공장을 구현하는 데 있어서 없어서는 안 될 중요한 역할을 하고 있다. 공장에서 또는 사무실에서나 일하는 사람은 우리가 원하거나 원하지 않거나 상관없이 점점 사라지게 될 것이다. 앞으로 공장은 컴퓨터와 지능 시스템 그리고 소수의 사람만으로 운영될 것이며, 제조 활동 역시 로봇에 의해 운영되고 관리되게 될 것이다. 새로운 설비투자의 20% 이상이 컴퓨터 또는 지능 시스템이 될 것이라고 생각한다. 만일, 미래를 내다보는 경영자가 공장에 소요되는 투자 의사결정에서 이런 스마트화에 대한 투자를 게을리할 경우에 그 공장의 생존을 담보할 수 없게 될 것이다. 그리고, 대부분의 제조 인건비는 기술자의 몫이 될 것이다. 단 5% 미만의 노동자들이 단순 제조 활동에 참여하게 될 것이다. 제조 활동에서 노동자의 역할은 이제 로봇의 몫이다.[15]

가상물리시스템

한국에서 스마트공장을 처음 추진할 때 가장 많은 논의가 오고 간 것이 아이러니하게도 최상의 스마트공장 모형인 가상물리시스템이다. 가상물리시스템은 독일의 인더스트리 4.0의 기본 추진정책이다. 그렇기 때문에 한국이 벤치마킹benchmarking한 독일의 인더스트리 4.0의 추진 모델을 차용해오다 보니까 우리도 자연스럽게 가상물리시스템을 추진정책의 우선순위의 상단에 놓을 수밖에 없었던 것 같다. 그것은 현실세계와 가상세계를 서로 연결함으로써 또 다른 세계를 만들어 낼 수 있을 것이라는 희망 섞인 믿음 때문이 아니었을까 생각된다. 가상물리시스템은 사물 인터넷이 활발히 연구, 개발되는 2006년에 미국 NSFNational Science Foundation의 Helen Gill은 '핵심연산장치가 연산 모듈이 내장된 사물들과 커뮤니케이션을 통해 실시간으로 상황을 확인하고 제어하는 개념의 가상물리시스템'을 소개했다. 가상물리시스템은 '물리적, 생물학적, 공학적 시스템으로서 핵심연산장치에 의한 통합 관제, 제어 형태로 운용된다. 가상물리시스템 구성요소들은 가상물리시스템의 규모에 맞추어 네트워크로 연결된다. 그리고 컴퓨터 연산장치演算裝置는 모든 물리적 구성요소들과 자재 속에 내장되어 작동한다. 핵심연산장치는 실시간으로 반응하며, 주로 분산되어 작동하는 내장형 시스템이다. 가상물리시스템의 행동은 논리적, 물리적 활동의 완전 통합형 교합체이다^{Helen Gill}.

가상물리시스템은 가상시스템과 물리시스템을 연동함으로써 목적을 달성한다. '가상시스템'이란 컴퓨터 환경에서 프로그램 로직^{logic}, 데이터, 모형들로 구성된다. '물리시스템'이란 우리가 다루는 실제 세계의 대상들로 구성된다. 가상시스템과 물리시스템을 연동하기 위해 네트워크 기술, 통신기술 등을 이용하여 물리적 세계에서 발생하는 모든 현상들을 실시간으로 가상세계에 반영하여야 한다. 모든 물리적 시스템의 변화가 실시간으로 가상시스템에 반영되면 논리적 모형과 모든 계산을 통하여 물리적 시스템을 실시간으로 제어하고 이를 반영한 물리적 시스템의 변화 정보를 다시 가상세계에 전달하여 최적의 제어를 연속적으로 받게 된다.

[그림9] 가상물리시스템

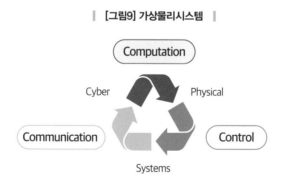

가상세계와 물리적 세계를 동기화하는 개념으로 디지털 트윈^{digital twin}이라는 개념이 있다. 디지털 트윈은 프로세스, 제품, 제조 자원

또는 서비스의 '가상 모형'이다. 가상세계와 물리적 세계를 결합하여 데이터 분석 및 시스템 모니터링을 통해 문제가 발생하기 전에 이를 차단하고 비가동시간을 방지하며 새로운 기회를 개발하고 심지어 다양한 목적의 시뮬레이션을 수행하여 미래 계획을 세울 수 있다. 디지털 트윈은 가상세계와 물리적 세계의 실시간 동기화가 가능한 교량 역할의 기능을 보유하여 다양한 서비스를 제공하는 것으로 볼 수 있다.

세상은 인간이 꿈꾸는 모습으로 변화한다. 현재의 제조공장이 물리적 세계와 가상세계로 구현되어질 때 세상은 또 어떤 모습으로 우리에게 다가올 줄 아무도 모른다. 공장이 인간의 개입 없이 물리적 자산으로 스스로 움직이게 하기 위해서 기술은 계속 발전할 것이다. 우리가 믿는 만큼 가상물리시스템을 기반으로 한 제조공장이 빠르게 우리의 곁으로 다가올 것이다.

이러한 가상물리시스템 기반의 '자율생산공장autonomous factory'이 기대된다.

2장

수축사회와 디지털 전환

전 세계는 격변의 세월을 지나가고 있다. 저성장기와 경제 침체기를 맞이한 수축사회를 타개하기 위해 세계 각국은 너도나도 대응책 마련에 여념이 없다. 새로운 기술이 세상을 바꿔놓을 것 같지만, 새로운 기술이 새로운 시장을 빠르게 만들지는 못하는 것 같다.

수축사회 속에서 우리는 새로운 변화와 혁신을 통해 수축사회의 터널을 빠져나가려고 안간힘을 쓴다. 새로운 패러다임 속의 제조기업들은 어떻게 하면 어려움을 극복할지 머리를 맞대고 고심하지만 쉽사리 좋은 해법이 나오지는 않는다. 궁여지책으로 해법을 찾기 위한 방안으로 디지털을 이용한 기술을 통해 새로운 세상을 건설하는 데 너도나도 뛰어들고 있다. 이와 같은 세상의 변화는 미래기술에 대한 뜨거운 관심으로 이어지고 있다. 불확실성이 지배하는 현 상황을 헤쳐나가려면 미래를 정확히 예측하고 대비해야 한다. 한국은 수년째 경기침체가 지속되고 있다. 기존에 국가산업의 중심이었던 조선, 자동차 등 제조업마저 경쟁력을 잃어가고 있다.

세계적 신용평가사인 스탠더드앤드푸어스^{Standard&Poor's}의 S&P500
지수 편입 기업의 평균수명이 1920년대 67년에서, 최근 15년으로 급
격히 줄어들었다고 한다. 국내 제조기업들의 생명력도 겨우 평균 8.4
년에 불과한 것으로 조사되었다. 기업들은 장기 생존이 어려운 가장
큰 이유가 '미래 유망기술을 확보하지 못했기 때문'이라고 입을 모은
다. 하지만, 무엇보다 수축사회를 빠르게 인식하지 못하고 이러한 변
화에 대응하는 혁신 의지가 없는 것은 아닌가? 필자는 생존 지속력의
핵심요소로 '기업의 혁신성'과 '창의적인 기업문화'를 제시한다. 연못
물이 맑아야 건강한 물고기가 헤엄친다. 수축사회와 디지털 전환시대
에 기업이 가진 혁신성만이 새로운 비즈니스 기회를 맞이할 것이다.

01

구조적 침체와 수축사회[16]

위기 속에 기회가 있다. 코로나19로 영향받은 많은 경제주체들은 새로운 세상을 만들어 가고 있다. 코로나19라는 전무후무한 이번 사태는 전 세계 국가들로부터 새로운 경제정책을 펼치도록 요구하고 있다. 전 세계 경제의 틀Frame-work이 근본적으로 바뀜으로 인해 세계 경제는 새로운 국면을 맞이하고 있다. 지금까지 들어보지 못한 새로운 개념들이 난무하다. 탄소중립, 그린에너지, ESG, 비대면 등 세상의 틀이 하루가 다르게 바뀌어 감에 따라 그러한 변화와 전환에 대응해 나가기 위해 기업은 극적인 생존과 성장을 모색하고 있다. 전 세계 경제활동이 코로나19로 인해 제약을 받게 되니까 세계 각국은 유동성을 확장함으로써 강제적으로 경제를 순환시키고 있다. 이로 인해 경제 순환에 쓰여진 유동성 자금들은 유형자산의 거품을 만들어 내고 있다. 유동성 확장을 통해 일시적으로 멈춘 기업들의 활동을 활성화시키고 있지만 오래가지는 못할 것 같다. 세계 경제가 성장하는 호황기에는 경쟁업체들과 비슷한 일을 열심히 함으로써 운영효율성을 추구하면 대부분 성장할 수 있었다. 재정적 자본을 들여 많은 인력과 설비를 확보하고 고객이 요구하는 비용과 품질에 맞는 제품을 만들어 제공해 주면 그것으로 성장해 나갈 수 있었다. 하지만, 지금은 잘못된 투자, 능력에 벗어나는 투자, 불확실한 미래를 고려하지 않은 투자가 기업의 급속한 멸망을 가져다줄 수 있는 단초端初가 되기 때문에 산업화 성장 시대처럼 쉽게 투자 결정을 할 수가 없다. 호황기 속에서도 성장하지 못한 기업은 사업영역, 제품, 전략, 프로세스 등 어딘가는 문제가 있기 때문에 정체되었을 것이다. 저성장기, 침체기인 지금의 시대에 우리 기업들이 참여하고 있는 대부분의 산업은 모방과 효율만으로 지탱하기 어려운 상황에 직면하고 있다. 그렇다면 호황기는 말할 것도 없고 세계 경제가 침체된 열악한 상황에서도 남들보다 월등한 성과와 이윤으로 건실한 미래를 준비하는 기업의 비결은 무엇인가?

구조적 침체

21세기 들어 자본주의 전체의 크기가 커짐에 따라 빈부 격차는 더 커지고 구조적으로 장기침체 국면에 빠져들고 있다. 무엇보다 정부와 경제 시스템이 시장의 신뢰를 잃어버리고 말았다. 2008년 글로벌 금융위기 이후 세계적으로 경제성장률이 매우 낮아졌다. 그리고 2008년 금융위기는 바로 극복되는 모습을 보였다. 그때까지만 해도 전 세계는 금융위기가 일시적인 현상이라고 생각했다. 미국으로부터 시작된 금융위기는 미국의 경제 시스템에 의심을 가질 정도로 많은 변화가 있었다. 하지만, 미국 정부는 강력한 양적완화[17] 정책으로 꺼져가던 경제를 일시에 일으켜 세웠다. 그러나, 2009년 회복 이후 세계 경제는 3% 대 이상의 성장은 하지 못했다. 각국 정부의 갖은 노력에도 불구하고 계속해서 예전 같은 경제성장을 이루어 내지 못하고 있다. 처음에 이런 현상이 일어났을 때에는 사람들이 크게 의미를 두지 않았다. 미국의 비정상적인 금융시스템에 의해 일어난 잠깐의 '성장 정체기'라고 생각했다. 하지만, 이러한 낮은 경제성장률이 10년 이상 지속되고 있다. 지속적이기 때문에 사람들은 이제 이러한 현상이 '비정상'이 아닌 '정상'인 것으로 보고 있다. 그래서 나온 단어가 '뉴노멀new normal'인데, 저성장이 비정상이 아니라 정상이 된 것이다. 이제 경제가 침체기에 들어갔을 때 정부가 쉽게 꺼내 들었던 양적완화 정책을 통해 유동성을 급격히 높였음에도 경제가 정상적인 성장 궤도를 찾아가지 못하고 있다. 이제는 전 세계가 공감하고 있다. 우리는 장기적인 불황, 구조적인 침체, 저금리로 대표되는 뉴노멀의 시대가 지속될 것이라고 예상했다. 저성장의 끝이 보이지 않자 이제 사람들은 일시적인 현상으로 보지 않게 되었고, 저성장이 고착화되고 있다고 생각하며, 각국 정부는 대응방안을 찾는 데 고심하고 있다. 정치가와 기업가들은 새로운 동력을 찾아야 한다고 목소리를 높이지만, 정부가 쓸 수 있는 수단이 이젠 더 이상 없다. 대부분의 국가들은 글로벌 금융위기 이후 경기부양을 위해 대규모로 자금을 투입한 뒤 엄청난 국가 부채를 짊어지고 있다. 새로운 프로그램에 사용할 돈이 없는 것이다. 중앙은행들도 더 이상 손쓸 방도가 없다. 중앙은행이 쓸 수 있는 카드인 금리를 이미 0%까지 내렸고 천문학적인 돈을 들여 국채를 사들였기 때문이다. 하지만, 정부와 중앙은행이 퍼부은 돈은 경제를 살리지 못했다. 일본이건, 유럽이건, 미국이건 기업들은 더 이상 새 기계나 공장에 투자하지 않는다. 그 대신 전 세계의 주식, 부동산, 채권시장이 폭발적으로 성장했다. 낮은 금리는 지속적 성장이 아닌 위태로운 경제 붐을 일으켰다. 노동자 임금은 정체 상태이고 저축을 통한 이자소득은 거의 없는 반면 돈으로 돈을 버는 계층만이 이득을 보고 있는 것이다. 최근의 팬데믹 사태로 각국은 천문학적인 돈을 풀어 경기부양에 나섰다. 하지만, 일시적인 경제성장이 있을 뿐 돌아온 것은 전 세계의 동시다발적 인플레이션이다. 이로 인해 각국은 금리를 올리고 풀었던 돈을 다시 거둬들이고 있지만 이러한 사태는 빈부 격차를 더욱 급속도로 악화시키고 있다. '구조적 침체'란, 제로에 가까운 금리에도 불구하고 지속적인 수요 부족이 극복되지 않는 상황을 말한다. 학계에서는 이를 둘러싼 공방攻防이 여전하지만, 구조적 침체가 다시 거론되는 것은 남다른 의미가 있다. 만약 사실이라면 세계 GDP는 앞으로 더욱 하락할 수밖에 없다. 세계 GDP 성장률이 2%로 하락하는 극단적인 상황까지 떠올릴 수 있다. 그렇게 된다면 세계 GDP가 2배로 증가하는 데 36년이 걸린다는 이야기이다. 전 세계에 드리운 저성장의 원인은 자본 분배의 왜곡과 과도한 채무, 인구구조의 변화 등 다양하다. 그런데 사람들은 이러한 침체기를 벗어나기 위한 희망을 만들어 내기 위해 변화를 시도하고 있다. 이런 변화를 사람들은 경제성장의 발판이 되었던 1~3차로 이어져 온 산업혁명의 다음 단계인 4차 산업혁명으로 부르자고 하는 사람들이 나타났다. 이런 움직임은 4차 산업혁명으로 불리는 산업의 발전이 2008년 금융위기 이후 일상화된 비관적인 전망을 깨뜨릴 수 있다는 전망과 희망에서 시작되었다. 자본주의의 위기는 민주주의 위기가 되었다. 세계 각국은 한동안 세계화를 통해 경제의 부흥을 이끌어 왔으나, 이제는 '탈 세계화'를 통해 자국의 경제이익을 면밀히 따져 외교 정책을 펼쳐 나가고 있다.

구조적 침체 속에서 제조기업은 갈 방향을 잃었다. 만들면 팔리는 시대에서 고민 없이 열심히 만드는 것만 집중했다. 하지만 이제는 만들어도 팔리지 않는다. 고객이 살 수 있는 제품을 만들어야 하지만 고객은 이제 욕구가 고정되어 있지 않다. 사람마다 원하는 것이 다르고 사람마다 각자 자신의 개성을 드러내고 싶어 한다. 제조공장도 똑똑해져야 한다. 그저 잘 만들어서 공급하는 것이 끝이 아니다. 고객이 원하는, 고객이 미래에 필요로 하는 새로운 제품을 만들어야 한다. 구조적 침체 속에서 살아남을 수 있는 유일한 길은 고객이 원하는 것을 빨리 파악해서 빨리 공급하는 것이다. 침체기 속에서 스마트공장은 빛을 발할 것이다.

수축사회

1980년대의 대한민국은 역동성 그 자체였다. 우리나라의 경제 수준과 기반은 매우 열악했고 산업화 시대가 시작되는 시점이라 어떤 사업이든 할 수만 있다면 성장의 기회는 많았다. 그래서 많은 새로운 기업이 탄생했고 성공가도를 달리는 기업들이 나타났다. 기업을 세우고 사업을 하는 대부분의 기업가들은 어렵지 않게 성공적으로 기업을 키워나갔다. 그래서, 국민들은 미래를 희망적인 것으로 생각하게 되었다. 현실이 다소 어렵더라도 언젠가는 삶이 향상될 거라는 희망을 가지며 살아갔다. 국가 지도자가 잘해서 그랬다고 착각하면서 살아왔지만 그것은 경제적, 사회적 환경이 뒷받침되었기 때문이다. 그러나, 언젠가부터 미래는 암울하고 불확실한 것이 되었다. 그 이유는 사회, 문화, 경제, 정치 등 모든 기초여건들이 근본적으로 변화하고 복잡하고 다양해졌기 때문이다.

인류는 산업혁명을 통해 사회를 급격하게 팽창시켜 나갔다. 증기 steam라는 동력원을 활용해 증기기관과 방적기라는 기계의 발명으로 대표되는 기계 혁명인 1차 산업혁명, 그리고 전기 electric라는 동력원을 통해 세상을 밝힘으로써 인류가 일하는 시간을 획기적으로 늘린 2차 산업혁명, 보다 빠르고 신속하며 합리적으로 자원을 배분 운영할 수 있도록 정보를 가공하고 연결할 수 있도록 만든 인터넷은 3차 산업혁명의 대표적 기술이 되었다. 이처럼 산업혁명을 통한 사회의 구조적 변화는 더욱 강력한 팽창사회로 인류를 이끌었다. 또한, 이런 산업혁명을 통해 전환이 발생할 때마다 사회구조의 기초부터 행동규범, 지배계급과 사람들의 사고 체계까지도 이전과는 완전히 다른 것으로 바꾸어 놓았다. 한국은 1990년대 IT 산업이 태동하면서 철강, 화학, 전기, 기계 등 1, 2차 산업혁명의 주요산업들이 큰 위기를 맞게 되었다. 이때 굴뚝 산업들은 기술적, 환경적 패러다임 변화로 인해 위기에 처했지만, 이러한 위기를 통해 오히려 IT 기술을 활용한 새로운 산업은 새로운 시대를 만들어 나갔다. IT 기술을 활용하여 굴뚝 기업들의 효율과 생산성도 높였지만, 인터넷 기반 IT 기술은 3차 산업혁명을 촉발시켰으며, 정보의 개방과 유통을 획기적으로 발전시키면서 세계를 하나의 경제구조로 묶는 정보화사회로 나아갔다.

지난 500년간 세계 경제는 팽창 지향적 사회였다. 그리고 지금의 사회는 이런 팽창 지향적 사회의 토대를 통해 만들어졌다. 하지만, 최근에는 팽창의 크기나 속도가 점점 느려지더니 지금은 오히려 규모가 급격하게 줄어드는 수축사회가 되어버렸다. 21세기에 들어서면서부터 세계는 모든 분야가 수축사회로 전환하게 되었다. 수축사회로 전환하게 된 가장 큰 요인은 인구구조의 변화로 인한 공급과잉 문제가 핵심이다.

"수축사회가 시작된 이유는 인구감소와 생산성의 획기적 증대로 공급과잉이 상시화되었고, 역사상 최고 수준의 부채와 양극화로 더 이상 성장이 어려워졌기 때문이다. 과거 팽창사회의 정반대 환경이 고착화된 것이다."[18]

모든 국가의 운영체계는 인구가 늘어나는 피라미드형 인구구조를 전제로 조직되었다. 그러나 장기간 지속된 저출산 문제와 고령화 문제로 인해 선진국들은 항아리형 인구구조를 거쳐 역피라미드형 인구구조로 바뀌어 가고 있다.

| [그림10] 세계인구구조 피라미드 |

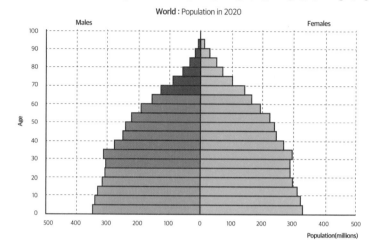

World : Population in 2020

한국이 위기를 극복하지 못하면 '3만 달러의 늪'에 빠져 중진국, 이류 국가에 머물 수밖에 없다. 2020년 1인당 국민총소득GNI은 31,755달러로 2019년 32,115달러 대비 1.1% 감소해 2년 연속 뒷걸음쳤다. 2020년 실질 국내총생산GDP도 2년 연속 감소했다. 한국의 GDP가 2년 연속 감소한 것은 2008년 글로벌 금융위기 이후 처음이고 GDP가 마이너스 성장을 보인 것도 IMF 외환위기 이후 처음 있는 일이다.

수축사회에서는 모든 영역에서 이기주의가 극심해진다. 자국의 이익을 위한 이기주의를 포함해 종교별, 산업별, 기업별, 이념별 등 모든 영역이 이기주의의 전장戰場이 되고 만다. 양극화가 심해지고 도시에 모든 것이 집중된다. 경쟁과 투쟁이 격화되어 모든 영역에서 생존을 최우선시하게 되며 미래를 고민할 여유조차 없어진다. 수축사회에 접어들게 되면 생존만이 유일한 이데올로기가 되기 때문이다. 4차 산업혁명을 통해 기술혁신을 이룬 일부 기업, 사람, 국가에 부가 집중될 것이다. 수축사회에서는 정치도 실종된다. 정치가 이기주의에 편승하기 때문이다. 갈등 조정이라는 정치 본연의 기능이 상실되고 정부도 힘을 잃게 된다. 과거처럼 양적 투입을 통한 고도성장 방식이 통하지 않기 때문에 정부정책의 폭이 줄어들게 된다. 경제가 지속해서 위축되면 전 세계의 사회 시스템이 붕괴되고 말 것이다.

02

디지털 전환

전 세계를 휩쓴 코로나19 팬데믹은 회귀 불가능한 몇 가지 변화를 가져왔다. 이 가운데서도 비대면 사회가 불러온 디지털 전환은 기업이 거스를 수 없는 거대한 흐름이 되었다. 정보기술 기업은 물론 전통 산업군의 기업까지도 디지털 전환을 위해 속도를 높이고 있다. 코로나19가 전 세계를 강타하고 우리의 일상에 디지털 전환이라는 용어가 핵심 키워드가 된 지 그리 오래되지 않았다. '언택트untact, 비대면'라는 용어가 유행하더니 지금은 '온택트online + untact, 비대면으로 ICT 도구를 이용하여 외부와 연결하는 것'라는 용어가 우리 일상으로 들어오고 있다. 그만큼 지금 시대에서는 디지털 전환의 필요성에 대해 절감한 것 같다. '디지털 전환'은 다양한 디지털 기술을 활용하여 기업의 전략, 조직, 업무, 비즈니스, 시스템 등을 변화시켜 고객과 시장에 대응하는 전략적 의사결정이다. 인터넷 저널인 「The enterprise project」는 디지털 전환은 "디지털 기술을 전 분야의 비즈니스 속으로 통합하여 비즈니스를 운영하는 방법과 비즈니스를 통해 고객에게 가치를 전달하는 방법에 대한 근본적인 변화를 일으키는 것"이라고 하였다.

코로나가 성행하기 전부터 디지털 전환은 우리 사회에서 뜨거운 주제였다. 그러나 디지털 전환에 대한 높은 관심과 다르게 실제 디지털 전환에 대한 기업들의 준비나 성공 가능성은 그렇게 높지 않은 편이었으며, 호의적이지도 않았다. MIT슬론 매니지먼트 리뷰가 전 세계의 임원들을 대상으로 실시한 조사에 따르면, 결론적으로 디지털 전환을 시도하는 기업의 70%는 실패한다고 한다. 디지털 전환에 실패하는 기업들은 기술적 측면을 통해 디지털 전환에 요구되는 기술에만 치중하는 경향이 있다. 디지털 기술은 그 자체로서 의미가 있는 것이 아니라 사업(제품과 서비스)과 일하는 방식 개선에 적용되어 가치를 창출할 때에만 의미가 있는 것이다. 그러나 현실에서는 많은 기업들이 회사의 현재 상황과 주변환경에 대한 깊은 고민 없이 새롭고 유행하는trendy 기술을 도입하고 제대로 활용하지 못하는 경우가 많다. 더 큰 문제는 기술 도입만 하면 디지털 전환을 성공할 것이라는 오류를 일으키는 생각이 많은 것이다. 이러한 현상들은 최근 정부에서 기업들을 대상으로 디지털 전환에 대한 각종 지원사업의 중점 방향이 도입 중심에서 성과 중심으로 전환되고 있는 것을 보면 명확히 이해할 수 있을 것이다.

기업의 규모가 작을 때에는 아날로그 방식, 주먹구구 방식, 가족 같은 감성적 방식으로 운영해도 구성원들의 열정만으로도 기업을 꾸려나갈 수 있었다. 하지만, 기업의 규모가 커지고 사업의 영역이 복잡해지며, 글로벌 시장을 상대로 기업을 운영해야 하는 경우에는 시스템적 관리systemic management를 통해 효율을 극대화하지 않는다면, 기업은 스스로 느끼지 못하고 보이지 않는 순간에 몰락의 나락으로 떨어지게 된다. 작은 규모에서는 사람에 의한 관리를 해도 성공 가능성이 높지만 큰 규모에서는 사람에 의한 관리보다 시스템에 의한 관리가 기업의 지속 가능성을 높여주게 된다. 또한, 적정 규모의 기업이 되었을 때 시스템에 대한 투자를 하게 되는데 시스템에 대한 투자는 일회성 투자가 아니라 지속적인 투자가 되어야 한다. 즉, 시스템이나 기술은 마치 계절마다 갈아입는 옷과 같다. 대학을 졸업한 자녀에게 사회의 일원으로서 첫발을 내디딜 때 정장을 한번 샀다고 평생 그 옷만 입는 사람은 없다. 유행이 바뀌고 체형이 바뀌면 다른 옷을 사서 입게 된다. 무엇보다 중요한 것은 유행(환경, 패러다임)의 변화를 이해하고 내 체형이 망가지지 않게 관리하는 노력을 지속적으로 해야 하는 것이다. 시스템에 대한 투자도 이처럼 기업의 내부 역량과 외부 환경변화, 그리고 기술의 변화에 따라 지속적인 투자가 이루어져야 한다.

좋은 시스템은 양질의 데이터를 효율적일 뿐만 아니라 실시간으로 축적하고 사용자의 목적에 맞게 가공하여 적절한 시기에 활용할 수 있는 정보를 제공하는 것이다. 그렇기 때문에 디지털 전환에도 양질의 데이터를 효율적으로 쌓기 위해 사물 인터넷IOT, IOE이나 모바일 기기가 적극적으로 활용된다. 이것을 통해 수많은 데이터를 효율적으로 수집하여 실시간으로 처리하기 위해 인공지능이나 빅 데이터 기술을 적극적으로 사용하는 것이다. 이렇게 가공된 정보는 합리적 의사결정을 하기 위한 통찰력을 제공해 줄 것이고 더 나아가 지혜를 인공지능 비서나 챗봇chatbot, 스마트폰, VR, AR 등의 시각화 기술로 보여주게 될 것이다. 이러한 시스템을 구축하는 주체는 반드시 기업이 되어야 한다. 많은 기업들은 좋은 업체를 선정하고 높은 비용을 지불하며 일을 잘하는지 감독하면 컨설턴트와 공급자들이 좋은 시스템을 알아서 잘 만들어 줄 것이라는 착각을 한다. 물론, 유능한 시스템 개발자와 컨설턴트가 좋은 시스템은 만들어 줄 수 있을 것이다. 하지만, 기업의 성과를 높이기 위해서는 합리적 의사결정을 할 수 있게 하는 시스템을 운영하여 얻게 되는 데이터에 있다. 이러한 데이터는 시스템 개발자와 컨설턴트가 제공해 줄 수 있는 것이 아니라 정보시스템을 운영하는 기업의 구성원들이 얼마나 이해하고 참여하며 성과와 연계된 활동을 해나가는가 하는 것이 중요하다.

물리적 공장이 스마트공장으로 변신하기 위한 첫걸음은 기업의 주체자들의 디지털 전환에 대한 확고한 신념과 필요성 인식이다. 공장 운영에 참여하는 구성원들의 신념과 필요성 인식을 통한 결의가 없을 때는 시작부터 어려움에 봉착하게 될 것이다. 그리고, 공장 운영의 구성요소가 디지털로 소통하며 세상과 교류해 나가는 것이다. 모든 자산을 디지털화하고 설비, 공정, 작업자가 상호 말하고 소통할 수 있도록 해야 한다. 또한, 기업과 공급사슬에 참여하고 있는 협력기업과의 소통도 이제 디지털 신호를 활용하여 소통할 수 있어야 한다.

현시대는 기업의 정보시스템을 통해 얻는 정보가 어느 수준인가에 따라 그 기업의 조직경쟁역량 수준이 결정된다고 해도 과언이 아니다.

디지털 전환은 기업의 시스템 전환에서부터 출발하지만, 궁극적으로 작업의 전환, 업무의 전환, 소통의 전환, 사업의 전환 등 조직의 전 분야에서 변화를 추구해야 한다.

'시스템의 전환'은 기업의 디지털 전환의 시작점으로서 기업의 전통적인 시스템을 디지털 시스템으로 전환하는 것을 의미한다. 제조기업의 스마트공장 구축이 시스템의 디지털 전환으로서 작업자, 설비와 장비, 자재와 제품, 작업조건, 운전상태, 환경 등의 제조와 물류 현장을 디지털화하고 통신을 통해 사물 인터넷, 공급사슬, 기업과 공장, 개발과 연구의 운영을 주도하는 응용시스템(PLM, ERP, MES, SCM 등), 제조현장의 사물 인터넷, 디지털 제조를 주도하는 가상물리시스템 등으로 구성된다.

'작업의 전환'은 작업자가 디지털 기반의 장비와 시스템을 활용하여 수행하는 작업을 고도화함으로써 생산성과 품질을 극적으로 혁신하는 것을 의미한다. 이러한 전환에는 협동 로봇과 같이 사람과 협력이 가능한 기계를 활용하는 작업, AR/VR 기술을 활용하여 작업을 개선하거나 인공지능을 활용하는 작업들이 있을 수 있다. 또한, 디지털 기술을 활용하여 작업으로 인해 일어나는 여러 가지 현상을 모니터링, 진단 및 분석, 조치하여야 한다. 작업의 전환은 업무의 전환을 수반한다.

'업무의 전환'은 업무를 정형화된 표준으로 규정하여 알고리즘을 결정하고 프로그래밍을 함으로써 사람이 수행하던 것을 RPA[Robotic Process Automation]도구 등을 활용하여 업무를 자동화함으로써 사람은 보다 더 비정형적이고 직관적이며, 합리적 의사결정을 통해 전략적 업무를 수행하게 한다.

'소통의 전환'을 통해 조직 내부의 구성원들과의 프로세스, 산출물, 성과에 대해 실시간으로 공유하고 소통함으로써 조직의 성과를 향상시킬 수 있다. 소통의 전환은 조직 내부의 협력을 이끌어 낼 뿐만 아니라 조직 외부의 전문가와 고객, 공급사슬, 이해관계자들과 보다 더 원활한 업무를 수행할 수 있게 해준다. 최근 국내 플랫폼 기반 솔루션

기업들이 비대면 솔루션을 통해 기업의 소통의 전환을 도와주고 있다.

'사업의 전환'은 기업의 디지털 전환의 궁극적인 목적이다. 스마트 공장과 고객, 시장, 공급사슬, 이해관계자들을 연결하여 경쟁력을 확보함으로써 기업의 지속성장 가능성을 확보해 나가는 것이다. 사업의 전환은 디지털 전환을 통해 얻게 되는 통찰력 등을 통해 새로운 사업모델을 개발하게 되는데 보다 더 다양하게 된 고객의 요구 및 욕구를 충족시키고 창출시키기 위한 고객 맞춤형 사업으로의 역량을 집중하거나 제조서비스로의 전환과 확장, 플랫폼 비즈니스 운영 등 다양한 형태로 나타날 수 있다. 많은 제조기업의 경영자는 사업의 어려움에 직면해서 이를 타개할 목적으로 바로 '사업의 전환'을 시도한다. 하지만, 준비 안 된 전환의 시도는 때로는 패배감을 맛보게 만든다.

디지털 전환이란 디지털 기술을 이용하여 기존의 기업가사슬구조의 변화에 기반한 새로운 가치 창출을 도모하고 새로운 비즈니스 모델을 창출하는 과정이다. 코로나19로 인해 효율적인 공급사슬 및 디지털 기술을 활용한 비대면 거래의 중요성이 부각되는 가운데 포스트 코로나의 핵심적인 과제 중 하나로 디지털 전환의 가속화가 꼽힌다. 전 세계 많은 기업들이 디지털 전환을 표방하고 있는데 우리 정부도 스마트공장, 한국판 뉴딜, 디지털 기반 혁신성장전략, 소상공인 디지털 전환 등 기업가치 생태계에 디지털 전환이라는 화두를 통해 산업 체질을 근본적으로 변화시키기 위해 총력을 기울이고 있는 것 같다. 하지만, 정부의 이러한 디지털 전환으로의 시대적 흐름 속에 아직 준비되지 않은 많은 중소기업들은 불안감 속에 휩싸여 있다.

제조분야에서의 디지털 전환은 치열한 경쟁과 과잉공급의 악순환

고리를 끊을 스마트 제조 및 스마트공장 구축이 대표적인데 중소기업의 생산성 향상과 품질혁신을 동시에 배가시킬 다양한 혁신적인 기술을 도입한다는 것은 여러모로 힘든 실정이다. 중소기업들은 관행적으로 서로 간의 협력協力이나 협치協治를 이루기가 쉽지 않고 배타적이며, 새로운 기술에 대한 조직구성원들의 수용력이 매우 낮다. 여전히 한국 제조기업의 경영자들은 사실과 과학적 근거에 의한 의사결정보다는 자신의 과거 경험에 의한 경영을 최우선적으로 하는 문화에서 벗어나지 못하고 있다. 또한, 기업의 미래 성장성과 수익성이 담보되지 않은 상황에서 디지털 전환을 위해 적지 않은 재원을 투자하는 것이 중소기업에게는 쉽지 않은 결정일 것이다. 하지만, 디지털 전환을 위한 총력을 기울이지 않는다면, 멀지 않은 시점에 그 기업은 크나큰 어려움에 직면하게 될 것이다. 왜냐하면 세상이 바뀌었기 때문이다.

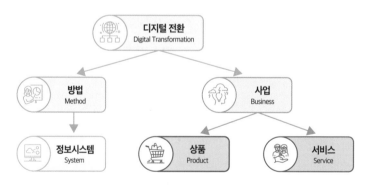

▎ [그림11] 디지털 전환 구조도 ▎

디지털 전환digital transformation을 다른 용어로 디지털화digitalization라는 단어로 사용하기도 한다. 이때 digitalization은 흔히 digitization과

혼동하지 말아야 한다. 'digitalization'이란 아날로그에서 디지털로 변환하는 것을 말하고 'digitization'은 새로운 첨단 디지털 기술을 생산, 운영, 마케팅 같은 기업 전반에 적용하는 것을 의미한다.

2000년대 이전까지 정보화의 대상은 정보시스템 위주였지만, 2000년이 지나고 2010년이 되면서 대상이 바뀌었다. 2010년대 시작한 국내 IT 회사를 꼽으라면 네이버와 카카오, 그리고 이제는 추억으로 사라져버린 프리챌, 아이러브스쿨 같은 회사가 될 것이다. 그러던 것이 IT 버블이 완전히 꺼지면서 어느 시점부터는 삼성전자가 우리나라 대표 IT 기업으로 인식되기 시작했는데, 이는 GAFA라 불리는 구글, 아마존, 페이스북, 애플 중에서 애플이 삼성전자와 자주 비교되면서부터인 것 같다. 이들 기업들은 플랫폼 기업임을 표방하면서 제품 핵심 영역을 소프트웨어로 인지하였고, 그것을 통해서 경쟁력을 만들고 강화해 나갔다. 이 시점부터 기업이 제공하는 제품이나 서비스 자체에도 본격적으로 디지털 전환이 시작되었던 것으로 판단된다. 디지털 전환의 대상이 일하는 방법에 대한 디지털 전환과 사업 자체 즉, 해당 기업의 제품이나 서비스를 디지털로 전환하게 된 것이다. 스마트 제조 영역 중 서비스가 내재된 제품 생산 영역은 앞으로도 점점 더 확장될 것으로 보인다. 제품 출하로 판매가 완료되지 않고 제품이 판매된 이후에도 고객의 제품 사용 현황을 실시간으로 모니터링하며, 축적된 고객 사용 및 고장, 교체에 대한 인사이트를 바탕으로 서비스를 적용해 추가적인 부가가치를 만들 수 있는 구조가 될 것이다.

3장

4차 산업혁명과 스마트공장

　새로운 기술혁명이 기존의 산업혁명에 비해 훨씬 큰 충격을 주는 이유는 바로 속도, 범위, 깊이 그리고 전체 시스템에 주는 영향 때문이다. 새로운 기술혁신은 산업 분야와 직종의 구분 없이 노동의 본질을 근본적으로 바꾸어 전혀 다른 생산성을 달성해 나간다. 독일 연방정부가 주창한 Industrie 4.0(이후 4차 산업혁명이라 부름)은 2011년 1월 '독일경제, 과학연구연합[19]'이 독일 연방정부에 제안하고, 같은 해 11월 연방정부가 이를 채택하면서 탄생하게 되었다. 그리고 2013년 4월 독일 연방정부가 구체적인 정책과 기술발전 방향을 공표하면서 세상의 주목을 받게 되었고, 독일 경제, 과학연구연합과 독일 공학한림원Acatech은 4차 산업혁명 전략보고서를 발표한다. 이 보고서는 산업혁명의 발전단계를 정의하면서 가상물리시스템CPS, Cyber Physical System을 4차 산업혁명의 동력으로 명시하고 있다.

　독일 연방정부가 제창한 4차 산업혁명은 핵심 원천 분야를 제조업으로 보고 있다. 아래 그림12에서 보는 바와 같이 독일이 제시한 4차

산업혁명 차원에서 바라본 산업 구조도이다.[20]

1차~3차 산업혁명은 과거의 경제와 산업발전을 토대로 세상을 바꾸어 놓은 산업 동력動力이 무엇인지, 그 동력이 경제에 미치는 파장을 분석하여 정의를 내렸다고 볼 수 있다. 하지만, 4차 산업혁명은 아직 산업과 경제를 본질적으로 바꾸어 놓을 수 있는 산업적/기술적 동력이 무엇인지 아직 명확하지 않은 상태에서 미래의 방향을 선언한 혁명이라고 할 수 있다. 4차 산업혁명에 대한 것은 앞으로 미래에 일어날 여러 가지 사실들에 대해 역사가 명확히 규정지어 줄 것으로 생각한다. 그러므로 지금은 4차 산업혁명이 완성되었다고 하기보다 진행되고 있는 과정이라고 봐야 할 것이다.

독일 연방정부가 4차 산업혁명과 스마트공장을 추진한 정책적 배경에는 생산가능인구의 급속한 감소와 고령화로 인한 산업 경쟁력 저하 등의 사회적 문제가 존재했기 때문이다. 독일 연방정부는 이러한 위기를 예상하여 기술혁신을 통해 미래에도 고용과 더불어 글로벌 경제에서 강력한 리더십을 유지하고 지속하기 위한 해결방안으로 4차 산업혁명과 스마트공장을 전략적으로 선택했다. 이는 한국뿐만 아니라 고령화로 인한 저성장기에 접어든 많은 국가들도 피할 수 없는 장애물이다. 4차 산업혁명이라는 문제가 수면 위로 올라와 사회적, 경제적 화두가 된 계기는 2016년 다보스 세계경제포럼에서 슈밥 회장이 4차 산업혁명에 대하여 "4차 산업혁명은 속도, 범위, 시스템의 변화의 측면에서 이전의 산업혁명과 다르고 디지털 혁명인 3차 산업혁명에 기반을 두고 있으며, 유전자, 나노, 컴퓨팅 등 모든 기술이 융합하여 물리적physical, 디지털digital, 생물학적biological인 기존 영역의 경계가 사라지면서 융합되는 기술적인 혁명."이라고 정의하였다. 4차 산업혁명은 스마트공장의 도입을 통해, 전 세계적으로 제조업의 가상시스템과 물리적 시스템이 유연하게 협력할 수 있는 세상을 만든다. 그러면 상품의 완전한 맞춤생산이 가능해지고 새로운 운영 모델이 발생할 수 있다.[22] 세계적인 컨설팅 기업인 딜로이트는 최근 보고서에서 4차 산업혁명을 새로운 산업혁명, 즉 선진적인 생산 및 운영기술을 스마트 디지털 기술과 결합하여 상호연결되고 자율적일 뿐만 아니라 의사소통, 분석 및 데이터를 사용하여 지능을 더 발전시킬 수 있는 디지털 기업을 창출한다는 것을 의미한다. 4차 산업혁명의 혁신적 측면에서 볼 때, 고객, 제품, 서비스 및 운영 통찰력을 발굴하고 수익을 창출하기 위해 새로운 운영 데이터 소스를 중심으로 물리적 세계와 디지털 세계가 융합된 것이다. 디지털 사업의 경우 한계비용marginal costs

이 제로에 가까워지면서 10년~15년 전보다 훨씬 적은 노동력으로 더 많은 수익을 창출할 수 있게 되었다. 더욱이 디지털 시대의 많은 기업이 사실상 저장, 운송, 복제에 드는 비용이 거의 없는 '정보재information goods'를 제공한다. 인스타그램Instargram이나 왓츠앱Whatapp과 같은 몇몇 혁신 기술 기업은 소자본으로 큰 성장을 이루어 냈으며, 4차 산업혁명 하에서 사업규모와 자본의 상관성이 낮아졌음을 보여주는 사례이다.

앨빈 토플러가 예견한
제3의 물결

[그림13] 앨빈 토플러(1928년~2016년)

어떻게 40여 년 전에 이렇게 정확하게 미래를 내다볼 수 있었을까? 1980년 2월, 미국의 대표적인 미래학자 앨빈 토플러 교수가 쓴 대표작인 『제3의 물결 The third wave』은 인류 문명의 어제와 오늘, 그리고 내일에 대해서 인류 문명의 발전과정을 역사적으로 분석 기술하면서 과거 문명을 기반으로 그와는 전혀 다른 모습으로 태어난 '제3의 물결'이라는 새로운 세계를 예측하였다.

『제3의 물결』은 사라져 가는 산업 문명을 기술 영역, 사회 영역, 정보 영역, 권리 영역이라는 면에서 분석하고 그 영역들이 모두 오늘날의 세계에서 어떻게 혁명적 변혁을 이룩하고 있는가에 대해 설명하였다. '제3의 물결'은 정보통신기술이 발달된 현대의 정보화사회를 말한다. 인류는 농경 기술을 발견한 신석기 혁명 이래로 식량을 재배해서 자급자족하게 되었다. 이를 통해 인류는 비약적인 발전을 했는데 이것은 근본적으로 농업기술의 혁신에 의한 농업혁명으로 '제1의 물결'이 되었다. 제1의 물결은 어민이나 수렵인을 농민으로 바꾸었고, 이 시기에 가장 중요한 자산은 토지였다. 그리고 인류는 산업혁명에 의한 기술혁신으로 300년 동안 '제2의 물결'을 경험하게 되었다. 증기기관의 발명 이래 공업 생산이 급격하게 증가하면서 제2의 물결은 농민을 공장 근로자로 바꾸었으며, 석탄, 천연가스, 석유 등의 에너지원이 중요해졌다. 에너지의 효율적 사용을 위해 공장이 밀집하게 되고 이로 인해 사람들이 모여들어 대도시가 형성되었다. '제2의 물결'의 사회는 고도로 산업화되어 있으며 대량생산, 대량분배, 대량소비, 대량교육, 대량문화와 대량살상무기들에 기반하고 있다. 이러한 것들은 표준화, 중앙화, 집중화, 그리고 동기화를 통해 엮어지게 되며 우리들이 관료주의라 부르는 조직에 의해 운영된다고 하였다^{Wikipedia}. '제3의 물결'에 속하는 오늘날의 컴퓨터의 사용, 인터넷으로 세계는 지식과 정보를 교류하며 생활하게 되었다. 지식과 정보를 많이 소유한 사람이 많은 부를 누릴 수 있는 사회가 된 것이다. 앨빈 토플러 교수는 제1의 물결인 농업혁명은 수천 년에 걸쳐 진행되었지만, 제2의 물결인 산업혁명은 300년밖에 걸리지 않았으며, 제3의 물결인 정보혁명은 20년~30년 이내에 이루어질 것이라고 예견했다. 앨빈 토플러 교수가 인류의 역사를 패턴화하였지만, 아직도 지구상에는 제1, 2, 3의 물결이 공존한다.

『미래 충격』은『제3의 물결』후속작으로 인간에게 격심한 변화가 닥

첬을 때 인간은 도대체 어떠한 상태에 이르게 될 것인가? 그리고, 어떻게 하면 미래의 변화에 적응할 수 있을 것인가? 등에 대한 답을 담은 책이다. 『권력이동』은 『제3의 물결』과 『미래 충격』에 이어 21세기를 향해 변화하는 폭력, 부, 지식 등 사회 각 부문의 권력 격변은 어떤 형태를 취하고 있는지, 권력 격변의 근원지는 어디인지, 앞으로 올 변화를 누가 어떻게 통제할 수 있을 것인지에 대해 얘기한다. 『앨빈 토플러의 부의 미래』에서 앨빈 토플러는 다가올 '제4의 물결'을 예고한다. 인류가 직면하고 있는 지식 혁명의 대 소용돌이를 명쾌하게 분석했다. 심화된 제3의 물결이 가져올 심층 기반의 변화, 그로 인해 도래할 새로운 부 창출 시스템이 우리의 일상생활, 사회, 그리고 더 나아가 문명에 미칠 영향력까지 심도 있게 밝히고 있다. 앨빈 토플러는 혁명적 부 창출의 요인으로 시간, 공간, 지식을 꼽는다. 그는 자칫 평범해 보일 수도 있는 이 요인을 비즈니스는 물론 경제, 사회 전반을 주관하는 기반fundamental, 내면 깊숙한 곳에서부터 작용하고 있는 심층 기반deep fundamental으로 규정했다. 앨빈 토플러가 주목한 심층 기반 중 가장 핵심적이라고 할 수 있는 지식에 관해서는 기본적으로 지식이 자본주의의 존립 기반인 공급의 유한성을 뛰어넘는다는 것에 주목한다. 그는 지식이 상호작용하면서 더 거대하고 힘 있는 지식으로 재편되고 있다고 말한다. 더불어 무한대의 속도로 지식이 변화, 발전하고 있기 때문에 무용 지식과 진실을 구별해 내는 방법을 익혀야 한다고 강조한다. 그는 기존의 지식 여과 장치의 허울과 진실 여과 장치로서의 과학의 중요성을 밝히며 어떤 진실 여과 장치를 사용하느냐에 따라 미래 경제의 모습이 달라질 것이고 과학에 가해지는 위협을 해결해야만 혁명적 부를 창출할 수 있다고 주장한다. 1990년대에 앨빈 토플러는 지금 불리는 기술을 나열하지는 못했지만, 무한대의 속도로 변화하는 지식을 통해 기술을 융합하고 이를 통해 새로운 물결이 일어날 것이라고 예견했다. 만일 그가 살아있었다면, 다음은 무엇을 예견했을까?

02

4차 산업혁명과
스마트공장

최근 4차 산업혁명이라는 거대한 변화의 파도가 전 세계 사회와 산업을 강타하고 있다. 정부, 지방자치단체, 기업, 비영리단체, 교육기관 할 것 없이 4차 산업혁명은 거스를 수 없는 대세로 인정하며 미래가 걸린 절체절명의 과제가 되었다. 4차 산업혁명은 근본적으로 제조업의 혁신과 변화를 요구하고 있다.

제조업은 고용과 부가가치의 기반이 되는 산업으로 그 중요성은 아무리 강조해도 지나치지 않다. 4차 산업혁명의 시대는 제조업 혁신의 시대로 산업 간의 경계가 사라진다. 단순히 하드웨어를 잘 만드는 것은 이제 핵심적인 경쟁 요소가 되지 않는다. 소프트웨어와 융합하고, 인공지능, 로봇, 사물 인터넷 등의 기술을 서로 통합하여 새로운 부가가치를 만드는 것에 집중해야 한다. 또한, 4차 산업혁명 시대의 가장 큰 자본은 눈에 보이지 않는 데이터가 될 확률이 높다. 데이터를 가진 기업, 플랫폼을 가진 기업이 세계를 지배할 기회를 맞게 된 것이다. 한국은 중국, 미국, 일본, 독일에 이어 세계 5대 제조강국이다. 한국에서 제조업이 차지하는 비중은 GDP 대비 30%로 매우 중요한 산업이다. 제조업 비중으로 볼 때, 중국 28%, 미국 12%, 독일 23%, 일본 19%인 것을 감안하면, 한국은 제조업 의존도가 제일 높다. 또한, 전체 제조업 중 중소기업이 99.9%를 차지하고 있고 1,754만 명이 중소기업에서 일하고 있어 중소 제조업의 중요성은 강조해도 지나치지 않다. 하지만, 한국의 제조업은 여전히 기술 중심의 고부가가치 산업이라기보다는 노동력 중심의 저부가가치 산업이라고 할 수 있다. 선진국에서 오랜 기간 개발한 핵심기술과 고도화된 기술 부품을 구매하여 산업 자산industrial asset—노동, 설비—을 활용하여 부품을 가공 및 제조하여 고객이 요구하는 제품을 만들어 공급을 하다 보니 부가가치가 떨어진다. 우리나라 제조기업은 설계design와 엔지니어링engineering을 기반으로 하는 기술 중심의 제조 산업이 아니다 보니 기술에 대한 부가가치보다 노동과 설비 운용을 통한 제조능력 때문에 생산활동production activity을 통해 얻는 부가가치가 대부분이다. 그렇다 보니 산업화 초기 1960년~1970년대에 해외에서 들여온 기계와 설비를 활용해 근면 성실함을 무기로 최적의 효율을 올렸으나 이제는 기계와 설비가 노후화되어 경쟁우위요소가 없어지고 있다. 또한, 정부의 노동우대정책에 힘입어 노동생산성 대비 인건비와 복지 비용이 증가하여 한국 제조업의 주력 산업인 자동차, 철강, 조선 등의 글로벌 경쟁력이 날로 약화되고 있다. 또한, 저출산으로 인해 신규 노동인력의 확보가 어렵고 고령화로 인해 비경제활동인구의 비중이 높아지고 있어 노동력 부족으로 인한 원가상승, 생산기반 해외이전 등으로 성장동력이 사라져 가고 있다. 더욱이 중소기업의 경우 청년들의 사회적, 문화적 변화에 따라 환경이 열악한 제조업에서 일하는 것을 꺼리고 있어 제조업에서 젊은 근로자(사무직, 생산직, 엔지니어)를 찾아보기가 점점 힘들어지고 있다. 급속한 고령화와 젊은이들의 제조업 외면으로 중소기업에서 요구되는 필요 노동인력 부족 인원이 약 3.4만 명 이상으로 나타나고 있어 더 이상 제조업이 정상적으로 운영될 수 없는 상황으로까지 내몰리고 있는 실정이다. 또한, 정부의 노동정책에 따라 주 52시간 근무제와 최저임금의 상승은 기업들의 노동경쟁력이 약화되는 상황으로 전개되고 있어 앞으로 한국의 제조업을 지속 가능한 산업으로 만들기 위해서는 특단의 대책이 있어야 한다. 물론, 한국이 OECD 국가 중에서도 근로시간이 많아 워라밸(일과 삶의 균형, Work&Life Balance)에 중점을 두어야 한다고 생각하는 사람들이 많다. 하지만, 우리 기업들의 경쟁력의 원천이 기술에 있다면 노동투입시간을 줄여도 오히려 생산성이 높아지는 방향으로 가겠지만, 대부분의 중소기업들은 여전히 산업 자산(노동, 설비)에 의존하고 있기 때문에 절대적인 노동시간을 줄이는 것은 오히려 비용을 높이고 경쟁력을 악화시킬 수밖에 없다. 그동안 중소 제조기업은 글로벌 경쟁력을 갖추지 못한 채 반제품이나 부품을 만들어 대기업에 납품을 해왔다. 대기업은 내부 수익을 극대화하기 위해 중소기업들에게 원가 인하를 강제하였고, 중소기업들은 생존을 위해 최소의 수익으로 운영함으로써 경쟁력을 확보할 만한 기술개발에 투자할 여력이 없었다. 그렇기 때문에 정부와 기업들은 이러한 문제를 해결하기 위한 방안으로 제조공장을 디지털로 전환시키는 정책인 스마트공장 구축을 적극적으로 추진하고 있는데, 현재까지는 스마트공장 구축을 통해 본원적인 제조업 경쟁력이 확보되고 있는지 판단하기에는 아직 이르다는 생각이 든다. 하지만, 여러 가지 여건을 볼 때 현 상황에서 가장 단기간에 우리의 제조경쟁력을 유지할 수 있는 길은 스마트공장 구축을 통해 개도국과의 경쟁이 가능한 상황을 만들어 산업 구조 전환의 시간을 벌어야 할 것으로 생각한다.

선진국들은 제조업의 고유한 기능뿐만 아니라 오랫동안 개발한 원천기술과 지식재산권, 서비스(컨텐츠, 플랫폼)를 추가함으로써 제조업의 경쟁력을 강화해 나가고 있다. 하지만, 후발 개도국들은 저렴한 인건비를 바탕으로 가격경쟁력을 확보함으로써 경쟁해 나갔으나, 더 이상 가격경쟁력으로는 산업의 부가가치가 떨어져 기업의 영속성을 확보할 재원을 마련할 수가 없게 된 것이다. 그러므로, 제조업의 지속 가능성을 위한 방안으로서 스마트공장을 통한 경쟁력 확보 및 운영을 통해 능동적인 기업환경에 대처함과 아울러 새로운 산업과 기술을 확보할 수 있는 기회를 만들어야 한다.

4차 산업혁명

4차 산업혁명이 국가 경제에 미치는 영향력은 우리가 상상할 수 없을 정도로 막대하다. 이는 매우 거대하고 다면적인 특성을 지녔기 때문에 경제 요소가 서로 얽혀있어 요소를 각각 독립적으로 두고 생각하기에는 어려움이 많다. 지금은 경제성장률, 투자, 소비, 고용, 무역, 인플레이션 등 거시지표들이 4차 산업혁명으로 인해 생각하지 못한 상황으로 변화하고 있다. 4차 산업혁명을 통해 국가의 경제성장을 이끌어 내거나 고용을 촉진하거나 삶의 질이 향상되지 않는 한 사람들의 관심을 갖게 만들 수 없을 것이다. 스마트공장에 대한 얘기를 할 때 4차 산업혁명에 대한 주제를 다루지 않을 수 없다. 스마트공장 구축에 대한 필요성을 제기하고 스마트공장을 구축하기 위한 기술을 다룰 때 4차 산업혁명은 여러 가지 현상과 기술이 영향을 미치고 있다. 산업혁명은 인류의 삶을 발전시키는 데 변곡점 역할을 했다. 하지만, 산업혁명은 혁명의 과정이 진행될 때 시작되는 점과 끝나는 점을 알 수가 없다. 혁명의 성공 여부는 미래의 어느 시점에서 돌아본 과거의 역사 속에서 찾게 되는 것이다. 어떤 전문가는 "4차 산업혁명은 침체된 세계 경제에 새로운 희망을 불어넣기 위한 시도."라고 말하는 사람도 있다. 4차 산업혁명이라는 단어의 어원은 독일이 추진하는 제조업 재건 전략인 인더스트리 4.0에서 유래되었다. 인더스트리 4.0을 통해 제조업의 재건을 꿈꾸어 온 독일도 결국 고령화와 경제 침체로 인한 제조업의 몰락을 막기 위해 시작하게 된 것이다. 인더스트리 4.0은 독일이 경쟁력을 지닌 설비 제조, 공장 운영기술에 가상물리시스템CPS, 사물인터넷IOT, 인공지능AI, 빅 데이터big data 등 정보통신기술을 통합하고, 융합하여 제조업의 4차 산업혁명을 이루고자 한 것이다.[23] 즉, 인더스트리 4.0은 제조업의 모든 요소들이 디지털화되어 연결되고, 정보가 실시간으로 제공되어 가치망 전체가 상호유기적으로 작용하여 발전하는 제조업 혁신방안인 것이다. 미국이나 다른 국가에서는 인더스트리 4.0을 스마트공장smart factory, 산업 인터넷industrial internet, 산업용 사물 인터넷IIOT : Industrial Internet Of Things의 한 종류로 규정하고 있다.

4차 산업혁명은 '다보스포럼'[24]이라는 세계경제포럼에서 2016년의 주제-'제4차 산업혁명의 이해mastering the forth industrial revolution'-로 다루어진 데에서 시작되었다. 4차 산업혁명은 IOT, 빅 데이터, 인공지능, 로봇 등과 같은 첨단 기반 기술들이 기술 간 융복합, 영역 간 융복합, 제조업과 ICT가 융복합하는 형태로 발전함으로써 사회, 산업, 경제 등의 패러다임 변혁을 가져온다고 하였다. 클라우스 슈밥 회장은 "4차 산업혁명은 속도, 범위, 시스템의 변화의 측면에서 이전의 산업혁명과 다르고, 디지털 혁명인 3차 산업혁명에 기반을 두고 있으며, 유전자, 나노, 컴퓨팅 등 모든 기술이 융합하여 물리적physical, 디지털digital, 생물학적biological인 기존 영역의 경계가 사라지면서 융합되는 기술적인 혁명."이라고 하였다.[25] 이처럼 4차 산업혁명이 과거의 1, 2, 3차 산업혁명처럼 기술이나 에너지의 혁명과 같이 제조업과 정보통신기술이 융복합되어 새로운 가치를 만들어 나감으로써 이제 경제, 사회, 문화 등 우리 삶 전체를 송두리째 바꾸어 나가는 거대한 변화로 인식되기 시작한 것이다.

산업혁명에서 1차 산업혁명은 자연적自然的 동력에서 인공적人工的 동력이 만들어져 기계화가 시작된 시기이다. 농업, 어업, 축산업 등 사람들이 살아가기 위해 자연 속에서 노동력을 통해 농작물을 키우고 동물을 기르고 잡으며 살아오던 시기에서 증기steam라는 인공적인 동력의 발견과 기계화를 통해 산업industry을 탄생시킬 수 있었다. 증기steam라는 동력은 자연에서 얻을 수 있는 동력(수력, 풍력, 인력)에 비해 작업의 한계를 극복할 수 있게 만들었다. 인공적인 동력이 만들어져 기계를 통해 제품을 얻게 되므로 비로소 공장factory이라는 용어가 만들어지게 된 시기이기도 하다.

2차 산업혁명은 19세기 말에 전기electric의 발견과 이를 통한 대량 생산시스템의 원형인 컨베이어 벨트conveyor belt가 만들어짐으로써 산업이 또다시 혁신적인 변화를 맞게 된다. 전기라는 에너지를 저장하고 필요할 때 사용하게 됨으로써 밤에도 일할 수 있게 되고 설비가 더욱 고도화되고 자동화되기 시작한 시기이다. 방적기나 제련기와 같은 단순한 제품의 생산에서 보다 많고 다양한 제품들(화학, 전기, 석유, 철강)을 생산할 수 있게 됨으로써 공업화가 진전되었다.

3차 산업혁명은 1차, 2차 산업혁명과는 성격이 다른 특징을 보인다. 1차 산업혁명과 2차 산업혁명이 동력動力을 기반으로 한 혁명이라면 3차 산업혁명은 정보情報를 기반으로 한 혁명의 시작이라는 점이다. 20세기에 들어와 미국을 중심으로 컴퓨터라는 정보를 다루는 기기와 인터넷이라는 사람과 사람 간에 정보가 이동할 수 있는 통로를 만든 일은 세상을 완전히 바꾸어 놓는 계기가 된다. 3차 산업혁명을 통해 아날로그에서 디지털로 전환되는 시기이기도 하다. 아날로그는 정보를 기록함으로써 현상은 알 수 있으나 분석하거나 가공할 수는 없었다. 하지만, 컴퓨터라는 기기를 통해 정보를 디지털로 전환함으로써 저장하거나 분류, 가공할 수 있게 된 것이다. 이는 많은 사람들에게 새로운 정보를 제공해 줌은 물론이거니와 새로운 비즈니스 기회를 제시해 주는 역할을 했다. 더욱이 인터넷internet은 정보가 한곳에 머물러 있는 것이 아니라 필요한 곳에서 사용될 수 있도록 유통시킬 수 있는 기반infra-structure이 된 것이다. 정보가 디지털로 바뀌고 그러한 디지털화된 정보를 유통할 수 있는 길이 만들어지니 정보의 속도(생성, 유통, 활용)

가 상상할 수 없을 정도로 빨라졌다. 정보의 회전율이 촉진되고 필요한 곳에서 정보가 생성되고 사용되게 되니 새로운 산업의 패러다임이 형성되었다. 또한, 산업의 발전 속도가 가히 상상하기 어려울 정도였으며, 새로운 산업들이 탄생하게 되었다. 이때부터 '보이지 않는 정보'가 '보이는 제품'보다 더 부가가치가 높은 대상이 되었다.

[그림14] 4차 산업혁명

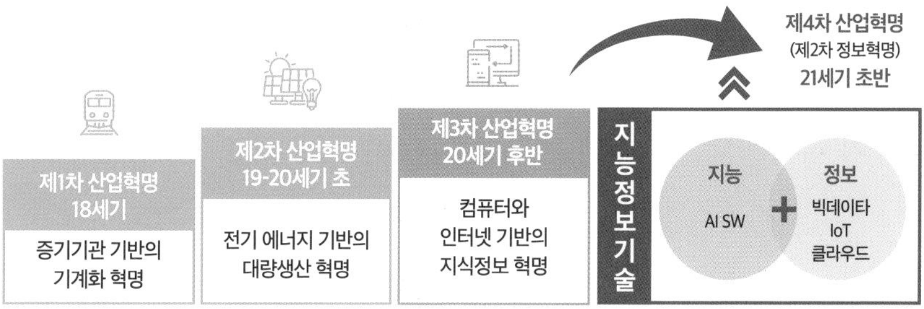

4차 산업혁명 특징

4차 산업혁명은 이제 시작단계에 있는 현재 진행형 혁명이다. 1, 2, 3차 산업혁명은 기술혁신, 제조방식, 인간 삶에 대한 관점과 변화를 경험하고 난 후 정리한 과거형 혁명이다. 4차 산업혁명에 대한 개념과 특징이 명확히 정립되지 않았을 뿐만 아니라 4차 산업혁명을 통해 탄생하는 새로운 산업에 대해 그 현상과 영향을 파악하는 것도 쉬운 일이 아니다. 그럼에도 불구하고 4차 산업혁명이 디지털화, 지능화, 융합화라는 관점에서 3차 산업혁명의 점진적incremental 발전이 아니라 이와는 본질적으로 구분되는 단절적punctuated 변화라고 보는 것이 4차 산업혁명시대가 도래되었다고 보는 전문가들의 시각이다.[26]

4차 산업혁명은 '초연결성', '초지능성', '초융합화'에 기초하여 모든 것이 상호연결되고 보다 지능화된 사회로 변화한다. '초연결성'은 사람과 사물이 물리적 공간 및 가상적 공간을 아무런 경계 없이 서로 유기적으로 연결하여 소통하고 상호작용하는 것을 말한다. 우리는 기계에 센서를 부착하면 물리적 측정값을 전기적 신호, 디지털 신호로 바꿀 수 있다. 그리고 센서를 통신 네트워크에 연결하면 기계는 외부와 소통할 수 있게 되는 것이다. 이렇게 연결되면 기계와 기계 간의 소통뿐만 아니라 사람과 기계, 제조공정이 공장이나 다른 작업자와도 소통이 가능하게 된다. 또한, 국내공장과 해외공장, 본사와 지사 간에는 물론 공급사슬에 참여한 업체들과도 연결되어 소통할 수 있다. 이처럼 4차 산업혁명 시대에는 사람과 기계, 기계와 기계, 사람과 제품, 제품과 제품 등 모든 것이 연결될 것이다. 즉, 제조공정과 사람, 공장과 공장, 기업과 기업은 물론 세상의 모든 사물들은 연결될 것이다. 그러므로, ICT를 기반으로 하는 사물 인터넷의 진화를 통해 모든 사물을 대상으로 한 초연결성이 기하급수적으로 확대될 것이다. '초지능화'는 인공지능과 빅 데이터의 연결을 통해 기술과 산업 구조의 지능화가 강화 되는 것으로서 모든 산업 분야에 인공지능이 도입되고 특정 분야에서는 인간의 지능을 능가하는 수준의 인공지능이 등장하는 혁신이 전개될 것이다. 초연결시대에서 모든 사물의 연결과 소통을 통해 엄청난 양의 데이터가 만들어진다. 이렇게 만들어진 데이터를 수집하고 인공지능 등 다양한 기술로 분석하게 될 것이다. 빅 데이터의 수집, 분석이 가능해지고 컴퓨팅 기능이 향상됨은 물론, 머신러닝, 딥러닝 등을 통한 정보통신기술의 발전은 초지능화에 대한 기술진보 속도를 더욱 빠르게 전개할 것이다. 네트워크에 연결된 사용자가 많으면 많을수록 수집되고 소통되는 데이터의 양이 많아지게 되므로 네트워크의 가치는 이에 상응하는 가치를 가지게 될 것이다. 초연결을 통해 만들어지는 엄청난 데이터를 수집하고 저장하고 분석함으로써 경쟁자보다 먼저 새로운 사업기회나 비즈니스 모델을 만들어 내는 것이 현시대가 요구하는 능력이라고 할 수 있을 것이다. '초융합화'는 초연결성, 초지능성에 기반하여 기술 간, 산업 간, 사물과 인간 간의 경계가 사라지는 초융합의 시대가 열릴 것으로 내다보고 있다. 지금까지 경험하지 못한 ICT 기술을 기반으로 과거에는 상상할 수 없었던 새로운 기술과 산업 분야가 나타남으로써 지금과는 전혀 다른 혁신적인 산업 패러다임이 형성될 것으로 전망된다. 초연결로 인해 사물에서 생성되는 대량의 데이터를 분석하고 활용함으로써 고객 개인의 요구에 맞는 맞춤형 제품이나 서비스, 경험, 가치를 추천하고 제공함으로써 가치를 극대화할 것이다.

국가별 제조혁신전략

고령화 및 베이비부머의 은퇴와 함께 생산 가능한 노동 인구의 수가 점점 줄어듦과 동시에 MZ세대들은 사회 문화적 변화와 기술의 발달로 인해 점점 제조업으로의 노동 참여가 급속히 줄어들고 있다. 또한 산업 전반에는 디지털 시대가 다가오고 있으며 이는 최근 코로나

19로 인해 더욱 속도가 빠르다. 그러나 이에 대한 전 세계 각국의 대응과 준비 정도는 매우 큰 차이가 있다. 2008년 글로벌 금융위기 이후 전통적인 제조강국인 독일과 일본은 제조업을 지속적으로 업그레이드하고 있으며, 미국도 제조업으로 회귀하여 다양하고도 새로운 제조혁신을 추진하고 있다. 심지어 후발주자인 중국도 '제조2025전략'을 통해 다양한 제조혁신을 추진하고 있다.[27] 그림15에서 보는 바와 같이 생산가능인구의 감소와 고령화로 인해 촉발된 저성장 구조와 침체기에 세계 각국의 기업들은 어떻게 하면 기업의 영속성을 확보하기 위한 이익과 이윤을 창출해 낼 수 있을까 고심하고 있다. 이에 새로운 신사업과 신기술을 통해 혁신적인 시장을 창출하여 성장을 주도해 나가야 하지만, 이는 하루아침에 이루어 낼 수 없는 상황이다. 그러므로, 우리가 선택할 수 있는 1차적인 방안은 현재 기업이 가지고 있는 자본과 자원을 가장 효율적으로 배분하고 운영함으로써 신사업이나 신기술을 통해 새로운 시장을 만들어 낼 수 있는 시간을 확보해야 한다. 그래서 '인더스트리 4.0'을 탄생시킨 독일은 '플랫폼 인더스트리 4.0'으로 전환하여 독일 사회를 플랫폼화하여 진화시키는 중이며, 미국은 '첨단제조 파트너십Advanced Manufacuring Partnership, AMP 2.0'을, 일본은 '과학기술혁신 정책'을, 중국은 '중국제조2025'를 추진하고 있다. 이에 우리나라도 글로벌 제조경쟁력을 강화하기 위해 2014년 6월 '제조혁신 3.0 전략'을 발표한 후 스마트 생산방식 확산, 창조경제 대표 신산업 창출, 지역 제조업의 스마트 혁신, 사업 재편촉진 및 혁신기반 조성의 4대 실행대책을 추진하고 있다. 각국의 제조혁신전략의 중심에는 스마트 공장이라는 개념이 있으며, 이는 정보지능사회를 구현함으로써 디지털 전환을 시도하고 있는 것이다.

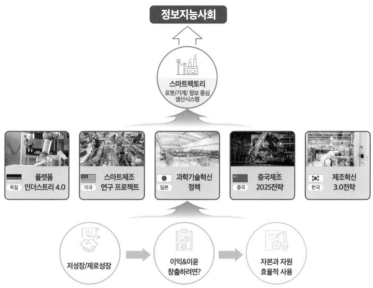

| [그림15] 각국의 제조혁신전략 |

미국은 자국의 기업들이 글로벌 ICT 산업을 선도하기 위해 제조업의 디지털 전환, 빅 데이터 활용, 인공지능 발전 등 4차 산업혁명을 주도할 기술들을 활발하게 개발, 활용하기 위해 지원하고 있다. 미국 정부는 4차 산업혁명에 직접적인 정책을 추진하기보다는 민간의 자율성을 보장하고 인공지능, 빅 데이터, 클라우드 등 4차 산업혁명의 기반이 되는 기술들이 활성화될 수 있는 여건을 조성해 주는 정책을 추진해 나가고 있다.

전통적인 제조업 강국인 독일은 대외적으로는 첨단 ICT 기업을 중심으로 세계 경제를 주도하고 있는 미국과 경쟁하고 저비용 대량생산

시스템으로 독일 제조업을 위협하는 중국과 인도에 대응하며, 대내적으로는 고령화에 대응하여 노동력의 품질을 유지하는 것이 필요하게 되었다. 이에 인더스트리 4.0을 통해 제조업 가치사슬 전반에 IOT를 적용하여 제조업의 물리적 상황이 완벽하게 디지털로 표현될 수 있도록 하는 사이버물리시스템을 구현하고 수집된 디지털 데이터를 분석하여 제조환경을 파악, 관리하는 정책을 사용하고 있다. 디지털화된 스마트공장을 수평적으로 통합하여 효율적인 생산이 이루어질 수 있도록 하여 궁극적으로는 독일 전체가 하나의 거대한 유기적 생산체계로 작동할 수 있도록 하는 것을 목표로 하고 있다.

일본은 2013년에 발표한 '일본산업 재흥전략'에 기반을 둔 과학기술혁신 정책을 바탕으로 첨단 설비에 과감한 투자를 하고 있다. 특히, 미국, 독일 등 다른 국가들보다 경쟁우위를 확보하고 있는 인공지능 로봇을 더욱 육성하여 일본을 세계적인 로봇 혁신기점으로 만들고 세계 최고 수준의 로봇활용사회로 이행한다는 '로봇 신전략Japan's Robot Strategy'을 발표하기도 했다. 로봇 신전략은 로봇강국으로서 일본의 경쟁우위를 지속적으로 유지하고 IoT 기술과 연계하여 사회문제 해결을 목표로 하고 있다. 저출산, 고령화에 따른 생산 노동력 감소 등 사회문제 극복방안으로 로봇활용 전략을 구상한 것이다. 제조업으로부터 서비스업, 공공행정업 등 다양한 분야에서 로봇을 활용하여 부가가치를 향상시키고 생산성을 강화하는 것이다.

세계의 공장으로 부상한 중국은 2015년에 향후 30년간의 산업고도화 전략인 '중국제조2025Made in China 2025'를 수립하고 2025년까지 제조업 강국의 반열에 오르는 전략을 발표한 것이다. 최근에는 글로벌

기업들을 인수하며 급속도로 성장하는 추세이다. 2045년에는 글로벌 리더로 발돋움하겠다는 정책을 제시하며, 차세대 IT 기술, 로봇, 반도체 등 10대 육성전략을 발표하기도 했다. 중국제조2025전략은 독일의 인더스트리 4.0에 영향을 받았으며, 그동안 급속한 발전으로 야기된 사회적, 구조적 문제를 근본적으로 해결하기 위한 산업 구조 고도화 계획인 것이다.

한국은 최근 경쟁력(가격, 원가, 생산성), 기술, 수출 등 주요 성과에서 보듯이 지속성장 가능성에 대한 우려가 제기되고 있다. 그리고 주력 산업이 성숙기에 접어드는 등 신성장동력의 육성 미흡, 기술력, 경제 인프라 등이 선진국에 비해 매우 열악한 상황이다. 이에 한국은 산업의 구조를 개편하고 제조경쟁력을 강화하기 위해 2014년 6월 창조경제 구현을 위한 '제조혁신 3.0 전략'을 수립하여 추진하였다. 제조혁신 3.0 전략의 주요 골자는 제조 산업의 디지털 전환이다. 제조혁신 3.0을 통해 IT와 소프트웨어를 융합하여 제조업의 새로운 부가가치 창출 및 경쟁우위를 확보하고 기업이 제조업 혁신을 주도하도록 정부는 환경조성에 주력하기로 했다. 그리고 융합형 신제조업 창출, 주력 산업 핵심역량 강화, 제조혁신기반 고도화를 3대 전략으로 추진하기로 했다. 또한, 디지털 전환과 스마트화를 위해 2017년 4월에 정부는 '스마트 제조혁신 비전 2025'를 발표했다. 2022년까지 3만 개의 스마트공장 구축을 통해 4차 산업혁명의 변화에 대응하기 위해 노력하고 있다. 또한, 4차 산업혁명의 잠재력을 조기에 가시화하기 위해 산업, 사회 전반의 지능화 혁신 프로젝트를 추진하고 있다. 지능화 융합을 통한 생산성 제고로 자본과 노동의 투입 한계를 극복해 성장 원천을 창출하고 의료, 금융 등 서비스업의 경쟁력을 제고해 나가는 계획을 가지고 있다.

이처럼 각국의 4차 산업혁명에 대비한 제조혁신 정책은 국가별 핵심기술, 경제 시스템, 주요 산업 분야에 따라 차이가 있다. 미국과 독일은 민간의 적극적인 참여, 일본, 중국, 한국은 정부 차원의 정책을 중심으로 4차 산업혁명을 준비하고 있으며 각국은 기존의 ICT 기술 및 관련 인프라 활용을 극대화할 수 있는 방향에서 정책을 운영하고 있다. 또한, 이들 국가는 미래 유망산업을 육성하기 위해 국가 정책을 경쟁적으로 추진하고 있다.

데이터 기술이 산업 전반의 변화를 촉발하는 4차 산업혁명을 주도하기 위해 AI, 사물 인터넷, 빅 데이터 등 첨단기술을 둘러싼 경쟁도 치열하다. 신산업 육성과 더불어 각국은 자국 산업의 기반이 되는 핵심기술의 자립 및 안정적 공급사슬 구축을 추진하고 있다. 과거 글로벌 분업체제에서는 각국이 경쟁력 있는 분야만 집중하면 되었지만 현재는 전후방 산업의 기술경쟁력도 확보할 필요성이 커졌다. 미국은 핵심부품의 아시아 의존도를 낮추기 위해 반도체, 전기차 배터리 등의 미국 내 생산을 유도하고 있다. 일본은 불화수소 등 반도체 소재의 한국 수출을 규제함으로써 핵심기술을 전략 무기화하였다. 중국은 미국의 규제 등으로 반도체 자립의 성과가 미진한 상황이기는 하지만, 돌파구 마련을 위해 시간과 자금을 아낌없이 투입하고 있고, EU 역시 2025년까지 전기차 배터리 자체 생산량을 확대할 계획이며, 2030년까지 세계 반도체 시장 점유율을 2배 이상 확대할 방침이다. 한국도 제조혁신 3.0을 통해 현재 운영 중인 기업들의 생산성과 효율을 극대화 시키는 데 주력함과 동시에 새로운 기술을 개발하고 사업화하는 데 소요되는 시간과 자금을 확보하는 전략을 취하고 있고, 더불어 신산업을 위한 과학기술 확보해 노력해 나가고 있다. 2019년에 촉발한 코로나19 팬데믹은 전 세계 공급망의 재정비 및 재구축이 필요함을 절실히 느끼게 한 사태가 되었다. 전 세계 공급망의 원활한 운영의 장애는 각국의 물자 흐름에 많은 어려움을 줌으로써 인플레이션의 영향이 더욱 심각한 상황으로 전개되고 있다.

[그림 16] 주요 제조강국의 4차 산업혁명 대응과 미래 유망산업

	미국	중국	독일	일본
주요 정책	- 신 혁신전략('15) - AI 자동화 경제('16)	- 제조 2025('15) - 14.5계획('21)	- 인더스트리4.0('13) - 플랫폼 인더스트리('15)	- 신사업 비전 : Society 5.0('17)
정책 목표	- AI 경쟁력 강화 - 혁신 리더 유지 - 사회적 혜택 강화	- 제조 강국 건설 - 첨단 기술 확보	- 제조업 스마트화 - 전사업 혁신	- 초연결로 부가가치 창출 - 사회문제 해결
주요 미래 유망 산업	- 첨단 제조업 - 정밀의학 - 뇌 신경 - 자율 자동차 - 우주산업 - 스마트 시티 - 에너지 효율화 - 뉴 컴퓨팅 - 교육기술 등	- 신소재 - 중대 기술 장비 - 스마트 제조 - 로봇 기술 - 항공기 엔진 - 위성산업 - 신에너지 차량 - 의료장비, 신약 - 농업기계	- 스마트 팩토리 (첨단제조) - 지능형 에너지 신사업 - 스마트 모빌리티 - 디지털 챔피언 (히든 챔피언의 디지털화)	- 스마트 모빌리티 - 스마트 공급망 - 스마트 소재 - 건강/의료/간병 (간호 로봇 등) - 스마트 생활 (핀테크, 공유경제 등)

4차 산업혁명과 스마트공장

4차 산업혁명이 우리 삶 전체를 변화시키는 거대한 혁신임에 틀림이 없다. 4차 산업혁명의 궁극적인 목표는 생존이다. 4차 산업혁명의 시대에 제조업은 다양한 기술의 발전으로 크게 변화할 전망이다.

제조업의 패러다임 변화가 가속화되고 있다. 과거 '저임금 노동 중심국가 생산, 선진국가 소비'에서 '글로벌 생산, 글로벌 소비'로 변화하고 있는 추세이다. 해외 제조 비용의 증가로 리쇼어링re-shoring 현상이 발생하고 있고, 신흥 경제국가들의 부상으로 전 세계 소비자 및 시장 변화에 대응하기 위해 적합한 공급망을 구축, 운영하는 것이 큰 과제가 되었다. 또한, 소비자는 서로 다른 개인의 욕구와 니즈를 맞출 수 있는 제품을 요구하고 제조기업들은 이에 대응하기 위해 과거의 대량생산mass production방식을 탈피하여 대량 고객 맞춤mass customization 방식으로 변화를 추구하고 있다. 이러한 제조업의 환경에 대응하기 위해 제조기업도 빅 데이터, 사물 인터넷 등 자원 제약을 극복할 수 있는 기술이 진보되어 제조업의 미래를 새롭게 설계해 나가고 있다.

제조기업에 적합한 스마트공장의 구축 및 운영을 통해 고객 요구에 적합한 질 좋은 제품과 서비스와 놀라운 경험을 통해 고객에게 가치를 제공하고 지속적으로 고객 중심적인 기업이 되는 것이다. 4차 산업혁명 시대에는 공급자가 공급 가능한 가치를 제공하는 것이 아니라 고객이 원하는 개인맞춤형 가치를 제공하는 기업만이 생존 가능하다. 이를 위해서는 제조원가를 이상원가 수준으로 낮추고 품질과 생산성을 최적화하며, 공장을 유연하고 똑똑하게 운영해야 한다. 즉, 공장을 '스스로 알아서 잘 운영하는 똑똑한 공장'을 만들어야 한다. 스마트공장은 힘들고, 더럽고, 위험하고, 반복적인 작업은 로봇 및 자동화 설비가 수행하고 인간은 제품품질특성이나 공정특성을 최적화하거나 공급사슬의 일원으로서 상호 협업 등과 같이 창의적인 업무를 수행해야 한다. 제조기업의 본원적 경쟁력은 고객이 필요로 하는 제품을 찾아내고 고객의 요구사항에 적합한 품질의 제품을 만들며, 생산성을 높이고 제조 비용을 낮추고 개발기간을 단축하고 다품종 대량생산(mass customization)을 가능하게 하는 것이다.

과거 20여 년간 많은 제조기업이 구축한 정보시스템(ERP, MES, PLM, SCM 등)은 기업이 운영되기 위한 최소한의 정보만 서로 전달되어 운영되었지 생산현장과 연속적이고 실시간으로 연계되지는 못했다. 그리고, 제조현장은 상당 수준의 자동화가 이루어지고 공장 운영 데이터(공정, 품질, 설비, 제품)만 쌓아놓았을 뿐 이를 활용하지는 못했다. 스마트공장을 구현하기 위해서는 동시다발적으로 '디지털화', '연결화', '스마트화' 해야 한다.

먼저, 물리적 공장을 상호연결하고 지능적인 운영체제로 전환하기 위해서는 운영되고 있는 정보(관리, 생산, 공정, 품질, 물류 등)를 디지털화해야 한다. 그러므로 사람들의 손에 의해 관리되는 공장 운영정보뿐만 아니라 기계나 설비에 센서를 부착하여 제조공정에 대한 물리적 신호를 디지털 신호로 변환해야 하는 것이다. 또한, 모든 사물(사람, 기계, 설비, 공급업체)은 물론이거니와 현실세계와 가상세계를 연결해야 한다. 현실세계와 가상세계에 존재하는 모든 사물들은 상호 목적 달성과 가치 극대화를 위한 소통을 활성화하게 될 것이다. 현실세계와 가상세계의 연결을 추구하는 시스템이 바로 '가상물리시스템(CPS : Cyber Physical System)'이라고 불리는 것이다. 디지털화, 연결화를 통해 생성된 데이터는 수집, 저장, 분석해야 한다. 그렇게 함으로써 기계의 상태, 성능, 부품 상태, 생산 수량, 제품품질상태, 등 모든 것을 한눈에 파악할 수 있게 된다. 데이터를 분석하여 얻은 생산량의 적합도, 재고수준의 결정, 기계의 점검 사항,

사전 정비 등을 미리 예측함으로써 발생 가능한 문제를 사전에 예방하거나 최적의 운영 조건을 만들 수 있을 것이다. 그러면 생산성을 향상시키고 고객이 만족할 만한 제품품질을 확보할 수 있는 최적의 공장을 운영할 수 있다. 그렇게 하면 데이터와 정보를 통해 지능을 갖추고 공장 스스로 운영할 수 있는 스마트공장이 구현될 수 있을 것이다.

스마트공장을 올바르게 구축하는 방법은 무엇인가?

4장

스마트공장에 대한 올바른 이해

많은 전문가나 기업들은 스마트공장에 대한 제각각의 의견을 내어 놓는다. 스마트공장에 대한 정의는 일반적일 수 있으나, 기업마다 구현하고자 하는 스마트공장은 달라질 수 있다. 그래서, 기업마다 스마트공장의 정의는 달라질 수 있다. 스마트공장을 통해 성공적인 제조혁신을 이루기 위해서는 먼저 스마트공장에 대한 올바른 이해가 선행되어야 한다. 하지만, 많은 기업과 전문가들은 자신이 이해한 수준에서 스마트공장에 대해 해석하려 든다. 스마트공장이라는 명칭을 부여한 것은 한국이다. 각국은 저마다의 용어로 제조공장의 디지털 혁신을 말한다. 스마트공장에 대한 배경과 올바른 이해, 그리고 정부에서 정의한 스마트공장의 수준정의를 이해함으로써 기업들의 스마트공장 추진 방향을 설정하는 데 도움이 될 것이다. 또한, 스마트공장의 추진단계와 범위, 그리고 효익을 통해 스마트공장을 구축, 운영해야 하는 필요성을 인식하게 될 것이다. 스마트공장의 성공적인 구현은 스마트공장에 대한 올바른 이해로부터 시작되어야 한다.

01

스마트공장이란?

스마트공장은 어떤 공장을 말하는가? 스마트공장을 몇 단어로 정의를 내리는 것은 매우 어려운 일이다. 스마트공장은 우선 제조 프로세스를 가지고 있는 기업에 적용 가능하다. 제조 프로세스를 가진다는 것은 제조과정을 실행할 수 있는 자원resource과 공장factory, shop을 보유하고 있다는 것이다. 제조 프로세스manufacturing process란 자원resource을 투입input하여 가치value 있는 산출물output을 만들기 위해 변환 과정process을 거치는 것을 말한다. 즉, 제조 프로세스에는 투입, 산출, 변환 과정의 핵심요소가 있어야 한다. 제조 프로세스를 통해 만들어진 산출물은 또 다른 가치를 만들기 위한 산출물output의 입력물input이 되는 경우가 대부분이다. 스마트공장에서의 영역은 산출물이 눈에 보이는 유형적tangible인 제품이 있어야 한다. 산출물이 눈에 보이지 않는 무형적intangible인 경우 우리는 일반적으로 서비스service라고 말한다. 그러므로 스마트공장은 제조 프로세스가 있는 기업에서 유형적 제품을 만드는 기업에 해당되는 것이다. 우리 정부에서는 제조분야의 스마트공장 지원과 제조 영역이 없는 서비스 분야의 스마트서비스 지원으로 지원사업을 구분하여 운영하고 있다.

'스마트smart'라는 단어의 사전적 의미는 '똑똑한, 영리한'이라는 뜻으로 사용된다(옥스퍼드 영한사전). 그렇다면 '똑똑하고 영리하다.'라는 것은 어떤 의미일까? 우리가 기업에서 새로 입사한 직원을 똑똑하다고 할 때 보통 본인이 해야 할 일을 명확화하고 목적에 맞게끔 본인 스스로 이해하고, 예측하고 실행해 나감으로써 일의 목표를 달성할 때 똑똑하다는 말을 쓰고는 한다. 그러므로 이것을 기업에 적용해 보면 공장에서 고객 또는 소비자가 원하는 유형적 제품을 만드는 데 양품의 제품을 미리 예측하여 적정한 양을 적정한 시간에 맞추어 적정한 원가로 낭비 없이 생산하여 고객에게 제공하는 공장을 '스마트공장'이라고 말할 수 있다.

| [그림 17] 스마트에 대한 정의 |

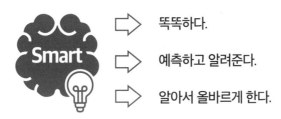

똑똑하다.

예측하고 알려준다.

알아서 올바르게 한다.

1. 맵시 좋은, 말쑥한 2. 깔끔한, 맵시 있는 3. 똑똑한 영리한 <Naver 사전>

독일 연방정부의 4차 산업혁명 전략보고서의 정의를 보면 "스마트공장은 인간, 기계, 자원이 사회망social network을 통해 서로 자연스럽게 대화를 나누게 하며, 스마트제품을 생산한다. 스마트제품은 단일 식별자identity를 매개로 하여 생산 시기와 생산공정, 납품정보 등의 상세한 정보를 지니고 있다. 스마트제품, 스마트그리드, 스마트 물류, 스마트모빌리티 등의 연결은 스마트공장이 미래의 스마트 기반 구조infrastructure의 핵심이 될 것이다. 그리고 이는 전통적 가치사슬의 변환을 주도하고 새로운 비즈니스 모형을 일으킬 것이다. 스마트공장은 수직적 통합과 수평적 연결을 통해 초연결을 지향한다."라고 규정하고 있다.

미국의 스마트 제조 리더십연합은 스마트공장smart factory이라는 용어 대신에 스마트 제조smart manufacturing라는 명칭으로 정의를 내리고 있는데, '스마트 제조는 신제품의 빠른 제조, 제품 요구에 대한 적극적 대응, 제조과정과 공급사슬의 실시간 최적화가 가능한 첨단 지능형 시스템으로 원자재에서부터 최종제품의 시장배송까지 총체적 연결을 지향한다. 스마트 제조는 필요할 때, 필요한 곳에서 모든 정보를 활용하는 제조 행위이며, 설계공정개발계획과 생산의 전 생명 주기에 제조 지능을 불어넣어 모든 정보를 가장 유용한 형태로 활용하는 제조 행위이다.'라고 규정하고 있다.

한국의 스마트공장 정책 전반을 실행하는 '스마트 제조혁신 추진단'은 '기획 및 설계, 생산, 유통 및 판매 등의 전 과정을 사물 인터넷, 인공지능, 빅 데이터 등으로 통합하여 자동화와 디지털화를 구현한 공장으로 최소 비용과 시간으로 고객 맞춤형 제품을 생산하는 공장'이라고 정의하고 있다.[28]

각국에서 정의한 스마트공장의 정의를 보면 공통적으로 초연결과 융합을 통한 제조혁신을 제시하고 있다. 과거에는 하나의 공장에서 고객이 요구하는 제품을 대량으로 생산하기 위해 공장자동화factory automation를 추구했지만, 스마트공장은 ICT 기술과 제조기술이 융합되어 제조공정의 통합을 통해 생산성 향상과 고객 품질확보, 에너지 절약, 이를 통한 기업의 수익성을 극대화하기 위한 공장으로 4차 산업혁명의 핵심이라고 할 수 있다.

스마트공장의 이상적인 모형은 다음 그림18과 같이 설비와 작업자들로부터 데이터를 수집하는 IIoT 인프라 영역과 사이버물리 생산영역CPPS : Cyber Physical Production System과 산업 응용서비스 영역IIoS : Industrial Internet of Services, 사이버물리시스템의 운용 상황을 모니터링하고 개선하기 위한 디지털 트윈 영역digital twin과 정보를 통합 분석, 운용, 통제하기 위한 지능화 시스템들(인공지능, 빅 데이터, 클라우드, 엣지컴퓨팅)로 구성된다. 본 모형은 스마트공장의 이상적인 모형이다. 그러므로 기업은 해당 기업의 전략적 의사결정에 따라 스마트공장의 구축 목표를 설정하고 실행해야 하며, 기업의 스마트공장 수준과 목표에 따라서 이 모형을 기초로 적합한 수준의 스마트공장을 구축해 나가야 한다. 스마트공장을 구축하는 핵심적인 목적을 고려해 나가면서 말이다.

| [그림18] 스마트공장 모형[29] |

자료: 스마트 공장 사업소개(2015.12), 스마트 제조혁신 추진단

이에 스마트공장은 생산공정, 조달 물류, 서비스까지 통합을 의미하며 생산성 향상, 에너지절감, 안전한 생산 환경을 구현하여 다품종 복합 생산이 가능한 유연한 생산체계 구축을 가능하게 하기 위하여 제품의 기획, 설계, 생산, 유통, 판매 등 전 과정을 IT 기술로 통합, 최소 비용 및 시간으로 고객 맞춤형 제품을 생산하는 공장을 의미한다. 과거에는 하나의 공장에서 대량생산을 위해 공장자동화factory automation를 구축하였지만, 스마트공장은 ICT와 제조기술이 융합되어 제조공정의 통합을 통한 제조경쟁력을 확보하는 공장이다.[30]

기업이 추진하고자 하는 스마트공장은 그 기업에서 운영되고 있는 시스템(정보, 설비)의 디지털 정도에 따라 스마트공장 수준이 결정된다. 수준을 정의하고 분류하는 이유는, 상위 수준으로 고도화하기 위해서는 막대한 자본이 필요하고 단계별 수준에 적합한 기업의 능력이 요구된다. 그렇기 때문에 기업의 자본 여력과 능력에 맞추어 점진적으로 한 단계씩 수준을 향상시켜 나감으로써 궁극적인 스마트공장의 실현을 추구하기 위한 것이다. 우리나라의 스마트공장 확산, 보급을 주관하고 실행하는 '스마트 제조혁신추진단'에서 제시한 기준에 따르면 다음과 같이 구분할 수 있다.

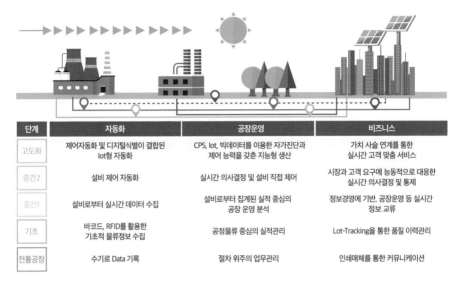

[그림 19] 스마트공장 수준

단계	자동화	공장운영	비즈니스
고도화	제어자동화 및 디지털식별이 결합된 Iot형 자동화	CPS, Iot, 빅데이터를 이용한 자가진단과 제어 능력을 갖춘 지능형 생산	가치 사슬 연계를 통한 실시간 고객 맞춤 서비스
중간2	설비 제어 자동화	실시간 의사결정 및 설비 직접 제어	시장과 고객 요구에 능동적으로 대응한 실시간 의사결정 및 통제
중간1	설비로부터 실시간 데이터 수집	설비로부터 집계된 실적 중심의 공장 운영 분석	정보경영에 기반, 공장운영 등 실시간 정보 교류
기초	바코드, RFID를 활용한 기초적 물류정보 수집	공정물류 중심의 실적관리	Lot-Tracking을 통한 품질 이력관리
전통공장	수기로 Data 기록	절차 위주의 업무관리	인쇄매체를 통한 커뮤니케이션

자료원 : 스마트공장 참고모델(대한상의 2014년)

기업에 스마트공장 운영을 위한 디지털 도구가 도입되지 않았거나 도입되었더라도 운영되고 있지 않은 경우는 '전통공장 수준'으로 분류된다. '전통공장 수준'을 간단하게 판별하는 방법은 공장을 운영하는 데 있어서 운영정보(생산, 공정, 품질, 설비, 재고, 자재 등)가 실시간으로 ICT 기반 시스템에 의해서 파악될 수 있느냐 하는 것이다. 생산지시나 생산실적 정보가 응용 프로그램을 활용하여 수집되거나 관리되고 있지 않은 경우가 전통공장이 되겠다. '전통공장 수준'에서 생산지시나 생산실적이 문서로 된 생산 계획서나 작업일보에 기록되고 이 기록을 엑셀Excel 등을 통해 집계하는 공장이다. 이 경우 문서로 된 생산지시 및 생산실적 정보를 단순한 프로그램을 통해 집계하기 때문에 운영정보의 활용을 위한 빅 데이터화가 어렵고, 정보가 특정한 사람에 의해서 생성되고 가공되기 때문에 필요로 하는 사람들에게 정보로써 필요한 시점에 활용하기가 매우 어렵다. '기초 수준'은 '전통공장 수준'에서 정보시스템을 활용하여 생산운영정보를 관리하는 기업을 말한다. 바코드, RFID 등의 도구를 활용하여 생산 물류정보를 자동적으로 수집하고, POP, MES, ERP 등을 활용하여 생산운영에 요구되고 실행되는 정보를 데이터베이스^{DB}에 축적하고, 현상을 모니터링할 수 있는 디스플레이에 정보를 볼 수 있도록 하는 경우가 되겠다. '기초 수준'에서는 공장에서 일어나는 모든 운영정보(관리정보, 생산정보, 품질정보, 설비정보, 재고정보, 원가정보 등)가 디지털 기기를 활용해서 실시간으로 수집되고 수집된 정보 현황을 볼 수 있는 수준이 되어야 한다. 이 경우 특정 설비에서 생산되는 제품에 대한 특정 품질정보만을 디지털 기기를 활용해 입력하고 출력하는 경우를 두고 '기초 수준'이라고 하는 경우가 있지만 스마트공장의 수준에서 '기초 수준'의 완전성이 떨어지기 때문에 '기초 수준'이라고 할 수는 없다. '기초 수준'에서의 특징은 식별identify, 측정measurement, 추적tracking, 모니터링 monitoring의 '실현성'이라고 하겠다. '중간 1 수준'과 '중간 2 수준'은 공장 운영정보와 공장자동화 정보가 통합되는 시점이다. '중간 1 수준'은 IoT^{PLC, sensor} 등를 설비facilities에 부착하여 설비에서 발생되는 정보를 자동으로 수집, 집계하고 정해 놓은 기준에 따라 집계된 정보를 활용하여 설비를 자동으로 제어control하는 경우가 되겠다. '중간 1 수준'에서는 공장 운영정보와 공장자동화 정보가 수집되고, 상호교류가 이루어진다. 이로 인해 이상 발생할 경우는 즉시 파악이 가능하고, 원격으로 제어함으로써 문제를 해결할 수 있게 된다. 또한, 공장 운영정보와 공장자동화 정보가 의미 있는 정보로 쌓이게 되면 이를 통해 분석하고 분석된 정보를 엔지니어 및 작업자가 의사결정에 활용할 수 있게 된다. 그러므로, '중간 1 수준'에서의 특징은 공장 운영정보와 공장자동화 정보의 통합, 통합된 정보의 상호교류, 예지 보전, 자동제어가 되겠다. '중간 2 수준'에서는 '중간 1 수준'에 덧붙여 '빅 데이터 분석 도구', '최적화 솔루션', '인공지능 도구'를 활용하여 정보를 지능화하여 분석하고 제어함으로써 최적화 수준을 달성하게 된다. 이 경우 정보화 및 자동화 수준이 어느 정도 완성이 되어야 하며, 정보수집 및 분석체계도 높은 수준이 되어야 한다. 장비 간 내부 및 외부시스템 간 상호연결 및 상호연계성을 가짐으로써 전체 최적화 관점에서 정보가 통합되고 종합적인 제어가 실시간으로 가능하여야 한다. 스마트공장의 궁극적 수준인 '고도화 수준'은 한 마디로 CPS^{Cyber Physical System} 구현이다. 사물과 서비스를 IoT/IoS화 하여 사물, 서비스, 비즈니스 모듈 간의 실시간 연계가 가능하고 사이버 공간상에서 비즈니스를 실현하는 수준이 되겠다. 최적화된 공장이 사람의 관여를 최소화한 상태에서 자율적으로 운영되며, CPS, IoT, AI 등의 기술을 통한 자가진단^{self-assessment} 및 자가수리^{self-repair} 가 가능하고 자율 제어를 통해 유연성이 극대화되어 공장이 자율 운영^{autonomy}되는 수준이다.

우리나라 중소기업의 경우 정부정책지원에도 불구하고 아직도 '기초 수준'에 있는 경우가 대부분이고, 중견기업이 대부분 '중간 1 수준'에 있으며, 일부 중견기업이 '중간 2 수준'으로 고도화하기 위한 노력을 기울이고 있다. 우리나라를 대표하는 대기업 군도 대부분이 '중간 2 수준'으로 판단되며, 아직 '고도화 수준'의 목표를 달성한 기업은 나오고 있지 않은 것 같다.

정보화, 자동화, 지능화, 스마트화

　고도화된 궁극적인 스마트공장을 추진하는 데 있어 기업의 스마트공장 수준을 기준으로 추진방안을 모색해야 한다. 공장을 스마트화하기 위해서는 기업을 운영하기 위한 정보화, 공장의 설비 및 장비의 자동화, 정보화와 자동화를 통해 얻어진 데이터를 기반으로 분석하고 학습하여 얻어진 지능화, 정보와 지능을 기반으로 한 인공지능의 자동운영인 스마트화가 이루어져야 한다.

　스마트공장은 공장관리, 설비관리, 작업자, 공급사슬을 포함하는 운영기술OT : Operation Technology과 정보기술IT : Information Technology, 디지털 기술DT : Digital Technology을 기반으로 통합되고 자율 운영된다는 점에서 자동화 공장과는 다르다고 하겠다.

　스마트공장은 다음 그림20에서 보는 바와 같이 자동화 공장의 공장운영 및 구성요소인 제어/자동화/표준화의 체계를 지능화/연결화/가상화를 통하여 초연결 체계를 구축하여 설비 예지정비, 품질분석, 이상대응, 에너지절감, 시장수요대응을 위한 효과를 구현할 수 있다.

[그림 20] 자동화 공장과 스마트공장의 차이

Engineering 기반의 개념 / 상세설계의 Model / Architecture 체계화

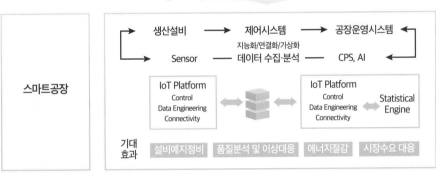

정보화

정보기술information technology은 일상 속에서 생성되는 데이터를 통해 '즉시성'과 '실용성'을 제공해 줌으로써 우리 사회를 발전시켜 왔다. 모든 영역에서 정보와 기술이 중심이 되고 지식과 서비스가 경쟁력의 원천이 되는 사회를 만들었다. 기업을 성공적으로 운영하기 위해서 필요한 핵심 경영활동 중 하나가 '의사결정decision making'이다. 잘못된 의사결정은 과도한 투자, 자원의 부적절한 배분, 잘못된 제품이나 서비

스 믹스, 고객 불만족으로 인해 생산성을 낮추고 비용을 증가시켜 기업의 성과를 악화시킨다. 그러므로 기업을 효율적으로 운영하고 경쟁우위를 확보하는데 요구되는 의사결정을 하는 데 '정보'는 필수 자원이 아닐 수 없다. 불확실한 경영환경과 위험에 직면한 현대의 기업들에게 처해있는 많은 문제점과 불확실성을 해결하고 조직 목적을 달성하는 데 필요한 의사결정은 점점 더 복잡해지고 어려워지고 있다. 그러므로, 최적화된 대안을 탐색하고 합리적 의사결정을 하기 위해서는 정보시스템은 없어서는 안 될 기반 구조infra-structure인 것이다.

정보information는 의미 있는 데이터data들의 묶음이다. 또, 현재나 미래의 의사결정이나 행동에 의미를 갖도록 실제적이며 가치가 부여되도록 처리된 자료data를 말한다. 여기서 중요한 것은 일반적인 자료는 특정한 의사결정이나 행동에 영향을 주지 못하는 처리되지 않은 자료로서 정보와 자료는 구분되어야 한다. 즉, 주어진 의사결정과 관련되어 수반되는 가치의 유무에 의해서 결정되는 것이다. 예를 들어 슈퍼마켓에서 고객이 구입한 제품에 부착된 바코드를 단말기로 스캔scan하면 데이터가 입력되어 고객별 구매금액이 산정되고 제품별 재고가 차감된다. 입력된 데이터는 정보시스템을 통해 월간 제품별 판매량, 매출액, 고객 평균 구매금액, 인기상품 순서 등의 정보를 제공해 준다. 이러한 정보는 마케팅 부서나 관리 부서에 전달되어 매우 유용하게 활용되어진다. 그러므로 정보화가 이루어져 시스템적으로 적절한 기능을 수행하기 위해서는 환경으로부터 필요한 자료를 모니터링하고 수집하여 이를 적절히 처리하여 조직화하고 유용한 정보를 필요한 부서나 의사결정권자에게 제공해야 한다.

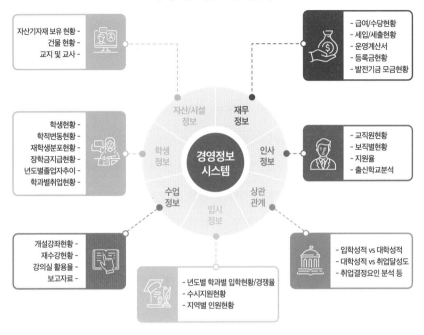

| [그림21] 정보화 개념 |

가속화되는 디지털 환경변화와 정보기술의 기술 진화에 따라 기업은 내, 외부 경영환경의 상태변화를 감지하고 관리하고 대응하는 데 민첩하게 움직여야 한다. 정보시스템을 통해 의사결정 속도를 실시간으로 단축하고 프로세스를 지속적으로 개선함으로써 경쟁우위를 확보해 나가야 한다. 기업은 내부뿐만 아니라 외부의 고객과 공급자 등 공급사슬에 대하여도 실시간으로 정보를 제공하고 공유할 수 있는 대응전략의 체제를 갖추어야 한다. 공급사슬에 참여하는 모든 관련자와 프로세스를 함께 공유하고 프로세스의 상태와 성과지표에 대해 실시간으로 접근함으로써 속도와 효과를 향상시켜 나가야 한다. 시간기반경영time based management을 수행함으로써 기업의 성과는 개선될 것이

다. 정보시스템은 기업경영에 생산성 향상, 품질개선, 경쟁우위 창출, 기업전략 구현, 비즈니스 프로세스 재구축, 의사결정의 질 개선, 고객만족, 업무프로세스 혁신 등의 긍정적인 영향을 끼친다.

정보시스템의 유형은 조직구조별, 경영계층별, 기능별로 구분할 수 있다. 조직구조를 기준으로 부서별 정보시스템, 전사적 정보시스템, 조직 간 정보시스템으로 분류할 수 있다. 부서별 정보시스템은 개인 컴퓨팅이 집단 컴퓨팅으로 발전한 것으로 볼 수 있고, 전사적 정보시스템은 목적에 따른 단위 시스템이 통합되어 하나의 통합된 시스템이 되었다고 할 수 있다. 또한 조직 간 정보시스템은 조직 내부에서 조직 간의 정보가 통합되어 진화한 것으로 볼 수 있다. 공급사슬관리SCM : Supply Chain Management의 지속적인 연구와 확산으로 대부분의 대기업은 조직 간 정보시스템을 채택하여 사용하고 있다.[31] 정보시스템은 조직의 경영계층에 의해서도 구분하고 있는데, 거래처리시스템, 정보보고시스템, 의사결정지원시스템, 중역정보시스템으로 분류한다. 거래처리시스템은 기업의 가장 기초적인 활동인 업무 거래를 지원하는 시스템이고, 정보보고시스템은 관리 활동에 필요한 정보를 제공하는 시스템이며, 의사결정지원시스템은 경영관리자의 의사결정을 도와주기 위해 제공되는 여러 가지 정보제안시스템을 말하며, 중역정보시스템은 최고경영층의 의사결정에 필요한 정보를 적시에 제공하고 필요한 경우 의사결정을 지원하는 시스템을 말한다.

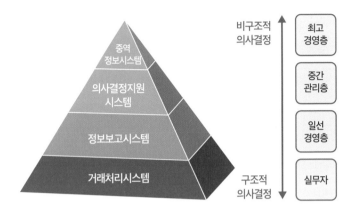

[그림22] 계층별 정보시스템 유형

정보시스템은 업무영역별로 구분하여 운영될 수도 있다. 일반적으로 기업의 업무영역은 영업/마케팅, 생산, 재무/회계, 인적자원관리로 구분된다. 이러한 기능정보시스템은 대부분 거래처리시스템이다.

자동화

자동화, 디지털화, 스마트화를 냉정하고 객관적으로 구분해 내기는 쉽지 않다. 공장을 효율적으로 운영하고 생산성을 높이기 위해 구축했던 자동화 공장, 디지털 공장은 스마트공장일까? 무인공장은 공장 내에 설비가 자동화되어 있고, 로봇을 활용하여 원료 투입, 생산, 조립, 포장, 물류 등 모든 공정을 자동으로 작업함으로써 제조현장에 작업자가 전혀 없는 공장을 말한다. 자동화 공장에 있어서 설비는 이미 정해진 작업을 정해진 규칙에 따라 작업자가 설정한 조건에 따라 자동으로 수행하며, 설비 조건을 잘못 설정하거나 잘못된 부품을 가지고 작업을 하면 품질이 균일하지 않게 되어 불량 제품을 생산하게 된다. 그러므로 자동화 공장은 제품을 생산하는 설비의 상태와 자동화 공정을 통해 생산해 낸 제품의 상태 관리가 매우 중요하다. 따라서 설비는 정기적으로 점검하여 공정조건의 변화를 사전에 찾아내거나 제품의 최종 품질검사를 통해서 설비의 이상상태 또는 공정특성의 변화를 찾아내어 개선하는 것에 집중해야 한다. 자동화 공장에서는 설비 스스로가 이러한 조치(정기점검, 최종 품질검사, 조정/개선)를 할 수 없는 것이다. 그러므로, 작업자들은 자동화 설비를 관리하거나 부품을 공급하거나 최종 검사를 하는 등의 업무를 수행하게 된다.

[그림23] 자동화 개념

자동화는 제어 시스템과 다른 정보 기술을 조화롭게 사용하여 산업 기계류와 공정을 제어, 사람이 관여할 필요를 줄이는 것이다.

자동화 공장은 다음과 같은 특징을 가지고 있다.

첫째, 자동화는 사람이 미리 프로그램한 순서나 수식에 따라 기계가 작동하여 제품을 생산한다. 공정 또는 생산하고자 하는 제품이 바뀌면 프로그램을 변경해야 하고, 기계는 미리 정해진 대로 시키는 일만 한다. 스마트공장은 IOT를 통해 얻은 정보를 통해 소프트웨어가 자율적으로 판단하고, 프로그램이나 설비의 설정값을 변경하여 최적의 제품을 생산한다.

둘째, 자동화 공장은 기계설비에 자동제어, 생산관리, 자원관리시스템을 통해 경영정보의 자동화 시스템이 수직적으로 연결, 통합, 운영된다. 따라서 자동화 공장은 수직적 계층 간의 정보 소통과 연결에 한계가 있다. 디지털 공장은 제조현장에서 유통까지 전 공정을 다양한 디지털 기계와 설비, 도구들이 공정을 통합하여 운영되는데, 스마트공장은 설비, 공장관리, 인력, 공급사슬 등이 운영기술, 정보기술, 데이터 기술을 기반으로 수직, 수평으로 연결되고 통합되며, 자율적으로 운영되는 것이다.

지능화

제조 산업이 지능화의 길로 가는 것은 지금까지 가보지 못한 길이다. 제조 산업이 단순히 자동화와 정보화로 운영되는 것만으로는 미래의 지속성장 가능성을 담보할 수 없다. 제조 산업을 지능화로 전환하는 길만이 생명력을 유지할 수 있는 유일한 길이다. 지능이란 도전적인 새로운 과제를 성취하기 위해 사전지식과 경험을 적용할 수 있는 능력을 말하며, 지능화를 위해 기업에서 제조 활동이나 운영활동을 통해 발생된 데이터를 개별적 지식화, 체계화하여 인위적으로 지능을 생성시켜 나감으로써 단위 지식화로 전환하는 시스템이다.

| [그림24] 지능화와 정보 |

지능은 도전적인 새로운 과제를 성취하기 위한 사전지식과 경험을 적용할 수 있는 능력이다.

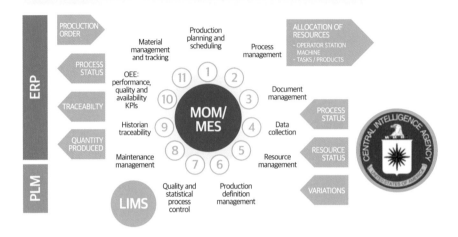

　　지능화는 인공지능 전 단계로서 지능화는 단일 지식화를 의미하고 인공지능은 복합 지식화로 구별될 수 있다. 즉, 지능화를 통해 단위 시스템에 대한 최적의 의사결정을 통해 단위 시스템을 제어하는 것이다. 예를 들면, 최근에 많이 활용되고 있는 네이버 렌즈Naver Lens 기능이 있다. 네이버에서 검색할 때 텍스트뿐만 아니라 사진을 통해서도 검색할 수 있는 기능이다. 네이버 렌즈 기능을 통해 검색하고자 하는 사물의 사진을 찍어 검색하면 해당 사물에 관련된 내용을 알려준다. 이런 사진을 통한 검색기능은 많은 사진의 유형을 학습시키고, 학습된 데이터를 지식화하여 활용하는 것이다.

[그림25] 지식화의 과정

또, 최근 적용되고 있는 기술 중 자동차의 외관을 검사하는 데 있어서 과거 사람의 눈을 통해 감성적으로 검사하여 부적합을 찾아냈다면, 현재는 부적합의 조건을 지식화하고 카메라를 활용하여 반복적으로 비전 검사vision inspection 결과를 축적하고 이를 통해 부적합을 선별해낼 수 있는 시스템을 말한다. 지능화를 구현하는 데 있어서 지식관리시스템은 기반 시스템이 된다. 또, 제조현장에는 운영되는 생산정보를 수집하고, 데이터화하여 이를 축적, 학습함으로써 생산 일정이나 생산공정의 적정부하를 검토함으로써 최적의 공정을 설계하는 것이다. 현재는 많은 기업이 여전히 생산 계획을 수립할 때 생산관리자의 경험에 의존하는 경우가 많다. 그렇다 보니 복잡해지고 다양해진 생산 환경에 대처하는 데 한계가 있는 것이다. 생산 계획의 부정확으로 발생되는 낭비(자재발주, 재고, 제품 생산, 제품 재고, 설비가동 등)는 눈에 보이지 않지만 기업의 운영성과에 많은 영향을 미친다. 지능화를 위해서는 지식화가 필수적인데 ICT 기술이 기반이 되는 지식관리시스템은 과거 경험 및 데이터의 체계화, 코드화, 지식의 수집 및 활용을 용이하게 돕기 위한 시스템으로 지능화를 구현하기 위해서는 없어서는 안 되는 시스템이다. 다시 말하면 ICT 기술을 활용하지 않고는 지식을 축적하기도 지식을 활용하기도 지식을 지능화하기도 불가능하다고 할 수 있다. ICT 기술은 사람과 사람, 기업과 기업 등 소통의 필요에 따라 연결되는 시스템을 개발하고 그 개발된 시스템을 활용하는 과정이다. 지능화를 실현하는 데 있어서 업무의 노하우 및 지식 활동을 기록하고 공유하는 데 도움을 받기 위해 ICT 기술의 도움을 받으며 효율적인 관리를 위해 시스템을 구축하기도 한다. 지식관리시스템의 기능을 보면 지식의 저장 및 새로운 내용의 생성을 돕고 지식경영을 위한 도구로서의 기능이다. 더불어 기업의 혁신성장을 위한 업무에 활용이 되며 기존 데이터 및 지식 이외에도 새로운 혁신 기술 및 지식을 만들어 내고 있다. 이에 데이터는 지식의 저장 및 검색 시에 아주 중요한 역할을 하고 있으며 데이터베이스 접근을 통해 정확한 자료를 확보하고 활용하는 역할을 하고 있다. 지식의 소통 및 이전 시에도 저장된 데이터베이스나 지식 등을 통해 상호교류 및 이전이 용이하다. 이런 일련의 과정을 개발을 통해 수월하면서 편리하게 만들 수 있는 게 지식관리시스템의 기능이다. 지식관리시스템을 통해 지식경영을 구현하기 유용하며 조직 및 구성원의 문화와 인프라 구축 등에 적용을 통해 새로운 지식경영을 위한 지식 획득과 지혜를 얻을 수 있다. 지식관리시스템을 활용하여 축적된 지식은 지능화의 원천이 된다. 지능화를 구축한 기업의 스마트공장은 공정조건과 생산활동이 최적화되어 간다. 제조공장의 각각 분야의 운영체계를 지능화로 생성해 나간 후 이를 통합하는 구조로 운영됨으로써 인공지능 시스템은 완성될 수 있다. 제조 활동을 수행하는 모든 내용을 인공지능화할 수는 없을지도 모른다. 하지만, 무인자율공장을 구현하고자 하는 스마트공장의 이상적인 모습은 인공지능화할 수 없다면 불가능할 것이다. 그동안 인간이 보유하고 있던 노하우가 암묵지 지식tacit knowledge이라면 이를 지식관리시스템을 활용한 지능화를 구현해 나간다면 형식지 지식explicit knowledge으로 변환할 수 있을 것이다. 암묵지 지식에서 형식지 지식으로 바뀌어야만 이를 지능화하여 최적화해 나갈 수 있다. 이제 사람 중심의 노동력을 기반으로 한 제조 활동은 고령화로 인해 더 이상 기대하기 힘들다. 그동안 사람에 의해 제조되던 제조기술은 데이터로 전환되고 디지털화하여 지식으로 구현해 나감으로써 기계 중심의 제조 활동이 될 수 있을 것이다. 지금의 속도라면 인간이 중심이 된 제조 활동은 곧 사라지게 될 것이다.

스마트화

공장을 스마트화한다는 것은 공장이 스스로 생각하고 판단하며 실행할 수 있도록 만든다는 것이다. 그렇기 때문에 공장을 스마트하게 하기 위해서는 인간처럼 사고를 하는 뇌, 활동의 여러 상황을 인지하는 신경망, 뇌를 통해 판단 후 신경망을 통한 지시를 받아들여 실행하기 위한 몸체로 구성되어야 한다. 그러므로, 스마트공장은 단순히 소프트웨어적인 측면뿐만 아니라 하드웨어적인 측면이 통합되어야 한다. 스마트공장은 단지 정보시스템을 구축한다고 이루어 낼 수 없다.

스마트공장을 구현하기 위해서는 많은 고민이 필요하고, 기술이 요구된다. 스마트공장은 제조현장의 기계, 설비, 공정, 유통 등 모든 것이 연결되고 데이터를 기반으로 스스로 판단하며, 공장을 최적으로 운영하여 제조원가를 최소화하고, 고효율을 달성하는 생각하는 똑똑한 친환경, 친인간적 공장이다. 그러므로, 스마트공장은 아래 그림26와 같이 복합적인 기술을 통해 구현되어야 한다. 스마트공장을 구축하기 위해 한두 가지 기술만 적용된다고 스마트공장이 구현될 수 없다. 그렇다고, 스마트공장의 완전성을 위해 모든 기술을 다 적용하는 것도 바람직하지 않다. 해당 기업의 여건과 상황에 맞게끔 해당 기업의 성과를 개선하기 위한 기술이 잘 검토되고 적용되어야 한다.

| [그림26] 스마트화의 범위 |

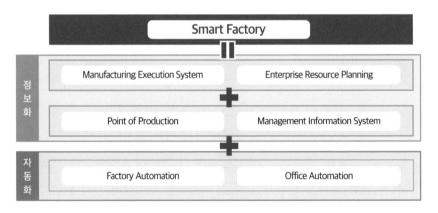

스마트공장의 목표는 인력의 최소화가 아니라 제조공정의 효율화와 운영의 최적화를 통해 최적원가를 구현하고 친환경을 추구하는 친인간형 공장이라고 할 수 있다. 스마트화를 통해 지금까지 단순하고

위험하며 기계를 작동하거나 제품을 생산하는 데 전념했던 작업자들은 공장 운영을 보다 혁신하기 위한 일들로 전환하게 된다. 구축된 스마트공장이 잘 운영되고 관리되며, 공장에서 일어나는 많은 일들의 데이터를 분석, 비즈니스와 가치 창출에 정보통신과 데이터 기술, 인간의 경험을 바탕으로 한 전문적 분석과 창의적인 생각이 접목됨으로써 공장의 스마트화는 더욱 고도화되고 인간의 역할은 더욱 중요해질 것이다.

스마트공장이 너무 기술 중심적이 되어서는 안 된다. 스마트공장은 결국 기업의 성과를 개선하기 위한 혁신도구임을 잊어서는 안 된다.

03

스마트공장 효익(效益)

4차 산업혁명은 전 세계적인 흐름이 되었다. 이제 기업들은 이 혁명의 물결에 편승할 것인지, 아니면 기존의 입장을 고수할 것인지를 결정해야 하는 기로에 서있다. 또한, 이 산업혁명에 동참한다면 '어떻게' 해야 할 것 인지를 판단해야 한다. 주변의 많은 기업들을 볼 때 가장 중요한 이 부분, 즉, 4차 산업혁명의 참여자가 될 것인지 말 것인지, 참여한다면 어떻게, 어 떤 방법으로 참여할 것인지를 명확히 하지 못해 우왕좌왕하는 기업이 예 상외로 많다. 우선 스마트공장 수요자인 제조업의 입장에서 이 혁명을 어 떻게 받아들여야 하는 것인지를 생각해 봐야 한다. '스마트공장이 우리 기 업에게 어떤 효과를 가져다줄 수 있을까? 스마트공장을 통해 어떤 경영 을 할 것인가?'를 진지하게 고민하고 스스로 답해야 한다. 만일, 해답을 구할 수 없다면, 업계의 많은 전문가들로부터 자문을 구하고 열띤 토론을 통해 답을 구해야 하며, 해답을 찾을 때까지 고민해야 할 것이다. 스마트 공장의 구축은 디지털 제조혁신 기술을 활용한 '경영혁신'을 추구하므로 도입 후에는 기업문화의 근본적인 변화가 이루어지고, 사업 및 경영방식에 엄청난 파장이 예상된다. 만일, 스마트공장 도입을 했는데도 근본적인 변화를 확인할 수 없거나 운영방식이 아날로그에서 디지털로, 주관적인 경영에서 객관적인 경영, 경험적 의사결정에서 데이터를 기반으로 한 과학적 의사결정으로의 변화가 없다면 다시 점검해 봐야 한다. 스마트공장이 제공하는 경영혁신의 기회는 내, 외부 데이터를 이용하여 얻는 운영혁신에서부터 적극적 측면에서는 사업구조의 대변혁을 추구할 수 있다.

하지만, 여전히 중소기업의 대표자와 구성원들은 많은 자금을 투자하여 왜 스마트공장을 구축해야 하는지 의구심을 갖는 경우가 많다. 지금 해당 기업이 속해 있는 사업 분야, 생산하고 고객에게 제공하는 제품, 기업 운영을 위해 보유하고 있는 자원과 역량 등을 전반적으로 고려해 본다면 과연 스마트공장 구축이 해당 기업에게 꼭 필요하고 효익을 줄 수 있을까?

사업구조 혁신

디지털 제조기술을 활용한 스마트공장을 구축하고자 하는 기업의 사업전략을 점검해 보는 것은 스마트공장 도입을 고려해야 할 때 최우선으로 고민해 봐야 하는 항목이다. 스마트공장은 전략 지도strategy map 관점에서 본다면 '생산효율 전략' 측면에 영향을 준다. 하지만, 아무리 생산성과 품질을 높여 제조 효율을 높인다고 해도 스마트공장을 구축하고자 하는 사업영역이 미래 성장성이 낮고 향후 사업의 전망이 불투명한 분야에 많은 투자를 할 필요가 있을까? 전략적 선택 관점에서 현재 운영되고 있는 사업의 효율을 극대화시켜 적절한 이익을 확보함으로써 새로운 성장 가능성이 높은 사업을 탐색할 때까지 시간을 벌기 위한 방법이라면 시도해 볼 만하다. 하지만, 지금 참여하고 있는 사업의 미래 성장성이 낮고, 효율을 높여 경쟁자들과의 경쟁에서 차별 우위에 설 수 없다면 많은 투자를 하는 위험을 안아야 할 필요가 없는 것이다. 하지만, 스마트공장을 도입하는 많은 기업의 도입 계기를 볼 때 이처럼 디지털 제조혁신 기술을 이용하여 기업의 본질적인 변화를 꾀하기보다는 경쟁기업이 하기 때문에, 다른 요즘 많은 기업들이 하기 때문에 유행적으로 추진하는 경우가 많은 것 같다. 스마트공장 구축은 이제 기업의 미래 생존을 책임지는 중차대한 상황이다. 스마트공장을 구축하는 것은 단순히 제조운영 프로세스를 디지털로 전환하는 데 목적이 있어서는 안 된다. 결국 스마트공장은 기업의 선택 중 가장 중요한 전략적 선택이다.

데이터를 이용한 경영혁신

기업을 운영하는 경영자의 일상은 '의사결정의 연속'이다. 대기업의 경영자는 전략적 의사결정, 사업적 의사결정이 주류를 이루겠지만, 중소기업의 경영자들은 의사결정 분야가 다양하다. 기업이 내, 외부에서 실시간으로 운영 데이터가 확보될 수 있다면 혁신과 개선의 기회가 보다 더 다양하고 많아질 수 있을 것이다. 지금까지의 중소기업의 사업방식은 고객이 규정한 제품을 적절한 가격, 적절한 품질에 제때 공급하는 것이 가치 창출의 방식이었다면, 현재와 미래의 사업방식은 고객이 원하는 솔루션을 제공해 줄 수 있는 기술과 경쟁자들보다 탁월한 운영성과로 가치를 극대화할 수 있어야 한다. 그러므로, 합리적 의사결정을 통해 최적의 운영성과를 달성할 수 있어야 하며, 데이터를 기반으로 최적의 운영방식을 결정해야 하는 것이다. 데이터를 분석함으로써 기업을 구성하는 구성원 간의 합리적 소통이 이루어져야 한다. 또한, 비합리적인 업무체계를 개선할 수 있고, 위기를 예측하고 대응할 수 있으며, 새로운 경영방침을 개발할 수 있다. 또한, 데이터 간의 무결점 연결을 통해 생산 및 주문이력 추적정보, 품질정보, 주문 진척정보, 납기관리정보 등 고객에게 실시간으로 제공함으로써 고객신뢰도를 향상시킬 수 있을 것이다. 또한, 정확한 정보를 통해 중소기업은 첨단장비 도입, 신공정개발과 같은 고비용이 발생하는 투자를 하지 않고 정보통신기술만을 이용하는 비교적 저렴한 투자만으로도 주요 데이터를 획득, 가공하여 진단과 분석을 통해 신기술을 창출할 수 있다.

| **[그림27] 기업경쟁력과 정보** |

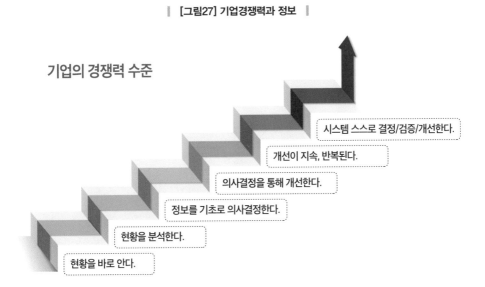

기업의 경쟁력 수준

시스템 스스로 결정/검증/개선한다.

개선이 지속, 반복된다.

의사결정을 통해 개선한다.

정보를 기초로 의사결정한다.

현황을 분석한다.

현황을 바로 안다.

데이터 경영은 데이터의 양과 질에서 경영의 혁신 정도가 결정된다고 해도 과언이 아니다. 4차 산업혁명에서 사물 인터넷을 기저에 두는 까닭은 기존의 응용시스템(ex. ERP, MES etc)에서 얻을 수 있는 데이터의 양과 질을 뛰어넘어 자재, 설비와 장비, 공정, 작업자, 치공구, 공정물류, 작업장 환경, 시장, 고객 등의 다차원에서 실시간으로 측정이 가능한 고급 데이터를 확보하는 데 목적이 있기 때문이다. 사물 인터넷을 통해 얻어진 빅 데이터는 외부의 SNS 정보와 결합하여 인공지능과 수리적 기법 등의 다양한 솔루션을 통해 새로운 사실과 예측을 하는 데 유용하다. 사물 인터넷은 설비와 장비로부터 발생하는 진동, 움직임을 지속적으로 모니터링한 영상, 순간적인 상황을 기록한 이미지 등의 빅 데이터와 센서가 제공하는 실시간 측정값과 다양한 패턴 등으로 구성되므로 기존의 응용시스템이 제공하는 데이터의 양과 속도, 그리고 다양성 측면에서 큰 차이를 보인다. 한국의 스마트공장 구축에 대한 정책적 측면에서 보더라도 2015년부터 2018년까지는 기업들에게 스마트공장의 필요성을 인식시키고 아날로그로 관리되던 운영정보를 디지털로 전환하기 위한 정책을 중점적으로 하였으나 2019년부터는 사물 인터넷을 기반으로 한 빅 데이터, 인공지능 방향으로 정책이 전환되었다. 그래서 지원의 방향도 소프트웨어 위주인 단순한 응용시스템 구축을 지원하는 데 그치지 않고 보유하고 있는 장비나 설비를 디지털로 전환하고, 기업들이 보유하고 있는 설비와 장비로부터 실시간으로 데이터를 얻어 빅데이터화 시키며, 이를 KAMP^{Korea AI Manufacturing Platform[32]} 인공지능 플랫폼을 활용하여 데이터를 축적, 분석함으로써 통찰력과 인공지능 기반 제조운영을 하고자 하는 것으로 전환되었다.

현시대는 데이터가 가장 중요한 자산이 되었다. 화폐도 눈에 보이는 화폐보다 눈에 보이지 않는 가상 화폐가 세상을 움직이고 있다. 기술도 눈에 보이는 기술보다 눈에 보이지 않는 기술이 경쟁력이 더욱 높다. 노동력보다는 지식력이 세상을 움직이고 더 큰 가치를 만들어 내고 있다. 이제 기업은 빅 데이터를 확보한 기업과 그렇지 않은 기업으로 나뉜다. 빅 데이터를 확보한 기업은 빅 데이터를 통해 미래를 통찰하며 미래를 주도해 나갈 것이다. 빅 데이터를 확보한 기업은 빅 데이터를 분석하는 능력에 따라 기업의 경영능력을 평가받을 것이다. 빅 데이터를 이용하여 예측 능력과 최적 의사결정 능력을 확보한 기업은 새로운 미래를 열어나갈 수 있다.

서비스 사업으로의 확장

스마트공장은 기존 제조업의 틀에서 벗어나, 제조 행위와 서비스 행위를 융합한 새로운 제조서비스 사업의 기회를 제공한다. 제조서비스 사업에는 제조기업이 상품기획, 설계, 개발, 양산과 납품, 유지/보수, 회수/재활용/폐기 등의 제품수명주기와 가치사슬의 특정 부문 또는 전체를 서비스로 전환하는 방식과 플랫폼을 활용하여 서비스를 제공하는 사업이 있다. 제조서비스 전환방식은 생산/판매방식에서 임대 서비스로 전환하고 유지/보수 서비스를 강화하는 방식으로 자동차, 농기계, 아파트 등 고객과 밀접한 관계가 있는 제품을 판매하는 기업이 주로 활용한다. 플랫폼을 활용하는 서비스 사업에는 택시 공용 플랫폼을 개발하여 활용하는 우버Uber, 주택공용 플랫폼을 개발, 활용하는 에어비앤비Airbnb 등이 글로벌 시장을 대상으로 한 서비스를 제공하고 있다. 스마트공장을 전문으로 하는 플랫폼 서비스로는 GE, 지멘스, 다쏘시스템즈와 같은 전통의 제조업 지향적인 솔루션 공급사들이 집중적으로 참여하고 있다. 이들은 사물 인터넷과 빅 데이터 분석 서비스에서부터 가상물리시스템 지원 서비스까지 전문적인 서비스를 개발하여 제공하고 있다.

[그림28] 공용 클라우드 서비스 활용[33]

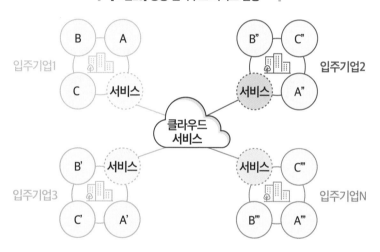

생산성 전략은 운영적 측면에서 고려해야 하는데, 기업의 운영 경제성을 확보해 나가는 것으로서 생산효율, 품질, 비용구조에 대한 항목들을 지속적으로 확인하고 개선해 나감으로써 기업의 성과를 향상시키는 것이다.

스마트공장은 성장전략적 측면과 생산성 전략적 측면, 모두를 혁신하고자 하는 활동이다. 스마트공장의 구현을 통해 기업이 디지털 전환이 이루어지고 이를 통해 고객, 시장, 공급사슬, 이해관계자 등을 연결하여 경쟁력을 확보하며, 궁극적으로는 사업의 디지털 전환을 이루고자 하는 것이다.

불확실성의 최소화

기업의 환경은 급속하게 변화되고 있다. 이러한 변화는 불확실성을 증대시킨다. 기업들은 불확실성이 크면 불안하다. 그래서 할 수 있다면 예견하고 예측하기를 원한다. 특히 제조 산업의 경우 가치흐름value stream이 매우 복잡다단하기 때문에 고객과의 관계에서의 불확실성뿐만 아니라 공급업체와의 관계에서의 불확실성도 줄이는 다양한 방법을 찾고 있다. 불확실성이 최소화될 때 가치흐름 전체가 원활하게 작동하여 가장 최적화된 운영이 가능하기 때문이다. 하지만, 지금까지 고객과의 불확실성을 줄이기 위한 노력은 했지만, 공급업체와의 불확실성을 최소화하기 위한 노력은 게을리한 채, 공급업체에게 그 어려움을 넘겼다.

코로나19로 인해 사람은 물론 물자 등의 이동이 크게 제한받는 시대이다. 특히 국가 간 이동은 더욱 어려워졌다. 이러한 상황에서 고객은 자신이 주문한 제품에 대한 품질은 물론 납기, 주문량 등을 정확히 일치시키거나 균형적으로 운영되는 공급업체와 거래하고자 하는 욕구가 강해졌다. 이와 같이 고객의 요구사항을 실시간으로 파악하고 이를 만족시킬 수 있는 최적의 시스템 중 하나가 스마트공장이라고 할 수 있다. 스마트공장은 공장 내에 각각의 기기에 센서를 부착하고 이를 통해 정보를 실시간으로 주고받음으로써 불량을 최소화하고 원하는 날짜에 맞추어 정확히 원하는 수량을 생산하기에 최적화된 시스템인 것이다. 더 나아가 원자재의 수요를 정확히 예측하고 재고를 최소화시켜 기업이 운용해야 할 재무적 자산을 보다 효과적으로 운영 가능하게 만들어 준다. 이러한 상태를 고객이 직접 방문하지 않아도 언제 어디서든지 정보를 제공받을 수 있는 시스템을 갖추게 된다면 이를 통해 생산자는 고객으로부터 더욱더 강화된 신뢰를 확보하게 될 수 있는 것이다.

즉, 스마트공장은 고객, 생산자, 공급자 모두에게 예측 가능한 활동을 보장해 주는 공장인 것이다. 이를 더욱 고도화시켜 나간다면, 인공지능의 도움으로 인간이 할 수 없는 연산이나 인간이 느낄 수 없는 감각기능을 더해 인간을 뛰어넘는 공장을 구현할 수 있을 것이다.

합리적 의사결정

스마트공장 구축을 통한 운영의 본질은 데이터를 기반으로 경영하는 것이다. 기업을 운영하기 위해서는 현황정보(고객정보, 구매정보, 생산정보, 품질정보, 납품정보, 설비정보 등등)와 분석정보, 예측정보를 통한 합리적인 판단과 전략적 의사결정을 지원하는 정보가 필요하다.

현황정보는 기업을 운영하는 데 가장 기초가 되는 데이터들의 묶음을 말한다. 이러한 데이터들의 묶음을 통해 정보가 만들어지는데, 고객 주문현황, 구매처에 제공한 발주현황, 제조 및 생산을 하기 위한 작업지시 및 실적현황, 제품별, 공정별 품질현황, 고객에게 인도 후 납품한 현황 등을 말한다. 이러한 현황정보가 스마트공장이 구축되지 않은 기업에서는 사람들이 각자 본인이 맡은 업무에 대한 현상을 양식에 수기로 남김으로써 운영에 필요한 데이터를 수집했다. 이렇게 서류에 기록된 데이터들은 필요한 시점에 바로 찾기가 어렵고, 또한, 의미 있는 정보로 만들어 내기 위해서는 다시 필요한 용도로 데이터들을 가공해야 하기 때문에 관리자나 책임자가 그러한 정보를 기초로 의사결정을 내리기 위해서는 많은 시간이 소요되었다.

스마트공장의 시작점은 이러한 현황정보를 디지털로 전환시킴으로써 누구든지, 언제든지 바로 볼 수 있는 정보로 만들어 내도록 하는 것이다. 이러한 현황정보는 관리자나 책임자에게 실시간 정보를 제공해 줌으로써 현황을 실시간 모니터링하면서 문제를 예측하거나 진단하게 된다. 또 현황정보는 분석정보의 기초가 된다.

스마트공장을 구축하면서 경영자들이 느끼는 감정 중 하나가 스마트공장 구축하는 데 비용보다 효과가 그다지 크지 않다는 것이다.

필자가 여러 차례 강조하여 얘기하는 것 중에 하나가 데이터를 기반으로 한 '전략적 의사결정'이라는 것이다. 이는 무엇인가? 결국 데이터를 가지고 기업의 성과를 개선하는 데 활용되어지는가 하는 것이다. 스마트공장을 구축한 기업들은 너도나도 제조현장이나 사무실에 각종 자료를 알려주는 대시보드dash board가 있다. 현황판에는 현재 운영되는 공장 상황을 실시간으로 알려준다. 그리고 이러한 데이터들을 계속 서버에 저장되어 언젠가 사용될 것을 기대하며 수집된다. 딱 여기까지이다. 수집된 데이터를 '전략적 의사결정' 즉 기업의 경영성과와 연관지어 확인하고 검토하여 합리적 경영보다 효율적 경영을 하기 위한 성과경영을 해야 한다. 아무런 고민과 노력을 하지 않는데 성과가 그저 좋아질 수 없다. 스마트공장, 디지털 전환은 기업의 성과를 개선하기 위한 중요한 도구이다.

5장

스마트공장 구축 절차

기업이 스마트공장 구축을 결정하는 것은 매우 어렵고도 중요한 전략적 의사결정strategic decision-making이다. 하지만, 중소기업 대부분은 이러한 전략적 선택 및 기업의 미래를 결정하는 중요한 의사결정 사항임에도 불구하고, 스마트공장을 추진하는데 너무 쉽게 결정하는 경향이 있다.

제조기업의 스마트공장 구축은 기업의 운영방식을 아날로그에서 디지털로 전환하는 것이다. 단순히 운영에 관련된 데이터를 손으로 기록하는 것에서 정보기술을 이용하여 디지털 정보로 변환하여 저장하는 것과는 엄청난 차이가 있다.

기업 운영에 관한 철학, 사고, 업무를 바라보는 시각과 태도, 업무를 수행하는 방법, 구성원 및 이해관계자의 소통 방법, 제조공정 및 관리체계를 운영하는 방법, 업무의 추진 결과를 활용하는 방법 등 아날로그적 업무 방식과 디지털적 업무 방식은 근본이 다른 것이다. 기업조직 자체가 디지털화되는 것이다.

스마트공장을 추진하는 데 있어서 가장 중요한 것은 최고경영자에서부터 실무자에 이르기까지 스마트공장이 뜻하는 것이 무엇인지. 우리 기업이 왜 스마트공장을 구축해야 하는지. 스마트공장이 우리 기업에 꼭 필요한 것인지. 스마트공장을 구축한다면 기업에 어떤 이익이 있는 것인지. 우리 기업에 맞는 스마트공장은 어떤 것인지. 등 참으로 고민해야 할 것들이 많다.

해당 기업이 스마트공장 추진에 대한 전문적 지식과 경험이 없다면, 스마트공장 전문가나 컨설턴트 또는 각 지역에서 스마트공장을 지원하는 기관(각 지역 스마트 제조혁신센터 등)의 도움을 받으면 보다 실패의 위험을 줄일 수 있다. 하지만, 스마트공장에 대한 분야도 다양하고 적용되는 기술도 복잡하기 때문에 특정한 한두 사람의 전문가에 의해 자문을 받는 것은 실패할 우려를 낳는다. 가급적 다양한 분야와 영역의 전문가들과 교류하고 자문을 받는 것이 바람직하다. 도움을 받고자 하는 전문가를 선정할 때에도 그 전문가의 전문영역, 해당 분야의 경력과 경험 등을 객관적인 자료를 통해 검토하고 신뢰할 만한 경험과 지식을 가지고 있는지 여유 시간을 가지고 소통하면서 반드시 검증해 봐야 한다.

왜냐하면, 스마트공장은 특정 분야의 기술만 요구되는 것이 아니라 복합 분야의 기술이 요구되기 때문이다. 또, 우리 기업과 동일한 업종의 스마트공장을 구축한 경험이 있는 경우가 성공적인 추진에 도움이 될 수 있지만, 동일 업종을 자문한 전문가가 있다고 하더라도 반드시 우리 기업에 가장 적합한 전문가라고 할 수도 없다. 그것은 각 기업마다 사업내용, 생산제품, 고유하게 업무를 추진하는 방법, 조직구조, 인적자원의 역량 수준 등 추진 환경이 다르기 때문이다.

그래서, 아무리 동일한 업종을 성공적으로 이끈 전문가라고 하더라도 항상 성공하는 것이 아니라 실패할 여지가 존재하기 때문에 신중히 선정해야 한다.

우리 기업의 스마트공장을 추진함에 있어서 도움을 받고자 하는 전문가를 선정하는 경우에는 짧게는 2~3개월, 길게는 5~6개월의 충분히 시간을 가지고 선정할 필요가 있다. 또한, 전문가를 선정할 경우에 경영자뿐만 아니라 기업 핵심 실무자들과의 다양한 소통을 통해 전문가의 역량을 판단해야 한다. 그 기간 정도라면 전문가도 해당 기업을, 해당 기업도 그 전문가의 역량과 경험, 그리고 도전적 혁신방안을 찾을 수 있지 않을까 생각된다.

많은 기업들이 스마트공장을 추진함에 있어서 정보화를 먼저 추진해야 할지, 아니면 자동화를 먼저 추진해야 할지 쉽게 결정하지 못하는 경우가 있는데, 그 경우는 다음 스마트공장의 추진 흐름에 대한 그림29를 참고하면 도움이 될 것이다.

│ [그림29] 스마트공장 추진 flow │

스마트공장에 대한 구축 영역을 크게 나누어 보면 '정보화', '자동화', '지능화', '스마트화'로 구분할 수 있다.

'정보화 영역'은 기업의 내, 외부 데이터와 정보의 흐름을 다루는 분야이다. 고객과의 관계와 고객정보를 다루는 것에서 기업 내부의 계층별 정보, 즉 경영자가 의사결정을 합리적으로 수행하기 위해 지원되는 경영지원정보와 고객발주에서부터 납품까지 진행되는 프로세스에 대한 정보인 기업자원관리정보, 생산 계획 및 통제, 설비가동정보, 품질정보, 생산실적 및 효율성 정보 등을 다루는 제조실행 및 운영정보, 기업의 활동에 요구되는 외부 공급기업의 정보인 공급사슬정보 등을 다루는 영역을 말한다. '자동화 영역'은 제조 활동에 있어서 요구되는 설비와 사람을 대신하는 로봇과 자동화 부분을 말한다. '지능화 영역'은 정보화 영역과 자동화 영역에서 수집된 데이터를 기반으로 지식화, 지능화할 수 있는 부분을 다루는 분야이다. '스마트화 영역'은 지능화 영역에서 수집된 대량의 데이터를 기반으로 분석되고 운영되는 정보를 머신러닝machine learning 또는 딥러닝deep learning 알고리즘을 활용하여 수집된 데이터를 기반으로 학습함으로써 인간의 지능과 같은 인공지능을 통해 운영될 수 있는 부분을 말한다. 스마트공장의 초고도화 수준은 스마트화 영역에 도달했을 때 달성되어진다.

필자는 스마트공장을 추진하는 데 있어서 첫 번째로 추진해야 하는 영역으로 정보화 영역을 먼저 추진해 보기도 하고, 자동화 영역을 먼저 추진해 보기도 했다. 스마트공장 구축을 처음 시도할 때는 기업에서 필요로 하는 데이터를 흘려보내는 것, 즉 정보화 영역을 먼저 추진하는 것이 합리적인 방법이라고 생각하였으나 여러 해 동안 추진해 본 결과 스마트공장을 구축하는 첫 번째 단계에서는 정보화 영역과 자동화 영역 중 그 어느 영역을 먼저 추진해도 크게 문제 되지 않을 것으로 판단된다. 물론, 정보화 영역과 자동화 영역이 통합되어야 다음 단계인 지능화 영역과 스마트화 영역으로 나아갈 수 있다. 그렇기 때문에 지능화 영역과 스마트화 영역에서 필요로 하는 데이터의 표준화가 중요하기에 정보화 영역에서 데이터 표준을 명확히 설정하는 것은 매우 중요하다. 물론, 이러한 추진에 있어서 반드시 고려해야 하는 것은 기업의 스마트공장 추진전략이 명확히 설정되고 인지된다는 것을 전제로 해야 한다.

[그림30] 스마트공장 구축 process

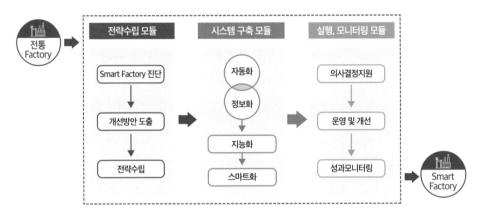

스마트공장을 성공적으로 추진하기 위해서는 체계적인 절차의 철저한 준수가 매우 중요하다. 기업의 모든 시스템이 그러하듯이 시스템의 구축 및 운영에 있어서 성공 여부는 프로젝트 관리가 철저히 이루어지는지, 체계적인 절차를 통해 지속적으로 확인되는지, 조직 내 구성원들이 추진에 얼마나 열정을 가지고 진행하는지에 따라 성공과 실패의 갈림길에 놓이게 되는 경우가 많다. 일반적으로 스마트공장을 구축하는 절차는 다음과 같다.

[그림31] 스마트공장 추진 절차

준비   진단/평가   추진전략 및 로드맵   구축/실행   지속적 개선

스마트공장을 성공적으로 구축하기 위해서는 먼저, 준비과정을 통해 해당 기업의 구성원들이 스마트공장에 대해 이해하는 것에서부터 출발한다. 그리고, 스마트공장 구축을 통해 조직을 혁신하기 위해 혁신활동의 최일선에 설 혁신가^{Innovator}들이 필요하다. 물론 경험 많고 유능한 외부 전문가의 도움을 받는 것도 중요하지만, 결국 기업을 근본적으로 혁신하는 주체는 조직 내부의 구성원이 되어야 한다. 이를 위해 스마트공장 TFT^{과제해결팀 : Task Force Team}를 조직하고 구성함으로써 보다 성공적인 추진이 될 것이다.

다음은 준비과정을 통해 해당 기업에 스마트공장에 대한 지식 자산이 쌓이면 정확한 진단을 해야 한다. 조직 내부 또는 전문가에 의한 정확한 진단은 추진 방향과 전략을 짜는 데 도움이 된다. 조직 내부 구성원에 의한 진단은 우리 스스로가 문제점이 무엇인지를 인식하는 계기가 되고 외부 전문가에 의한 진단은 조직 내부 구성원들이 볼 수 없는 영역과 전문가의 경험에 기반한 객관적인 진단이 이루어진다. 스마트공장 진단은 '수준 진단'과 '분야 진단'으로 나눌 수 있다. '수준 진단'에서는 객관적인 진단을 통해 현재 우리 기업의 스마트공장 수준을 평가하고 우리 기업이 스마트공장을 추진하는 것이 경영전략적 관점에서 합리적인지를 판단해야 한다. 현재 우리 기업의 스마트공장 수준이 기초단계인지, 아니면 중간단계인지, 고도화단계인지를 파악하고, 스마트공장 수준을 높여나가는 것이 기업의 경쟁력 확보 및 강화에 도움이 될지 결정해야 한다. '분야 진단'에서는 먼저 '경영전략적 측면'에서는 스마트공장 구축이 회사의 경영정책과 경영전략에 부합되는지, 경쟁하고 있는 사업 도메인business domain의 위치가 스마트공장을 통해 효율(생산성, 품질, 원가)을 높일 수 있는 사업단위business unit인지 등 스마트공장을 통해 경영성과에 도움을 얻을 수 있는지를 판단해야 한다. 기업의 문화를 바꾸고 시스템을 근본적으로 변화시키는 것은 많은 노력과 비용이 수반된다. 결국 스마트공장도 기업의 경쟁력 강화, 즉, 성장성과 수익성을 위해 추진하는 것임을 잊어서는 안 된다. 또한, '운영기술 측면'에서 진단해야 한다. 조직을 운영하고 있는 내부적인 운영 프로세스가 어떤 형태로 이루어지는지, 운영시스템에 어떤 문제점을 가지고 있는지, 아날로그 방식의 업무를 디지털 방식으로 전환하는데 예상되는 장애요인이 무엇인지, 장애요인을 극복하기 위해서는 어떤 활동이 필요한지, 업무요구사항(절차, 규정 등)에서 실행하고 성과에 영향을 미치는 것들이 무엇인지, 인적자원의 역량(업무수행, 디지털 전환)의 정도는 어떠한지 등 기업 운영의 전반적인 사항을 진단하는 것이 중요하다. 그리고, '정보기술 측면'에서도 진단해야 한다. 해당 기업이 디지털, 정보, 데이터에 대한 구성원의 인식은 어떠한지, 정보시스템을 구축하기 위한 노력을 하고 있는지, 정보시스템을 활용하는 정도는 어느 정도인지, 데이터를 수집, 분석, 가공하여 통찰력insight을 얻는 데 활용하는지, 또한 '정보인프라 측면'에서도 기업 운영에 어떠한 응용시스템SW을 활용하는지, 정보시스템 기반시설(서버, 클라우드, 네트워크, 보안 등)은 적정한지 등을 파악함으로써 해당 기업의 스마트공장 추진 방향 수립에 도움이 될 것이다.

정확하고 객관적인 진단이 이루어지면 이를 토대로 우리 기업이 추진해야 할 스마트공장 추진정책과 방향, 추진내용, 예상되는 효과, 소요되는 비용 등을 산정해 볼 수 있을 것이다. 그리고 스마트공장을 구축하는 것은 단기간에 이루어지는 일이 아니므로, 추진 로드맵 등을 통해 중장기 스마트공장 추진방안을 수립하고 문서화 하는 것이 필요하다. 문서화된 스마트공장 추진방안을 이해관계자들과 공유함으로써 보다 성공적인 스마트공장을 구축하는 데 도움이 될 것이다.

중장기 스마트공장 추진방안이 결정되었다면 이를 실행하기 위한 상세한 계획이 수립되어야 한다. 스마트공장을 성공적으로 구축하기 위해서는 외부 전문가의 자문과 컨설팅을 통해 조직구성원과 함께 변화를 시도해 볼 수 있다.

스마트공장 추진 방법이 결정되면 정보화 또는 자동화를 추진하는 공급기업을 탐색하고 선정해야 한다. 스마트공장의 성공적인 구축 및 운영을 위해서 역량 있고 신뢰할 수 있는 공급기업을 선정하는 것은 매우 중요하다. 역량 있고 신뢰할 만한 공급기업을 선정하기 위해서는 해당 업계의 평판 조사 및 전문가의 추천을 통해 탐색하는 것이 바람직하다. 선정된 공급기업은 시스템을 함께 구축함은 물론이거니와 향후 우리 기업의 시스템을 함께 보완하고 개선해 나갈 중요한 파트너이기 때문에 신중하게 선정해야 한다.

역량 있고 신뢰할 만한 공급기업이 선정되었다면, 그동안 조직 내부에서 운영되던 내부 TFT와 공급기업의 실무자로 구성된 통합 TFT가 결성되어야 한다. 통합 TFT는 전사적인 관점에서 추진되어야 함으로써 조직구조 및 역할을 명확히 결정해야 한다. 또한, 철저한 실행을 위해서는 구체적이고 세부적인 실행계획이 세워져야 한다. 추진 단계가 어떻게 되는지, 단계별로 어떤 일들을 수행해야 하며, 누가 책임지고 운영할지, 일정은 얼마나 소요되고, 비용은 얼마나 배정해야 하는지, 추진이 성공적으로 진행되는지를 어떤 주기로 점검을 할지, 추진 후 성과평가는 어떻게 해야 할지 등 세부적인 계획은 프로젝트를 성공의 길로 안내하게 될 것이다. 구체적인 계획이 통합 TFT가 조직 내, 외부 관련자와 조정되어 수립이 되었다면, 조직구성원 및 이해관계자들에게 시작을 알리는 발대식(kick-off)과 설명회를 열어 공유해야 한다. 발대식과 설명회를 등한시하는 경우가 있는데 스마트공장 구축은 전사적인 혁신활동이다. 관련자와 이해관계자들에게 계획을 공유했다면, 그 이후는 철저한 실행만이 성공의 길로 가는 유일한 길이다. 계획한 내용에 따라 철저하게 실행하고, 주간단위 및/또는 월간단위별로 진척사항을 모니터링하는 것도 소홀히 해서는 안 된다. 시스템이 구축이 되었다면, 시운전과 운용조건하에서의 실제 운전을 통해 원하는 요구사항이 반영되었는지, 우리 기업에 적합한 시스템이 만들어졌는지를 확인해야 한다. 적합한 수준의 시스템이 만들어졌다면, 해당 구성원에게 교육하고, 이를 체득화(體得化)함으로써 시스템의 성과(효율, 효과)를 극대화 해야 한다. 체득화하는 과정에서 조직구성원들이 얼마나 참여하고, 열정적으로 실행하며, 적극적으로 개선하는가 하는 것이 시스템의 품질, 스마트공장의 품질을 좌우한다.

01

준비

 스마트공장을 성공적으로 구축하는 데 가장 중요한 과정이 있다면 바로 '준비'이다. 필자의 경험으로 미루어 볼 때 이 준비과정에서 해당 기업의 스마트공장 구축의 성공 여부가 결정된다고 해도 과언이 아니다. 만일, 준비과정이 원활하지 못하거나 준비과정을 통해서 변화할 준비가 되어있지 않다면, 시작하지 않는 것이 좋다. 많은 기업들이 이 준비과정을 소홀히 다루는 것 같아 안타깝다. 스마트공장 구축은 다시 강조하지만, 기업의 전략적 의사결정이다. 한번 시작하면 많은 시간과 비용이 수반되며, 쉽게 바꾸거나 멈출 수 없는 전사적 활동全社的 活動이다. 준비과정에서 이러한 활동 전반에 대한 준비를 철저히 하지 않는다면 실패할 확률이 높다.

 준비단계에서 해야 할 일은 다음과 같다.

 · 경영자와 조직구성원의 필요성 인식과 추진 결의

제2부 스마트공장을 올바르게 구축하는 방법은 무엇인가?　**159**

- 스마트공장 TFT 구성 및 계획수립
- 스마트공장에 대한 학습과 사례분석 및 적용방안 모색
- 전문가 선정 및 자문

　준비과정에서 가장 먼저 해야 할 일은 경영자와 조직구성원이 스마트공장 구축의 필요성을 인식cognition하고 결의resolution를 다지는 일이다. 어떤 일이든지 주체자 본인이 중요하다고 인식하고 능동적이고 열정적으로 일을 추진해야 성공에 가까이 갈 수 있다. 그저 그렇게 해서는 그저 그런 결과가 나온다. 다른 회사가 한다고 하니까, 시대의 흐름에 뒤처지지 않기 위해서, 고객이 시키니까, 무슨 내용인지도 정확히 알지도 못하면서, 필요성도 모르고 억지로, 하게 되면 실패가 뻔히 보이게 된다. 기업마다 추진하는 상황이 모두 다르겠지만, 우리 회사가 스마트공장을 왜 추진해야 하는지, 스마트공장을 추진하면 무엇이 우리 기업에 도움이 되는지, 스마트공장 구축을 위한 투자를 통해 얻게 되는 효과는 얼마나 되는지, 모든 구성원들에게 어떤 이익이 돌아가게 되는지 명확히 인지하는 것에서부터 시작해야 한다. 만일, 이와 같은 질문에 명확한 답을 얻지 못했다면, 시작하지 않는 것이 좋다. 실패가 뻔하게 보이기 때문이다. 과거 기업에서 일어난 많은 혁신활동innovative activity을 보면 해당 기업의 경영자가 정책과 방침으로 결정하여 top-down 방식으로 추진하였으나, 구성원의 전원 참여가 없이는 성공적인 혁신 결과(스마트공장 성공적 구축, 디지털 전환, 제조혁신)를 얻어낼 수 없었을 것이다. 그러므로, 경영자가 중심이 되어 구성원과의 대화의 장場을 통해 모든 구성원들의 의견을 청취하는 것이 필요하다. 또, 전문

가나 지원기관에 의뢰하여 스마트공장에 대한 필요성 인식과 의식변화를 위한 특강이나 설명회 등을 개최하는 것도 도움이 된다. 이 과정에서 고려해야 할 사항은 경영자와 조직구성원이 스마트공장 구축의 필요성을 명확히 인식하여 추진에 대한 의지를 형성하고 결의를 다지는 데 있다. 경험이 많은 전문가나 컨설턴트들은 기업 방문 시 그 기업의 분위기를 보면 성공 가능성을 점쳐볼 수 있다. 성공하는 기업과 실패하는 기업은 기업 분위기부터 다르다. 기업 분위기는 해당 기업의 환경, 구성원의 태도, 혁신을 위한 준비 정도 등을 보고 판단할 수 있다. 그래서, 기업문화가 중요하다는 것이다.

경영자와 구성원이 필요성을 인식했다면, 다음은 스마트공장 TFT^{Task Force Team}를 구성하고 개략적인 도입 및 추진일정을 수립해야 한다. 추진내용과 범위 그리고 추진일정을 수립하고 이를 구성원들과 공유함으로써 구성원들이 자체적으로 진행되는 본연의 업무들과 조율해 나갈 수 있다. 스마트공장 TFT는 조직 내부와 조직 외부 간의 의사소통 창구역할을 하게 되며, 해당 기업에 적합한 스마트공장 추진방안에 대한 밑그림을 그리게 된다. 스마트공장 TFT의 구성 형태는 여러 가지로 나타날 수 있겠지만, 통상적으로 TFT를 책임지는 팀장과 팀원으로 구성한다. 이 또한 조직의 참여도와 복잡도에 따라 조직을 세분화하거나 추진위원회 등을 구성할 수 있지만, 가장 핵심적인 주체자는 TFT 구성원이다. TFT 구성원의 수는 기업규모, 사업내용, 범위, 수준에 따라 결정될 수 있다. 또, TFT 구성원을 조직 내부에서 선발할 때 고려할 사항은 구성원의 성향이다. TFT의 구성원은 조직을 이끌고 나가는 그룹이기 때문에 도전적이거나 혁신적인 성향의 구성원이 훨씬 성과가 좋다. TFT 구성원은 스마트공장에 대한 선도적인 학습을 통해 스마트공장 추진을 위한 지식과 정보를 수집하는 것도 중요하지만, 직원들에게 추진 의지와 내용을 설명해 줄 수 있는 능력도 보유해야 하며, 성공적으로 추진하기 위해 조직구성원들의 동의와 합의를 이끌어 내는 소통능력이 무엇보다 중요하다.

다음으로는 스마트공장에 대해 학습하고 해당 기업에 어떻게 적용할 것인지 방안을 모색하는 것이다. 한국의 스마트공장에 대한 시작은 독일의 인더스트리 4.0을 기반으로 한 산업혁신 3.0 운동을 통해서 시작되었다. 4차 산업혁명의 시대에 제조기업이 지속성장 가능한 방안으로 제시된 것이 바로 스마트공장인 것이다. 스마트공장이 무엇인지, 탄생 배경이 무엇인지, 스마트공장의 구성은 어떻게 되어있는지, 스마트공장 구축에 사용되는 기술이 무엇인지, 스마트공장 구축 프로세스는 어떻게 되는지 등 해당 기업에 적용하기 위한 스마트공장 지식자산을 쌓아야 한다. 초기에는 스마트공장에 대한 전문서적이 부족했지만 현재는 꽤 많은 수의 전문서적이 발간되었으니 이를 참고하면 될 것 같다. 물론, 스마트공장에 대해서만 다룬 서적뿐만 아니라 디지털 전환, 4차 산업혁명, 로봇 등 핵심기술에 대한 서적도 참고하면 도움이 될 것이다. 스마트공장에 대한 학습과 더불어 다른 기업에 성공적으로 적용된 사례를 학습하거나 해당 기업을 견학함으로써 추진방안을 공감해 보는 것도 필요하다. 다른 기업들은 어떤 이유로 스마트공장을 도입하게 되었는지, 스마트공장을 도입할 때 고려사항과 범위, 장애요인은 무엇이었는지. 어떻게 장애요인을 해결해 나갔는지. 등 실질적으로 적용되어서 운영되고 있는 기업 현장을 통해 눈으로 확인하고 공부하는 것이 중요하다. 가급적 많은 기업을 견학하고 해당 기업의 추진 책임자들과의 네트워크를 형성함으로써 자연스럽게 우리 기업에 적용할 수 있는 방안에 대한 해법을 찾게 되지 않을까 싶다.

해당 기업의 스마트공장 TFT가 어느 정도 지식 자산을 쌓게 되면 이를 구체화하기 위해 전문가를 선정해야 한다. 물론, 해당 기업 내의 구성원들이 스마트공장에 대한 지식 자산을 토대로 자체적으로 추진해도 되겠지만, 스마트공장처럼 복잡하고 기업 운영의 성패를 결정할 중요한 내용들에 대해서 자체적으로 추진하는 것은 혁신 변화의 폭이 제한된다. 또, 스마트공장은 단순히 시스템을 구축하는 데에만 머물러 있는 것이 아니라 이를 효과적으로 운영함과 더불어 구성원들이 지속적으로 개선해야 하는 분야도 있기 때문에 전문가의 도움을 받는 것이 합리적이라고 생각한다. 단순히 스마트공장에 관련된 지식과 추진 방법을 안내해 주는 것도 중요하지만, 프로젝트를 성공적으로 운영하기 위한 방안도 전문가들의 경험을 통해 얻게 된다. 정부에서는 '스마트 코디네이터 제도', '스마트 마이스터 제도', '스마트공장 수준 진단', '스마트공장 사전컨설팅 프로그램' 등을 통해 전문가를 파견하여 기업들을 돕고 있다. 스마트공장 전문가를 선임할 때 고려할 사항은 스마트공장에 대한 지식 정도, 스마트공장 구축 경험, 스마트공장 구축 시 구성원과의 협업 및 소통능력 등 전반적인 사항을 고려해야 한다. 스마트공장 전문가의 자문을 받을 때 유의사항은 해당 전문가가 보유한 전문분야에 따라 한쪽으로 치우치는 자문을 받는 경우가 있는데 이럴 경우는 영역별 전문가를 선정하는 것도 방법이 된다. 스마트공장 전문가의 자문을 통해 추진방안을 구체화하고 세부적인 실행내용에 대해 계획을 수립해야 한다.

02

진단

모든 일은 현재의 조직(대상)의 상태를 명확히 이해하는 것에서부터 시작된다. 스마트공장이라고 하여 제조현장만을 진단 대상으로 삼아서는 곤란하다. 스마트공장이라는 영역은 기업을 아날로그 방식에서 디지털 방식으로 근본적인 전환을 목표로 하기 때문에 기업의 모든 영역을 대상으로 해야 한다. 하지만, 시간적 여유를 가지고 해당 기업의 모든 영역(방침, 재무, 관리, 운영, 생산기술 등 포함)을 진단하면 좋겠지만, 진단의 목적과 범위에 있어서 스마트공장을 구축하기 위한 목적과 목표, 그리고 명확한 방향을 설정하기 위한 것이기 때문에 너무 많은 시간을 투자하여 진단하는 것은 오히려 추진 목적과 범위에 혼란을 가져올 수 있다. 그러므로, 스마트공장 분야에 해당되는 영역만 진단하는 것이 바람직하다. 그리고, 진단은 반드시 외부 전문가에 의해서 진행하는 것이 올바른 결과를 얻을 수 있다고 생각된다. 왜냐하면 내부 인력은 아무래도 외부 전문가에 비해 지식과 경험의 한계가 있으며, 객관성과 독립성을 확보하기 어렵고 혁신적인 방안을 제시할 수 없기 때문이다.

물론, 내부 인력은 외부 전문가보다 해당 기업의 현재의 운영실태와 현실적 운영방식에 대해서는 더 잘 알고 있을 것이다. 하지만, 혁신이란 것은 현재의 상태나 운영방식이 가장 나쁜 상태라고 가정하고 변화하고 개선하기 위한 방안을 찾아내는 것이다. 그러므로, 내부 인력과 외부 전문가가 잘 조율하여 해당 기업의 최적의 스마트공장 추진방안을 찾아낸다면 그것으로 성공의 첫발을 내딛게 내는 것이다. 스마트공장을 진단하는 방법은 여러 가지가 있겠지만, 필자의 회사에서 수행하는 방법을 기준으로 설명하고자 한다.

스마트공장 진단모형

본 스마트공장을 성공적으로 구축하기 위한 진단모형은 지난 25년간의 제조혁신 컨설팅 경험과 스마트공장 구축 사례를 통해 개발하였다. 스마트공장 진단모형은 아래 그림32와 같이, '수준 진단' 및 '분야 진단'으로 크게 나뉘는데, '수준 진단'은 해당 기업의 현재 스마트공장 수준을 진단하고, '분야 진단'에는 '경영전략', '운영기술', '정보기술'로 구분하여 진단한다. '수준 진단'과 '분야 진단' 중 '수준 진단'을 먼저 진단하게 되는데, '수준 진단'을 선행해서 추진하는 이유는 해당 기업의 스마트공장 수준을 먼저 파악함으로써 해당 기업의 스마트공장 수준(기초, 중간, 고도)에 따라 요구되는 운영기술과 정보기술의 필요 내용에 차이가 나기 때문이다. 예를 들면, 특정 기업의 스마트공장 수준이 전통공장 수준이라면, 그 기업은 스마트공장에 대해 인식하고 있지 않고, 변화와 혁신의 경험을 가지고 있지 못하기 때문에 그 기업의 구성원들의 디지털 전환 필요성에 대한 인식 정도와 스마트공장 필요성 정도를 파악하는 것이 선행되고 비중이 높을 것이다. 전통공장 수준에 있는 기업이 모든 단계를 뛰어넘어 스마트공장의 가장 높은 수준의 단계인 인공지능AI 기반 CPS 스마트공장을 목표로 추진하는 것은 실패 위험과 효율성 측면에서 타당하지 않다. 중간 1단계 수준의 기업은 상황에 따라서는 AI 기반의 스마트공장을 구현하는 방향으로 추진할 수 있다. 하지만, 이 또한 구성원의 역량 수준, 참여하고 있는 사업범위, 적용되는 기술의 수준, 기업이 처해 있는 경영환경 등 제반 사항에 따라 판단해야 한다.

| [그림32] 스마트공장 진단모형 |

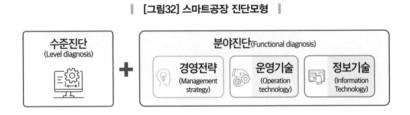

'분야 진단' 항목을 크게 경영전략, 운영기술, 정보기술로 구분하였는데, 경영전략 분야를 진단하는 이유는 해당 기업의 전략적 운영상태를 명확히 파악하여 스마트공장 구축이 전략적 관점에서 도움이 되는지를 진단하기 위한 것이다. 아무리 스마트공장 구축이 제조기업에게 필수적이고 시대적 흐름이라고 하더라도 해당 기업이 참여하고 있는 사업 분야Business domain에서 성장 가능성이 낮거나 수명주기가 끝난 사업 분야에 속해 있다면 스마트공장 구축을 위해 투자하는 것이 오히

려 낭비가 될 수 있기 때문이다. 스마트공장을 구축하여 공장이 지능적으로 운영되고 이에 대한 여러 가지 정보를 의사결정자가 확인하고 개선함으로써 기업 재무성과에 영향을 미칠 수 있어야 하는 것이다. 기업은 스마트공장을 구축함으로써 지금 활동하고 있는 사업 분야에서 경쟁력을 확보하여 재무적 및 비재무적 성과를 얻을 수 있어야 한다. 스마트공장 구축을 통한 성과를 평가할 때 스마트공장 구축 전과 스마트공장 구축 후의 기업 재무지표(성장성, 효율성)를 비교해 보는 것도 좋은 방법이 될 수 있다. 스마트공장을 구축하는 것은 운영효율을 높임으로써 기업의 재무적 성과에 영향을 주려고 하는 것이다. 하지만, 기업의 재무적 성과가 스마트공장의 구축 유무에 의해서만 영향을 받지는 않는다. 기업의 재무적 성과에 영향을 미치는 변수는 헤아릴 수 없이 많은 변수variable에 의해 영향을 받게 된다. 물론, 비재무적 성과지표도 측정하는 것이 도움이 된다. 생산성, 품질, 원가, 납기준수, 고객 만족도 등 비재무적 성과지표는 기업에서 얼마나 성과 측면에 대한 관심을 가지고 지표를 개발하는가에 따라 다양한 지표를 가지고 성과를 측정할 수 있다. 재무적, 비재무적 성과지표를 통해 성과를 측정함으로써 장단기 성과에 도움이 되지 못한다면 그것은 실패한 혁신이 된다. 혁신활동과 경영성과 간의 관계에 대한 유의성 검증에서 혁신활동(관리혁신, 기술혁신)은 혁신활동의 단기적인 성과로 대변할 수 있는 재무성과뿐만 아니라 비재무성과에도 정(+)의 영향을 미치는 것으로 나타났다. 이는 기업의 활동 중 부가가치를 직접 제공하는 기술 및 제품에 관한 혁신과 생산운영활동과 이를 지원하고 보조하는 계획, 관리, 지원활동도 기업의 단기 성과측정치인 재무성과뿐만 아니라 장기 성과

측정치인 비재무성과에도 영향을 미치는 것으로 나타났다. 이는 고객에게 직접 제공되는 제품과 그 제품을 만드는 과정에 관한 기술적 부분뿐만 아니라 이러한 활동을 지원, 관리하는 활동이 상호유기적으로 작용할 때 경영성과(재무성과, 비재무성과)가 개선된다는 것을 알 수 있다.[34]

운영기술분야는 크게 10가지 세부 항목으로 구분하여 진단하게 되는데, 세부 항목으로는 일반경영관리, 제조현장관리, 연구개발 및 신제품 개발관리, 설계관리, 구매조달관리, 생산공정관리, 품질관리, 설비관리, 정보관리, 지속적 개선 항목으로 나눈다. 세부 항목은 중소기업에서 필수적으로 관리해야 할 관리요구사항을 기초로 개발되었으며, 이를 진단함으로써 현재의 관리방법에서 잘하고 있는 점과 개선해야 할 점을 파악하여 스마트공장 구축 시 반영해야 할 사항을 모색하게 된다. 정보기술분야에서는 스마트공장을 구축하거나 구축에 필요한 정보기술분야를 확인하는 과정이다. 정보기술분야에서 진단해야 할 사항으로는 크게 소프트웨어software, 하드웨어hardware, 설비facility, 인터페이스interface, 정보통신communication, 정보보안security 항목이다.

진단 계획수립

진단을 추진하기 위해서는 진단을 추진하기 위한 '진단 실행계획'이 수립되어야 한다. 진단 실행계획에 포함될 내용은 다음과 같다.

· **진단 목적, 범위, 대상**

- 진단 일정, 기간
- 진단 조직
- 진단 내용
- 진단 방법

　　진단 실행계획에서 먼저 고려해야 할 사항은 진단 목적을 분명하게 하며, 대상과 범위를 결정하는 것이다. 진단 목적을 명확히 규정하는 것은 진단의 방향성을 잃지 않기 위해서이다. 진단을 통해 기업의 재무적 성과나 조직의 무엇인가를 확인하는 것이 아니라 해당 기업의 스마트공장 추진의 목표와 방향을 설정하고 효과적인 추진전략을 수립하기 위한 목적이 강하기 때문이다. 또, 기업의 형태, 만드는 제품, 조직의 규모, 사업영역 등 많은 요소들이 진단 대상과 범위를 결정할 때 고려되어야 한다. 어떤 기업은 단일 공장에 전혀 시스템이 없어 처음으로 스마트공장을 추진하려고 하는 기업이 있고, 어떤 기업은 공장이 여러 군데 떨어져 있고, 공장 간 상호 연관되는 공정을 가지고 있고 상당 부분 디지털 전환을 통해 스마트화되어 가는 기업이 있을 수 있다. 이처럼 기업의 여건에 따라 진단 대상과 범위를 결정해야 하는 것이다.

　　진단 대상과 범위를 결정하기 위해서는 진단자(진단 조직)가 결정되어야 한다. 진단 조직은 외부 전문가로 구성되는 것이 바람직하다. 진단자는 사전에 해당 기업의 스마트공장 T.F.T를 만나 진단 대상과 범위에 대해서 논의해야 한다. 또한, 해당 기업이 추진하고자 하는 스마트공장의 개념이 어떤 것인지도 상호 조율하여 진단 대상과 범위를 결정해야 하는데, 이때 진단 대상과 범위를 결정할 때 고려해야 하는 것은 진단 최소 단위가 단일 공장 단위가 되어야 하는 것이다. 단일 공장 내에 특정한 기능만을 대상으로 할 경우, 공장 운영의 여러 가지 기능이 상호 연관성이 없다면 개별적인 진단이 가능할 수 있겠지만, 대부분의 기업은 여러 가지 기능이 상호 연관성을 가지고 있기 때문에 최소 진단 대상을 공장 단위로 하는 것이다. 진단 범위를 결정할 때에는 해당 기업의 스마트공장 수준 및 성숙도maturity 정도에 따라 결정되는 것이 바람직한데, 이 부분도 해당 기업의 담당자와 논의하여 조정하는 것이 보다 효과적이다. 또한, 스마트공장의 추진 목적과 내용에 따라서는 조직 외부에 관계되는 이해관계자들(외부 협력업체, 파트너, 고객 등)을 진단 대상에 포함할 수 있다. 진단 시 해당 기업의 시스템 운영상태를 확인하는 경우에는 상황에 따라서는 진단을 수행하는 사람이 직접 시스템을 구동, 확인해 볼 수 있겠지만, 일반적으로는 해당 기업에서 시스템을 직접 운영하는 작업자 및 구성원들에 의해서 시스템을 구동함으로써 운영상태를 확인하거나 실무자와의 인터뷰를 통해서 진단을 수행하게 된다. 진단 diagnosis과 평가assessment의 차이점은 특정 기준을 가지고 옳고 그름을 따지는 것은 평가이지만 진단은 객관적 사실과 정황적 근거를 기반으로 개선점이나 추진 방향을 찾는 것이다. 그렇기 때문에 올바르고 정확한 진단을 수행하고 얻고자 하는 결과를 얻는 것은 진단하는 사람의 지식과 경험의 정도에 따라 달라질 수 있다. 그러므로 외부 전문가에 의한 객관적인 진단이 필수적이라고 강조하는 이유이기도 하다.

다음은 진단 일정과 기간을 정하는 것이다. 진단의 목적과 대상, 범위에 따라서 일정과 기간은 결정될 수 있다. 진단을 약식略式으로 진행하여 개략적인 방향성을 결정하고자 할 경우에는 기업의 여러 가지 상황을 샘플링 기법sampling method으로 진단자가 경험을 토대로 해당 기업의 핵심 책임자FG : Focus Group를 대상으로 진단하게 된다. 이때는 진단 기간이 짧아질 수는 있으나, 정확성이나 세밀한 개선방안을 수립하는 데에는 한계가 존재한다. 반대로 정밀진단을 통해 기업의 스마트공장에 대한 지식 정도, 구현 정도, 조직구성원의 태도, 설비의 상태, 시스템의 운영성과 적용 등 스마트공장의 수준을 향상시키기 위한 진단을 수행할 경우에는 보다 정확한 진단 결과를 얻을 수 있지만 많은 시간과 비용이 소요될 뿐만 아니라 너무 세밀한 것까지 진단할 경우는 핵심을 잃어버릴 경우도 발생할 수 있으니 유의해야 한다. 진단의 일정을 조정할 때 고려할 사항은 실제 공장이 가동 상태일 때 진단을 수행하는 것이 효과적이다. 어떤 경우에는 방해된다는 이유로 해당 기업의 구성원이 일하는 시간을 피해서 진단하는 경우도 있는데, 이때는 실제 공장가동 상황과 운영실태를 정확히 확인하기 어렵기 때문에 객관성을 확보할 수 없고 진단자의 경험과 추론에 의지하게 되어 잘못한 진단 결과를 얻을 여지가 있다.

진단 조직을 구성할 때 진단 목적, 대상, 범위 등에 따라 달라질 수 있다. 진단 조직은 전략 전문가, 생산(기술)전문가, 정보기술전문가로 구성하는 것이 균형적 진단 결과를 얻는 데 도움이 될 것이다. 물론, 한 사람이 모든 영역 진단을 수행할 수 있겠지만, 이 경우는 진단을 수행하는 사람의 전문영역에 따라 불균형적인 진단 결과가 나오게 되는 문제가 있을 수 있다. 전략 전문가는 해당 기업의 사업구조, 제품, 시장성, 수명주기, 경쟁력 등을 고려하여 해당 기업이 스마트공장을 구축하여 운영하는 것이 전략적 관점에서 타당한지, 사업 성과에 영향을 줄 수 있을지를 판단해야 한다. 대부분의 경우, 대상 기업의 규모가 너무 작거나 기업이 속해 있는 사업 분야가 성장 잠재성이 떨어질 경우에는 스마트공장 구축을 위해 투자하지 않는 것이 바람직하다. 생산(기술)전문가는 해당 기업의 업무프로세스의 문제점과 시스템 수준을 파악하게 된다. 또한, 정보시스템과 설비 간의 인터페이스를 통해 어떤 정보가 수집되고 활용되고 있는지 등을 확인하게 된다. 기업의 규모에 따라 달라지겠지만, 중소기업의 경우는 운영기술분야에서 파악해야 할 10가지 항목에 대해 진단하게 될 것이다. 진단할 때 유의해야 할 사항은 단순히 문제점을 찾는 것이 아니라는 점이다. 진단을 통해 현재 운영되고 있는 방식이나 시스템 운영현황을 파악하고, 이를 개선할 방안을 찾는 데 주안점을 두어야 한다. 그러므로, 어떤 경우에는 해당 업무를 수행하는 담당자가 개선사항에 대한 아이디어를 가장 많이 가지고 있다. 생산(기술)전문가는 해당 실무자의 애로사항을 파악하고 개선점을 제안하는 경우 이를 확인하고, 더 좋은 방안이 있는지 고민해 보는 것이다. 또한, 제조설비의 디지털화 및 연결성에 대한 진단도 하게 되는 데, 자동화 정도가 어느 수준인지, 센서를 통해 어떤 데이터들을 취합하고 있는지, 이를 업무에 어떻게 활용하고 있는지 등을 진단하는 것이다. 정보기술전문가는 해당 기업의 정보기술 수준을 진단하는 역할을 한다. 먼저, 정보 및 데이터의 중요성에 대해 조직구성원이 얼마나 인식하고 있는지, 디지털 전환에 대한 관심과 필요성을 느끼는지, 이를 위해 정보인프라(통신, 네트워크, 정보보안), 응용소프트웨어(ERP, MES, SCM 등), 정보기술 기기(Server, Storage 등)를 어떻게 구축하고 활용하고 있는지를 진단하게 된다. 이는 해당 기업의 업무 복잡도, 데이터랑, 운영상태에 따라 달라질 수 있다.

[그림33-1][그림33-2][그림33-3][그림33-4] 스마트공장 진단계획 예시

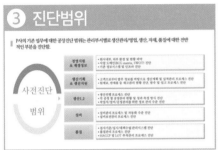

　　진단 방법에 있어서 일반적으로 진단 질문지check sheet를 개발하게 되는 데, 이는 진단을 수행하는 데 있어서 시간관리와 객관적인 진단 결과를 얻는 데 꼭 필요하다고 하겠다. 진단 질문지도 진단 전문가의 역량과 습관에 따라서 다양하게 개발된다. 진단 방법은 스마트공장 구축 시 개발된 시스템 문서의 확인, 피진단자와의 인터뷰, 시스템 실행 기록의 확인, 개발된 시스템의 운영실태 확인 등 다양한 방법으로 수행하게 된다. 진단자는 전문적인 훈련을 받은 경험 있는 전문가에 의해 수행되는 것이 오류를 줄일 수 있다. 또한, 중소기업의 경우 경영자와의 인터뷰는 진단 결과에 많은 영향을 미치게 된다. 중소기업을 대표하는 경영자의 의식과 철학, 의지에 따라 스마트공장의 추진 방향이 바뀔 수 있기 때문이다.

진단

스마트공장의 성공적인 구축을 위해 해당 기업의 스마트공장에 관련된 진단을 수행하게 되는데, 필자가 운영하는 진단 방법은 '수준 진단', '분야 진단'으로 구분하여 운영한다.

수준 진단

정부에서는 각 기업들의 스마트공장의 자발적인 확산 기반을 확보하기 위해 가이드라인을 제시할 필요가 대두되어 산업통상자원부에서 주관하여 2016년 6월 30일에 '스마트공장 국가표준'이 제정되었다. 스마트공장에 관한 국가표준은 스마트공장에 대한 '기본 개념과 구조(1부)', '용어(2부)', '진단평가모델(3부)'로 구성되어 있다.[35]

수준 진단은 국가표준인 KS X 9001-3 진단평가모델을 기반으로 하고 있는데, 이 진단평가모델의 특징은 첫째, 글로벌 표준을 지향하여 ISO 9001 : 2015, IEC 62264(제조운영시스템), ISO 22400, SCOR[KPI]를 참조하여 만들어졌다. 둘째, 기업의 자체 인증시스템과 연계 가능하도록 삼성, 현대차, LG, POSCO, 두산 등 협력사 평가시스템, 글로벌 제조시스템(토요타 생산방식, 린 솔루션 등)과 한국 기업문화와 특징을 반영하여 만들어졌다. 셋째, 공장 운영시스템 인증과 연계하여 전략, 프로세스, 시스템 성과 영역 인증과 더불어 성숙도 5단계 수준 인증을 고려하였다. 넷째, 정보기술, 운영기술, 자동화 기술의 통합, 제품기술과 생산기술의 통합, 물리적 공장과 사이버공장의 융합 등 IT, OT, AT의 통합을 지향하였다.[36]

스마트공장 성숙도 모델은 확산도 및 성숙도를 기준으로 5단계로 수준을 결정하고 있다.

1단계 : 점검checking단계
ICT를 아직 적용하지 않은 단계
체크시트, 작업일지 등을 수기로 관리함
상태를 단순 감지하며 외부시스템과 연계되지 못함

2단계 : 모니터링monitoring단계
ICT를 활용하여 실적 및 상태 정보가 수집되는 단계
눈으로 보는 관리가 가능하며, 실시간 정보의 추적이 가능함
감지결과를 외부 모니터링 시스템에 데이터로 보여줌.

3단계 : 제어control단계
수집된 정보를 분석해 이상을 발견하고 조치함.
설비 및 기계를 유무선 네트워크를 통해 원격으로 제어 가능

4단계 : 최적화optimization 단계

빅 데이터 기술, 전문가 시스템, 시뮬레이션 기법 등을 활용하여 사전 대응시스템을 구축함

최적화 기법(선형계획법 등)을 활용하여 얻은 결과를 의사결정에 활용함

5단계 : 자율 운영autonomy단계

모니터링, 제어, 최적화가 사람이 아닌 시스템에 의해 자율 운영 가능

무인화 공정이 확산되어 체제 공장을 자율 운영할 수 있는 상태

IoT, CPS 등이 완벽히 통합되어 물리적 공장과 사이버공장이 같아지는 이상적인 디지털 트윈digital twin을 구축함. 디지털 트윈은 가상환경이 현실에서 그대로 구현되는 것을 의미함.

| [그림34] 스마트공장 KS 3부 – 진단평가모델 |

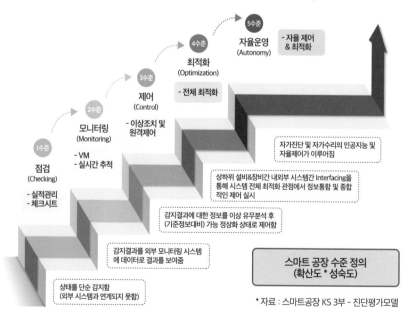

*자료 : 스마트공장 KS 3부 – 진단평가모델

스마트공장 진단모델은 전략 및 리더십, 프로세스, 시스템×자동화 구축 여부, 성과 등을 포괄하는 종합평가체계 형태로 구성되어 있다. 여기에는 총 4개 분야, 10개 영역, 95개 세부평가항목을 1,000점 만점으로 평가하여 영역별로 5단계의 수준을 결정하고 있다.

[그림35] 스마트공장 수준 진단평가항목

구분	평가영역	주요내용	평가 항목 수
경영시스템 (100점)	리더십·전략	리더십, 운영전략, 실행관리, 성과관리 및 개선	8
프로세스 (400점)	제품개발	설계 및 제작, 개발관리, 공정개발	12
	생산계획	기준정보관리, 수요 및 주문대응, 생산계획	5
	공정관리	작업할당, 작업진행관리, 이상관리, 재고관리	5
	품질관리	예방, 시정, 심사 및 표준관리, 검사, 시험	12
	설비관리	설비가동, 설비보전, 보전자재, 금형·지그 관리	6
	물류운영	구매외주관리, 창고관리, 출하배송	7
시스템·자동화 (400점)	정보시스템	ERP & SCM, MES, PLM, ENS 등	20
	설비컨트롤	제어모델, 제어유연성, 자가진단, 네트워크 방식, 지원설비	10
성과 (100점)	성과	생산성, 품질, 원가, 납기, 안전·환경, 보전	12
합계 (1000점)		10개 모듈, 95개 평가 항목으로 구성	95

* 자료 : 산업통상자원부(2015년)

수준 진단모델을 기준으로 해당 기업의 스마트공장 수준을 평가하는 것은 매우 중요하다. 스마트공장 수준의 정도에 따라 기업의 스마트공장 수준향상 방안을 모색해 나갈 수 있으며, 기업의 전략적 관점이나 사업적 관점에서 달성하고자 하는 스마트공장의 수준을 결정하는 것은 기업이 보유하고 있는 자원을 효율적으로 사용함으로써 투자 대비 성과를 극대화할 수 있을 것이다. 스마트공장 수준 진단을 통해 해당 기업의 프로세스, 기능별 수준, 개선 이슈 도출, 개선 이슈와 수준에 따른 스마트화 운영전략수립 및 과제 도출 등 효율적으로 스마트공장의 수준을 향상시킬 수 있는 방안을 모색함으로써 기업의 디지털 전환에 대한 전략과제를 달성해 나갈 수 있을 것이다. 다음 그림 36은 스마트공장 수준 진단 사례를 나타내고 있다.

| **[그림36] 스마트공장 수준 진단 사례** |

① 프로세스 분석
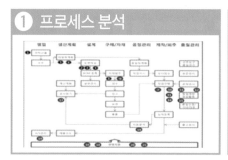

② 영역별 수준진단
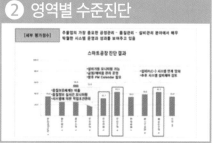

③ 영역별 진단결과

④ 개선 이슈 도출
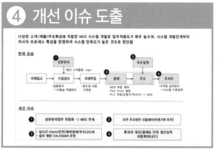

⑤ 스마트 운영전략 수립

⑥ 후보과제 도출

해당 기업의 디지털 전환 정도 및 스마트공장 수준을 진단하고 난 후 '분야 진단'을 수행하게 된다. '분야 진단'은 3가지 분야인 '경영전략', '운영기술', '정보기술'로 나눈다. '분야 진단'을 통해 얻고자 하는 것은 '경영전략' 측면에서 해당 기업이 현재 또는 미래에 참여하게 될 사업 분야가 스마트공장 구축을 위해 시간과 비용을 투자하는 것이 바람직한 사업 분야인지 확인하기 위해서이다. 스마트공장은 운영의 효율화를 위한 도구이기 때문에 사업의 전략적 측면을 다루지는 않는다. 하지만, 해당 기업이 어떤 사업 분야domain에서 어떤 구조로 사업을 수행해 나가는가business model 하는 것은 스마트공장을 구축할 때 필수적으로 고민하고 검토해야 할 부분이다. 사업의 수명주기 측면에서 성숙기에 있는 사업은 스마트공장을 구축함으로써 효율을 극대화해 나가는 데 도움을 받게 되겠지만, 쇠퇴기에 접어든 사업은 스마트공장을 구축하기 위해 투자되는 자금을 새로운 사업에 투자하는 것이 보다 더 효과적일 수 있기 때문이다. '분야 진단'에서 '경영전략', '운영기술', '정보기술' 분야로 나누어 진단을 추진하는 것은 전략체계를 고려하여 추진하기 위해서이다. 기업이 생존, 성장하여 영속적인 개체가 되기 위해서 중요한 2가지 전략적 고려사항이 있다면, 하나는 '성장전략'이고 다른 하나는 '생산성 전략'이다(그림36 참조). '성장전략'은 기업 운영의 외부적인 요소로서 새로운 사업을 발굴, 개발하거나 진출함으로써 사업의 성장을 주도한다. 여기에는 주로 신제품 개발, 신시장 개척, 신사업 참여, 인수합병, 기술 및 전략적 제휴 등의 전술이 활용된다. '생산성 전략'은 기업 운영의 내부적인 요소로서 효율을 향상시킴으로써 생산성을 확보하기 위한 노력들이 해당된다. 여기에는 주로 생산효율향상, 품질개선, 원가절감 등 제조기업이 관리해야 할 필수항목들이 해당된다. '생산성 전략'에는 토요타 생산방식TPS, 린 솔루션Lean solution, 전사적 품질경영TQC, 종합 생산성 혁신TPM 등의 혁신도구가 활용된다. 스마트공장을 도입, 추진할 때 반드시 고려해야 하는 사항은 스마트공장 도입이 효과를 극대화할 수 있는 사업 분야인지를 분석하는 '성장전략'과 스마트공장 도입을 통해 기업의 효율을 어떻게 하면 더욱 극대화할 것인지를 고려하는 '생산성 전략'에 대해 신중히 고려해야 할 것이다. 스마트공장 구축은 '생산성 전략'에 해당되는 혁신 방법이다. 이는 R. 카플란과 D. 노튼이 제시한 '균형성과관리BSC'의 전략 지도를 기반으로 개발하여 적용하고 있다.

전략 지도Strategy map

기업의 생존과 성장을 결정짓는 가장 핵심적인 가치는 다음 그림37의 BSCBalanced Score Card[37]의 전략 지도strategy map에서 보여주는 것처럼 성장전략적 측면과 생산성 전략적 측면, 2가지 관점perspective에 의해서 결정지어질 수 있다.[38]

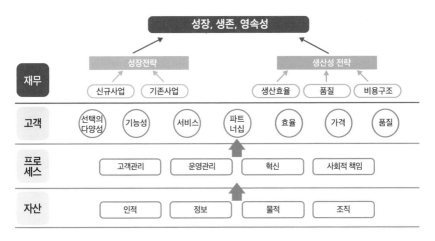

[그림37] 기업 전략 지도

성장, 생존, 영속성

재무	성장전략				생산성 전략		
	신규사업	기존사업			생산효율	품질	비용구조

고객	선택의 다양성	기능성	서비스	파트너십	효율	가격	품질

프로세스	고객관리	운영관리	혁신	사회적 책임

자산	인적	정보	물적	조직

　　먼저, 기업의 성장, 생존에 가장 많은 영향을 주는 분야가 '성장전략' 분야이다. 성장전략은 기업의 본질적 정체성을 정의해야 함은 물론이고 어떠한 사업영역에 참여하며, 어떤 비즈니스 모델을 기반으로 사업을 운영해 나갈 것인가 하는 것에 대한 해답이 될 것이다. 기업의 본질적 정체성에서 가장 중요하다고 생각되는 것은 '경영이념經營理念'이다. 경영이념은 기업의 존재 의의나 사명을 보편적인 형태로 나타내는 가장 기본적인 가치관이다. 경영자는 경영이념을 통해 기업이 왜 존재하는지, 경영을 어떤 목표와 방법으로 수행할 것인지에 대한 기본적인 생각을 기업 내외에 전달하고 공유해야 한다. 즉, 경영이념은 기업문화를 형성하는 가장 중요한 요소이다. 다음은 사업영역에 대한 부분으로서 기업은 사업영역을 설정함으로써 경쟁 분야를 결정하고 조직 활동의 지침으로 삼는다. 사업영역business domain은 기업의 방향성을 보여주는 데 있어 대단히 중요한 의미를 가진다. 사업영역을

근거로 경영자원을 집중시킬 수 있고, 경영자원을 지속적으로 일관되게 축적할 수 있으며, 경쟁에 참여할 때 조직 전체의 입장에서 방향성을 정할 수 있다. 또한, 어떤 사업영역에서 어떤 공급사슬supply chain과 어떤 산업 생태계ecosystem에서 기업 활동을 함으로써 가치를 창출하는가 하는 것도 매우 중요하다. 한 예로 자동차산업은 현재 내연기관 기반 자동차산업에서 대체 에너지(전기, 수소) 기반 모빌리티 산업mobility industry으로 변화하고 있다. 지금 해당 기업이 내연기관 기반 자동차산업 생태계에 머물러 있는 기업이라면 현재도 어려움에 처해 있겠지만, 앞으로 생존을 위한 많은 고민과 노력을 해야 할 것이며, 대체 에너지 기반 모빌리티 산업 생태계에 참여하기 위해 노력하고 변화를 꾀하고 있는 기업은 성장 가능성 있는 산업군에 속해 있을 것이다. 이처럼 해당 기업이 어떤 사업 도메인에 참여하고 있는지, 어떤 성장 가능성이 있는 사업 도메인에 진입하기 위해 노력해야 하는 지 하는 전략적인 부분은 하루아침에 이루어질 수 없는 것이다.

지금까지 많은 기업을 대상으로 관리시스템에 관한 자문과 컨설팅을 수행하면서 얻은 교훈 중 하나는 잘못된 시스템에 의해서 기업이 망하는 경우는 드물지만 잘못된 기업의 성장(사업)전략 때문에 기업이 망하는 경우는 많다는 것이다. 기업은 생명체이면서 유기체와 같다. 기업은 조직과 이해관계자들에 둘러싸여서 운영이 된다. 기업을 이끌고 가는 경영자 또는 책임자가 그 기업의 정체성과 목적을 어떤 방향으로 설계하고 어떤 결의를 가지고 운영하는가 하는 것은 그 무엇과도 바꿀 수 없는 중요한 요소이다. 그러한 정체성과 목적 그리고 방향성은 결국 기업의 문화를 만들게 되고 올바른 문화를 통해 기업은 성장할 수 있는 토대가 만들어지는 것이다. 의외로 많은 중소기업들이 이러한 기업의 철학적이면서 사상적인 분야를 등한시하는 경우가 많은데 명확한 정체성이 없는 경우는 공허한 성장만이 있을 뿐 지속 가능성을 확보할 수 없다. 기업은 사람들이 모인 조직에 의해서 운영되는 집단이라는 것을 간과하고 있기 때문이다. 필자는 경영전략 분야를 진단할 때 사용되는 도구tools가 많은데, 간단하면서도 이해하기 쉬운 BCG matrix 분석기법과 SWOT 분석기법을 활용함으로써 개괄적인 검토가 가능하다고 생각된다. 또, 해당기업의 각 부서 운영기능 즉, 일반경영관리, 제조현장관리, 연구개발 및 신제품 개발관리, 설계관리, 구매조달관리, 생산공정관리, 품질관리, 설비관리 등 제조기업이라면 반드시 수행해야 할 필수기능들에 대해서 현상 및 개선기회를 발견하기 위해 '운영기술' 측면을 진단한다.

마지막으로, 스마트공장은 운영기술OT과 정보기술IT의 융합을 통한 제조기업의 디지털 전환이다. 기업을 디지털로 전환하기 위해 구축, 운영되고 있는 '정보기술'분야를 진단함으로써 해당 기업의 데이터 수집, 저장, 유통, 분석, 운영 등의 현황과 개선방안을 모색하는 것도 등한시할 수 없는 항목이다. 정보기술분야에서 진단해야 할 부분은 설비 및 장비에서 필요한 데이터를 수집하기 위해 사용되는 IoT, 수집된 데이터를 기기device 간 통신을 위한 유, 무선 네트워크, 시스템을 운영하기 위한 어플리케이션(ERP, MES, SCM, CRM…), 어플리케이션과 데이터베이스를 운영하기 위한 서버 및 클라우드 시스템, 수집된 데이터를 지능화, 스마트화 하기 위한 빅 데이터, 인공지능 시스템, 데이터 및 정보를 보호하기 위한 보안체계 등을 정보기술분야에서 진단해야 할 중요한 항목들이다.

'경영전략' 분야는 스마트공장 구축을 위해 현황을 진단하는 '분야 진단'에서 첫 번째로 수행하는 영역이다. 경영전략은 '기업의 한정된 경영자원으로 최대의 고객가치를 창출하고 경쟁우위를 구축하기 위한 기업의 종합적인 목표달성 체계'라고 할 수 있다. 경영전략은 그 기업이 시장에서 어떤 차별화된 전략으로 승리하고, 고객에게 지속적인 가치를 제공하여 기업의 존재 이유와 역할을 수행할 수 있으며 단기적인 측면보다는 지속 가능한 경영을 위한 경영 인프라 구축과 핵심역량 core competency을 바탕으로 시장에서 고객에게 끊임없는 가치를 제공하는 것이다. 즉, 한정된 자원(자금, 인력, 기술, 유통망, 마케팅 영향 등)으로 고객에게 최대의 가치를 창출하고 경쟁우위를 통해 수익을 어떻게 창출하고, 또한, 이를 바탕으로 기업의 이해관계자(주주, 사회, 구성원 등)들에게 기업의 경영성과 창출을 통해 이익의 일부를 제공함으로써 기업의 사회적 책임실현으로 고객에게 사랑받는 기업이 되는 것이다.[39]

스마트공장 구축을 위한 '분야 진단'에서 '경영전략' 분야에 사용되는 도구 중 간단하지만, 쉽게 이해 가능한 도구인 BCG matrix와 SWOT 분석을 활용하여 수행한다. 이를 통해 현재 운영되고 있는 사업이 구조적으로 성장 가능성이 있는지, 해당 기업이 내외부적인 환경을 고려하여 기회와 위협, 강점과 약점이 무엇인지를 파악함으로써 스마트공장 추진을 위한 전략수립의 기초정보를 제공해 줄 수 있다.

BCG matrix

기업이 참여하고 있는 사업이 과연 기업의 지속 가능성을 확보해 줄 것인가? 경영 구루guru 마이클 포터[40] 교수는 기업의 수익성이 그 기업이 참여하고 있는 산업의 구조적 특성에 의해서 결정된다고 하였다. 또한 기업이 경쟁우위를 갖기 위해서는 산업의 특징을 이해하고 산업 내에서 적절한 위치를 정하는 것이 전략적 근간을 이룬다고 하였다. 따라서 경쟁기업에 대한 경쟁우위를 갖기 위해서는 각 산업의 특성에 따라 '비용 우위'나 '차별화 우위'를 가져야 한다.

기업전략의 중심이 되는 사업영역을 결정할 때 고려해야 할 3가지 요소를 감안하는 것이 효과적이다. 첫째는 사업의 매력도를 어떻게 평가하는가 하는 점이고, 둘째는 자사가 그 사업의 경쟁에서 우위를 확보할 가능성을 평가하는 것이다. 셋째는 사업 간의 시너지 문제이다. 자사의 다른 사업과의 상승효과를 얼마만큼 기대할 수 있는가를 평가해야 한다. 사업 자체의 매력도가 높거나 낮다는 것은 그 분야에 진출할 만한지, 혹은 어느 정도로 자원을 투입해야 하는지 등 경영판단을 하는 데 있어 중요한 자료가 된다. 사업의 매력도를 측정하는 척도로는 그 사업의 시장규모, 시장의 성장성, 그 산업의 수익성, 수익 변동의 리스크, 경쟁 정도 등이다.

BCG matrix 기법은 사업 포트폴리오 전략의 수립체계로서 세계적인 전략컨설팅 기업인 보스턴컨설팅그룹Boston Consulting Group, BCG이 고안한 제품 포트폴리오 관리PPM모델이다. 이것은 사업 포트폴리오를 구축하는 3가지 사고방식 중에서 '사업의 매력도'와 '경쟁우위성'의 평가를 단순화한 모델인데, 한때 경영의 신으로 평가받던 잭 웰치가 GE의 사업 통합 및 포트폴리오 전략수립에 사용한 후 더욱 유명해졌다. 이 기법은 다음 그림38에서 보는 바와 같이 세로축에 시장성장률, 가로축에 시장점유율을 나타낸 매트릭스이다. 기본적으로 세로축은 성장률이 높은 시기, 즉 사업수명주기life cycle의 성장기에는 점유율을 높일 수 있고, 또한 점유율을 유지하기 위해서는 자원 투입(인적, 물적)이 필요하다는 사고방식이다. 또 가로축의 시장점유율은 점유율이 높을수록 누적 경험량의 축적이나 규모의 효과를 활용하는 것이 가능하고, 상대적으로 낮은 비용으로 지위와 수익이 확보될 수 있다는 사고방식이다.

| [그림38-1][그림38-2]BCG matrix |

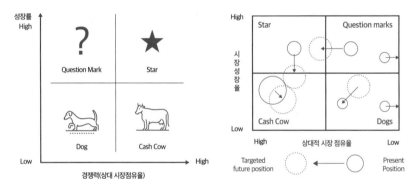

이 기법에서는 시장점유율과 성장성이 높은 부분을 '유망 사업star', 시장점유율은 높지만 성장성이 낮은 부분을 '돈을 낳는 젖소cash cow', 성장성은 있지만 아직 시장점유율이 낮은 부분을 '문제아question mark', 성장성도 시장점유율도 모두 낮은 부분을 '싸움에서 진 개dog'라고 이름 붙이고, 각 부분에서 취해야 하는 전략을 다음과 같이 제시하고

있다.

'유망 사업star'에는 현재의 점유율을 유지하면서 성장을 위한 자원을 투입하여 장래에 '돈을 낳는 젖소cash cow'로 키우는 것이다. '문제아question mark'는 빠른 시일 내에 자원을 집중 투자하여 점유율을 높이는 전략을 취하든지, 아니면 과감하게 퇴출하는 것이다. '문제아'의 수를 줄이고 일부에 집중 투자하여 인기 사업(제품)을 키우는 것이 '선택과 집중'의 전략이다. '돈을 낳는 젖소cash cow'는 회사 전체의 자원으로서 역할을 기대한다. 즉 투자를 점유율 유지에 필요한 최소한도에 맞추고 수익을 올려 현금을 회수하는 전략이다. 마지막으로 '싸움에서 진 개dog'는 이미 희망이 없기 때문에 처분할 수 있을 때 처분하는 퇴출 전략을 취한다.

BCG matrix는 기업의 성장성과 시장점유율을 유일한 평가요소로 하여 단순히 정량화할 수 있는 장점이 있는 반면에 분명한 한계도 있다. 하지만, 패러다임과 디지털 전환시대에서 현재 보유한 사업 및 제품의 포트폴리오와 영역을 신속하게 판단하고 전략을 수집하는 것은 중요하다. 기업의 제조경쟁력을 강화시키기 위해 제조혁신을 위한 '스마트공장 구축'이라는 혁신도구를 도입하고 운영하려고 하는 기업들이 기업이 속해 있는 사업 분야business domain에 대한 전략적 판단을 함으로써 자원 투자의 낭비를 막고, 최적의 혁신 대안을 마련할 수 있다. 스마트공장은 '성장전략'을 수립하기 위한 것이 아니라 '생산성을 극대화하는 전략'임을 다시 한번 강조한다.

SWOT analysis

기업전략을 결정함에 있어서 기업을 둘러싸고 있는 환경(내부×외부)을 분석하여 고려해야 한다. SWOT 분석은 기업의 미래전략과제를 도출하는 데 있어서 많이 활용되는 분석기법이다. 이는 기업이 속한 현시점에 그 기업이 가지고 있는 강점과 약점을 분석해 보고 강점과 약점을 시장점유율 등 매출액, 수익성의 관점에서 그 영향도에 따라 세밀하게 분석함은 물론 객관적이며 냉철하게 자사의 현재의 위치를 분석해 볼 수 있다. 즉, 기업의 내, 외부 환경분석을 통해 강점strength과 약점weakness, 기회opportunity와 위협threat요인을 확인하고 이를 통해서 전략을 수립하는 방법이다. 어떤 기업의 내부 환경을 분석하여 그 기업이 가지고 있는 역량의 강점과 약점을 발견하고, 외부 환경을 분석하여 기회와 위협요인을 찾아내어 이를 토대로 강점은 살리고 약점은 줄이며, 기회는 활용하고 위협은 억제하는 방법을 결정한다. 기업의 현재와 미래시점의 강점은 무엇이고 약점은 무엇인지에 대해 엄밀하게 분석하여 향후 중장기 경영전략을 수립함에 있어서 유용하게 활용될 수 있다. 또한, 경영환경분석을 통해 우리 기업의 현재와 미래의 기회 요인과 위협요인을 분석하여 강점과 결합된 SO(강점과 기회 요인 : 강점을 바탕으로 기회 요인 도출), ST(강점과 위협요인 : 강점을 기반으로 위협요인에 대처), WO(약점과 기회 요인 : 약점을 보완하여 기회를 활용), WT(약점과 위협요인 : 약점을 보완하여 위협을 회피)하는 전략을 수립하고 비전과 공유가치 수립을 통하여 전략 방향 설정 및 전략과제를 도출하여 그 기업의 중장기 경영전략을 수립하는 기반과 토대를 제공한다.

[그림39] SWOT 분석과 전략과제 도출 프로세스

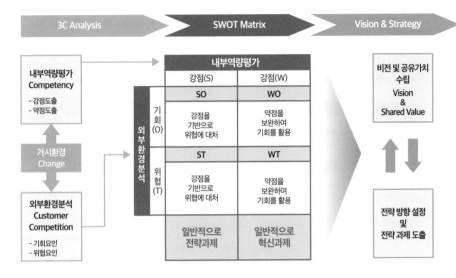

스마트공장 구축을 통해 디지털로 전환하고자 하는 기업들이라면 반드시 스마트공장 구축을 통해 기업을 둘러싸고 있는 환경요인에 좋은 영향이 미치게 될 수 있도록 해야 한다. 스마트공장 구축을 통해 기업이 보유하고 있는 강점을 더욱 강하게 함은 물론이고 약점을 보완해 나갈 수 있게 된다면 추진 방향은 맞다고 하겠다. 또한, 스마트공장 구축을 통해 기업이 맞이하는 외부 환경의 기회 요인을 잘살려 나갈 수 있는지도 면밀하게 고려해 보아야 한다.

스마트공장을 구축하는 것은 중장기 전략의 일환으로 추진되게 된다. 한번 구축된 시스템은 마음에 들지 않는다고 금방 걷어낼 수 있는 것이 아니다. 잘못 구축된 시스템을 올바르게 변경하는 것도 쉽지 않다. 그러므로 이러한 경영전략적 측면에 대한 사항을 판단에 도움을 줄 수 있는 도구인 BCG matrix와 SWOT 분석을 통해 검토해 보는 것을 권장한다.

[그림40] S사 BCG matrix, SWOT 분석 적용사례[41]

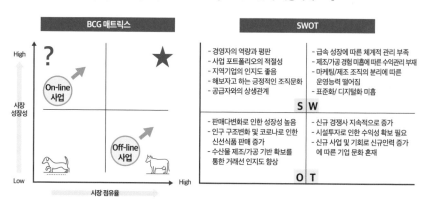

S해물은 수산물 가공, 도매 사업을 주 업종으로 하고 있습니다. 지금까지 S해물 영어조합법인(Off-Line)을 통해 전통적인 방식으로 원물의 도매, 소매 판매를 통해 사업을 영위해 나갔으나, 사회, 문화, 경제 및 인구구조의 변화에 따른 1인 가구 증가로 인해 온라인 밀키트 사업이 시작, 성장하고 있습니다. 작년(2020년)에는 코로나 19로 인해 폭발적으로 신선간편식품(밀키트)의 수요가 급증하게 되어 새로운 시장이 창출되었습니다. BCG matrix에서 보는 바와 같이 전통적인 방식인 Off-line 중심의 도, 소매업에서 탈피하여 On-line 중심의 밀키트, 온라인 판매가 새로운 사업으로 떠오르고 있습니다. 패러다임 변화로 On-line 중심의 유통사업이 활성화 되고 있어 전략적인 접근 및 운영이 요구됩니다.

운영기술 Operation Technology

스마트공장의 '분야 진단'에서 수행되는 두 번째 분야는 '운영기술' 분야이다. 이는 해당 기업의 관리시스템에 대한 각 기능을 진단함으로써 스마트공장의 추진 방향과 개선기회를 찾고자 하는 것이다. '운영기술'분야 진단에서 고려해야 할 사항은 '수준 진단'에서 해당 기업의 스마트공장 수준을 파악하는 것과는 달리 '운영기술'분야에서는 각 항목별 진단을 통해 해당 기능의 현상을 파악하고 문제점을 발견하며, 개선방안을 도출함과 더불어 스마트화시킬 때 고려해야 하는 사항에 대해 집중적으로 탐색하는 데 있다. 또한, 해당 항목을 수행하는 피진단자들의 의견(문제의식, 개선방안)을 적극적으로 수렴함으로써 스마트공장 구축 후 예상되는 모습을 구현하는 것이 중요하다.

다음 그림41 '기업운영구조도'는 '운영기술' 분야의 개념을 제시해 줄 수 있다.

[그림41] 기업운영구조도

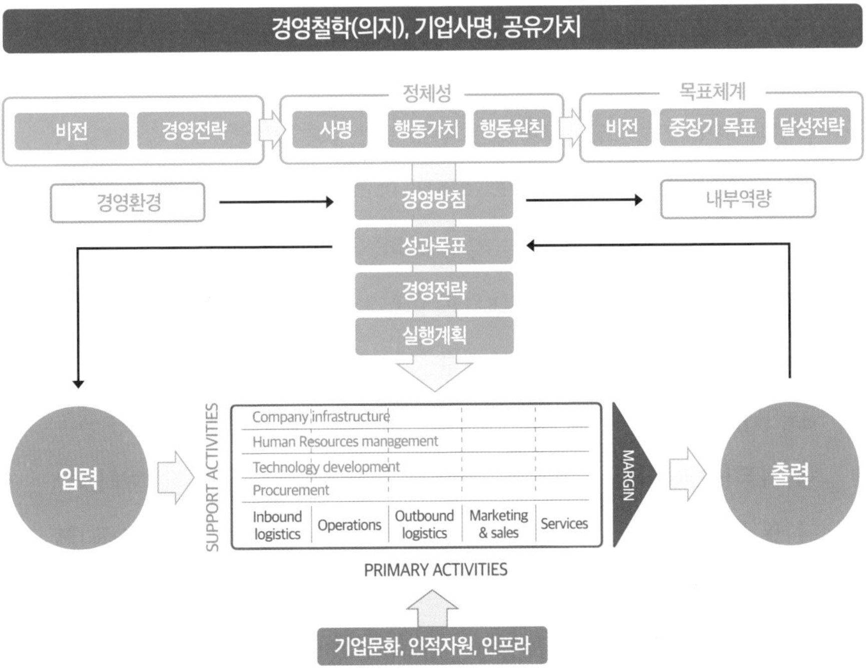

'운영기술'분야의 진단 항목은 다음과 같이 10가지 항목으로 구성,

운영하고 있다.

1) 경영일반관리 6) 생산공정관리

2) 제조현장관리 7) 품질관리

3) 연구개발 및 신제품 개발관리 8) 설비관리

4) 설계관리 9) 정보관리

5) 구매조달관리 10) 지속적 개선

각 진단 항목별 진단 내용을 요약하면 다음과 같다.

1) 경영일반관리

경영일반관리에서는 기업의 개괄적인 사항이긴 하지만 회사운영의 기초가 되는 내용을 다룬다. 경영일반관리의 진단 항목은 경영자 의지, 조직 및 인적자원관리, 재무회계관리, 사업계획관리 항목을 진단하게 된다.

기업을 운영하는 데 있어서 철학, 방침, 목표가 무엇보다 중요하다. 단순히 기업을 통해 돈을 벌기 위한 활동을 하는지, 기업의 주주와 이해관계자 그리고 사업적 책임까지도 고려하면서 경영하는지 하는 것은 기업의 지속 가능성에 중요한 영향을 미친다. 즉, 기업이 재무적 성과를 얼마나 내는가 하는 것도 중요하지만, 어떤 방법과 활동을 통해 재무적 성과를 내는가 하는 비재무적인 내용도 중요해졌다. 최근 기업의 지속 가능 경영을 위해 기업의 재무적 성과도 중요하지만, 비재무적 성과도 중요시하는 경향이 나타나고 있다. 이에 탄소중립, ESG 등 재무지표가 아닌 기업이 고객, 국가, 사회에서의 역할을 어떻게 정의하고 운영되는가 하는 것이 중요한 경쟁력 요소가 되고 있다.

기업의 철학, 방침, 목표를 구체화하고 이를 조직구성원들과 공유함으로써 기업이 한 방향으로 힘을 모아 기업의 운영 목적을 달성해 나가고자 하는 노력을 기울일 것이다. 또한, 경영자는 기업에서 외부 정보를 습득하여 지속적으로 내부 구성원들과 소통하는 유일한 사람이다. 글로벌 경제 흐름, 국가 정책, 해당 산업의 변화, 이해관계자들의 태도 등 기업 활동에 요구되는 많은 외부정보를 습득하여 지속적으로 구성원에게 공급해 주어야 한다. 이렇게 적극적이고 지속적으로 외부 환경변화에 대한 정보를 조직구성원들과 소통하고 변화와 혁신을 주도해 나갈 때 기업의 불확실성은 줄어들게 될 것이다. 패러다임 변화와 기술의 혁신에 따른 스마트공장 구축 및 디지털 전환에 대한 부분도 경영자가 얼마나 의지가 있고, 환경에 적응하려는 노력, 이러한 노력으로써 조직의 변화와 혁신을 주도해 나가야 한다.

기업 운영에 있어서 철학과 방침을 토대로 목표를 달성하기 위한 경영전략수립이 가장 상위의 중요한 업무라면 전략을 전개하기 위한 조직organization을 구성하고 인적자원을 확보, 배치, 육성, 평가 및 보상하는 사람에 대한 사항은 아무리 강조해도 지나치지 않다. 기업이 한 사람으로 구성되어 운영되지 않는 한 여러 사람이 모인 조직으로서 구성되고 운영된다. 조직으로 구성된 기업은 최소 2명 이상의 직원들로 구성되게 되는데, 이는 책임과 권한, 그리고 역할이 명확히 결정되어야 하는 이유가 된다. 기업의 시작은 기업의 철학과 방침을 토대로 하여 조직을 구성하고 이를 실행하는 능력을 갖춘 사람이 있어야 한다. 기업의 경영목표를 달성하기 위해 조직의 기능과 역할, 그리고 소통체계를 정의함은 물론이고 조직목표를 달성하기 위한 역량 있는 인재를 확보, 운영, 육성하는 것은 기업경영에서 가장 중요하다. 덧붙여 각 기업의 정체성에 맞는 기업문화를 만들어 가는 것은 생각만큼 쉽지 않다. 하지만, 많은 중소기업들이 이에 대한 중요성은 인식하고 있으나 조직, 인적자원관리 및 기업문화에 대한 체계적 활동은 하고 있지 못하는 것이 현실이다. 이는 대부분의 중소기업 경영자들이 제조현장에서 엔지니어로 성장한 경우가 많기 때문에 경영에 대한 올바른 교육훈련이 부족한 것 아닌가 하는 생각이 든다.

다음은 재무회계관리 항목으로서 기업의 성과평가는 궁극적으로 재무적 지표로 표현된다. 관리회계기준으로 원가관리, 예산관리, 경영분석을 통해 재무성과에 대해 분석하고 문제점이 무엇인지 무엇을 개선해야 하는지 등 객관적인 평가를 통해 지속적으로 개선하는 노력을 기울여야 한다. 또한, 기업의 경영목표를 달성하기 위해 요구되는 자금의 양量을 결정하고 이를 관리하며, 필요한 자금을 조달하며 잉여자금剩餘資金을 효과적으로 운용함으로써 기업 재무적 성과를 향상시킬 수 있다. 하지만, 소규모 중소기업의 경우 자금관리를 경영자가 직접 하는 경우가 많고, 투명하게 관리되지 못하는 경우가 많으며, 예상보다 체계적으로 관리하는 기업이 드물다. 또한, 중소기업의 경우 수익성이 높지 않다 보니 자금여유가 없어 해당 기업 경영자가 직접 관리하는 이유이기도 하며, 단기자금과 중기자금으로 구분하여 체계적으로 관리해야 하지만 그러지 못하는 경우가 대부분이다.

사업계획관리 항목에서는 기업의 경영방침, 중장기 경영전략을 수립하고, 경영방침에 따라 매년 사업계획 또는 경영계획을 수립하고 운영하고 있는지, 실적을 분석하고 분석결과를 토대로 개선하고 있는지를 평가한다. 많은 중소기업은 고객의 생산 계획에 따라 부품을 제조, 공급하는 경우가 대부분이다. 그렇다 보니 사업계획수립에 대해 중요성을 알지 못하는 경우가 많다. 고객의 생산 계획이 사업계획이 되는 경우가 많은데, 이제는 고객의 생산 계획 변경과 경영환경변화의 불확실성은 이러한 예측과 기획을 중요하게 고려해야 한다. 사업계획은 기업의 생존방안을 고민하는 것이다. 즉, 고객은 망하더라도 우리는 생존할 방법을 찾아야 하는 것이 사업계획이다.

고객 및 시장의 변화에 따라 환경이 변화하면 기업을 지속성장 시키기 위해 어떤 노력을 기울여야 하는지 계획을 구체화하고 이를 구성원과 함께 공유하며 함께 실행해 나가야 한다. 또한, 경영자는 기업환경변화에 대한 정보를 수집하고 이를 구성원들에게 전달하며 관리체계를 고도화해 나가야 한다. 경영자는 외부 경영환경에 가장 적합한 최적의 조직을 실시간으로 유지하고 있어야 한다.

2) 제조현장관리

제조현장관리 항목에서는 3정5S, 눈으로 보는 관리, 작업현장관리 체계로 구분해서 진단할 수 있다. 제조기업은 제조현장에서 모든 부가가치가 만들어진다. 제조현장이 관리되지 않는 제조기업은 성공할 수 없다. 제조현장관리에 있어서 가장 기본적으로 적용하는 도구는 70년 대 일본 토요타 자동차에서 시작된 3정5S라는 도구이다. 3정은 정량 定量, 정품定品, 정위치定位置를 의미하고, 5S는 정리整理, Seiri, 정돈整頓, Seiton, 청소淸掃, Seisou, 청결淸潔, Seiketsu, 생활화生活化, Shitsuke를 의미한 다. 이 개선도구는 제조현장의 낭비를 제거하여 효율성을 높이려는 것으로 일본식 발음의 머리글자인 S를 딴 것이다. 3정5S에 대한 상세한 내용은 관련 도서를 참고하기 바란다. 3정5S를 기본적이면서 중요하게 생각하는 것은 제조현장에서 물자를 관리하는 가장 기본적인 활동이기 때문이다.

'정리'항목에서는 제조현장의 물자(부품, 반제품, 제품, 설비, 환경 등)가 필요한 것이 필요한 곳에 있는지, 불필요한 요소가 무엇인지 알 수 있는지, 불필요 물자를 보유하고 있는지 등 어찌 보면 상식적인 내용들을 담고 있는데 핵심은 불필요한 물자가 없어야 된다는 것이다.

'정돈'항목에서는 제조현장에 있는 물자에 식별 및 색인이 되어있는지, 보관장소에 품목표시가 되어있는지, 필요품이 쓰기 편하게 되어있는지 등 제조 활동시 누구나 바로 찾아서 사용 가능한 상태가 되어야 하는 것이다.

'청소'항목에서는 관리대상의 구역별 청소는 되어있는지, 생산하는 제품에 따라 제조환경의 청소상태가 적절한지, 바닥에 기름때나 먼지 등이 없이 깨끗하게 관리되는지를 확인한다. 제조현장의 환경수준에 따라 제품의 품질이 좌우된다고 해도 과언이 아니다.

'청결'항목에서는 정리, 정돈, 청돈 상태의 지속적 관리의 중요성을 확인한다. 물자의 정리, 정돈 상태가 양호한지, 오염원의 제거 노력은 기울이고 있는지, 설비, 장비 및 계측기 등이 깨끗한 상태로 운영되고 있는지, 배기와 환기는 적절한지 등을 점검한다.

'생활화'항목은 말 그대로 정리, 정돈, 청소, 청결 활동이 몸에 체득화되어 생활처럼 자연스럽게 행동하는 것을 말한다. 누구나 그렇듯이 정해진 룰rule 대로 지속적으로 지키는 것은 쉽지 않다. 하지만, 다년간 이러한 5S 활동을 하게 되면 나도 모르게 몸에 배어서 낭비 없는 활동이 이루어진다. 3정5S 활동이 개념적으로는 쉽지만 성공적으로 3정5S를 실행하는 제조기업을 찾는 것은 쉽지 않다. 끊임없이 학습하고 훈련해서 지속적으로 개선되어야 한다는 '전사적 품질관리TQC' 정신을 실천하는 것이다. 3정5S 활동은 반짝 이벤트처럼 하는 것이 아니라 기업이 존재하는 한 지속적으로 행해야 하는 활동이다. 그렇기 때문에 3정5S는 행동혁신뿐만 아니라 의식혁신을 강조한 혁신도구라고 할 수 있다.

'눈으로 보는 관리'는 3정5S의 고도화 활동이라고 할 수 있다. 눈으로 보는 관리는 관리해야 할 항목에 대한 이상과 변화를 한눈에 보고 알 수 있게 하는 것으로서 시각화(표지, 표시, 표식), 투명화(가려진 것을 제거)로 언제든지 정상正常과 이상異常을 누구라도 알 수 있게 함으로써 신속한 이상발견과 신속한 조치를 하는 것을 목적으로 한다. 눈으로 보는 관리를 통해 안전, 생산, 품질, 재고 등 다양한 제조 활동에서 관리해야 할 핵심관리항목을 눈으로 관리하기 위한 방안이라고 하겠다. 일본 토요타 자동차에서는 눈으로 보는 관리를 핵심적인 관리기법 중 하나로 활용되기도 하였으며, 안돈眼旽, andon 시스템이라고 부른다. 진단자는 제조현장에서 '눈으로 보는 관리'를 통해 개선되고 있고, 관리되고 있는지를 확인하게 된다.

  '작업현장관리체계'는 작업현장에서 운영되어야 할 기초적인 사항들을 다룬다. 먼저, 작업현장에서의 조직 운영이다. 작업현장의 경우, 공장 운영을 총괄하는 공장장 또는 직장이라는 직책이 있다. 이는 공장 운영의 종합적인 책임을 지고 현장의 작업자들을 이끌고 가는 사람을 말한다. 제조현장의 책임자가 설정한 방침이 무엇인지, 어떤 점을 중점적으로 관리하는지, 생산성과 품질 그리고 납기와 원가를 관리하기 위해 어떤 기준과 운영체계를 가지고 수행하는지 하는 것은 매우 중요한 문제이다. 작업현장의 작업자들이 기본적으로 준수해야 할 안전수칙이나 근무기준을 명확히 설정하고 이를 준수하기 위한 노력을 하는지, PQCD[42]를 향상시키기 위해 작업자들을 교육하고 훈련하고 있는지, 작업의 숙련도와 다기능성을 확보하기 위한 노력을 기울이는지 등 작업현장에서 갖추고 운영해야 할 사항들을 진단해야 한다. 또한, 생산 계획과 작업계획, 작업할당, 작업실적관리, 실적분석을 통한 개선 등 생산관리를 위해 관리해야 할 부분과 공정특성과 품질특성을 관리하기 위한 작업표준, 검사기준 등의 합리성과 준수 여부, 작업실적 및 품질실적의 기록유지 등의 실천을 통한 지속적 개선으로의 연계성 등을 확인한다. 작업현장에서 일어나는 많은 문제점들에 대한 근본적인 원인파악과 이를 해결하기 위한 대책 수립 및 실시, 이를 통한 효과분석과 개선연계로의 활동 등이 주로 점검해야 할 내용이다. 제조현장에서 확인해야 할 많은 것들이 있지만, 제조현장관리체계도 놓쳐서는 안 될 요소이다.

연구개발R&D : Research&Development이란 기업이 고객에게 제공할 가치의 전달 매개체(제품, 산출물)의 특성을 결정하는 행위이다. 고객(시장)으로부터 요구사항requirement을 수집하거나 원하는 것wants을 발견하고 이를 기업이 보유한 기술, 사람, 장비, 자금 등의 경영자원經營資源을 활용하여 연구하고 만드는 행위를 말한다. 이 세상에 존재하든 존재하지 않든 그 기업이 고객에게 제공할 제품을 처음으로 제조하는 데까지는 많은 시간과 노력이 필요하다. 많은 시간과 노력에 의해 개발된 핵심기술은 해당 기업에게 초격차 경쟁력을 가져다준다.

최근 코로나19로 인한 전 세계적 팬데믹 사태는 가장 빠르게 백신을 개발하여 보급한 174년이나 된 세계적인 제약사 화이자Pfizer에게 막대한 부를 안겨주었다. 화이자는 mRNA유형의 백신을 천문학적인 개발비를 자사의 예산으로만 투입하여 독일의 생명공학 기업인 바이오엔테크BioNTech와 공동 개발하였으며 백신개발의 성공으로 인해 기업가치가 상상을 초월할 정도로 높아졌다.

'연구개발' 항목에서 진단해야 할 사항은 먼저, 연구개발 프로세스가 규정되고 문서화 되어있는가 하는 것이다. 고객이 원하는 것이 무엇인지를 파악하기 위해 고객 요구조사, 시장조사, 기술조사, 경쟁사 조사 등 많은 정보수집을 통해 기업의 성장과 생존을 위한 어떤 제품을 연구하고 개발할 것인지를 정하는 것이다. 연구개발의 전담조직이 구성되어 있고, 인력이 확보되어 있는지, 고객조사를 통해 제품을 결정하고 이를 개발하기 위한 활동은 체계적으로 수행하는지 등 연구개발을 위한 프로젝트 관리가 합리적이고 체계적으로 운영되는지를 확인하는 것이다.

이에 반해 '신제품 개발관리'는 해당 기업이 연구개발을 통해 결정된 제품을 구체화하거나 고객이 설계한 제품을 효율적으로 제조하기 위한 활동을 말한다. '신제품 개발관리'의 대표적인 규칙은 자동차산업에서 적용되는 미국의 Big 3^{GM, Ford, Chrysler}가 규정한 '사전제품품질기획^{APQP : Advanced Product Quality Planning}' 프로세스가 규정되고 운영되고 있다. APQP 프로세스는 크게 RFQ^{Request For Quotation}단계, 프로젝트 계획, 제품 개발, 공정개발, 제품 및 공정 검증, 시정 및 개선조치 단계로 구분하여 운영된다. APQP에 대한 자세한 내용은 IATF16949 규격에 따른 참조매뉴얼을 참고하기 바란다. '신제품 개발관리' 항목에서는 신제품 개발을 수행하기 위한 프로그램이 명확히 정해져 있는지, 신제품 개발에 대한 개발계획이 수립되고 지속적으로 갱신되고 진척이 관리되고 있는지, 신제품 개발 활동을 하는 조직의 역할과 책임이 명확히 결정되고 문서화되고 있는지, 문서화된 신제품 개발절차 및 프로세스에 따라 단계별로 수행되고 있고, 수행된 내용이 신뢰할 수 있는지, 설계목표, 신기술, 신공법 등이 적용되는지, 과거의 문제를 파악하고 이를 반영하여 개선대책을 세우고 있는지, 신제품 개발 절차를 통해 산출물(부품기능분석표, 제조공정도, 관리계획서)이 생성되고 활용되고 있는지 등을 진단하게 된다. 신제품 개발관리는 해당 기업뿐만 아니라 대부분은 공급사슬 전체가 하나의 시스템으로 움직이는 통합형인 경우가 많다. 그러므로, 필요 시 관련 공급망 전반을 진단해야 하는 경우도 있을 것이다.

4) 설계관리

　고객에게 제공될 제품을 구체화하기 위해 설계design하는 것은 사업의 시작점이라고 해도 과언이 아니다. '연구개발 활동'에 의해 구상된 개념은 이를 구체화하여 실질적으로 제품화하기 위한 노력을 해야 한다. 하지만, 제품을 설계하는 것은 쉬운 일이 아니다. 한국 중소기업의 대부분은 제품 설계기능 및 능력이 없다 보니 제품에 담긴 기술과 노하우를 가치화할 수 없다. 눈에 보이지 않는 기술이 돈인데, 기술을 만들지 못하다 보니 시장성과 수익성이 떨어지는 것은 당연한 것인지도 모르겠다. 최근의 디지털 기반 플랫폼 기업들은 비즈니스 모델을 설계하고 구체화하는 데 막대한 자금과 시간을 투자함으로써 세상에 존재하지 않는 제품이나 서비스 그리고 플랫폼을 통해 급속한 성장을 이루어 나가고 있다. 연구개발하고 새로운 제품 또는 서비스 등 새로운 비즈니스 모델을 통해 가치를 만들기 위해서는 기업이 그런 활동을 수행할 수 있는 자원(기술, 인력, 자금, 시장)이 있어야 한다. 마음만으로는 이룰 수 없는 것이다. 제품을 설계하는 절차는 설계기획, 설계일정계획, 설계입력, 설계출력, 설계검토, 설계검증, 설계유효성 확인, 설계변경의 순서로 이루어진다. 일반적으로 상기에서 나열한 항목 중 하나라도 빠지면 '설계기능이 없다'고 할 수 있다.

　설계기획design planning은 어떤 제품을 설계할 것인가를 규정하는 것이다. 고객이 원하는 제품이 무엇인지, 명시적이든, 묵시적이든 이를 명확히 찾아내는 것은 매우 중요하다. 이 설계기획에서 많이 활용되는 방법이 품질기능전개QFD : Quality Function Deployment인데, 이 방법은 사용자의 요구사항이 무엇인지 하는 사용자 입장과 제품의 생산성과 효율성과 관계되는 설계요소를 전개하는 설계자 입장에서 중요한 우선순위를 결정하는 방법이다. 이 밖에도 제품의 특성을 설계할 때 사용되는 많은 방법들이 적용될 수 있다.

제품의 설계특성이 결정되면 다음 단계는 어떻게 설계할 것인지 설계절차와 내용, 일정, 책임자, 그 밖의 자원을 계획하는 설계일정계획 design plan 수립단계가 되겠다. 설계일정계획은 설계목표와 설계 각 단계별 진도관리를 통해 프로젝트가 성공적으로 수행될 수 있도록 한다. 설계입력design input단계는 고객의 요구사항과 설계특성 요구사항을 결정하는 입력요건을 규정하는 것이다. 이는 설계출력design output 단계에서 생성되는 설계출력물의 설계검토내용이 된다. 그러므로, 설계입력 항목을 명확히 규정함으로써 설계출력물이 설계입력사항을 충족하는지 검토할 기준을 마련할 수 있게 된다. 설계검토design review 단계 후 수행되는 것은 설계검증design verification단계로서 설계검증 단계는 고객의 요구사항을 충족시킬 수 있는 설계특성을 담고 있는지 구체적인 계산을 하는 것을 의미한다. 예를 들면, 충분한 무게를 견딜 수 있는지, 강도는 적절한지, 요구되는 속도는 나오는지 등등 설계계산을 통해 공학적으로 객관적인 근거를 확보하는 행위이다.

다음은 설계유효성validation 확인 단계이다. 설계유효성 확인 단계에서는 설계검증을 통해 검증된 설계에 의해 시제품을 만들고 그 시제품이 공학적, 수치적인 설계특성뿐만 아니라 사용자 입장에서 감성적인 부분까지도 고려하여 검증하는 것을 의미한다. 예를 들면, 가방의 손잡이가 잘 미끄러지니까 잘 미끄러지지 않도록 소재를 달리하거나 손잡이를 잘 잡을 수 있는 구조로 만든다든지 하는 것은 설계유효성 확인의 예이다. 마지막 단계인 설계변경design change은 제품이 나오고 사용되면서 제품의 특성을 개선하기 위해 지속적으로 설계를 개선 또는 변경하는 것을 말한다. 이런 설계자료 또는 설계출력물은 반드시 확인 가능하고 검증 가능한 매체로 저장, 관리되어야 한다. 하지만, 일반적으로 중소기업은 설계관리 절차를 엄격하게 준수하지 않는다. 왜냐하면 고객이 요구하는 납기 기한이 너무 짧기 때문이기도 하지만, 설계관리 절차대로 실행할 경우 낭비가 생긴다고 생각하거나, 어쩌면 설계관리 절차를 정확히 배우지 못했기 때문이란 생각이 든다. 여전히 관행적으로 설계를 수행하는 경우가 너무 많다. 하지만, 정해진 절차를 철저히 준수하지 않아 발생하는 설계오류나 부적합으로 인해 전체 설계시간은 더 많이 소요될 것이라고 생각된다. 설계는 눈에 보이는 특성이나 기능도 있겠지만 눈에 보이지 않는 의도意圖라는 것도 존재한다. 눈에 보이지 않는 것이 경쟁력이 되는 시대이다.

5) 구매조달관리

모든 제조기업은 모든 공정process을 단일 기업 내에서 수행할 수 없다. 어떤 기업은 원료 또는 원자재를 구매하여 어떠한 가공행위를 한다. 이런 가공행위가 마지막 공정이 될 수도 있지만, 일반적으로는 여러 공정을 거쳐 제품이 완성된다. 단일 기업이 모든 공정을 다 수행하는 경우는 없다고 해도 과언이 아니다. 그러므로 다수의 공급기업이 존재하여 기업을 운영하게 된다. 구매조달관리 항목에서는 기업 외부에서 구매하고 조달하는 공급기업과 프로세스에 대해 진단하게 된다. 구매조달관리 항목에서의 세부 진단 항목으로는 구매 및 조달방침과 시장조사, 결품 대책 및 구매품질, 공급자 및 외주관리, 수불 및 창고관리에 대한 항목을 진단한다.

먼저, 구매 및 조달에 대한 정책과 방침이 명확히 설정되고 규정되어 이를 관련 구성원이 이해하고 실행하고 있는지를 먼저 확인하게 된다. 최근 글로벌 공급망이 코로나19 팬데믹 사태로 붕괴현상이 곳곳에서 목격되고 있다. 이는 가장 조달원가가 저렴한 곳에서 대량으로 구매하던 것을 조달원가가 조금 더 올라가더라도, 또는 공급에 일시적인 문제가 생기더라도 대안을 가질 수 있는 조달정책으로 바뀌고 있다. 즉, 글로벌 생산기지 중 가장 저렴한 곳에만 두었던 해외공장뿐만 아니라 생산원가가 조금 비싸더라도 공급을 보다 원활하게 받을 수 있는 국내공장을 별도로 개발하려는 전략들로 전환하고 있다. 패러다임의 변화에 의해 환경영향environment impact 및 사회적 책임social responsibility 등 비재무적 항목을 고려하여 공급기업을 탐색하고 선정한다.

다음 진단 항목은 구매 및 조달계획을 명확한 근거에 따라 합리적으로 수립하고 이를 기반으로 공급기업에게 발주하며, 환경변화에 따라 갱신관리하고 있는지를 확인한다. 구매 및 조달계획은 공급망 전반의 정보를 통합하여 분석하여야 한다. 고객의 요구사항과 생산능력, 외부 공급기업의 공급능력과 물류, 기업이 보유한 재고수준 등 전반적인 생산운영정보를 통해 계획을 세우고 실행해 나가야 한다. 주먹구구식으로 조달 운영 시 보이지 않는 낭비를 발생시켜 기업을 어려움에 빠지게 할 수 있다.

구매조달원가에 대해서도 적절한 주기로 시장조사를 하고 이를 구매가격에 반영함은 물론 구매조달원가를 낮추기 위한 원가절감활동을 수행함으로써 성과를 얻고 있는지를 진단하게 된다. 구매조달원가의 경쟁력은 곧 해당 기업의 경쟁력이 되는 경우가 많다. 가격변동이 심한 원료 및 원자재의 경우, 시장의 동향을 지속적으로 모니터링하고 빠른 정보입수를 통한 예측을 통해 구매조달 가격을 낮출 수 있고, 환율에 영향을 줄이기 위한 노력도 기울일 수 있다.

구매조달에서 결품 상태와 구매품질을 관리하게 되는데, 공급기업별 결품률이 관리되고 결품에 대한 대책 수립 및 개선활동을 통해 지속적으로 성과가 개선되고 있는지를 확인한다. 공급기업의 적시공급을 통해 생산공정의 정지가 없으며, 이를 통해 생산활동의 낭비를 줄일 수 있다. 이를 위해서는 주기적으로 공급기업의 생산활동을 모니터링하고 점검하여 적시에 공급할 수 있도록 노력해야 한다. 공급기업에서 공급한 제품에 대한 품질수준을 결정하고 이의 평가 및 준수 여부를 확인함은 물론, 공급기업에서 공급한 제품의 품질수준을 지속적으로 개선하고 있는지를 확인해야 한다.

다음은 공급자와 외주관리 업체에 대한 관리내용이다. 공급기업은 구매조달정책 및 방침에 따라 정책과 방침에 적합한 공급기업을 탐색하고 이를 객관적인 기준에 따라 등록, 선정, 평가, 이력관리를 하고 있는지를 확인한다. 또한, 경쟁력 있는 공급기업을 발굴하고 함께 비즈니스를 운영해 나갈 경우 동반성장의 기회가 마련된다. 외주관리에 있어서는 주기적으로 방문하여 품질과 납기 등을 점검하고 개선해 나가며, Level-up 계획이 수립되고 운영되고 있는지를 진단한다. 공급기업 및 외주기업의 경쟁력을 높이는 것은 해당 기업의 경쟁력을 높이는 것이다. 해당 기업의 방침을 이해하고 이에 따른 역량을 확보하기 위한 노력을 기울이며, 상호 경쟁력을 강화하기 위한 기술, 프로세스, 정보, 관리시스템 등 전반적인 수준을 높이는 것은 매우 중요하다.

수불 및 창고관리 항목에 있어서는 원부자재의 수불관리 상태가 어떠한지를 확인한다. 또한, 구매한 제품의 재고량 및 재고상태는 적절히 관리되고, 재고감축을 위한 노력을 하고 있는지를 진단한다. 주기적으로 재고량을 파악하고 적정 재고량을 결정하며 이를 통해 구매계획을 수립하는가 하는 것도 중요하다. 제품을 보관하는 창고의 관리상태(청소, 청결, 색인, 식별 등)도 적절하게 이루어지고 있는지를 확인한다.

6) 생산공정관리

제조기업에서 가장 중요한 활동 중 하나가 바로 생산공정관리이다. 생산공정관리는 자원을 투입하여 가치를 부가하기 위한 변환 과정을 거쳐 고객에게 제공할 가치를 산출해 낸다. 생산관리는 생산량에 대한 관리를 말하고 공정관리는 가치를 만들기 위해 변환하는 특성을 관리하는 것을 말한다.

다음은 신제품을 개발하여 설계하고, 설계한 제품에 대한 원자재를 구매해서 공장 내에서 제조하는 생산공정관리에 대한 항목을 진단한다. 생산공정관리 항목은 생산체계 및 생산 계획, 생산통제 및 성과집계, 작업특성 및 작업표준관리, 작업조건 및 부적합관리에 대한 항목을 진단한다. 생산체계 및 생산 계획항목에 대해서는 먼저, 생산공정 관리를 위한 절차, 프로세스가 명확히 규정되고 관리되고 있는지를 확인해야 한다. 관리 업무프로세스도 마찬가지이겠지만 업무품질을 확보하기 위해서는 반복적인 업무는 명확한 프로세스 또는 절차를 설정해서 운영하는 것이 바람직하다. 생산 계획수립에서부터 생산실적분석 및 개선에 이르는 상세한 프로세스와 기준을 설정하고 운영함으로써 업무의 품질을 확보해 나갈 수 있을 것이다. 또, 생산 계획수립 시 고객의 생산 계획, 자재수급계획, 생산능력 등을 감안하여 합리적으로 생산 계획을 수립하는지를 확인해야 한다. 생산 계획수립 시 고려해야 할 사항은 대상품목 및 규격, 생산 일정 및 기간, 목표 생산량, 작업자 배치, 생산설비, 생산 시 고려사항 등을 생산 계획에 명시해야 한다. 생산 계획을 합리적으로 수립한 경우, 생산성 향상 및 낭비 최소화의 효과를 얻을 수 있다. 생산통제 및 성과집계 항목에서는 먼저, 생산 계획에 입각하여 생산통제를 진도관리, 현물관리, 공수관리 등 생산통제관리 분야별로 적절하게 수행하고 있는지를 진단하게 된다. 또, 작업 관리의 기초자료를 확보하기 위해 매일의 작업실적을 적절한 방법으로 기록관리하고 분석하는지를 평가한다. 분석항목은 통상적으로 생산량, 작업시간, 가동시간, 비가동시간, 생산효율, 양품률 등 생산형태 및 대상에 따라 분석항목은 필요 시 개발하여 활용해야 한다.

작업특성 및 작업표준관리 항목에서는 먼저, 제품 또는 공정에 대한 특별특성SC : Special Character[43]에 대해 이해하고 고객에 의해 규정된 특별특성에 대한 관리기준이 명확히 설정되고 있고 이를 명확히 관리하고 있는지를 확인한다. 다음은 공정 FMEA[44], 제조공정도[45](관리계획서[46]), 작업표준[47]은 일관되게 문서화되고 관리되고 실행되고 있는지를 점검한다. 이는 공정을 관리하는 가장 중요한 기준이 된다. 제품의 특성을 만족시키기 위해 적용해야 할 공정특성에 대해 규정하고 관리하는 것이다. 또한 작업표준은 최신본이 해당 공정에 비치되고 있고, 표준작업[48]이 이행되고 있는지를 확인한다. 작업표준은 작업을 수행하는 기준이 된다. 작업순서와 작업내용은 어떻게 되는지, 작업 시 사용되는 설비는 어떤 설비를 사용해야 하는지, 설비의 조건 값은 어떻게 설정하고 관리하는지, 작업 시 확인해야 할 공정특성은 무엇인지 등 작업표준 및 표준작업을 통해 고려해야 할 사항들은 매우 많고 중요하다. 작업조건 및 부적합관리 항목에 있어서는 먼저 제조공정도 상에 명기된 설비는 설치되고 공정 작업조건은 최적 조건으로 관리되고 있으며, 일상, 예방, 예측 점검을 수행하고 있는지를 점검한다. 또한, 공정 내에서 부적합사항[49]에 대해 시정 및 예방조치[50]가 이행되는지, 공정품질특성 및 사내 외 품질문제가 작업자에게 교육되고 개선내용이 현장에 반영, 관리되고 있는지를 확인하게 된다.

7) 품질관리

고객에게 제공할 제품을 공정조건에 따라 생산했다면, 그 제품이 요구사항(고객, 법적, 임의)에 적합한지 설정한 기준에 따라 검사inspection하여 판정을 해야 한다. 종합적 품질관리TQC 관점에서는 품질방침policy을 설정하고 품질기획planning, 품질관리control, 품질보증assurance, 품질개선improve을 통해 관리한다. 중소기업 입장에서는 이러한 전사적 품질관리를 전개하기는 조직, 자원, 방법 등 많은 제약요인 때문에 품질 관리 측면, 즉 품질기준을 바르게 세우고 검사를 수행하여 요구사항을 만족시키며, 검사결과를 활용하는 데 초점을 맞추어 운영하는 것이 바람직하다. 하지만, 이는 중소기업의 역량에 따라 보다 수준 높은 품질 경영적 측면으로 접근해도 무방하다. 품질관리는 품질경영의 한 영역이다.

품질관리 분야의 진단 항목은 품질조직, 검사시스템 및 규격, 검사 상태 및 합부판정, 품질정보관리 항목으로 나누어 진단한다. 먼저, 품질조직은 경영자의 의지가 없다면 관점에 따라서는 단순히 비용을 유발하는 조직으로 비칠 수 있다. 하지만, 본질적으로 고객의 요구를 충족시키지 못했을 때 발생되는 품질비용(품질실패비용)을 고려한다면, 사전에 품질을 확보함으로써 품질비용을 줄일 수 있다. 품질관리비용 Q-Cost 관리기법에서 말하는 품질비용의 유형에 따라 품질예방비용, 품질평가비용, 품질개선비용, 품질실패비용의 종합적 측면에서 본다면, 사전에 품질비용을 투입함으로써 부적합이 발생 시의 품질비용 보다는 줄여나갈 수 있을 것이다. 그러므로, 품질조직은 경영자의 품질에 대한 의지 및 고객 만족에 대한 철학을 기반으로 조직에서도 독립성을 확보해야 한다. 즉, 품질을 평가하는 조직은 외부의 이해관계에 따라 운영되는 것이 아니라 기준에 따라 객관적으로 판정하고 이를 해당 기업의 품질수준을 올리는 데 중요한 역할을 하게 되는 것이다. 만일, 기준을 충족하지 못했다면, 기준을 충족시키기 위한 노력을 통해 제품의 품질수준 및 고객의 만족도도 올라가게 될 것이다. 품질관리를 위한 전담조직이 구성되어 있고, 체계적으로 품질관리를 수행할 수 있도록 역량 있는 직원을 배치하고, 실질적인 품질관리 활동을 하는지 확인한다. 덧붙여 경영자의 품질에 대한 의지가 어떠한지, 품질관리를 위한 경영자의 지지와 지원이 있는지를 진단해야 한다. 품질관리 조직의 품질결과에 대한 주기적인 보고를 경영자가 받고 이를 개선하고 있다면 그 기업의 품질은 지속적으로 개선될 수 있을 것이며, 고객의 만족도도 올라가게 될 것이다. 다음은 검사시스템과 규격관리에 대한 진단을 수행한다. 제조공정 과정에서 품질상태를 확인하기 위한 단계를 결정하고 검사를 수행하는 절차와 방법에 대해서 규정하고 있는지를 점검해야 한다. 제조공정 과정에서 주로 품질상태를 점검해야 하는 단계는 공급기업에서 원자재 및 부품이 들어왔을 때(입고검사/수입검사), 제조공정의 각 단계마다(공정검사/자주검사), 제조공정을 모두 마치고 최종 제품이 만들어졌을 때(최종검사), 완성된 제품을 보관하고 있다가 고객에게 인도하기 위해서 출하할 때(출하검사) 검사한다. 하지만, 이것은 꼭 정해져 있는 것은 아니다. 그러므로, 해당 기업이 품질확보를 위해 어떤 단계에 검사를 수행하는 것이 가장 합리적인지 고민하여 운영해야 한다. 검사를 하지 않을 정도의 완벽한 품질의 제품을 만들어 고객에게 인도한다면 그것보다 더 좋은 것은 없으며, 검사비용(품질평가비용)을 굳이 들이지 않아도 되니 원가경쟁력도 향상시켜 나갈 수 있을 것이다. 검사 규격관리는 각 단계마다 수행되어야 할 검사에 대한 기준을 마련하고 이를 최신화하여 관리하는가 하는 것이다. 검사 및 시험규격들(검사기준서, 검사표준서, SPEC, 검사성적서 등)이 규정되고 최신본으로 개정되며, 이를 활용해야 할 장소에 비치되어 검사자들에 의해 활용되어지는 지가 매우 중요하다. 검사상태 관리는 검사 및 시험 전후에 식별은 이루어지고 있는지, 검사결과에 대한 합부_合否_판정이 명확히 식별되어 혼재_混在_되어 잘못 사용 가능성은 없는지, 검사한 사람과 검사결과가 명확히 확인 가능하고 검증 가능한지 등을 점검해야 한다. 검사상태 관리는 '눈으로 보는 관리'에서 언급한 것처럼 고도화된 방법으로 명확히 관련자가 식별될 수 있도록 하고 잘못된 사용을 근절하기 위한 방안을 마련하는 것이 매우 중요하다. 다음은 검사정보관리에 대한 항목으로서 매일매일, 공정단위별, 검사단계별 부적합 수와 부적합율을 원인별, 현상별로 체계적으로 관리하고 개선 가능한 데이터로 운용하고 있는지를 확인해야 한다. 품질관리는 합부판정을 결정하는 것도 중요하지만, 부적합의 원인이 무엇인지를 찾아서 개선함으로써 부적합을 줄이는 것이 가장 중요한 활동이다. 그러므로 이러한 품질정보를 취합하여 부적합 감소를 위한 적극적 활동을 어떻게 전개하고 있는지를 진단해야 한다.

8) 설비관리

제조기업의 제조 활동 결과물output인 제품을 만들어 내기 위해서 제조 활동에 참여하는 인적자원human resources도 중요하지만, 그에 못지않게 중요한 자원은 설비자원machine resources이다. 설비자원은 제조기업의 성과를 내는 데 없어서는 안 될 아주 중요한 성공요인이 될 수 있다. 특히, 자동화된automated, 지능화된intelligent 설비자원은 핵심성공요인KSF : Key Success Factor의 역할을 하기도 한다. 설비자원은 크게 제조설비facility, 이송설비transporting equipment, 측정설비measurement equipment, 지원설비utility로 분류하여 관리된다. 제조설비는 제품을 직접 제조하는 데 사용되는 설비이고, 이송설비는 제조설비에 원자재를 공급하거나, 제조설비를 통해 제작된 제품을 다음 공정이나 보관을 위해 이송하는 데 사용된다. 측정설비는 검사를 하기 위해 사용되는 측정(시험)에 사용되는 설비를 말하며, 지원설비는 제조 활동을 위해 필요한 전력, 통신, 네트워크, 정보인프라 등 제조 활동에 필요한 자원을 공급하기 위한 지원설비를 말한다. 물론, 제조설비와 이송설비, 지원설비는 자산성격의 관리방식을 고려해야 하나, 측정설비는 검사 및 시험의 신뢰성 확보성격의 관리방식을 고려해야 한다. 설비유형별 상세한 관리방식에 대한 내용은 시중에 나와 있는 관련 서적을 참조하기 바란다. 설비관리에 있어서 진단 항목으로서 고려해야 할 사항은 먼저 설비투자 타당성, 설비등록, 설비이력관리, 설비성과 측정 항목이다. 먼저, 설비투자 타당성 진단 항목에서는 설비투자 시 설비구매 프로세스의 합리적 기준을 설정하고 운영하고 있는지 확인해야 한다. 설비에 대한 기술정보 등의 수집을 통해 현재 운영되고 있는 공정상의 역량을 향상시킬 수 있는 방안을 고민해야 한다. 설비투자를 통해 얻고자 하는 결과는 생산성 향상과 개선된 품질의 확보이다. 설비투자 후 생산성 향상과 품질의 개선이 없다면, 잘못된 투자 의사결정을 하게 된 것이다. 그러므로, 현재 운영되고 있는 공정 운영방식과 새로운 공정운영방식의 객관적인 기술적, 재무적 검토를 통해 설비투자 타당성을 검토해야 한다. 생산성 향상은 얼마나 일어나는지, 품질개선 정도는 어느 정도인지, 새롭게 투자함으로써 얻는 인원 절감 정도는 어느 정도인지, 설비를 투자하는 데 소요되는 비용과 투자를 통해 얻는 이익이 만나는 점을 찾아 투자회수^{ROI : Return On Investment} 시점이 언제인지를 확인해야 한다. 이러한 객관적 검토를 통해 얻는 이익이 없다면 투자해서는 안 된다. 설비투자는 경영자가 내려야 하는 장기투자 의사결정항목이다. 투자 의사결정에 의해 투자가 되었다면, 새롭게 들여온 설비와 기존의 설비 또는 공정에서 안정적으로 운영될 수 있는 상태가 되도록 안정화 단계를 거치게 된다. 이때 생산공정에 투입하는 설비는 자산으로써 설비관리대장에 설비의 일반사항 등을 기록하여 등록하게 된다. 이 시점부터 해당 설비는 관리되어져야 할 자산이 되는 것이다. 설비등록절차 후 설비를 운영하면서 발생되는 여러 가지 이력사항(사용자, 사용위치, 배치, 수리내역 등)을 기록함으로써 설비의 상태를 지속적으로 확인하게 된다. 물론, 설비를 통한 공정관리에 대한 기록은 설비공정조건 관리에 따라 기록으로 관리하면서 설비의 상태 및 특성을 확인할 수 있게 된다. 설비이력정보는 향후 설비의 사용연한, 내구연한, 자산가치의 평가 시 중요한 자료가 된다. 설비성과측정 항목은 설비 사용을 통해 얻는 성과에 대한 확인 및 평가를 통해 설비투자 후 기업에 미치는 영향을 파악하는 데 매우 중요한 정보가 된다. 설비가 가지는 자산적 가치는 회계상 적절한 기준에 따라 감가상각이 이루어진다. 또한, 어느 시점에는 설비가 가지는 자산적 가치가 사라지게 되지만, 자산적 가치는 사라지더라도 설비자산을 통해 지속적으로 가치를 만들어 낼 수 있는 것이다. 설비성과측정 항목은 주로 생산성, 품질, 원가, 부가가치 항목을 기준으로 해당 기업에 적절한 항목을 결정하여 관리하게 된다.

기업 운영에 있어 기업가치를 극대화하는 가장 중요한 자산이 무엇일까? 과거 산업화 시대에서는 자본투자를 통해 고객과 시장이 원하는 제품을 만들어서 유통시킴으로써 기업가치를 일으켰다면, 현대 정보화 시대에서는 많은 활동에서 얻은 데이터를 기반으로 고객과 시장이 원하는 정보를 생산하고 가공하고 제공하는 것이 더욱 중요한 자산이 되었다. 기업 활동에서 얻게 되는 많은 데이터를 가공하여 정보로 만들기 위해서는 기업의 데이터 및 정보의 중요성 인식과 이러한 정보자산을 디지털로 전환하는 능력이 필요하다. 기업정보에는 현장정보, 관리정보, 경영정보, 전략정보 등 다양한 정보의 형태가 존재한다. 그러므로, 정보관리 진단 항목에서는 정보인식, 데이터 수집/가공/분석, 정보시스템 및 의사결정, 지능화에 대해 진단한다. 정보인식에 대한 진단 내용은 기업의 현장직원에서부터 경영자까지 모든 구성원이 데이터와 정보의 중요성에 대해 얼마나 인식하고 있는지를 확인해야 한다. 시대의 변화 및 경영환경의 변화에 따라 패러다임 전환과 기술혁신에 대한 필요성을 인식하고, 시대에 적합한 정보자산화에 대한 인식정도를 확인함으로써 기업의 디지털 전환에 대한 의지를 엿볼 수 있게 된다. 데이터 수집/가공/분석에 대한 진단 내용은 기업 운영에 따라 발생되는 각종 데이터(생산정보, 품질정보, 구매정보, 고객정보, 영업정보 등)를 수집할 수 있는 시스템이 마련되어 있으며, 수집된 데이터를 가공할 수 있는 시스템을 통해 분석하고 분석된 정보를 통해 의사결정에 활용함으로써 보다 경영활동을 합리적으로 할 수 있게 하는 것이다. 정보시스템 및 의사결정에 대한 진단은 수집된 데이터를 정보로 전환할 수 있는 정보시스템의 구축과 구축된 정보시스템으로부터 제안된 의사결정 정보를 기반으로 결정하고, 이에 대한 객관적인 성과에 대한 모니터링은 기업을 보다 효율적으로 운영하게 한다. 스마트공장은 결국 무인공장을 구현하는 것이 목적이다. 사람보다 기계가 더 빠르고 정확하며, 기계가 갖지 못하고 사람이 가진 창조성을 활용하기 위해서도 무인화가 궁극적으로 공장에서 이루어질 것으로 보인다. 공장에서 사람이 겪게 되는 위험, 강도, 환경영향, 안전, 보건 등 우리가 지금까지 당연시했던 많은 것들이 이제는 사람보다 기계가 더욱 공장에 적합한 자원이라는 것을 인식하게 되었다. 지금은 무인공장으로 전환하기에 앞선 과도기 상태인 것 같다. 아직도 기계가 사람을 대체할 수 없는 공정들이 많고, 무인화된 공장이 되기 위해 요구되는 고도의 기술도 필요하다. 그렇다고 하더라도 과거보다는 기계에 의해서 이루어지는 일들이 많아졌다. 공장에서의 생산활동에 사람을 기계로 대체하기 위해서는 기계에 인간의 지능을 학습시켜야 한다. 그것으로 인해 사람이 하던 일들을 기계가 대신하게 되고 사람은 보다 더 가치 있고 창조적이며 행복하게 만드는 일에 몰입할 수 있게 될 것이다. 그러므로 지능화 진단에서는 생산활동에 투입되는 각각의 설비에 지능을 불어넣기 위한 데이터 표준화 작업과 장비 간의 인터페이스를 통한 지능화에 노력을 기울여야 한다. 생산활동을 주먹구구식이 아닌 과학적 데이터를 기반으로 지시가 되고 생산하는 공정조건을 관리함으로써 최적의 공정조건을 찾아낼 수 있게 된다. 이 최적의 조건을 기계에 학습시킴으로써 사람이 개입하지 않아도 될 무인공정을 구현해 낼 수 있을 것이다.

10) 지속적 개선

지속적 개선^{continues improvement} 활동은 기업의 수준을 결정짓는 가장 중요한 활동이다. 전략적 의사결정에 따라 성장전략을 통해 사업분야^{business domain}를 결정하고 사업적 성공을 위해 노력하는데 성공적인 프로세스가 결정된다면 그 프로세스를 성공에 이르기까지 실행하면 된다. 기업의 성공을 좌우하는 것은 현재보다 성과를 개선하는 것이다. 어떤 기업은 현재의 상황을 모니터링하고 특이점이 있는 경우 개선조치를 이루는 기업이 있는가 하면 업무프로세스를 통해 성과를 모니터링하고 모니터링된 성과를 개선하기 위한 노력을 통해 성과가 좋아지고, 이러한 활동이 한 번이 아닌 주기적, 반복적으로 성과가 개선되도록 하는 것이다. 일반적으로 최고 수준의 기업은 최소 5년 이상의 성과개선을 위한 활동을 통해 성과의 극한 개선을 이루기도 한다.

지속적 개선에 대한 진단 항목은 개선체제 및 경영의지, 시정조치 및 예방조치, 개선 및 통계적 기법, 개선성과평가에 대한 진단을 수행하게 된다. 먼저, 개선체제 및 경영의지 항목에서는 현상 및 경향을 파악하기 위한 절차가 수립되고 현황관리가 이루어지고 있는지, 선정된 문제점에 대해 원인분석 및 원인분석에 따른 개선대책이 수립되고 실행되는지, 경영자가 지속적 개선에 대한 이해를 하고 있고, 의지를 확인할 수 있는지를 파악한다. 시정조치 및 예방조치 항목에서는 시정^{correct}, 시정조치^{corrective action}, 예방조치^{preventive action}에 대해 명확히 이해하고 있고 각 조치에 대한 프로세스가 규정되어 있는지를 확인한다. 시정^{correct}은 부적합한 상태를 적합한 상태로 변화시키는 것이다. 시정 활동의 대표적인 것이 잘못된 것을 변환change, 수리repair하는 것이다. 하지만, 시정조치는 단순히 부적합상태를 적합한 상태로 만드는 활동 이상을 말한다. 적합상태로 변화시키는 수준이 아니라 부적합상태가 된 원인을 찾아서 그 근본적인 원인을 제거하는 활동을 의미한다. 즉, 부적합상태가 된 원인을 제거함으로써 향후 발생될 부적합의 근원을 없애는 것이다. 이에 비해 예방조치는 발생되지는 않았지만, 발생될 것을 예측하여 미리 부적합상태가 될 원인을 제거하는 것을 말한다. 시정조치와 예방조치는 이처럼 데이터를 기반으로 과학적, 객관적으로 확인하고 개선을 위한 기술과 아이디어를 통해 대안을 마련하고 수립된 대책실행 활동을 통해 개선 효과가 있는지 유무를 확인함은 물론, 인과관계를 규명하게 됨으로써 많은 노력이 요구되지만 효과도 크다. 경영자가 지속적 개선이 얼마나 중요하고 어려운 과정인지를 이해하고, 지속적 개선을 위해서는 구성원들의 이러한 활동을 촉진하기 위한 동기부여와 훈련이 필요하다.

개선 및 통계적 기법 항목에서는 해당 기업에 적합한 개선활동을 조직하고 개선활동을 이끌어 낼 수 있는 교육훈련이 필요하다. 대표적인 개선활동은 제안제도, 분임조 활동, 중요문제 해결조직 운영, 6 시그마 등의 활동이 있다. 각각의 활동에 대한 전문서적을 참고하기 바란다. 지속적 개선을 위한 방법, 도구를 구성원들에게 충분히 교육훈련하고 있는지 확인해야 한다. 중소기업의 구성원들은 안타깝게도 이러한 개선도구에 대한 교육훈련을 받는 기회가 많지 않다. 먼저, 중소기업은 특정한 직원이 교육이나 훈련을 받기 위해 빠지는 경우, 이를 대체해 줄 만한 직원이 없기 때문에 교육훈련을 위해 투자하기가 쉽지 않다. 더욱이 개선도구를 활용하여 운영 시 보다 쉽게 문제를 해결하고 개선할 수 있지만, 이런 도구를 활용해서 개선하는 것에 대한 분위기가 갖추어져 있지 않다. 충분한 인적자원이 없다 보니 수행해야 할 업무프로세스에 치중하여 개선은 엄두도 못 내는 경우가 많다. 지속적 개선활동의 첫 구절에서 정의했듯이 기업성과는 개선활동에 의해 좌우된다는 것을 다시 한번 상기해야 한다. 중소기업 구성원들에게는 개선활동이 의무가 아니다. 본인에게 맡겨진 업무프로세스를 실행함으로써 실수하지 않고, 다음의 프로세스와 연결시키는 것이 일이라고 생각한다. 그러므로, 성과 중심이 아니라 일 중심으로 업무를 하다 보니 몇 년이 지나도 똑같은 일을 반복하고 있는 경우를 많이 본다. 만일, 골치 아픈 문제를 해결하거나 지금보다 업무를 더 효율적으로 처리할 수 있도록 개선을 했다면, 가급적 경영자는 해당 구성원에게 동기부여 motivation 해야 앞으로도 개선할 기회가 생기게 될 것이다. 전 직원이 본인에게 맡겨진 일을 열심히 함은 물론, 지금보다 더 효율적으로, 효과적으로 일을 함으로써 성과를 개선할 수 있도록 아이디어를 내고 개선한다면 기업의 성과는 좋아질 수밖에 없을 것이다. 개선은 누가 시켜서 하는 것이 아니다. 개선은 본인이 재미있고 하고 싶어야 하는 것이다. 유능한 인재는 개선활동의 경험이 많은 인재를 말한다. 본인이 맡은 업무를 그냥 잘하는 직원은 어디에든 있다. 하지만, 본인이 맡은 일뿐만 아니라 기업의 성과를 개선하기 위해 개선하고 이러한 개선경험을 통해 발전하는 직원은 그렇게 많지 않다. 이런 직원이 스마트한 직원이다.

운영기술분야 진단을 통해 스마트공장을 구축하고자 하는 기업의 기능별 내용들을 검토하였다면, 기업의 운영방식을 디지털 도구를 활용하여 전환하는 체계인 스마트공장을 구축하기 위해 구체적으로 사용되는 기술들이 정보기술이다. 스마트공장을 구축하는 것은 운영기술과 정보기술의 융합을 통해 새로운 형태의 디지털화된 공장을 구현하는 것이다. 그러므로, 스마트공장을 구축하기 위해 융합되어야 하는 3요소를 정의하자면 knowledgewere, software, hardware이다. 3가지 중요한 기술이 융합되지 않고서는 스마트공장을 성공적으로 추진할 수 없다. 3가지 융합기술에 대해서는 보는 바와 같이 스마트공장을 구현하기 위한 기술을 적용하기 위해 반드시 상호연계성을 가져야 하며, 각 분야별 전문가들과 협업해야 한다. 모든 분야를 수행할 수 있는 전문가는 없으며, 각 분야별 전문가가 상호 목적한 시스템을 구현하기 위해 협업해야 하는 것이다. 스마트공장의 궁극적인 모습을 위한 활동에는 이처럼 복잡하고 전문적인 기술들이 상호유기적으로 작용하여야 스마트공장의 실현이 가능한 것이다.

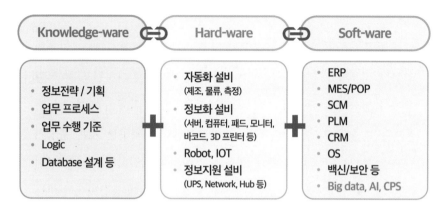

정보기술분야에서의 진단은 스마트공장 구축에 필요한 정보기술의 보유, 실행, 유지관리 상태를 확인함으로써 진행되게 된다. 정보기술 분야에서 진단해야 할 세부 항목으로는 다음과 같다.

1) **놀리지웨어**(knowlegeware)

2) **소프트웨어**(software)

3) **하드웨어**(hardware)

    – 생산설비

    – 정보화 설비

4) **IT 인프라**

    – 통신 및 네트워크(communication & network)

    – 정보보안(security)

1) 놀리지웨어(Knowlegeware)

정보기술분야 진단에서 가장 **뼈대**가 되는 핵심적인 사항이 시스템의 두뇌와 전략을 담당하는 놀리지웨어^{Knowlegeware}이다. 스마트공장을 구축하고 실현하는 데 있어서 가장 중심적인 것이 그 기업이 가지고 있는 지식 자산의 체계를 확인하는 것이다. 스마트공장의 정보기술은 단순히 기술을 적용하는 것을 뛰어넘어 공장에서 운영되는 지식과 지능을 IT 기술로 담아내는 것이다. 놀리지웨어는 스마트공장을 구축하고 구현하기 위해 기업이 보유하고 있는 정책과 전략, 방침, 그 기업이 고유하게 보유하고 있는 기업문화와 정체성, 업무를 수행하는 기준, 절차, 프로세스 등이 명확히 규정되고 있고, 조직구성원들에게 이해되고 실행되고 있는지가 매우 중요하다. 일반적으로 회사 설립 후 업력이 오래되지 않은(통상 5년 이내) 기업의 경우, 좋은 제품과 사업기회로 급격히 성장하는 경우가 있지만, 그 기업이 보유한 명확한 정체성이 없어 사업운영이 방향을 잃는 경우가 많다. 여러 번 강조하지만, 기업은 유기체이다. 그러므로, 외부 환경에 따라 내부 환경이 변화한다. 외부 환경이 변화하는 데에도 불구하고 내부 환경이 변화하지 않으면 곧 몰락의 길로 들어서게 되는 것이다. 이때, 외부 환경에 일희일비—喜—悲하지 않기 위해서는 그 기업만이 가지는 고유한 정체성과 문화가 있어야 한다. 진단 시 이러한 내용들은 눈에 보이지 않기 때문에 확인하는 것이 그렇게 쉽지는 않다. 그러므로, 경험이 풍부한 전문가를 통해 이러한 기업의 기업문화와 정체성을 확인하는 것이 필요하다. 진단 시 확인해야 할 항목은 해당 기업이 스마트공장에 대한 필요성을 인식하고 있는지, 인식하고 있다면, 조직구성원들에게 어떤 방법을 통해 공유하고 공감하고 있는지, 스마트공장을 구축하기 위한 방안을 수립했다면 전략과 방침 그리고 목표가 뚜렷한지 등을 확인해 보아야 한다. 그리고, 놀리지웨어에서 중요한 요소 중 하나인 그 기업의 고유한 업무 방식이 표준화되거나 문서화 되어있어 모든 구성원들이 인지하고 수행하고 있는지 하는 것이다. 조직구조와 업무분장, 권한과 책임사항, 각 기능별 정체성과 업무절차, 프로세스, 성과기준, 그리고 프로세스를 수행하면서 기준이 되는 업무수행기준 등이 명확히 규정되고 운영되고 있는지를 확인하는 것이다. 표준화와 문서화는 업무를 눈으로 확인 가능하게 관리할 수 있는 장점이 있는 반면에 업무를 개선하려는 의지가 부족하고 변화하지 않으려는 보수성을 갖게 되는 단점이 있다. 스마트공장의 영역 중 정보화 영역을 구축할 때 많은 기업들의 경영자나 담당자가 오해하는 것 중 하나는 일에 대한 표준이나 기준, 그리고 로직이 없는데도 시스템이 알아서 규정할 것이라는 착각이다. 결국 시스템은 구성원이 얼마나 스마트하고 똑똑하며 명확한가에 따라 효율이 좋은 시스템이 만들어진다. 인공지능처럼 우리 회사의 일을 알아서 저절로 해주면 좋겠지만, 회사에 처음 도입되는 시스템은 그러한 환상을 제공해 주지 못한다. 회사에서 시스템에 대한 놀리지knowledge가 쌓여야 지능을 만들어 낼 수 있다. 만일, 스마트공장을 통해 데이터를 수집한다면, 어떤 결과를 얻고자 하는지, 어떤 통찰력을 얻고자 하는지 하는 것에 따라 데이터의 종류와 다양성이 달라질 것이다. 그러므로, 놀리지웨어에서는 그 기업이 가진 고유한 지식과 문화에 대한 부분을 명확화하고 조직구성원들에게 공유하는 것이 필요하다.

제조기업, 즉 공장에서 적용되는 하드웨어는 크게 생산설비와 정보화 설비로 구분하여 관리될 수 있다. 생산설비는 크게 제조설비 facility, 이송설비 transporting equipment, 측정설비 measurement equipment로 제조 활동에 사용되는 설비를 말한다. 정보화 설비는 지원설비 utility 의 한 형태로서 제조 활동을 지원하기 위해 필요한 설비이다. 생산설비에 대한 내용은 별도의 자료를 참고하기를 바란다. 스마트공장 구축에 요구되는 정보 관련 하드웨어만 제시하도록 하겠다.

[그림43] 정보시스템 내에서 정보화 설비의 예시

정보화 설비는 업무를 수행하는 데 데이터를 입력하고 출력하기 위해 제공되는 단말기-개인용 컴퓨터, 노트북, 터치패드, PDA[51], 바코드 스캐너, 프린터-가 있고, 통신 네트워크에 연결된 다른 컴퓨터들과 통합 소프트웨어를 사용하기 위해서 데이터베이스와 응용소프트웨어를 구축해 놓은 서버 컴퓨터server computer가 있다. 서버 컴퓨터는 한 대의 컴퓨터에 여러 대의 컴퓨터를 통신회선으로 연결하여 공동으로 사용하는 정보를 저장해 두거나 컴퓨터 자원을 많이 사용하는 프로그램을 모아놓은 컴퓨터이다. 통신 네트워크에 연결된 다른 컴퓨터들은 서버server로부터 필요한 정보를 검색하여 받거나 서버에 있는 프로그램에서 처리할 데이터를 보내고 그 결과를 다시 받는데 이것들을 클라이언트client라고 한다. 경우에 따라서는 하나의 컴퓨터에만 정보와 프로그램을 구축하지 않고 각각의 컴퓨터가 정보와 프로그램을 분산하여 보유하고 있기도 하는데, 이때는 모든 컴퓨터가 서로에 대하여 서버/클라이언트 관계가 성립된다. 많은 사용자가 사용하는 자료나 프로그램을 하나의 컴퓨터에서 관리하므로 자료의 수정과 보수를 한 번에 작업할 수 있다. 서버 컴퓨터의 경우, 개인용 컴퓨터와 달리 갑작스러운 상황에 따라 전원 공급이 단절되면 프로그램 및 데이터에 심각한 손실을 입을 수 있다. 이는 데이터가 실시간으로 유통되기 때문인데, 그래서, UPSUninterruptible Power Supply, 무정전 전원장치를 활용하여 서버 컴퓨터의 안전한 사용을 위해 전원을 안정적으로 공급해 주는 장치를 연결하여 갑작스러운 정전으로부터 시스템을 보호하기 위해 사용한다. 이 밖에도 데이터 백업용 저장장치, 정보를 모니터링할 수 있는 디스플레이 등이 정보화 설비에 해당된다. 정보화 설비의 적정성 및 적합도는 IT 전문가들로부터 운영되는 시스템 구조 및 정보의 유통량traffic 등을 고려하여 검토하는 것이 좋다. 기업이 유기체처럼 내, 외부 환경에 따라 계속 변화하는 것처럼 정보관리를 위한 정보화 설비도 주기적으로 유지 보수하여 적정성을 확보 및 개선해 나가는 것이 매우 중요하다. 많은 중소기업의 경우, 초기 하드웨어를 투자하고 난 후 그 적정성 및 지속 개선 가능성을 고려하지 않고, 무관심한 활용만을 한다. 초기 투자 시에는 신중하고도 면밀하게 검토하여 투자하였지만, 정작 투자하고 난 후 전혀 돌보지 않아 애물단지가 되는 경우가 많다. 정보화 설비의 효율적인 투자, 운용을 위해 서버 컴퓨터와 같이 고가의 하드웨어는 클라우드 시스템을 활용함으로써 보다 효과적으로 예산을 운용할 수 있게 되었다. 정보시스템에 관련된 기술이 하루가 멀다 하고 바뀌고 있는 현실에서 어떻게 정보화 설비를 투자 운영하는가 하는 것은 기업으로서는 매우 중요한 사항이 된다. 많은 경우, 기업들은 정보인프라인 하드웨어 투자에 있어서 주먹구구식으로 대응하는 경우가 많다. 하드웨어는 한번 투자해 놓으면 장기적으로 사용되어야 하는 자산이므로 충분한 검토가 필요하다. 하드웨어를 투자하였으나 사용량이나 데이터량 등을 고려하지 않아 용량이 부족하여 투자 후 재투자를 해야 하는 경우도 있고, 활용도가 낮아 많은 비용을 투자하였으나 사용효율이 떨어지는 경우가 있다. 이는 기업 내부의 정보책임자 또는 경영자가 이러한 사항을 고려 시 전문가들과 면밀하게 검토하여 투자하는 것이 바람직하다. 스마트공장 구축 시 단순히 절대적인 예산만을 가지고 판단하기보다 이러한 기업의 상황 및 미래 운영사항들을 고려하여 신중히 검토하는 것이 총투자비용을 절감하는 지름길이다. 진단 시 고려사항으로는 스마트공장 구축 시 하드웨어에 대한 요구사항을 명확히 규정하는 것으로부터 시작해야 한다. 어떤 하드웨어를 적용할 것인가 하는 것을 명확히 결정하는 것은 중장기 의사결정사항이라고 할 만큼 중요하다. 그다음은 스마트공장 구축 범위와 구축하는 데 소요되는 예산기준에 따라 진단해야 할 것이다. 해당 기업에 적합한 하드웨어는 부족하지도 않고 과하지도 않아야 한다. 진단 시 현황을 파악하면서 해당 기업의 하드웨어 구성에 대한 구조를 설계해 볼 수 있다. 하드웨어 배치는 공정 및 관리의 흐름을 고려하여 설계하여야 한다. 제조현장에 배치되는 하드웨어는 주로 입출력을 목적으로 하는 경우가 많은데 설비위치 및 작업자의 작업 동선을 고려해야 한다. 그러므로 물자(설비, 작업자, 보관구역)의 위치가 표기된 공장 배치도를 가져다 놓고 실질적으로 작업순서나 방안을 고려하여 가상 시뮬레이션 후 설계를 하는 것이 바람직하다. 이때, 해당 공정에서 작업하는 작업자들의 의견과 관리자들의 의견을 수렴하여 설계해야 한다. 공장 내에서 실질적으로 시스템을 운영하는 사람들은 작업자 및 관리자들이기 때문이다. 하드웨어 선택의 적정성은 전문가의 도움을 받는 것을 권한다. IT 전문가 중 하드웨어 전문가에게 자문을 구해서 해당 기업의 여건에 적합한 하드웨어를 선택하는 것이 좋다. 그러므로, 전문가와의 협업이 무엇보다 중요한 것이 스마트공장인 것이다.

3) 소프트웨어(Software)

소프트웨어는 사용자user가 특정한 기계 또는 하드웨어를 조정, 제어, 운영하기 위해 개발된 프로그램을 말한다. 특정 업무에 대한 일련의 명령들은 루틴routine이라 불리며 관련된 업무를 수행하기 위해

프로그래머에 의해 구성된 완전한 명령의 집합은 프로그램program이라 한다. 소프트웨어는 일반적으로 시스템 소프트웨어system software와 응용 소프트웨어application software로 나뉘는데, 시스템 소프트웨어는 OSOperating System라고 불리기도 한다. 시스템 소프트웨어는 하드웨어에 응용소프트웨어가 가동될 수 있도록 하드웨어에 설치되어 연결자 역할을 한다. 그러므로, 시스템 소프트웨어를 통해 사용자가 필요로 하는 많은 응용소프트웨어를 설치, 운영할 수 있게 되는 것이다. 즉, 시스템 소프트웨어는 하드웨어, 응용소프트웨어는 사용자와 관계하여 운영될 수 있도록 하는 프로그램인 것이다. 초창기 70~80년대에는 시스템 소프트웨어는 하드웨어 공급회사가 무료로 제공해 주었다. 하드웨어가 개선되고 변경이 많으니까 그때부터는 시스템 소프트웨어도 별도로 사업자가 구입해서 쓸 수 있도록 하였다. 지금은 사용자 친화적으로 바뀌었으나, 80년대에만 하더라도 시스템 소프트웨어는 DOSDisk Operating System 체제로 운영되었다. 그러던 것이 90년대에 들어 Microsoft사가 개발한 Window OS를 사용하면서 현재까지 가장 많이 사용하는 시스템 소프트웨어가 되었다. 최근에는 시스템 소프트웨어도 다양하게 개발되어 Microsoft의 Window 외에도 애플에서 개발한 Mac OS, 모바일에 적용되는 구글이 개발한 Android, 애플의 iOS 등 OS를 통해 시장을 확장하기 위한 노력들을 계속하고 있다. 시스템 소프트웨어에 사용자들과 소통할 수 있는 응용소프트웨어를 설치하여 운용하게 되는데, 여기에는 수많은 다양한 응용소프트웨어가 있다. 기업에서 사용하는 대표적인 응용소프트웨어가 CRM, ERP, MES, SCM, PLM 등이 있으며, 기업 운영을 위해 개발된 많은 소프트웨어가 응용소프트웨어의 영역에 해당된다. 본서 6장 스마트공장 핵심기술의 운영정보기술에서 상세한 내용을 설명하고 있으니 참고하기 바란다.

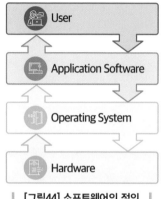

[그림44] 소프트웨어의 정의

소프트웨어 항목에 대한 진단을 수행할 때 중점적으로 고려해야 하는 것은 현재 조직 내에 사용되고 있는 소프트웨어의 현황을 먼저 파악하는 것이다. 소프트웨어의 적합도, 활용도, 유효성을 살펴봄으로써 스마트공장의 기초적인 정보체계를 확인하게 된다. 소프트웨어 항목에 대한 진단 내용은 업무기능에서 적용되어야 할 소프트웨어가 확보되어 있는지, 어떤 종류의 소프트웨어가 있는지, 어떤 업무에 적용되고 있는지, 소프트웨어의 활용도와 사용빈도가 얼마나 되는지, 조직구성원의 소프트웨어에 대한 의견(적합성, 사용성, 편리성)들은 어떠한지 등을 파악하게 된다. 그리고, 소프트웨어와 같은 시스템 자산을 얼마나 투자하고 얼마나 효율적으로 운영되고 있는지를 파악하는 것도 중요하다. 많은 기업들은 필요에 따라 많은 비용을 투자하여 소프트웨어를 도입하지만, 실 업무에서 운영하고 있는 소프트웨어의 기능을 다 활용하고 있지 못하는 경우가 많다. 그러므로, 진단을 수행하는 진단자는 해당 기업의 소프트웨어 활용 현황을 파악하고 개선방안을 모색하는 게 매우 중요하다.

4) IT 인프라(IT Infra-structure)

스마트공장은 완전성을 확보해야 한다. 이는 아무리 놀리지웨어, 소프트웨어, 하드웨어가 유용하다고 해도 이를 운용할 수 있는 인프라 infra-structure가 제대로 갖추어져 있지 못하면, 원하는 효율 및 원하는 결과를 얻지 못한다. 스마트공장에서 사용되는 IT 인프라는 공장 내의 IT 환경을 운영하고 관리하는 데 필요한 구성요소이다. 이러한 구성요소에는 서버 외 주변장치, 통신, 네트워크, 정보보안 등이 있으며, 모두 IT 서비스 및 솔루션을 제공하는 데 없어서는 안 될 중요한 요소인 것이다. 스마트공장 구축 시 요구되는 IT 인프라의 구성요소는 다음과 같다.

- **통신, 유무선 네트워크**(VOIP, CCTV, WI-FI 등)
- **네트워크** : 대량의 데이터를 안정적이고 안전한 방법으로 데이터를 전송
- **정보보안** : 안정적인 데이터 교환을 보장하기 위해서는 데이터 보호를 위한 기술과 장치

◇ **통신 및 네트워크**(Communication & Network)

스마트공장은 운영기술과 정보기술의 융합이다. 운영기술과 정보기술을 융합하기 위해 공장에는 여러 가지 제조설비와 관리를 위한 다양한 시스템을 운영하고 있다. 이들은 통신 네트워크를 통해 연결되어 있고, 상호 데이터를 주고받으며 소통한다. 단위 설비를 제어하는 컨트롤러가 전후 설비를 제어하는 PLC, DCS 간에 데이터를 주고받을 때 연동제어를 하는지, 단독제어를 하는지 통신 연결을 파악하

여 연결도를 그려야 한다. 또한, 설비에서 발생된 데이터를 관리시스템인 MES, ERP에 어떻게 연결되어 있는지도 확인해야 한다. 이 모든 설비, 시스템들을 나타내는 통신 네트워크 연결 구성도를 작성해야 한다. 통신 네트워크 연결 구성도에는 하드웨어와 소프트웨어 항목도 자세히 표기해야 한다. 또한, 데이터 흐름을 IoT, 센서에서부터 공정, 시스템, 빅 데이터 솔루션에 이르기까지 정리해야 한다. 통신망 연결 구성도에 데이터 흐름을 정리하게 되면 데이터가 어디에서 끊어지는지, 어디에서 언제 수집되는지, 어느 시스템에 저장되고 분석되고 활용되는지, 최적의 흐름 설계를 할 수 있게 된다.

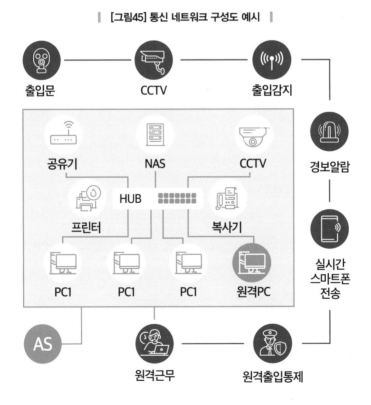

[그림45] 통신 네트워크 구성도 예시

통신communication이란 떨어진 개체 사이에 정보를 주고받는 행위를 뜻하는 것으로서, 과거에는 불, 연기, 문자, 그림 등이 해당되고, 현재에는 유선전화, 무선전화, 위성통신 등이 해당된다. 즉, 거리가 있는 상대와 정보를 교환하는 것을 통신이라고 부르는 것이다. 유선통신은 통신선로(동축케이블, 광케이블 등)를 이용한 통신을 의미하고, 무선통신은 공간에 전파를 이용하여 통신하는 것으로서 WI-FI, 블루투스가 대표적인 것이다.

[그림46] 정보통신 모형

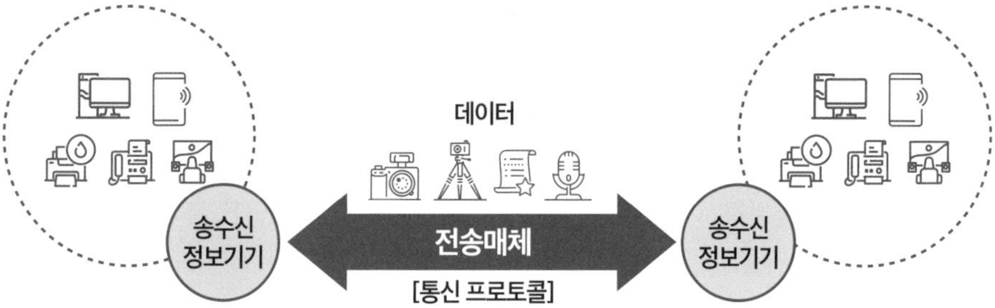

통신은 데이터를 전송하는 통로로서 일반적으로 통신사SKT, KT, LGU+ 등에서 제공하는 인터넷 통신망을 의미한다. 통신은 대체적으로 통신사가 해당 기업의 공장에 1~2개 정도의 통신망을 인입引入함으로써 시작된다. 통신망을 통해 내부의 네트워크를 구성하는 것은 다른 영역이다. 통신망을 파악할 때에는 인터넷 통신회선 용도, 원격지(외부공장, 재택근무 등)와 통신 연결상태 파악 등을 통해 현상을 파악할 수 있고, 통신에 대한 진단 시 인터넷 통신회선의 종류(4G, 5G 등), 회선 개수, 속도, 공인/유통 IP 유무 등 취약점을 진단하게 된다.

| [그림47] 네트워크의 종류 |

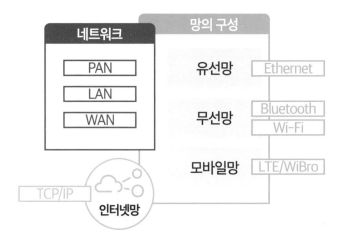

네트워크network는 컴퓨터끼리 데이터를 전송하기 위해 연결된 통신체계를 의미한다. 인터넷망을 활용한 네트워크는 일반적으로 WI-FI 방식을 사용하고 있고, 기기 간의 네트워크는 블루투스를 많이 사용하고 있다. 네트워크는 개인용 네트워크PAN, 근거리 네트워크LAN, 원거리 네트워크WAN로 나뉠 수 있으며, 주로 스마트공장에서는 '기간망backbone network'을 통해 LAN, WAN을 구축 운영한다.

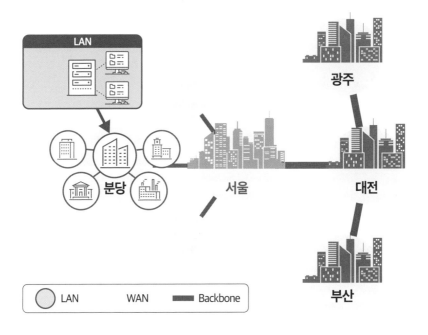

| [그림48] 기간망backbone의 예시 |

LAN

광주

분당

서울

대전

부산

LAN   WAN   Backbone

고정형 인터넷망의 대표적인 것은 WI-FI로서 공장에 AP[Access Point]라는 무선 안테나를 통해 인터넷에 접속하는 방식이다. 보통 주파수 도달거리까지 핫스팟 지역을 구축하고 무선 모뎀이 핫스팟 지역에 들어오면 인터넷망에 연결되도록 하는 것이다. 네트워크를 구축할 때 사용되는 기기로는 LAN card[52], gateway[53], router[54], HUB[55], bridge[56], switch[57] 등의 기기로 구성되게 된다. 스마트공장에서 IT 인프라의 현상파악 시 사무실, 현장, 기숙사 등의 네트워크에 관련된 사항(서버, PC, VOIP, CCTV, 화상회의, WI-FI, 바코드, PLC, sensor 등)을 파악하며, 네트워크의 구성, 상태, 유무선 사용 현황, 속도, 취약점 및 문제점을 파악하고 개선방안을 모색하기 위한 설계를 해야 한다. 진단 시 고려사항은 미래지향적인 관점에서 진단을 해야 한다는 것이다. 너무 보수적으로 접근하다 보면 구축 시 용량capacity이 부족하여 다시 인프라를 추가하거나 증가시켜야 하는 경우가 발생될 수 있다. 이런 경우 비용이 처음 구축할 때보다 많은 비용이 소요된다.

◇ **정보보안**(security)

데이터는 돈이다. 데이터를 가공, 분석하여 통찰력insight을 얻는 것도 돈이지만, 기업이 보유하고 있는 데이터 그 자체도 돈이다. 그렇기 때문에 기업에서 생성되고 보유한 중요한 데이터가 훼손되면 막대한 손실을 입게 된다. 정보보안이란 '정보의 수집, 가공, 저장, 검색, 송신, 수신 도중에 정보의 훼손, 변조, 유출 등을 방지하기 위한 관리적, 기술적 방법'을 말한다.[58] 기업에서 생성되는 데이터가 기업 내부에서만 유통되면 좋겠지만, 기업 활동이 더욱 복잡해지고 기업과 연결된 공급사슬이 다변화됨에 따라 외부 네트워크에 연결되는 경우가 점점 많아지고 있다. 스마트공장의 경우에도 ICT 기술이 접목된 생산설비가 점차 외부 네트워크에 다수 연결되는 만큼 ICT 보안위협이 스마트공장 전반으로 전이轉移, 노출되고 있다. 최근에는 전 세계 불특정 다수의 해커들에 의해 경영정보 및 관리정보뿐만 아니라 공장제어 및 운영장치가 랜섬웨어Ransom-ware[59]와 같은 바이러스에 감염되어 생산차질을 빚게 되는 경우가 늘어나고 있고 이를 인질로 금품을 요구하는 경우가 자주 발생하고 있다. 하지만, 기업은 이러한 실수를 외부에 노출시키지 않으려고 문제를 덮으려고만 하고 있다. 이처럼 정보보안에 관련된 많은 문제가 발생하고 있지만, 여전히 근본적인 정보보안문제는 해결되고 있지 않다. 왜냐하면, 기업 구성원의 정보보안에 대한 인식이 변하지 않고 있기 때문이다. 우리 회사는 괜찮겠지, 우리 회사에서 뭐 가져갈 만한 정보가 있겠어? 하는 안일한 인식이 문제 발생 시 그 폐해는 더욱더 커지게 되는 것이다. 중소기업이 정보보안에 취약한 이유로는 직접적인 영향이 없는 간접적인 영향에 돈을 투자해야 한다는 생각과 투자할 만한 자본 여력이 부족하기 때문이다. 우리가 알고 있는 대표적인 정보보안 방법이면서 가장 쉽게 접근하기 좋은 방화벽firewall은 네트워크에 접속된 컴퓨터를 보호하는 방어막 역할을 한다. 이는 인터넷에서 전송되는 정보를 확인하여 위험성이 내포된 정보를 차단하고, 해커나 악성 소프트웨어가 사용자 컴퓨터에 접근하는 것을 방지하며, 컴퓨터 내부의 주요 자료를 외부로 보내지 못하도록 방지하는 시스템이다. 방화벽은 소프트웨어 방화벽과 하드웨어 방화벽으로 나누어 볼 수 있다. 소프트웨어 방화벽은 개인용 컴퓨터처럼 작은 규모에서 사용하는 방식으로서 설치 후 네트워크를 통하여 사용하는 프로그램을 검사하는 방식이다. 하드웨어 방화벽은 규모가 큰 네트워크에서 프록시 서버proxy server를 설치하여 서버에 설치된 방화벽에서 보안검사를 한 뒤 접속을 허용하는 방식이다. 기업의 정보시스템 구조 및 인프라에 따라 방식을 결정하면 된다. 지금까지 우리나라 기업의 대부분은 핵심정보가 없었다. 고객에 의해 계획된 제품을 보유하고 있는 생산기술과 공정기술에 의해 원하는 시간에, 원하는 만큼, 원하는 품질수준을 확보하여 제공하면 되었기 때문이다. 그러므로, 단순한 OEM[60] 생산 위주의 기업들은 내부에 보유하고 있는 핵심적인 제품이나 기술정보가 없기 때문에 정보보안에 대한 필요성을 인식하지 못했다. 하지만, 현시대에서는 눈에 보이는 제품의 부가가치보다는 눈에 보이지 않는 제품의 부가가치가 훨씬 높아졌다. 이는 모방할 수 없고, 유일성_{unique}이 존재하기 때문이다. 그래서, 산업 구조도 선진국에서 또는 선진기업이 설계한 제품을 그저 생산만 해주는 데에서 탈피하여 기업 스스로 고객의 요구 및 욕구를 파악하고 기업이 보유한 기술을 토대로 세상에 없는 제품을 만들어 내야 한다. 그러므로, 데이터 및 정보에 대한 중요성은 더욱 커져만 가게 될 것이고, 이에 대한 보안문제는 함께 해결해야 할 과제가 될 것이다. 최근 정부에서는 이러한 추세를 받아들여 '스마트공장 보안모델'을 2020년 12월에 개발하여 보급하고 있다. 정보보안의 종류는 물리적 보안, 관리적 보안, 기술적 보안으로 나눌 수 있는데, 물리적 보안은 설비, 시설에 대한 물리적 위협으로부터 보호하는 것을 말하며, 관리적 보안은 각종 관리 절차 및 규정을 의미하고, 기술적 보안은 정보자산에 대한 보안을 말한다. 정보보안분야에서 진단해야 할 항목은 기업의 구성원들이 얼마나 정보보안의 중요성을 인식하고 있는지, 체계적인 정보보안 정책이 수립되어 있는지, 계층별(설비, 공정제어, 생산관리, 전사관리)로 정보보안 체계(엔드포인트 보안, 데이터 보안, 네트워크 보안, 인증/접근제어 등)는 어떻게 되는지, 정보보안에 활용되는 솔루션이 있는지, 보안 권고사항(사용자 식별, 인증, 계정/패스워드 관리, 무선접근 통제, 네트워크 영역 분리 등) 파악기업 운영 프로세스 관점에서 단계별, 기능별 정보보안 대책은 마련되어 있고 이를 이행하고 있는지 등을 진단하게 된다. 정보보안 시스템은 정보화, 지능화 사회에서는 없어서는 안 될 필수적인 시스템이 되어가고 있다.

03

전략수립과 로드맵

스마트공장을 구현하는 데 있어 전략수립은 성공으로 가는 지름길이다. 해당 기업의 스마트공장 수준을 객관적으로 파악하고 진단함으로써 해당 기업의 디지털 전환을 위한 현황을 명확히 알 수 있을 것으로 판단된다. 해당 기업은 디지털 전환과 스마트공장 구현에 있어서 무엇을 잘하고 있고 무엇을 개선해야 하는지 객관적으로 알게 되었다. 그렇다면, 스마트공장 전략수립을 통해 해당 기업이 처해있는 경영적 관점에서의 환경이 어떠한지, 스마트공장 구축을 통해 기업에 미치는 영향이 얼마나 될지, 스마트공장 구축이 기업에게는 어떤 효과로 나타나게 될지 등 경영전략과 연계한 스마트공장 추진전략을 명확히 설정할 수 있을 것이다.

'전략수립前略樹立'이란 조직의 목적(지속 가능성)을 달성하기 위해 조직이 처해있는 환경에 대한 철저한 분석과 조직의 세부목표(디지털 전환, 스마트공장 구현)를 달성하기 위한 세부계획 수립, 그리고 실행을 통해 궁극적으로 조직의 비전에 도달하기 위한 최선의 대안을 마련하는 것을 의미한다. 즉, 스마트공장의 구현은 기업의 궁극적인 목표인 지속 가능성을 확보하는 데 있는 것이다. 이에 스마트공장 추진전략은 해당 기업이 스마트공장 구현을 위해 필요한 자원이 무엇이고 어떤 단계를 거쳐서 실현시켜 나갈 것인가를 구체화한 내용이라고 볼 수 있다.

스마트공장 전략을 수립하는 것은 스마트공장 실현을 위해 무엇보다 중요하다. 스마트공장 전략수립은 조직 내부에서 스마트공장 추진을 일관성 있게 추진할 수 있도록 장기적인 안목의 스마트공장 청사진을 작성, 제시하는 것을 말한다. 스마트공장 전략에 있어서 정보전략수립은 대상 기업이 수립한 중, 장기 경영계획의 경영전략을 토대로 사업 전개에 필요한 총체적인 정보체계를 제시하고 향후 단위 또는 통합정보체계의 개발을 계획 및 통제하여 경영 요구에 의한 정보기술체계를 구축하는 것이다.[61]

스마트공장 추진전략수립과 로드맵은 '진단'을 통해 도출된 현상 및 문제점을 해결하기 위한 과제를 설정하고 이에 대한 추진전략을 수립하는 것이다. 스마트공장 추진전략수립 내용은 스마트공장 진단을 추진한 후 진단 결과 보고서에 제시할 수 있다. 그렇지 않으면, 진단 결과 보고서에는 해당 기업의 현상과 문제점, 그리고 추진과제만을 기술하고, 추진전략과 추진 로드맵 등의 상세 내용을 별도의 '스마트공장 추진전략 보고서'에 정리하여 제시할 수도 있다. 이는 추진하는 기업의 상황과 역량에 따라 결정하면 될 것이다. 분명한 것은 해당 기업에 적합한 추진전략과 로드맵이 명확히 제시되어 추진하는 이해관계자가 이를 참고하여 한 방향으로 추진할 수 있는 가이드 북guide book이 되어야 한다.

스마트공장 추진 시 스마트공장 추진전략과 세부추진계획 및 추진 로드맵 없이 성급하게 뛰어드는 기업들이 많다. 스마트공장 구축은 경영기술, 운영기술, 정보기술의 융합을 통해 추진해야 하는 매우 복잡하고 정교한 작업이다. 그러므로 기업의 성패를 가늠할 수 있는 중요한 프로젝트를 면밀한 검토 없이, 세밀한 추진계획 없이, 추진하는 것은 매우 위험한 접근이다. 스마트공장의 형태가 표준화된 단일 형태의 경우는 모든 공장이 동일한 추진전략과 로드맵을 따라가면 될 것이다. 하지만, 모든 기업의 여건과 상황, 전략적 선택 등이 다르기 때문에 반드시 해당 기업에 맞는 추진전략과 로드맵이 있어야 한다고 필자는 생각한다.

스마트공장 추진전략에 제시되어야 내용은 다음과 같으나, 기업의 상황에 따라 제시되어야 할 항목은 변경될 수 있다.

◇ **기업 일반현황**

스마트공장 추진전략에서 첫 번째 다루어야 할 내용은 해당 기업의 일반적인 현황이다. 해당 기업이 참여하고 활동하고 있는 사업영역, 사업영역의 특징, 사업성과의 정도를 파악하는 것이다. 그리고, 해당 기업이 보유하고 있는 자원(설비, 인적, 기술 등)의 현황을 정리하는 것도 필요하다. 사업영역은 기업의 운영방식을 아날로그에서 디지털로 전환함으로써 어떠한 영향을 받게 되는지를 고민해 봐야 한다. 또한, 스마트공장을 구축하기 위해 보유하고 있는 설비자원과 인적자원, 그리고 기술자원이 어떤지를 파악함으로써 스마트공장을 구축 및 운영하는데 요구되는 자원의 적절성 등을 확인할 수 있게 된다.

◇ **스마트공장 수준**(진단내용을 토대로)

외부 전문가들로 구성된 스마트공장 진단팀의 진단 결과를 토대로 해당 기업의 스마트공장 수준을 확인해야 한다. 스마트공장 수준 진단 결과와 스마트공장의 분야별(전략, 운영기술, 정보기술, 인프라) 진단 결과를 통해 해당 기업의 스마트공장 추진 방향과 목표를 설정할 근거를 마련하게 된다. 스마트공장 진단 결과를 토대로 해당 기업의 스마트공장 구축 시 고려해야 할 사항들에 대한 시사점을 얻는 것은 효율적이고 효과적으로 스마트공장을 구축하는 데 도움이 된다.

◇ **환경분석**(내, 외부)

기업이 속해있는 사업영역과 자사가 영향을 받는 외부환경(정치, 경제, 사회, 문화, 기술, 디지털 등)에 대해 분석함으로써 외부환경을 통해 해당 기업이 마주하게 될 기회와 위협이 무엇인지를 파악하는 것이 필요하다. 또한, 해당 기업이 디지털 기업으로의 전환을 통해 외부환경에 대한 대응을 보다 더 원활히 할 수 있게 되는지를 파악해 보아야 한다. 스마트공장 구축을 통해 외부환경에서의 위협요인을 기회 요인으로 바꾸거나 내부환경의 역량의 약점을 디지털 운영방식을 도입함으로써 강점화할 수 있는 방안을 모색해 봐야 한다. 스마트공장 구축 시 내부환경 요인 중 올바른 기업문화는 스마트공장 성공요인 중 하나가 될 것이다.

◇ **목적과 목표**

패러다임 변화와 기술혁신으로 인해 기업은 살아남기 위해 스마트 공장을 구축해야 한다. 스마트공장을 통해 최적의 원가를 구현하고 유연하면서도 효율적인 공장을 운영함으로써 글로벌 제조경쟁력을 확보하게 될 것이다. 그러므로, 스마트공장을 실현하기 위해서는 모든 조직구성원들이 함께 참여해야 한다. 해당 기업의 스마트공장 구축 목적과 목표는 조직구성원들과 공유되고 공감되어야 한다. 기업의 전략적 목표가 조직구성원의 인생목표와 한 방향으로 정렬되어 있을 때 최고의 시너지효과synergy effect를 볼 수 있다고 생각된다. 스마트공장 구축 목적과 목표를 구체적으로 설정하고 이를 향해 모든 조직구성원들이 최선의 노력을 경주할 때 비로소 경쟁력을 가진 스마트공장을 구현해 낼 수 있을 것이다.

◇ **추진체계**(조직, 중요내용)

스마트공장을 구축하기 위해 활동하는 조직과 핵심적으로 추진할 내용을 결정해야 한다. 스마트공장을 구축하고 운영하는 것은 해당 기업의 모든 조직구성원들이 참여해야 할 것이다. 하지만, 해당 기업에 가장 적합한 스마트공장을 구현하기 위해서는 외부 전문가로부터 자문을 받는 것이 도움이 된다. 이에 내, 외부 조직의 체계와 더불어 책임과 권한을 명확히 설정해야 한다. 진단결과와 환경분석내용을 토대로 해당 기업이 추진해야 할 스마트공장 핵심 추진내용을 구조화하는 것은 이해관계자들에게 추진내용을 이해시키는 데 도움이 될 것이다.

◇ **스마트공장 아키텍쳐**

해당 기업이 구현할 스마트공장의 모습을 형상화하는 작업이다. 스마트공장의 단계적 모습을 형상화하거나, 해당 기업의 스마트공장 궁극적인 모습을 형상화하는 것이 필요하다. 스마트공장을 구현하는 데 설명 위주의 내용은 조직구성원들이 이해하는 데 한계가 존재한다. 그러므로, 스마트공장의 궁극적인 모습을 형상화함으로써 달성해야 할 스마트공장의 모습을 명확히 이해하게 될 것이다.

│ [그림49] 추진 전략 및 로드 맵 사례-아키텍처 │

◇ **스마트공장 추진 로드맵**

해당 기업이 구현할 스마트공장의 궁극적인 모습을 실현하기 위해서는 단계별로 추진해야 보다 효과적으로 도달할 것이다. 처음부터 너무 높은 수준의 스마트공장을 구현하려고 하면 자원이 따라가지 못한다. 궁극적인 스마트공장의 모습은 CPS/AI기반 무인자율공장이 될 것이다. 이를 실현하기 위해서는 많은 재무적 자원이 투입되어야 함은 물론이거니와 스마트공장 전문가들로 구성된 인적자원도 필요하게 된다. 그러므로, 해당 기업의 스마트공장의 모습은 단계별로 추진함으로써 해당 기업에 최적의 스마트공장을 구축할 수 있을 것이다.

◇ **추진일정과 소요예산**

스마트공장은 단숨에 이루어지는 것이 아니다. 기업에 디지털 도구를 도입하고 시스템을 구축하는 것은 돈과 시간이 있으면 된다. 하지만, 구축된 시스템이 기업의 효율을 높이고 성과로 나타나며 경쟁우위의 도구로 활용되기 위해서는 많은 시간과 에너지가 요구된다. 그러므로, 추진전략에는 장기長期 추진일정과 단계에 대해서는 추진 로드맵에서 제시하고 추진일정에서는 각 단계별 일정계획과 예상 소요비용을 산출하여 제시함으로써 적정성을 파악할 수 있을 것이다.

◇ **예상효과와 고려사항**

기업이 혁신도구를 도입하여 적용하는 것은 성과를 개선하기 위해서이다. 그러므로 스마트공장을 구축함으로써 얻게 되는 예상효과를 도출해 보아야 한다. 예상효과는 재무적 성과와 비재무적 성과를 고려하여 산출하되, 투자대비효율을 고려하여 산출하는 것이 바람직하다. 스마트공장을 구축한다는 것은 기업 입장에서는 비용을 투자하는 것이다. 비용을 투자하는 데 따른 투자수익률을 검토함으로써 해당 기업의 스마트공장 적정성을 평가해 볼 수 있다. 만일, 투자수익이 나지 않는 경우에는 과감하게 추진을 멈추어야 한다. 또한, 스마트공장은 단일 기업, 단일 공장의 문제가 아니다. 그러므로, 공급사슬을 고려하여 고객과 자사, 공급기업과 자사, 이해관계조직과의 영향을 파악해 보아야 한다. 고려사항에는 이 밖에도 기업문화, 교육훈련, 고객평가 등 다양한 사항들을 사전에 검토해 보는 것이 실패요인을 줄일 수 있다.

　스마트공장 추진전략을 수립하는 일이 쉽지 않은 일이다. 하지만, 기업의 생존을 결정할 만한 핵심 전략과제로서 스마트공장 추진을 착수하기 전에 반드시 검토하고 문서화해야 할 내용이다. 스마트공장 추진전략을 수립하는 과정을 통해 조직구성원들은 기업의 현황을 객관적으로 바라볼 수 있게 되고 전략수립과정에 참여함으로써 스마트공장 성공방안을 스스로 찾아낼 것이다. 그러므로, 성공적인 스마트공장 추진을 위해 전사적 참여를 통해 최적의 스마트공장 추진이 이루어질 수 있을 것으로 확신한다.

[그림50] 스마트공장 전략수립 보고서 사례

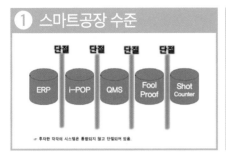

① 스마트공장 수준

② 추진방안

③ 추진체계

④ 추진 Road-map

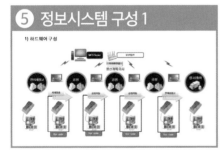

⑤ 정보시스템 구성 1

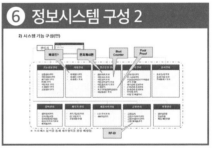

⑥ 정보시스템 구성 2

04

구축과 실행

기업이 경영환경 패러다임에 따른 변화와 전략적 관점에서 스마트 공장을 추진하겠다고 결정하고, 추진을 위한 전략을 수립했다면, 다음은 수립된 전략에 따라 철저하게 추진하면 된다. 스마트공장 구축은 기업이 속해 있는 사업영역, 고객에게 제공하는 제품, 기업이 운영하고 있는 시스템 형태, 그 기업의 스마트공장 수준 등에 따라 다를 것이다. 하지만, 큰 흐름을 본다면, 기업의 디지털 전환 및 스마트공장 추진에 대한 결의, 스마트공장 추진을 위한 진단, 진단에 따른 추진전략 및 로드맵 수립, 구축 및 실행, 지속적 개선의 단계를 따라 진행되게 된다. 이에 추진전략 및 로드맵을 수립했다면, 스마트공장을 구축, 실행함으로써 기업의 디지털 전환을 실행하게 될 것이다. 스마트공장의 구축 영역을 나누어 본다면, 자동화 영역, 정보화 영역, 지능화 영역, 스마트화 영역으로 구분할 수 있다. 이는 해당 기업의 스마트공장의 수준에 따라 달라질 것이며, 궁극적으로는 CPS를 기반으로 한 인공지능기반 스마트공장을 실현하는 것이 될 것이다. 스마트공장의 구축단계에서 가장 먼저 수행해야 할 일은 업무를 표준화하고 공장을 합리화시키는 것이다. 많은 기업들은 스마트공장을 단순히 IT 기술을 도입하는 것으로 착각하는 경우가 많다. 스마트공장의 단계별 운영에서 성공할 수 있는 기업은 기업이 가지고 있는 고유한 기업문화와 아날로그 업무 방식에서의 업무표준화와 이에 대한 실행 준수이다. 스마트공장 구축을 통해 디지털로 전환한다고 하더라도 결국은 조직 내의 구성원들이 이에 대한 의지를 가지고 실행하지 않으면 스마트공장의 구축 효과를 얻지 못할 것이다. 스마트공장의 기본적 개념은 아날로그를 디지털로 전환하는 것이다. 아날로그는 연속적이지만, 디지털은 단속적이다. 아날로그는 추상적이지만 디지털은 객관적이다. 단속적이면서 객관적으로 관리하기 위해서는 기준이 명확해야 한다. 업무를 수행하는 데 있어서 많은 변수가 있다면 이를 표준화하고 동일한 결과를 얻는 데 한계가 있다. 그러므로 업무를 수행하는 기준을 표준화하는 것은 무엇보다 중요하다.

제품의 명칭을 표준화하거나, 제품을 생산하는 과정을 표준화하는 것을 통해 어떤 상황에서도 동일한 결과를 얻게 될 것이다. 제품을 제조하는 현장을 표준화하기 위해서는 물자를 정리하고, 합리적으로 운영하는 방안을 구체화해야 한다. 이러한 활동을 통해 업무와 공장의 업무 처리방식이 표준화되고 합리화될 것이다.

업무표준화와 공장합리화를 추진한 후에는 스마트공장 구축 범위와 적용되어야 할 기술을 선정해야 한다. 기업의 스마트공장 수준과 형태가 다양함으로 어떻게 하면 해당 기업을 스마트공장을 통해 성과를 개선할 수 있는 방안이 있을지를 결정해야 한다. 스마트공장 구축

범위와 적용되어야 할 기술에 대한 선정은 중요한 과정이다. 기업의 스마트공장 수준과 성과를 극대화할 수 있는 기술을 접목하는 것은 너무도 중요하다. 업무표준화와 공장합리화, 스마트공장의 구축 범위와 적용기술을 선정한 후 해당 기업의 함께 스마트공장을 구축하고 지속적으로 개선해 나갈 공급기업(솔루션 제공기업)을 선정해야 한다. 스마트공장의 범위에 따라 적용되어져야 할 기술에 따라 공급기업은 매우 다양할 것이다. 공급기업은 단순히 솔루션만을 제공하는 기업이 있고, 기업의 요구사항을 파악하여 엔지니어링을 기반으로 기업과 함께 스마트공장을 구축해 나가는 기업이 있을 수 있다. 스마트공장 공급기업은 자동화 영역, 정보화 영역, 지능화 영역, 고도화 영역 등 전반적인 엔지니어링 기술을 수반한 능력 있는 공급기업을 통해 성공적으로 스마트공장을 구축해 나갈 수 있다. 스마트공장 구축의 성공과 실패의 여부에 많은 영향을 줄 수 있는 것도 스마트공장 공급기업의 몫이다. 단순히 보유한 솔루션만 제공하거나 일회성의 프로젝트 수행을 하는 경우는 기술이 축적되거나 해당 기업의 상황에 적합한 스마트공장을 고도화하는 데에는 어려움과 한계가 존재할 것이다. 또한, 공급기업 자체의 기술발전이 스마트공장을 구축한 기업에게도 중요한 영향을 미칠 수가 있다. 공급기업의 기술이 진화하고 고도화될수록 더욱 고도화된 기술을 접목할 기회가 많아지는 것이다. 솔루션 공급기업이 선정된 다음 단계는 추진계획에 따라 철저하게 구축, 실행하는 것이다. 솔루션 공급기업은 단순히 용역을 제공하는 기업이 아니다. 기업의 중요한 디지털 자산을 관리하는 방안을 제시하고, 시스템을 통해 디지털 자산을 관리하는 핵심 파트너이다. 스마트공장 구축이 중요한 것이 아니다. 구축된 스마트공장 시스템을 철저히 실행하고 개선해 나감으로써 해당 기업의 것이 되게 하는 것이 가장 중요하다. 스마트공장 구축을 위한 세심한 계획도 중요하지만, 구축된 스마트공장을 철저히 실행하기 위한 구체적인 계획도 필요하다. 계획에 따라 실행하고 실행된 결과를 계속적으로 모니터링 및 피드백을 함으로써 더욱 그 기업에 최적화된 스마트공장이 될 것이다. 지속적 개선단계에서는 스마트공장을 통해 기업이 얻고자 하는 성과가 무엇인지를 결정하고 이를 측정하여, 개선할 수 있도록 해야 한다. 성과를 개선하는 기업은 단순히 프로세스를 실행하는 기업이 아니라 기업의 올바른 프로세스를 통해 기업이 설정한 목표를 향해 지속적으로 성과가 개선되는 기업이다. 스마트공장은 이해관계자들에게 보여주기 위한 형식적인 것이 아니다. 스마트공장을 통해 기업의 재무적, 비재무적 성과가 개선되지 않는다면 스마트공장을 구축, 운영하는 것은 그저 비용만 높일 뿐이다. 이처럼 스마트공장은 제조기업의 경쟁력을 확보하고 강화하는 데 없어서는 안 될 핵심요소가 되어가는 것이다.

업무표준화와 공장합리화

업무표준화와 공장합리화는 전통공장에서 스마트공장으로 변화시키기 위해 스마트공장 구축 활동 초기 시점에 수행해야 할 필수적인 활동이다. 하지만, 스마트공장을 구축하고자 하는 많은 기업들이 이러한 과정의 중요성을 알지 못하고 무시해 버린다. 스마트공장은 경영도구인데, 기술도구로 착각하는 것이다. 시스템을 구축하는 데에만 관심이 있다. 시스템을 실행함으로써 성과가 개선되는데 말이다. 그저 IT 기술만을 접목시키면 되는 일이라고 잘못된 생각을 한다. 기업의 일반 사항을 정비하고, 업무를 표준화하고, 공장을 합리화하는 것이 어찌 보면 많은 중소기업들에게 가장 시급히 진행되어야 하는 일이라고 할 수 있다. 중소기업 경영자들이 엔지니어 출신이 대부분이고 설립 초기 한, 두 사람에 의해서 회사가 만들어지고 대표자를 비롯해 함께한 구성원들이 열정적으로 일을 함으로써 시장과 고객으로부터 인정받아 구성원도 늘고 규모가 확장되는 경우가 많다. 사람도 늘고 규모가 확장되면 조직을 구성하고 상호 역할과 책임 그리고 권한이라는 것이 배분되고 할당되게 된다. 하지만, 일정 규모가 될 때까지 경영자는 조직 관리에 대해 그다지 중요성을 인식하지 못한다. 그래서, 업무를 보다 효율적으로, 적은 인원으로 높은 성과를 위해 만들어진 조직이 오히려 내 일, 네 일을 따지면서 서로 갈등과 반목에 휩싸이게 되어 조직으로서 시너지synergy를 전혀 내지 못하는 경우가 많다. 이런 경우 중소기업은 회사를 설립한 후 처음으로 조직 내에서 발생된 위기와 마주하게 된다. 경영자는 어찌할 바를 모른 채, 회사를 처음 설립했을 때를 그리워하지만, 해법을 찾기란 그리 쉽지가 않다.

업무표준화

업무표준화에서 처음으로 수행하는 내용이 기업의 정체성에 대한 사항이다. 회사 설립 목적goal과 사명mission이 무엇인지, 기업이 나아갈 방향policy과 비전vision이 무엇인지, 어떤 기업이 되기를 원하는지 등 단순히 생존만을 위한 활동에서 벗어나 기업의 운영 철학을 명확화 하는 것이다.

[그림51] 업무합리화 추진 절차

기업의 정체성을 명확히 하는 것은 가치를 높이기 위해 조직 내 구성원들이 추구하는 비전과 목표를 조직의 그것과 정렬alignment하기 위한 것이다. 기업비전, 경영철학, 사명, 비전 등에 대한 상세한 내용은 관련 서적을 참고하기 바란다. 두 번째는 조직의 구조structure와 기능function의 정의이다. 조직도organization chart를 그저 외부 관계자들에게 보여주는 용도로 정리한 기업이 많다. 조직도가 표현하는 내용이 무엇인지 제대로 학습해 본 경험이 대부분 없기 때문이다. 조직도가 조직기능, 계통, 범위, 역할 등을 표현하는 경영의 가장 기초적인 도구임에도 이를 잘 모르는 경우가 많다. 다음은 조직도가 표현하는 개략적인 내용이다.

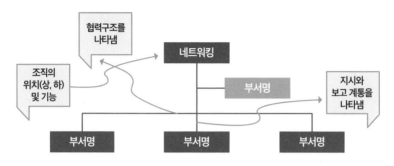

┃ [그림51] 조직도의 정의 ┃

협력구조를
나타냄

네트워킹

조직의
위치(상, 하)
및 기능

부서명

지시와
보고 계통을
나타냄

부서명

부서명

부서명

* BOX는 기능의 범위를 나타냄

라인조직	라인조직은 기능의 상하관계로서 지시, 보고계통에 따라 운영됨
시스템조직	시스템조직은 라인부서를 지원, 조정, 협력하는 기능을 수행하고, 상위 조직의 의사결정을 지원하기 위해 하부조직에서 일어나는 일들을 조사, 분석하여 상위조직에 보고하는 업무를 함.

조직도組職圖는 기업의 업무 범위와 기능을 규정한다. 또, 조직 간의 지시, 보고, 협조 등의 정보흐름 계통을 나타내는 것이다. 대부분의 중소기업은 사람을 먼저 채용한다. 채용된 사람에 따라 기능이 만들 어지기도 하고, 일이 만들어지기도 한다. 그렇게 되다 보니 정작 기업에 필요한 일을 해야 함에도 불구하고 그렇게 하지 않는다. 성과 지향적으로 일이 수행되어야 하지만, 기능 지향적으로 일이 수행되다 보니 형식적이 되기 일쑤다. 하지만, 기업이 성장하고 복잡해짐에 따라 조직에서 요구되는 기능이 있다. 그 기능을 수행하기 위한 조직을 결정하고 그 조직에 맞는 사람을 선발해야 한다. 그래야 조직이 발전할 수 있는 기능을 수행하고 성과를 낼 수 있다.

조직구조가 결정되었다면, 각각의 단위 조직은 어떤 일을 해야 하는지 업무분장을 해야 한다. 업무를 계층으로 나눈다면, 직무job, 업무work, 일activity로 나눌 수 있다. 직무job는 달리 표현하면 업무기능function이 될 수 있다.

[그림53] 업무분장 계층

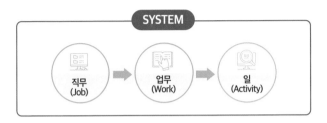

일반적으로 직무는 영업, 생산, 구매, 품질, 회계 등으로 나눌 수 있다. 업무work는 직무를 순차적으로 수행할 수 있는 단계를 표현한다. 업무를 수행할 때는 PDCA Plan-Do-Check-Action의 흐름에 따라 계획, 실행, 확인, 개선단계를 고려하여 업무단계를 결정한다. 예를 들면, 영업계획-영업활동-영업실적평가-영업성과방안의 업무를 규정하는 것이다. 일activity은 업무를 수행하는데 가장 세부적인 행위에 대한 것을 규정한다. 예를 들면 영업계획서 작성, 영업계획 보고 등 업무를 수행하는 세부적인 행위를 결정하는 것이다. 업무 행위를 순차적인 그림으로 표현하면 어떤 체계system가 구성되고 프로세스process로 표현될 수 있다. 업무프로세스를 모델링할 때 사용되는 일반적인 도구는 IDEF Integrated DEFinition, 업무흐름도flow chart 등이 사용된다. 업무를 합리화시키고, 통합시키기 위해 비즈니스 프로세스 리엔지니어링BPR, Business Process Re-engineering을 통해 낭비업무를 제거함으로써 그 기업에서 운영되어야 할 최적의 업무프로세스를 찾는 혁신활동들을 하기도 한다. 물론, 프로세스 혁신PI, Process Innovation을 통해 업무를 표준화하는 것이 필요하기도 하지만, 프로세스 혁신활동의 추진 여부는 해당 조직의 상황을 고려해야 한다. 프로세스 혁신활동도 중소기업에서는 쉽지 않은 혁신 과정이며, 시간도 많이 소요되기 때문이다. 프로세스 혁신활동을 통해 회사에서 일어나는 일의 전반적인 내용을 정리했다면, 이를 실행하기 위한 합의된 기준이 마련되어야 한다. 예를 들자면, 제품의 코드 체계라든지, 부품의 소요명세표BOM : Bill Of Material를 표준화한다든지, 원가를 산출하는 방식을 규정한다든지, 표준화된 기준을 어떤 구성원이든 이 기준에 따라 업무를 수행하도록 하는 것이다. 이처럼 업무합리화를 통해 정체성 명확화, 조직 재설계, 업무분장, 프로세스, 업무수행기준 마련의 단계가 진행되었다면 정보를 디지털화하기 위한 기초를 닦았다고 할 수 있을 것이다. 업무, 관리, 정보의 합리화 활동을 수행했다면, 다음은 공장의 합리화 활동이 되겠다.

공장합리화

스마트공장을 구축하기 위해서 제조의 근간根幹이 되는 공장을 합리화 해야 한다. 공장합리화란 공장에 있는 물자나 정보를 합리화시킴으로써 관리해야 할 대상을 줄이고, 낭비를 제거하거나 낭비의 원인을 없애는 활동을 말한다. 공장합리화는 공장 운영의 체계를 바로 세우는 일이기도 하다. 회사의 상황에 따라서는 공장 운영의 가장 기초인 공장의 조직구조를 구체화시키고, 지시, 보고 계통을 정비하는 것부터 시작할 수 있다. 또, 출근시간, 시업시간, 종업시간, 퇴근시간, 휴식시간을 규정하는 것부터 할 수도 있다. 필자가 수행한 경험에 비추어 보면 이런 표준시간을 규정하고 준수하도록 하는 것만으로도 생산성을 10% 이상 향상시키는 경험을 했다. 제조업에서는 공장의 작업자들이 부가가치를 만들어 내는 핵심인력이다. 이 작업자들이 하루 일과를 시작하고 마무리하는 과정을 표준화시키고, 교육훈련 시키고, 체득화시킴으로써 그 기업은 혁신의 준비과정을 배워나갈 수 있는 것이다. 공장합리화를 위해 먼저, 제조현장 구성원들에게 왜 이러한 활동이 필요한지 교육하는 것이 변화의 시작이다. 세상은 변화하고 있지만, 공장에서 맡은 일에 집중해서 수행하는 사람 입장에서는 이런 세상의 변화를 체감하지 못할 수도 있다. 그러므로, 세상이 어떻게 변화되고 있는지, 우리가 일하는 일터가 어떻게 바뀌어 가고 있고, 이러한 변화 속에서 일터에서 일하는 우리는 어떻게 변화해야 하는지를 바르게 알려줘야 한다. 최근 들어 노동생산성의 하락 요인 중 하나가 작업자들의 의식변화 노력을 관리자가 게을리하지 않았나 하는 생각이 든다. 모르는 것은 잘못이 아니다. 하지만 알려고 하지 않는 것은 잘못이다. 더구나, 옳은 일인지 알면서도 행하지 않는 것은 죄罪이다. 현장 구성원들에게 변화에 대한 교육을 한 후 우리가 일하는 일터인 공장이 어떻게 변화하면 될지 물어보라. 사실 해답은 현장에서 일하는 구성원들이 가장 잘 안다. 현장의 물자를 정리, 정돈하는 5S 활동부터 제대로 수행해야 한다. 정리, 정돈, 청소, 청결, 습관화를 통해 현장에서 일하는 사람들은 의식이 바뀐다. 5S 활동처럼 '현장 기본 지키기'가 충실히 이행될 때 비로소 제조혁신의 입구에 들어설 수 있다. 공장합리화의 범위와 내용은 기업의 형태에 따라 많은 차이가 있다. 그러므로, 진단을 기초로 달성하고자 하는 목표 스마트공장의 수준을 결정하고 난 후 공장합리화에 대한 프로그램도 기획하는 것이 좋다. 제조현장을 합리화하기 위해, 조직구성원을 교육을 통해 의식에 변화를 일으키고, 5S 활동을 통해 물자의 낭비, 관리의 낭비를 막을 수 있도록 해야 한다. '현장의 기본 지키기'를 위해 준수해야 할 행동강령行動綱領을 정하고, 생산활동에 있어서의 체계를 구체화해야 한다. 생산 계획수립, 작업지시, 작업자 배치, 공정관리, 품질관리, 안전관리, 생산실적평가 등 생산활동에서 지켜야 할 것들을 현장 조직구성원들과 결정하고 어떻게 하면 생산성과 품질을 향상시켜 원가를 절감시킬 수 있는지를 고민해야 한다. 더 좋은 제품을 개발하는 것은 제조현장에서 해야 할 일이 아니다. 제조현장에서는 어떻게 하면 주어진 일을 가장 효율적으로 가장 저렴하게 수행하여 제조경쟁력을 확보할 것인가에 초점을 맞추어야 한다. 공장합리화에서 활용되는 많은 기법들이 있다. 토요타 생산방식TPS, 린 생산방식Lean solution, 종합생산혁신TPM, 전사적 품질경영TQM 등이 대표적인 공장합리화 도구이다.

범위 설정과 적용기술 선정

시대의 변화에 따라 제조업의 의존도가 서비스업에 비해 많이 떨어졌다고 해도 제조업은 국가의 경쟁력 척도이다. 만일, 스마트공장을 구현하는 것이 그 기업에게 옳다고 판단된다면, 스마트공장의 최종 목적지는 공장이 스스로 알아서 제품을 생산하는 '자율 운영 스마트공장'이 될 것이다. 자율 운영 스마트공장은 '전통적인 제조 산업에 가상물리시스템, 사물 인터넷, 클라우드 컴퓨팅, 인공지능과 같은 정보통신기술을 융합하여 생산설비와 생산물자 간의 정보교환으로 완전한 자율생산체계를 갖춘 똑똑한 공장'이 될 것이다. 이처럼 스마트공장의 궁극적인 실현목표는 자율 운영 스마트공장이지만, 궁극적인 목표를 달성하기 위해서는 현재의 수준을 객관적으로 평가하고 점진적으로 전진해 나가야 할 것이다. 제조경쟁력 또는 기업경쟁력을 갖추기 위해 기존의 공장에서 운영되던 방식이나 문제점들을 ICT 기술을 이용한 새로운 운영방식으로 혁신해야 한다. 또한, 개선방향에 따라서는 미래의 모습을 정의하고 개선대상을 도출하여 과제범위를 명확히 설정해야 한다. 물론, 중장기 추진전략이나 로드맵에서 이러한 내용을 명시하여 과제를 구체화하여 모든 구성원들이 함께 공유하고 공감할 수 있다면 더할 나위 없이 좋을 것이다. 기업의 현황 및 수준에 따라 정보화, 자동화, 지능화, 스마트화의 단계를 거쳐야 할 것이다. 스마트공장 추진을 포괄적인 관점에서 추진할 수도 있지만, 해당 기업에서 여전히 해결하지 못한 고질적인 문제를 도출하고 이를 개선하기 위한 노력을 할 수 있다. 고질적인 문제는 조직구성원들이 가장 잘 알 것이다. 또한, 궁극적인 목표를 달성하기 위해서 현존하는 고질적인 문제를 이해하고 목표대비 차이점을 분석하여 근본원인을 파악한 후 핵심적인 문제를 선정하여 개선대상으로 삼는다. 현 수준과 기대 목표 사이의 차이점을 분석하고 무엇을 개선할 것인가를 정리하는 것이다. 하지만, 한꺼번에 많은 개선과제를 해결하거나 처리할 수는 없다. 우선순위를 결정하여 점진적으로 추진해 나가야 할 것이다. 스마트공장의 궁극적인 목표를 달성하기 위해 점진적 추진을 위한 과제결정과 범위가 설정되었다면, 현재 우리가 보유한 기술과 목표를 달성하기 위해 우리가 보유해야 할 기술을 선정해야 한다. 보유해야 할 기술은 반드시 회사 내의 자산이 될 필요는 없다. 최근에는 기술의 변화가 빠르고 기술의 다양성이 매우 폭넓게 이루어지다 보니 스마트공장 구축에 요구되는 기술 및 디지털 자산을 필요한 만큼 필요한 시점에 임대해서 사용하는 추세이다. 스마트공장에 대한 핵심기술에 대해서는 6장에 자세하게 설명하였으니 참고하면 된다.

솔루션 공급기업 선정

스마트공장 구축의 성패는 솔루션 공급기업과의 성공적인 파트너십에 있다고 해도 과언이 아니다. 또한, 해당 기업과 적합한 솔루션 공급기업을 발굴하고 함께 일할 수 있는 기회가 주어지는 경우도 그다지 많지 않다. 기업이 스마트공장 구축에 요구되는 기술을 자체적으로 보유하고 있다면 고민할 필요가 없겠지만, 대부분의 기업은 사업운영에 핵심적으로 필요한 제품기술, 생산기술, 관리기술을 보유하고 있다. 물론, 어느 정도의 기업규모가 되거나 여력이 있다면 생산공장을 디지털로 전환하기 위한 기술 전담부서나 기업정보를 의미 있는 정보로 관리하기 위한 정보관리 전담부서를 보유할 수도 있다. 하지만, 대부분의 중소기업은 공장을 혁신하거나 디지털 혁신을 추진할 만한 전문가를 확보하고 보유하기가 쉽지 않다. 특히, 최근 4차 산업혁명의 시대에는 디지털 기반 생태계에 참여하고 있는 전문가들의 수요가 폭증하고 있어 이들을 확보하는 것이 녹록하지 않다. 그러므로, 오랫동안 기업의 디지털 전환과 스마트공장에 필요한 솔루션을 개발하고 공급하는 능력 있는 기업과 파트너가 되는 것은 매우 중요한 일이다. 과거에는 기술용역을 제공하는 기업이 이를 발주하는 기업으로부터 협상력이 떨어졌으나, 최근에는 능력 있는 솔루션 공급기업과 함께 하는 것이 기업경쟁력이 되기 때문에 상호 유익한 파트너십을 맺어야 한다. 솔루션 공급기업도 기술의 다양성만큼 다양하게 존재한다. 스마트공장 전략적 관점에서 해당 기업의 스마트공장의 효율적, 효과적인 추진을 위한 엔지니어링을 할 수 있는 기업, 정보화 영역에서 기업 운영에 필요한 데이터를 디지털로 전환하기 위한 응용소프트웨어를 개발하는 기업, 자동화 영역에서 제조, 측정, 물류의 자동화 및 디지털과 통합하기 위한 기술을 보유하고 공급하는 기업, IoT와 센서를 통해 얻은 데이터를 수집, 분류, 분석, 해석하여 의미 있는 지능을 만드는 기업, 스마트공장의 운영 모형에서 물리적 세상을 가상적 세상으로 전환하는 기술을 공급하는 기업 등 다양한 기술을 보유한 공급기업이 있다. 우리나라의 제조기업들은 아직도 솔루션 공급기업을 단순히 용역제공기업으로 취급한다. 해당 기업의 제조혁신을 위해 새로운 솔루션을 고민하고 연구개발하여 최적의 솔루션을 제공하는 기업을 단순히 비용으로 보는 경향이 있다. 기업이 가지고 있지 못한 제조혁신, 디지털 혁신 솔루션을 제공받음으로써 기업의 성과를 극적으로 개선할 수 있는 기업을 만나는 것은 쉽지 않지만 매우 중요한 일이다. 솔루션 제공기업을 선정하는 데 있어서 고려해야 할 요소는 다음과 같다.

먼저, 가장 중요한 것이 해당 기업에 필요한 혁신 솔루션을 보유하고 있는가 하는 것이다. 솔루션 제공기업으로부터 그 기업의 역량을 파악할 때 단순히 지인의 소개나 일회성의 상담을 통해서 의견을 나눈 내용을 기초로 선정하는 경우도 있다. 하지만, 스마트공장은 한번 구축하기 시작하면 돌이킬 수 없이 복잡다단한 일이기 때문에 솔루션 공급기업을 선정하는 데 신중을 기해야 한다. 솔루션 공급기업이 보유하고 있는 기술에 대한 장, 단점에 대한 부분을 상세히 파악하고 난 후 그 기술이 적용된 사례공장을 반드시 방문하는 것이 좋다. 물론, 해당 기업과 동일한 기업은 없다. 하지만, 솔루션 공급기업에서 구축한 기업을 방문하여 확인함으로써 그 기술의 장단점을 파악할 수 있다.

두 번째는 솔루션 공급기업의 기술소개, 기술역량, 적용된 사례를 방문하여 적합성이 검증된 경우, 해당 분야의 기업으로부터 솔루션 공급기업의 평판을 조사해야 한다. 이때, 솔루션 공급기업의 재무건전성 및 고객 서비스에 대한 신뢰도가 얼마나 되는지도 파악해야 한다. 솔루션 공급기업을 선정할 때 지인의 소개나 추천만을 맹신하여 선정하지 말고, 신뢰할 만한 기업인지를 반드시 따져봐야 한다.

솔루션 공급기업을 선정할 때 마지막으로 고려할 사항은 얼마나 열정적으로 새로운 혁신 기술을 개발하고 접목하며 고객의 성과개선을 위해 함께 노력하는가 하는 것을 판단해 보아야 한다. 세상에 공짜 점심은 없다고 하였다. 스마트공장을 구축할 때 구축비용이 터무니없이 저렴한 경우에는 반드시 그만한 이유가 있다. 엔지니어링 역량이 부족하든지, 해당 기업에 적합한 솔루션을 설계하기 위한 경험이 미흡하든지, 핵심 솔루션의 품질을 높이기 위한 중요 구성요소가 부족하든지,

제공된 솔루션에 대한 품질보증 노력이 미흡하든지, 문제 발생 시 해결 노력에 최선을 다하지 않는다든지, 솔루션을 판매하기에 급급해 해당 기업에서 사용도가 낮은 솔루션을 제공한다든지, 패키지 제품을 맞춤형 제품으로 제공한다든지 등등 적정한 가격이 아닐 경우에는 반드시 확인해 봐야 한다. 스마트공장의 성공 여부를 함께할 솔루션 공급 기업의 선정과 협업은 제조기업의 경쟁력을 확보, 강화해 나가는 데 없어서는 안 될 핵심성공요인이라 할 수 있겠다.

구축 및 실행

스마트공장을 구축하는 프로세스가 일반적이거나 표준화되어 있지는 않다. 모든 기업이 특정 지워진 절차를 따르거나 준수해야 할 규정이 있지는 않다. 하지만, 지금까지의 경험으로 미루어 보아 가장 효율적이고 합리적인 절차라고 생각되는 프로세스는 먼저, 조직구성원이 스마트공장에 대해 기본적인 이해를 하고, 기본적인 이해를 바탕으로 추진에 대한 결의 및 의지가 필요하며, 해당 기업이 스마트공장을 구축하기 위해 현상을 명확히 파악하기 위해 전문가로부터 진단을 받아 추진전략과 로드맵을 수립해야 한다. 만일, 스마트공장을 구축하여 운영하는 것이 해당 기업에게 효익이 된다면, 스마트공장 구축 단계로 진행하게 되는데, 구축 시 진행해야 하는 내용은 업무표준화와 공장합리화를 통해 해당 기업의 고유한 업무 방식을 결정하고, 이를 스마트공장으로 전환하기 위해서는 적용해야 할 기술과 추진하고자 하는 범위를 명확히 설정해야 한다. 또한, 이러한 과정을 함께 추진해 줄 수 있는 역량 있는 파트너(솔루션 공급기업)를 만나는 것은 스마트공장 구축의 성공에 있어서 중요한 열쇠 역할을 하기도 한다. 능력 있는 공급기업과 함께 스마트공장을 구축할 때에는 해당 기업의 수준에 따라 단계별로 추진하게 될 것이다. 가장 기초가 되는 정보화 시스템 분야의 구축 및 실행내용을 위주로 설명하고자 한다.

정보시스템을 구축하는 것은 스마트공장 구축의 가장 기초적인 영역이다. 정보화 영역은 기업의 일하는 방식을 아날로그에서 디지털로 변화시키는 시발점인 것이다. 정보화를 위한 시스템 구축 방법은 '정보공학 개발 방법'을 기초로 진행하지만, 이 책에서는 고객 관점에서 솔루션 공급자들이 정보화 구축을 위해 어떤 단계를 통해 아날로그 정보를 디지털 정보로 전환하기 위한 절차를 진행하는지 이해하는 데 도움을 주고자 한다.

정부의 스마트공장 지원사업에서는 가장 기본적인 절차를 규정하고 있는데, 정보화 구축 절차는 크게 4단계인 분석단계, 설계단계, 구현단계, 검증단계로 진행된다. 각 단계는 프로세스 접근방법process approach method을 기반으로 추진하게 된다. 다음 그림54는 각 단계별 정보화 세부추진내용과 산출물을 제시한 내용이다.

[그림54] 정보화 추진 단계 및 단계별 산출물

단계	작업	구분	산출물명
분석 단계	현행업무 분석	필수	도입기업의 업무 현황을 조사하여 업무 소개, 전체 업무 흐름, 등을 작성한다
	요구사항 분석	필수	착수계의 사업범위를 기준으로 인터뷰 및 회의결과 등을 반영한 요구사항 세부요건, 제약사항 등을 명확히 의한다(기능/비기능 분리)
	기능 분석	선택	기 구축 시스템의 기능들을 기준으로 본 사업에서 추가, 변경, 삭제와 관련된 기능 및 세부적인 내용을 작성한다 * 단 고도화 사업 및 패키지 도입이 포함될 경우 필수 산출물
분석 단계	개선업무 설계	필수	요구사항이 반영된 도입기업의 개선된 전체 업무 흐름 및 세부적인 업무 절차 흐름도 등을 작성한다 * 단 고도화 사업 및 패키지 도입이 포함될 경우 필수 산출물
	아키텍처 설계	필수	도입기업 정보화 현황과 본 사업과 관련된 시스템 구성, 장비도입 및 설치 계획 등을 세부적으로 작성한다
	화면 설계	필수	화면 표준, 메뉴구조와 각 화면(보고서)별 구성 항목에 대한 세부 내용을 작성한다 * 단 패키지 도입이 포함될 경우 커스터마이징 대상만 정의함
	프로그램 설계	필수	전처 프로그램 목록 및 기능(모듈)단위로 소스코드를 구현하기 위한 세부 구성 내용을 작성한다(인터페이스 설계 포함) * 단 패키지 도입이 포함될 경우 커스터마이징 대상만 정의함
	데이터베이스	필수	테이블 목록 및 각 테이블에 대한 세부 구성 내용을 작성한다 * 단 패키지 도입이 포함될 경우 커스터마이징 대상만 정의함
구현 단계	단위시험 실시	필수	기능 단위로 테스트 시나리오 및 데이터 제시와 테스트 수행 결과, 결함관리 내역 등을 작성한다
시험 및 전환 단계	통합시험 실시	필수	업무 프로세스 단위로 테스트 시나리오 및 데이터 제시와 테스트 수행 결과, 결함관리 내역 등을 작성한다
	시스템 전환	필수	초기데이터, 장비, 프로그램 등 시스템 전환(설치) 대상 정의와 전환 결과에 대한 검증 결과를 작성한다 * H/W, S/W, N/W구축이 포함된 경우 설치된 세부규격, 라이센스와 관련된 종적 자료 포함)
	매뉴얼 작성	필수	사용자, 관리자(운영자)별로 업무에 참조할 수 있는 매뉴얼을 작성한다
	사용자(인수) 시험 실시	필수	도입기업 담당자가 운영환경에서 실시한 테스트결과 및 결함내역, 개선(보완) 요성사항 등을 작성한다
운영 지원 단계	운영지원 계획	선택	운영 지원, 헬프 데스크 운영, 운영 현황 분석 및 관리 지원, 추가 교육 실시, 시범운영 방안 등을 작성한다
	운영 및 통제	필수	일일(주간) 단위로 사용자 수, 평균 사용 시간, 장애(오류)관리 내역 등 운영 현황 및 지원 내용을 작성한다

단계	작업	구분	산출물명
프로젝트 관리	일정 관리	필수	일정에 대한 세부적인 계획과 실적에 대한 체계적인 관리 내역을 구체적으로 기술한다
	보고 관리	필수	주간단위로 업무 수행 계획 및 실적과 이슈사항 등을 기록하여 도입기업에 보고한다
		선택	월간단위로 업무 수행 계획 및 실적과 이슈사항 등을 기록하여 도입기업에 보고한다
	의사소통 관리	필수	도입기업과 업무 협의 내용 및 결과 등을 작성한다
	변경 관리	선택	사업범위, 일정, 인력뿐만 아니라 요구사항, 장비 규격 등 변경 사항이 발생될 경우 변경 사유 및 승인 여부, 관련 공문 등을 기록한다
	성과 관리	필수	정량적, 정성적 성과측정 계획 및 측정 경과(증빙자료 포함)를 장경한다. * 작성 시점 검토 필요
	범위 관리	필수	요구사항출서(착수계)에서부터 요구사항ID(요구사항정의서), 화면ID(화면설계서), 프로그램ID(프로그램설계서), 단위시험ID(단위테스트결과서), 통합시험시나리오ID (통합테스터결과서)까지 누락 없이 연결되도록 작성한다.

분석단계

스마트공장에서 정보시스템 구축을 위한 첫 단계는 '현행 업무분석'
이다. 현행 업무분석은 정보시스템 설계에 앞서 현재 구성원들이 수행
하는 업무를 분석함으로써 현재 운영되고 있는 업무의 문제점과 아날
로그 업무처리 방식에서 디지털 업무처리 방식으로 전환해야 할 것들
이 무엇인지를 찾아내는 과정이다. 일반적으로 현행 업무분석 시에 스
마트공장을 구축하려는 기업의 일반 현황에 관한 내용뿐만 아니라 시
스템이 구축될 제조현장의 레이아웃, 현재 정보화 현황, 시스템에서
관리하게 될 설비와 계측기 등의 보유 현황 등을 파악한다. 또한 전체
업무와 주요 공정별 현재 업무 흐름도를 분석하여 시스템 설계 시 참

고할 만한 자료를 파악할 필요가 있다. 현행 업무분석을 통해 발견된 문제점들을 분석하는 것은 해당 기업이 정보시스템을 왜 구축하고, 어떤 방향으로 구축할 것인가를 가르쳐주는 길잡이 역할을 한다. 예를 들면 전통공장의 경우 정보화 시스템을 갖추지 않은 기업 대부분이 모든 생산실적을 수기手記 또는 엑셀Excel 등 아날로그 방식으로 관리하고 있으며 표준화된 기준정보(품목, 공정 등)가 없다. 따라서 이런 기업의 경우 기준정보를 표준화하고, 작업일지를 디지털 도구를 활용하여 입력하는 방향으로 시스템을 구축하게 될 것이다. 현행 업무분석이 완료되면 다음으로 기업의 구성원들로부터 정보화에 대한 요구사항을 듣고, 이를 구체화한다. 대부분의 솔루션 공급기업들은 시스템에 대한 라이선스를 보유하고 있으며 이를 기반으로 한 패키지를 제공하거나 고객의 요구사항에 맞게 고객 맞춤화customizing하는 방법으로 시스템을 구축한다. 패키지의 경우, 모든 기업의 상황을 고려하여 개발된 소프트웨어가 아니라 해당 산업의 일반적 업무 처리방식을 기초로 개발된 내용이기 때문에 모든 기업의 사정과 업무 처리방식에 활용될 수는 없다. 물론, 오랫동안 산업을 이해하고 선진화된 업무프로세스를 기반으로 개발된 소프트웨어의 경우는 솔루션 공급기업에서 제시한 시스템을 그대로 실행함으로써 선진화된 업무 처리 프로세스를 도입하게 되는 경우도 있다. 하지만, 일반적으로는 표준화된 서비스를 제공하기 때문에 기업의 업무와 맞지 않아 시스템을 운용하는 것이 오히려 업무장애를 일으킬 수 있는 여지가 많다. 따라서 스마트공장을 구축하기 위해서는 기업의 요구사항을 상세하게, 구체적으로 정의하여 업무에 맞게 실용적으로 구축해야 한다. 이를 위해서 공급기업과 인터뷰 등 업무회의를 거쳐 요구사항 세부요건, 제약사항 등을 명확히 해야 한다. 여기서 요구사항은 시스템 구현과 관련된 기능적 요구사항뿐만 아니라 하드웨어, 네트워크 등과 같이 시스템 구현 이외의 비기능 요구사항으로 나뉜다. 업무협의를 거친 후 요구사항 정의서를 작성하여 시스템 구현이 가능한 것과 불가능한 것을 분류하고 이를 공급기업과 합의하여 명확화하는 것이 중요하다. 이는 개발범위와 개발비용을 결정하는 데 매우 중요하다. 이를 명확히 하게 정의하고 구체화하지 않아서 도입기업과 공급기업 간의 이견이 생겨 분쟁으로 이어지는 경우가 많다. 그러므로, 첫 단계인 현행 업무분석 단계에서부터 명확히 규정해 나가는 것이 무엇보다 중요하다 하겠다.

설계단계

현행 업무분석과 요구사항 분석이 끝나면 개선 업무 설계단계로 접어든다. 일반적으로 업무분석에는 업무프로세스와 업무수행기준을 분석하는데, 현행 업무분석에서는 현재 일하는 방식의 업무프로세스를 도식화하고 개선 업무 설계단계에서는 현재 일하는 방식을 디지털로 전환하여 정보화하였을 때의 일하는 방식을 업무프로세스로 도식화하는 것이다. 이때, 많은 기업이 혼란스러워 하는 것 중 하나는 기존에 관리하지 않던 업무를 개선하면서 관리하는 업무가 됨으로써 업무가 많아지는 것이다. 기존에는 인력과 시간 등 자원이 부족하여 관리하지 않던 업무를 스마트공장을 구축할 때 정보시스템을 활용하여 관리하고자 할 때는 추가로 관리하고자 하는 업무가 발생하기도 하는 것이다. 추가로 발생되는 업무는 기존의 방식으로 관리하나, 개선된 방식으로 관리하나 반드시 수행해야 할 일이 추가된다. 그러므로, 현행 업무분석과 개선 업무분석을 비교 분석하여 반드시 관리되어야 할 업무와 관리되어야 할 데이터, 그리고, 중요한 의사결정에 활용되어야 할 데이터를 수집하기 위해서 수행해야 할 업무를 명확히 하고, 조직구성원들이 이를 이해하고 수용해야 하는 것이다. 개선 업무프로세스에는 기존에는 수기로 관리하거나 전혀 관리가 되지 않는 업무들이 정보화 시스템 도입으로 인해 전산 관리되는 등 이러한 점을 반영하여 설계해야 한다. 즉, 요구사항이 반영된 개선된 전체 업무흐름도와 업무단계별 세부적인 업무흐름도를 작성하는 것이다. 개선 업무설계는 현재 일하는 방식을 전산화, 정보화하기 위한 활동이 아니다. 개선 업무설계를 통해 현재의 일하는 방식이나 생성되는 정보를 보다 고도화하기 위한 활동이다. 하지만 조직구성원들은 익숙한 일들을 물리기 싫어한다. 그러므로 혁신적 사고가 필요하다. 개선 업무설계까지 완료했다면 아키텍처architecture 설계단계로 들어선다. 아키텍처란 정보시스템의 소프트웨어와 하드웨어를 포함한 컴퓨터 시스템 전체의 구조를 나타내는 것이다. 설계에 앞서 최종적으로 시스템 구성도, 시스템과 장비 도입 및 설치 계획을 세부적으로 작성하여 구체화하는 것이다. 아키텍처 설계가 마무리되면 시스템 설계단계로서 시스템의 화면설계, 프로그램 설계, 데이터베이스 설계가 필요하다. 시스템은 누구나 쉽게 사용할 수 있도록 직관적인 UIUser Interface로 설계한다.

공급기업은 설계단계에서 만들어진 각종 설계서를 기반으로 프로그래밍을 한 후 기능 단위로 테스트 시나리오를 작성하고 시나리오 검증 결과와 출력 데이터, 결함 내역과 수정 내역 등을 작성하는 단위테스트 과정을 거친다. 시스템 구현단계에 맞춰 서버, 키오스크 등의 하드웨어와 네트워크를 미리 설치하여 시스템 설치를 위한 준비를 해놓는다.

공급기업은 개발엔지니어가 프로그래밍(코딩)한 것을 확인하고 업무 설계에서 정의된 내용을 수행 가능한지를 확인하고 검증한다. 프로그램은 단위 모듈의 성능도 중요하지만 모듈 간 인터페이스를 통한 운영 성과가 매우 중요하다. 하지만 제조기업에서는 이러한 과정과 결과를 다음 단계의 사용자테스트를 통해 검증하게 된다.

검증단계

구현단계에서 시스템을 개발하는 엔지니어들은 단위 모듈 및 프로그램을 개발 후 단위테스트를 통해 개발된 소프트웨어의 문제점이 있는지를 확인한다. 각 단위 모듈 및 프로그램의 단위테스트를 거쳐 프로그래밍이 일차적으로 완료되면 업무프로세스(예_영업, 생산, 구매…) 단위로 테스트 시나리오를 작성하고 시나리오에 따라 통합테스트를 진행한다. 통합테스트를 통해 도출된 시나리오 검증결과, 출력 데이터, 결함 내역을 확인하게 되는데, 이는 업무프로세스 간의 데이터 흐름의 적합성을 파악하기 위한 활동이다. 통합테스트를 통해 업무프로세스 단위로 데이터들이 이상 없이 흐르는 것을 검증하였다면 시스템을 확정하고 기업의 현장에 프로그램을 설치한다. 시스템을 구현하기 위해 설계 시 고려한 하드웨어, 소프트웨어 및 IT 인프라의 현장 설치결과의 확인과 아날로그 방식의 데이터 처리에서 디지털 방식의 데이터 처리로의 전환 여부 확인을 위해 전환 결과를 객관적으로 검증하는 것은 중요한 활동 중 하나이다.

  기업의 현장에 시스템을 설치하고 나면 해당 기업 담당자가 해당 기업의 운영환경에서 시스템이 제대로 작동하는지 준비된 시나리오를 기반으로 테스트를 실시하고 예상결과와 같은지, 결함은 없는지, 개선사항은 없는지, 등을 파악하여 결과를 솔루션 공급기업에 전달한다. 개선범위는 구축단계 초기에 진행했던 요구사항의 범위 내에서 개선해야 할 사항을 제시한다. 덧붙여 공급기업은 도입기업이 시스템을 잘 사용할 수 있도록 지속적인 사용 교육을 해야 한다. 물론, 문서화된 매뉴얼을 기초로 한 교육이 이루어져야 한다. 문서화된 매뉴얼을 기초로 교육을 하는 이유는 사용방식이나 운용방식의 표준화가 필요하기 때문이다. 매뉴얼은 사용자 매뉴얼과 관리자 매뉴얼로 나누어서 준비되어야 한다. '사용자 매뉴얼'은 시스템 사용방법/설치방법/화면 설명 등 사용자가 시스템을 사용하는데 필요한 항목들을 설명하고 '관리자 매뉴얼'은 시스템 관리에 필요한 기준정보 등록, 소프트웨어 관리, 보안 관리, 장애 관리 등의 엔지니어링에 관한 사항을 설명하는 매뉴얼이다. 시스템 개발 및 구축이 완료되었다고 하더라도 일정 기간 유지보수를 통해 사용환경에 최적화되도록 해야 한다. 시스템에 대한 유지

보수^{maintenance}는 시스템의 성공 여부를 판단할 수 있는 매우 중요한 활동 중 하나인데, 이는 시스템을 운용하는 기업의 조직, 형태, 업무 방식 등이 변화하기 때문에 유지보수를 통해 최적화하는 노력을 끊임 없이 수행하여 시스템 정착을 위한 관리가 필요한 것이다. 기업의 환경과 조건에 따라 최적 설계를 통해 개발하는 것도 중요하지만, 무엇보다, 운용하면서 더욱 최적화하기 위한 유지보수 활동이 더욱 중요하다고 하겠다.

05

지속적 개선

스마트공장을 구축하고 실현시켜 나가는 데 있어서 하나에서부터 열까지 중요하지 않은 것은 없다. 하지만, 처음에 다소 실수로 추진된 잘못된 시스템 설계 및 개발도 올바른 실행을 통해 극복해 나갈 수 있다. 즉, 시스템 구축을 위한 프로세스나 시스템 구성 등 다소 설계가 잘못되고 개발이 잘못되었더라도 올바른 실행을 통해 지속적으로 개선하고 수정 보완해 나간다면 결국은 성공적인 시스템이 될 수 있다. 물론, 올바른 시스템 설계와 개발이 선행되어야 성공적인 스마트공장을 구현해 나가는데 필수적인 요소라고 하는 것은 이루 말할 수 없는 대원칙이기도 하다. 하지만, 처음부터 완벽한 설계와 완벽한 개발이 있을 수 없다. 스마트공장 구축 프로젝트를 진행하다 보면, 시스템을 구축했지만 구성원들이 맞지 않다고 아예 사용해 보지도 않고 방치하는 경우를 종종 본다. 스마트공장의 단계별 추진에서 고도화된 완전 자율 공장이 아니라면 사람이 개입하는 것은 필연적 사항이다. 그러므로, 사용자 및 운용자의 역할과 실행력에 따라 시스템의 성과는 달라질 것이다. 스마트공장의 성공적인 정착은 시스템 사용자 및 운용자의 관심과 노력에 따라 결정된다. 시스템을 설계할 때부터 사용자 및 운용자의 의견을 반영하여 시스템을 개발하지만 정작 완성된 시스템을 제대로 사용해 보지도 않고는 힘들고 어렵다고 시작조차 하지 않는 사람들이 있다. 이유는 간단하다. 사용이 어렵다고 말한다. 하지만, 속내를 들여다보면 사용이 어렵다고 하기보다는 지금까지 본인이 하던 업무처리 방식과 다르다는 표현이 오히려 맞을 것이다. 스마트공장 시스템도 푸르게 자라는 나무와 같다. 스마트공장 시스템도 사용하는 사용자가 마음을 다해 정성을 들여서 가꾸고 기르면 기업에 가장 적합한 시스템이 될 수 있다. 아무리 맞춤옷이라도 해도 처음부터 딱 들어맞는 옷은 없다. 특히, 몸이 계속 변화하는 상태에서는 더더욱 그렇다. 그러므로, 맞춤옷을 본인에게 가장 적합할 때까지 다듬고 가꾸어 나가야 한다. 통상적으로 시스템을 전혀 사용해 보지 않던 기업의 구성원이라면 1년 가까운 시간이 다듬고 가꾸는 시간이 되어야 할 것이다. 시스템에 관심을 갖고, 시스템에 믿음을 가지며, 시스템을 운용해 본다면 반드시 성공할 수 있다. 물론, 지속적인 경영자의 관심과 구성원의 참여 속에서 말이다. 시스템을 완성한 후 지속적 개선을 위해서 반드시 해야 할 일은 실행 모니터링이다. 각 시스템마다 사용자의 책임을 정하고 이의 실행 유무 및 결과를 지속적으로 확인하는 과정이 필요하다. 시스템도 실행하지 않으면 성과를 얻을 수 없다. 시스템을 실행할 때 장애가 되는 것 중 하나는 '시스템에 대한 믿음의 결여'이다. 시스템은 완전성에 의해 성과가 나온다. 하나에서부터 열까지의 시스템이 있다면, 시스템은 하나에서 열까지 시스템을 모두 실행해야 결과를 얻을 수 있다. 시스템의 성과를 얻기 위해서는 실행해야 할 단계와 일들을 모두 실행하지 않으면 성과를 확인할 수 없다. 보통은 신뢰 정도가 낮기 때문에 시스템의 완전한 실행을 하지 않는다. TFT는 조직 구성원들이 모든 시스템의 완전한 실행이 이루어질 때까지 확인하고, 소통하고, 공유하며, 문제를 해결하기 위한 노력을 기울여야 한다. 시스템이 안정적으로 운용되고 정착된다면, 다음은 시스템의 목적인 성과를 측정하고 분석하는 일이다. 스마트공장 구축을 통해 성과를 평가하는 것은 적어도 1년 이상의 운용을 통해서 성과를 판단할 수 있을 것이다. 세상이 급속하게 변화하는데 1년이란 시간을 어떻게 기다리느냐고 말할 수 있다. 하지만, 시스템 운영이 성과로 변환되기까지는 시간이 필요하다. 물론, '시간당 생산성' 같은 성과지표들은 '제조 리드타임'을 측정하면 알 수 있다. 하지만, 시간당 생산성보다 중요한 것은 그 시스템이 회사에 주는 효익을 분석하는 것이 무엇보다 중요하다. 시스템 운용의 성과가 경영의 한 분야에만 국한되어 있다면, 그 시스템 운용을 통한 경영성과의 균형성이 떨어지게 된다. 시스템 운용도 누가 실행하는가에 따라 성과가 달라질 수 있다. 숙련도 높은 사용자에 의한 시스템 운용은 숙련도가 낮은 사용자에 비해 훨씬 성과가 높다. 그러므로, 사용자의 시스템에 대한 체득화가 필요하고, 체득화를 위해서는 반복적인 교육훈련이 필수적이다. 시스템의 수준향상이나 고도화 없이 그저 안정적인 운영만 하는 것은 성과를 개선할 수 없다. 구성원들이 문제의식을 가지고 문제를 파악하며, 시스템의 완전성을 높이고, 시스템을 개선해야 비로소 기업의 성과도 개선될 것이기 때문이다.

책임자 지정 및 역할분담

스마트공장 시스템을 구축했다면, 복잡하고 다양한 기능에 대해 책임자와 담당자를 결정하고 역할을 분담해야 한다. 스마트공장을 구축한 목적과 목표, 시스템의 개괄적인 사항 등을 교육한다. 그리고, 사용자에게 사용하는 방법을 알려주고, 해당 프로세스의 기능을 수행할 때 담당자가 취해야 할 행동들을 확인하고 점검하는 것이다. 시스템의 총괄 운영 및 성과책임자는 회사에서 결정해야 한다. 하지만, 시스템에 대한 각 기능별 실행 책임자를 결정하는 것은 회사에서 임의로 결정하거나, 특정한 한 사람에 의해 지정되어서 안 된다. 업무프로세스에 참여하는 조직구성원은 시스템 전체를 이해하고 서로 소통하여 시스템을 통해 관리해야 할 사항을 명백히 결정하고 이를 어떻게 운영할지 논의함으로써 실행 책임자를 결정하는 것이 바람직하다. 시스템이 만든 사람 따로 사용하는 사람 따로가 되어서는 안 된다. 시스템을 개발할 때는 사용하는 사람이 업무의 특성을 잘 이해하고 그 특성에 맞게끔 만들어져야 한다. 하지만, 여기서 고려해야 할 점은 사용자가 잘못된 방식으로 업무를 수행하는 것을 그대로 시스템으로 만드는 것은 반드시 막아야 한다. 시스템은 부분 최적화가 아니라 전체 최적화를 고려해야 하기 때문이다. 한 사람이 편한 것이 아니라 모든 사람이 편하게 만들어져야 하고, 시스템을 통해 성과 중심적이 되어야 한다. 성과 중심적이라는 또 다른 표현은 업무의 효율성 개선이다. 업무의 유연성과 효율성을 높이기 위해 시스템을 도입하기 전에 관리되지 않는 항목을 관리하도록 시스템이 만들어지는 경우도 있고, 사람에 의해 실행될 때는 융통성 있게 사람이 판단하여 할 일과 하지 말아야 할 일을 정하고 업무를 했다면, 시스템을 통해 업무를 수행할 때는 반드시 정해진 시스템을 완전하게 실행해야 한다.

담당자를 지정할 때도 가능한 경우라면, 실행자, 관리자, 확인자를 구분하여 결정하는 것이 도움이 된다. 실행자는 해당 기능의 업무를 수행하고 해당 기능에서 발생된 정보를 입력하는 담당자이다. 관리자는 여러 기능의 업무가 실행자들에 의해서 실행되고 있는지 정보가 제대로 입력되고 있는지 주기적으로 확인하는 것이 담당자의 역할이다. 확인자는 이러한 실행, 관리가 이루어져 성과로 연결될 수 있는지를 확인하는 사람이다. 시스템의 실행과 관련하여 주기적으로 확인, 점검, 개선을 위한 관련자 회의가 진행되어야 한다. 회의에서는 각 기능별 실행자가 업무실행 상태 및 데이터 관리현황을 공유하고 점검해야 한다. 회의는 공식적으로 이루어져야 하고 빠짐없이 진행되어야 한다. 이러한 실행 점검회의를 경영진에서 주관한다면, 더욱 시스템의 실행품질은 높아질 것이고, 최적화하기 위한 노력을 기울이는 데 도움이 될 것이다. 시스템의 성공은 성공적인 설계 및 개발도 중요하지만, 철저한 실행과 개선이 더욱 중요하다.

실행과 개선활동에는 반드시 현장작업자와 실무자를 참여시켜야 한다. 실행의 주체인 현장작업자와 실무자가 참여하지 않는다면 탁상공론卓上空論에 불과하다. 실행 주체인 현장작업자와 실무자가 본인이 운용해야 하는 시스템 실행에 참여한다면 시스템에 대한 이해와 필요성, 운영상의 문제점과 개선점을 실무적 차원에서 제시할 수 있을 것이다. 현장에서 운영되는 실행에는 해당 현장만의 독특한 특성들이 자리하고 있고, 그 특성에 맞게끔 실행방안을 고민해서 실행도를 높여야 한다.

책임자 지정 및 역할분담을 객관화하기 위해 반드시 문서로 정리해야 하고, 관련자에게 공지해야 한다. 시스템의 실행자, 확인자, 관리자를 각 시스템의 모듈별, 메뉴별로 정하는 것이 바람직하다. 시스템의 실행자, 확인자, 관리자는 모두 성과책임을 공유해야 한다. 시스템의 성공 여부는 실행자만의 문제도 아니고 관리자만의 문제도 아니다. 모든 참여자들이 성과책임을 공유해야 한다. 실행하는 것도 프로세스에 따라 순차적으로 합리적으로 실행되어야 한다. 시스템을 지속적으로 개선하기 위해서는 실행이 매우 중요하다. 실행에 있어서 책임자를 결정하고 역할 분담하는 것은 성공의 열쇠라고 말할 수 있다.

교육훈련 및 체득화

스마트공장에 관련된 시스템이 많은 사람들(생산전문가, IT 전문가, 개발자, 실무자 등)에 의해 많은 고민과 노력 끝에 개발이 완성되었다면, 조직구성원들에게 더욱 명확히 교육하고 훈련해야 한다. 일반적으로 시스템을 설계하고 개발하는 데에는 많은 고민을 하지만, 정작 시스템 운용할 때에는 정성을 다하지 않는다. 개발자는 개발이 끝나서 사용자에게 인도하면 그때부터는 나 몰라라 한다. 우리나라의 개발자는 개발하는 기술을 배우지, 고객과 소통하는 기술을 배우지 않는다. 그렇다 보니까 개발한 사람이 사용하는 사람들에게 자세하게 설명하거나 교육하지 못한다. 시스템을 완성하면 그때부터 사실은 진짜 시작이다. 시스템을 개발하는 사람들은 주로 시스템 공학(전기, 전자, 컴퓨터 등)을 전공한 사람들이 많다. 그리고, 시스템을 사용하는 사람들은 다양한 전공자들이 대부분이다. 그렇다 보니 시스템에 대한 공감과 소통이 어려운 경우가 대부분이다. 스마트공장을 추진할 때 조직의 변화관리를 위해 발대식kick-off을 한다. 이는 스마트공장을 해당 기업이 추진을 하겠다고 하는 선언과 동시에, 디지털 전환을 통해 변화를 하겠다는 동기부여이다. 스마트공장 추진을 착수할 때 전사원을 대상으로 세상이 어떻게 변화하고 있는지, 변화하는 세상에 우리 기업들은 어떻게 대처하고 있는지, 그 기업에 있는 구성원들은 어떤 자세로 어떤 변화를 준비해야 하는지 등 의식혁신을 위한 교육을 해야 한다. 또 교육은 한 번으로 되지 않는다. 조직구성원들이 이해할 때까지 반복해야 한다. 먼저, 변화하는 세상에 대응하기 위해 기업이 선택한 스마트공장이 왜 필요한지 필요성 인식부터 공감해야 한다. 기술에 대한 교육이 아니라 의식에 대한 교육이 이루어져야 한다. 또한, 스마트공장을 추진한다면, 그 과정 속에서 진행되고 있는 내용을 조직구성원들과 공유하고 공감할 수 있어야 한다. 어느 날 갑자기 완성품을 품에 안기고 잘 사용해 보라고 하면 사용할 수 없을 것이다. 회사가 추진하는 스마트공장의 구성이 어떻게 되는지 교육해야 한다. 해당 회사가 공장을 스마트화하기 위해 어떤 모습을 어떻게 변화시키는지 교육해야 한다. 시스템이 완성되었다면 시스템에 대한 세부내용을 교육해야 한다. 대부분의 사람들이 본인이 새로 구매한 휴대폰은 어떻게 사용하는지 스스로 사용 매뉴얼을 보고 사용방법을 공부한다. 또, 공부하다가 모르면 다른 사람들에게 물어서라도 사용방법을 습득한다. 하지만, 회사에서 제공하는 업무를 개선하기 위한 시스템에 대해서는 이해하려는 노력이 좀 덜하다. 그러나, 성공적으로 정착된 기업은 사내에 시스템 자율 공부방까지 만들어서 스스로 사용방법을 공부하는 기업도 있다. 우리가 업무를 잘하기 위해 구매한 도구를 잘 사용하기 위해 사용법을 공부하는 것은 당연한 것이다. 시스템을 제공하는 사람은 시스템을 사용하는 사람이 잘 사용할 수 있도록 자세하게 알려줘야 한다. 그리고, 이러한 교육이나 설명은 공식적으로 이루어지고 주기적으로 이루어져야 한다. 필요한 경우, 사용자의 사용 이해도 등도 평가해야 한다. 모든 일들은 사용을 반복하면 숙련도가 올라간다. 업무의 숙련도, 시스템 사용의 숙련도를 극대화하기 위해 체득화하는 과정이 필요하다. 체득화하는 과정은 공급자가 제공한 시스템 매뉴얼에 대해 이해하고, 이를 다른 사람들에게 설명 가능해야 하며, 설명한 내용대로 실행해 보여야 한다. 이러한 과정의 반복을 통해 말 그대로 눈 감고도 할 수 있는 도사가 되어야 한다. 이 과정에서 긍정적인 마음이 필요하다. 어떤 경우는 개발된 시스템, 즉 제품이 다소 사용상 어려움이 있을 수 있다. 여기에서 단순히 어려움이 있다고 하면 공급자 또는 개발자는 무엇이 어떻게 어려움이 있는지 모른다. 또, 단순히 어려움이 있다고 하는 것에서 그치면 안 된다. 반드시 개선방안을 제시하는 것이 바람직하다. 이런 이런 어려움이 있는데, 이것을 이렇게 개선해 달라고 하면 공급자 및 개발자는 사용자의 편의성을 고려하여 개선에 착수할 수 있다. 하지만, 어떤 경우는 전체 최적화, 즉 모든 사람이 사용하는 시스템과의 관계에서 어쩔 수 없이 개발된 내용 그대로를 사용할 수밖에 없는 경우도 있을 수 있다. 다시 한번 정리하자면, 스마트공장을 추진하기 위해서는 조직구성원들이 필요성을 이해하게끔 의식혁신을 위한 교육이 필요하고, 추진과정에 대한 현황을 관계자들에게 공유함으로써 시스템의 완성도를 높일 수 있고, 시스템이 완성되었을 때 사용자들에게 반드시 사용자 사용방법을 교육해야 하며, 사용자는 스스로 자신의 업무를 수행하기 위한 시스템을 학습하며, 체득화 과정을 통해 시스템 실행도 및 완성도를 높이는 것이 필요하다. 스마트공장 참여자들이 이러한 마음이라면 성공하지 못할 시스템이 없다.

성과분석

성과는 하루아침에 만들어지지 않는다. 켜켜이 쌓이는 노력들의 결과가 성과로 나타나게 된다. 스마트공장을 구축하면 반드시 성과가 좋아져야 한다. 하지만, 중소기업들은 스마트공장을 구축하면서도 성과에 대한 측정을 중요시하지 않는 것 같다. 아니, 성과측정은 중요하다고 생각하지만 어떻게 측정하고 관리해야 하는지 모를 수도 있다. 스마트공장을 구축 후 얼마나 성과가 있었는지를 확인해야 하는데, 대부분이 감感으로 평가하는 것 같다. 성과를 객관적으로 분석하기 위해서는 시스템을 구축할 때 성과지표를 개발해야 한다. 물론, 스마트공장은 제조업에 관한 시스템이므로 PQCD(생산성, 품질, 원가, 납기)라는 기본적인 성과지표를 개발하여 측정해야 한다. 많은 중소기업들은 성과를 측정하기 위한 측정지표를 가지고 있지 않다. 주기적으로 성과지표를 측정하고 개선하기 위한 활동이 정규화되어 있지 않다. 성과를 측정하기 위해서는 시스템을 구축할 때 시스템을 통해 측정 가능한 성과지표를 선정하고 측정하는 것이 바람직하다. 성과지표를 개발하는 것은 매우 중요하다. 적합한 성과지표를 개발하기 위해서는 기업의 대표자도 지표개발에 참여해야 한다. 그저 조직구성원들에게만 맡겨놓아서는 안 된다. 대표자가 어떤 성과를 중시하는지 성과지표를 개발할 때부터 참여해서 구성원들과 소통하고 공유해야 한다. 시스템을 운용하는 데 사람의 주관성이 개입되는 것은 바람직하지 않다. 사람의 주관성이 개입될 여지가 있는 경우는 성과에 대한 해석이 제각각일 수 있다는 반증이다. 성과측정이 되지 않은 시스템은 처음 설계할 때 성과를 고려하지 않고 개발된 경우이다. 유의미한 성과를 측정하려면 최소한 3개월 이상 지속적으로 성과가 반복적으로 측정되어야 한다. 물론, 측정하는 지표에 따라 달라지겠지만 말이다. 성과지표가 스마트공장에 관한 성과지표만 있지 않다. 시스템을 통해 얻는 기업의 성과는 직접적인 성과지표가 있을 수 있고, 간접적인 성과지표가 있을 수 있다. 시스템을 통해 얻는 직간접 성과를 통해 시스템의 개선기회를 찾게 될 것이다. 성과를 측정하고 분석하는 것은 성과를 개선하기 위한 일이다. 성과를 개선하는 것은 시스템을 통해서도 하겠지만, 대부분은 사람에 의해서 시스템, 활동, 규정, 기술 등을 통해서 성과가 개선된다. 성과측정을 할 때 고려사항은 시스템 운용을 통해 측정 가능한 성과지표를 개발하는 것이 좋다는 것이다. 물론, 시스템을 통해 성과지표가 자동으로 측정되고 모니터링된다면 그것만큼 확실한 방법도 없다. 하지만, 이러한 방법은 한계가 있다. 측정해야 할 성과지표가 기업이 처해 있는 상황에 따라 달라질 수 있기 때문에 유연한 성과지표를 결정하는 것이 바람직하다. 기업에서 전략과제 및 목표에 연계된 성과지표가 있다면 이 지표는 자동으로 측정되고 보여질 수 있도록 하는 것도 중요한 방법이다. 성과지표는 성과를 측정하는 것도 있지만, 전략과제를 전개, 즉, 기업이 어떤 활동에 집중하고 있는지를 보여줄 수도 있다. 지금 기업이 집중하고 있는 것은 기업이 추구하는 전략 방향과 방침이다. 기업에 따라서 차이는 있을 수 있지만, 사업보고회, 경영보고회, 개선보고회 등 기업의 성과를 분석하고 개선방향을 모색하는 보고회가 있다면, 이를 통해 스마트공장의 성과도 함께 보고하는 것이 좋다. 어떤 기업은 MIS^{경영정보시스템} 또는 성과관리시스템을 별도로 개발하여 활용하고 있다. 이유야 어떻든, 환경이 어떻든, 기업의 모든 활동은 성과측정이 이루어져야 한다. 측정할 수 없다면 개선할 수 없다.

지속적 개선

80년대에 일본을 제조강국으로 만든 유명한 혁신기법인 '전사적 품질경영^{TQM : Total Quality Management}'이 있다. 전사적 품질경영은 세계대전 이후 패망한 일본을 다시 일으켜 세우기 위해 만들어진 혁신기법이다. 전사적 품질경영으로 제조강국이 된 일본의 대단한 성과로 미국이 벤치마킹하여 적용한 방법이다. 전사적 품질경영은 고객 만족을 이루기 위해 단순히 제품 및 서비스의 품질관리에서 벗어나 기업 활동 전반의 분야에서 품질을 높이기 위한 새로운 경영방식이다. 고객 요구를 충족시키는 제품 및 서비스를 제공하기 위해서 제품과 서비스를 만드는 부서뿐만 아니라 기업의 전 부문이 관리 책임을 지고 문제 발생을 사전에 예방함으로써 지속적으로 개선하는 것을 중요하게 생각한다. 전사적 품질경영의 핵심 키워드를 본다면, '전사적인 참여'와 '지속적 개선'을 통해 경쟁력을 강화해 나가는 것이다. 제조기업의 경쟁 요소 중 하나인 품질에 있어서 품질문제가 발생했을 때 얼마나 빠르고 정확하게 해결하는가 하는 문제와 애초에 품질문제가 발생하지 않도록 예방적 원인을 사전에 제거해 나가는가 하는 문제가 있다. 이 2가지 품질에 대한 개선에 대한 시각을 위해서는 반드시 객관적으로 측정해서 데이터화가 이루어져야 가능하다. 또, 이렇게 품질에 대한 대응을 하기 위해서는 특정한 조직구성원이 책임지고 담당한다고 되지 않는다. 기업에서 일하는 모든 조직구성원이 일사불란하게 함께 책임지고 담당해야 한다. 스마트공장도 회사의 여건이나 상황에 따라 구축된 시스템을 잘 운영하여 성과를 측정해서 성과가 개선되는지를 확인해야 한다. 그리고, 기업의 수준이나 경영환경변화에 따라서 고객과 경쟁자들, 그리고 시장 상황을 고려하여 시스템을 개선해 나가야 한다. 지속적 개선은 시스템의 성과를 개선해 나가는 것과 시스템의 고도화 수준을 높여나가는 것으로 대별해 볼 수 있다. 시스템의 성과를 개선하기 위해서는 시스템의 고도화 수준을 높여나가는 것은 필요 불가결한 선택이다. 스마트공장의 지속적 개선을 위해서 가장 쉽게 적용할 수 있는 방안은 내부감사internal audit를 통해 시스템의 적합성, 충족성, 효과성을 주기적으로 파악하는 방법이 있다. 또, 외부 전문가를 활용하여 객관적으로 진단함으로써 성과개선과 시스템 고도화 방안을 모색하는 것이 필요하다. 내부감사는 기업 내에 있는 사람 중에서 문제의식을 가지고 시스템의 구조, 시스템의 운영실태 및 현황, 시스템의 성과 등을 평가해 나가는 것이다. 규모가 작은 소기업은 대표자나 임원이 해도 된다. 스마트공장 추진을 통해 진행된 모든 과정과 결과를 객관적으로 확인하는 것이다. 내부감사를 통해 해당 기업의 시스템의 문제점(적합성, 충족성, 유효성)을 파악해 볼 수 있다. 외부 전문가를 통한 진단과 평가를 통해 운영실태를 파악해 볼 수 있다. 외부 전문가를 통해 진행할 경우에는 비용이 소요된다. 하지만, 전문성을 가진 외부 전문가를 통해 진단 및 평가하는 경우에는 객관성을 보장할 수 있고, 현재 경쟁기업이나 선진기업의 사례와 비교해서 평가해 볼 수 있다. 모든 결과는 과정을 통해서 이루어진다. 기업의 모든 활동은 인과관계 속에 있다. 이유 없는 무덤이 없다는 것이다. 탁월한 성과는 탁월한 시스템과 탁월한 운용에 달려있다. 혁신과 개선은 다르다. 혁신革新은 현재의 운영방식을 근본적으로 바꾸는 것이고, 개선은 현재의 시스템을 목표달성을 위해 지속적으로 변화를 일으켜 좋은 방향으로 바꾸는 것이다. 해당 기업이 스마트공장을 도입해서 아날로그의 운영방식에서 디지털의 운영방식으로 바꾸는 것은 혁신이다. 스마트공장을 구축하여 이를 운영하고 성과를 개선하기 위해서 시스템을 계속적으로 수정, 보완하여 좋은 방향으로 진행해 가는 것은 개선改善이다. 이처럼 개선은 끝이 없다. 개선은 성과가 좋아질 수 있도록 모든 조직구성원들이 머리를 맞대고 고민해야 한다. 혁신은 어렵고 힘들다. 그렇지만, 개선 또한 쉬운 과정은 아니다. 스마트공장을 고도화하는 활동 또한 지속적 개선의 일환이라고 하겠다.

6장

스마트공장 핵심기술

기업들이 가장 혼란스러워 하는 것 중 하나가 어디에서부터 어디까
지가 스마트공장인가 하는 것이다. 스마트공장에 대한 명확한 개념이
정립되어 있지 않은 경우는 혼란스러울 수 있다. 하지만, 스마트공장
의 궁극적인 모습을 이해한다면, 구분해 낼 수 있지 않을까? 그렇다고
하더라도 일반적으로는 스마트공장의 경계를 명확화하는 데에는 한계
가 있다. 하지만, 스마트공장의 수준은 구분할 수 있다. 스마트공장의
핵심적 기술 구성요소를 통해 스마트공장의 경계를 설명하고자 한다.
Helen Gill이 가상물리시스템을 물리적, 생물학적, 공학적 시스템이
라고 정의하였듯이 스마트공장의 범위가 매우 넓고 종류도 다양하다.
스마트공장 솔루션에 대해서는 많은 견해가 있다. 하지만, 종합적인
관점에서 정의한 스마트공장 추진단의 솔루션 맵을 참고로 하면 도움
이 될 것이다. 아래 그림54를 보면 서비스 영역, 응용시스템 영역, 산
업 사물 인터넷 영역, 고도화 영역으로 구분되어 있다. 산업 사물 인
터넷 영역은 사물 인터넷으로 운영되고 데이터를 발생시키는 현장자

동화와 제어자동화 분야로 구성되어 있다. 서비스 영역은 클라우드 서비스 플랫폼으로 정의하고 있으며, 고도화 영역은 지능형 솔루션, 유연생산기술, 표현과 인지 기술로 구성되어 있다. 그리고 응용시스템 영역은 기업 운영에 필요한 응용솔루션들로 구성된다. 스마트공장 관련 모든 솔루션을 수집하여 정리하기 어려우므로 정보통신기술을 중심으로 정리해보면, 서비스 플랫폼, 가상물리시스템, 응용시스템, 스마트제품 개발, 스마트공정개발, 인텔리전스, 사물 인터넷 기기, 내장형 솔루션 등으로 분류가 가능하다.

[그림55] 스마트공장 솔루션의 구성체계[62]

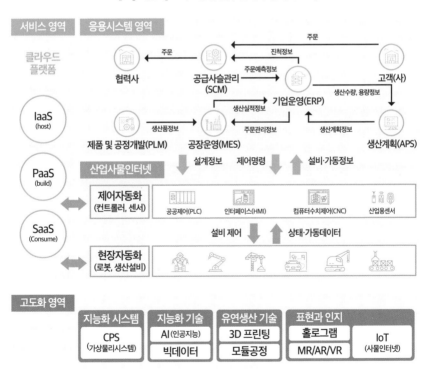

스마트공장 솔루션은 기술융합 과정을 통해 목적하는 스마트공장 시스템 또는 서비스를 제공한다. 여기에서 기술융합이란, 연산/통신 시스템의 내장화와 인터넷을 활용한 연결 및 통합화를 의미한다. 즉, 스마트공장은 핵심연산장치가 내장된 창의적 시스템들이 연결/통합된 유기체라고 할 수 있다.

융합의 핵심은 가상물리시스템이다. Helen Gill이 "가상물리시스템은 컴퓨터 연산 모듈이 내장된 사물들과 핵심연산장치가 커뮤니케이션을 통해 실시간으로 상황을 확인하고 제어하는 시스템."이라고 정의했다. 가상물리시스템은 컴퓨터 연산 모듈이 내장된 커뮤니케이션 시스템의 구성체이다. 최근 GE가 관심을 기울이고 있는 디지털 트윈이라는 개념도 활발하게 전개되고 있다. GE는 디지털 트윈을 '컴퓨터에 현실 속 사물의 쌍둥이를 만들고 현실에서 발생할 수 있는 상황을 컴퓨터로 시뮬레이션해 결과를 예측하는 기술'이라고 하였다. 가상물리시스템이 물리적 시스템에 디지털 기술 내재화를 강조하는 측면이 강한 반면 디지털 트윈은 가상시스템을 활용한 시뮬레이션을 통해 예측을 강조하는 측면이 있다. 두 개념이 다소 차이가 있지만, 가상물리시스템이 디지털 트윈을 포괄한다고 볼 수 있다.

이 장에서는 스마트공장을 이루는 핵심기술을 '운영정보기술', '인공지능기술', '가상화 기술', '자동화 및 로봇기술'로 나누어 설명하겠다.

운영정보기술

정보기술은 그 자체로는 의미가 없다. 정보기술을 활용하여 개인이나 기업이 비용을 줄여 생산성을 높이거나 제품 및 서비스의 차별화를 통해 기업경쟁력을 강화하는 도구로 사용할 때 의미가 있다. 기업은 글로벌 정보사회에서 경쟁우위를 확보하기 위해 20세기 말부터 다양한 정보시스템을 도입하기 시작했다. 기업에서 벌어지고 있는 많은 활동들에 대한 정보를 관장하는 운영기술은 스마트공장에 있어서는 근간根幹이 되는 분야이다. 즉, 스마트공장을 구축하는 데 있어서 공장 운영에 대한 정보를 다루는 핵심적인 기술 영역이 바로 '운영정보기술' 영역인 것이다. 기업과 연계된 조직 구성을 보면, 고객customer—조직organization—공급자supplier로 구분해 볼 수 있다. 조직구조 및 계층적인 측면에서 살펴본다면, 고객의 요구사항과 기업의 역량 및 현황정보를 상호연결해 주는 CRM, 기업의 경영을 책임지고 있는 경영 의사결정자들을 위해 전략적 의사결정 정보를 제공해 주는 EIS, 기업조직 내부에서 업무의 기능적 프로세스를 담당하는 분야 즉, 영업에서 납품까지의 프로세스와 물자의 흐름과 돈을 관리하는 ERP, 고객의 요구사항을 생산하기 위해 제품의 사양과 특성을 규정하고 이를 제조해 내기 위한 제품에 대한 표준을 설정해 나가는 데 사용되는 PDM, ERP에서 지시를 받아 생산 계획을 수립, 배분하고, 자원을 할당하며 제조현장에서 제조를 실행하기 위해 인적자원, 물적자원, 설비자원, 기술자원을 운영하는 MES, 제조설비 또는 작업자들로부터 MES의 계획을 실행할 때 각종 실행 정보를 수집하기 위한 POP, 조직 내의 MES를 실행하기 위해서 ERP로부터 지시를 받아 공급업체의 자원을 구매, 조달하기 위한 SCM 등의 시스템을 통합적으로 운영하고 있다.

│ [그림56] 고객–조직–공급자의 계층 정보시스템 구조 │

기능적인 측면으로 크게 나누어 보면 고객관계–제품설계 및 개발–경영계획 및 통제–생산 계획 및 실행–생산시점관리–공급사슬관리, 종합적 측면에서 경영정보관리로 구분할 수 있을 것이다.

기업을 운영하기 위해 요구되는 정보시스템의 상호연계구조는 다음과 같다. 하지만, 기업의 형태 및 사업내용에 따라 적절하게 정보시스템 구조를 설계하여 운영할 수 있다.

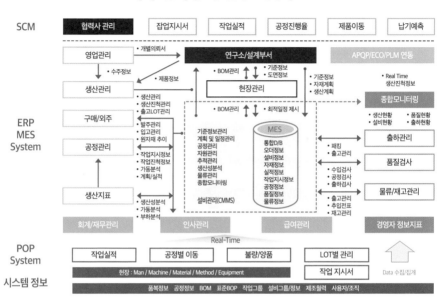

[그림57] 정보시스템 구조 예시

EIS Executive Information System : 중역정보시스템

기업에서는 매일, 매시간 많은 의사결정이 이루어진다. 특히, 경영자는 끊임없이 의사결정 문제에 직면하게 된다. 경영활동에서의 의사결정decision making이란 경영자가 기업의 경영상태 전반에 대한 현황을 파악하고, 분석하여 실행 방향을 결정하는 행위를 말한다. 현시대처럼 복잡한 기업환경 속에서 기업이 경쟁우위를 확보하기 위해서는 직관에 의한 의사결정보다는 데이터를 기반으로 한 과학적인 의사결정이

필요하다. 기업을 경영할 때 당면하는 여러 가지 의사결정 문제를 해결하기 위해 복수의 대안을 개발하고 비교 및 평가하여 최적의 대안을 선택할 수 있도록 의사결정 과정을 지원하는 정보시스템이 '의사결정지원시스템'인 것이다. 이때 조직의 최고경영층이 조직의 운영 결과나 상황평가, 감시 및 계획수립에 필요한 각종 정보나 분석 도구에 쉽게 접근할 수 있도록 구축된 시스템이 '중역정보시스템^{EIS}'이다.

일반적으로 경영자가 필요로 하는 정보의 종류는 현황정보, 경고정보, 지표정보, 상황정보, 외부정보로 나눌 수 있다.

- **현황정보** : 사업이나 조직의 일반적인 상태를 요약한 정보로서, 최근 판매성과, 생산성, 품질, 고객관계 정보 등이 포함된다. 일반적으로 경영자는 이러한 종류의 정보 확인과 분석에 많은 시간을 할애하지는 않지만, 현황정보는 기업의 현황을 파악하는 데 가장 기본적인 정보이기 때문에 항상 경영자에게 제공되어야 한다.
- **경고정보** : 계획된 기업의 변경이나 관리적 관심을 요하는 상황의 발생 가능성을 미리 예시하는 정보를 말한다. 경영자는 기업 활동에 심각한 문제가 발생하기 전에 예방하거나 문제 상황의 대처 방안을 수립할 수 있도록 가능하면 미리 적절한 사전적 정보를 제공받아야 한다.
- **지표정보** : 생산성, 불량률, 고객 클레임, 재가공 비율, 원가 구성비 등과 같이 조직의 성과를 측정하여 평가할 수 있는 주요 정보를 말한다. 이러한 지표는 가능한 경우 계량화되어서 관리되

어야 한다.

- **상황정보** : 경영자의 필요한 문제 또는 이슈에 관한 현황정보이다. 상황은 하급자의 개인적인 문제부터 주요 광고 계획에 이르기까지 다양한데 경영자는 종종 이러한 상황정보를 지속적으로 감시해야 한다.

- **외부정보** : 기업 외부로부터 제공되는 정보를 말한다. 경쟁자들에 관한 정보, 산업 현황과 발전 방향에 관한 정보, 정부정책에 관한 정보, 국제 관계 변화에 관한 정보, 공급사슬에서 일어나는 중요한 이슈 등이 이에 해당된다.

중역정보시스템은 다음과 같은 특징을 가지고 있다.

- **요약정보** : 일반적으로 최고경영층은 회사의 전략적인 문제를 해결하기 위한 업무를 수행하므로 대량의 거래 자료보다는 필요에 맞게 정제되고 요약한 전략적인 정보를 제공한다.

- **문제중심 정보** : 일상적인 기업 현황에 대한 정보도 필요하지만, 경영자가 당면할 문제를 예상하여 그것의 해결에 필요한 정보를 제공하거나 예상치 못한 문제가 발생하는 경우 사태의 분석과 이에 따라 가장 합리적인 의사결정을 행할 수 있도록 필요한 정보와 분석기법을 제공한다.

- **사용자 지향 인터페이스** : 경영자를 대상으로 하는 정보시스템은 정보의 내용뿐만 아니라 제공 형태도 다른 정보시스템과 차이가 있다. 즉, 같은 정보라도 경영자가 좀 더 쉽고 빨리 이해할 수 있도록 요약된 표나 그래프를 사용하여 표현하며, 정보시스템은 이러한 기능을 제공할 수 있는 시스템으로 구성된다.

1990년대 초반부터 ERP 시스템은 기업의 관심을 받아 왔다. ERP 시스템이 기업의 관심을 받는 이유는 통합적으로 기업의 정보를 관리함으로써 기업의 마케팅, 생산, 재무, 회계, 물류 등 다양한 업무혁신을 지원해 주고, 더불어 통합된 정보의 활용을 통한 경영전략수립에 도움을 제공하기 때문이다. 이에 ERP 시스템을 도입한 기업들은 근본적으로 경영성과를 개선할 수 있게 되었다. 1990년대에 우리나라 기업들은 세계화 흐름에 힘입어 수출확대와 함께 생산거점을 세계 각지에 구축하는 글로벌화 작업을 했다. 이에 기업의 사업영역이 확대되고 시장이 확장되면서 생산거점이 국내외 여러 곳으로 흩어져 있어 글로벌 업무프로세스를 실행하거나 최적의 공급사슬 구축이 더욱 필요해졌다. 이에 전 세계 생산거점이 어디에 있거나 운영 프로세스가 어떻게 되든 기업이 전체적인 운영 프로세스를 한눈에 통합하여 관리할 필요가 생겨서 '전사적 자원관리' 즉, ERP Enterprise Resource Planning라는 시스템이 만들어지게 되었다. ERP는 기업의 생산, 물류, 재무, 회계, 판매, 구매, 재고 등 기간 업무프로세스를 통합적으로 연계 및 관리해 주며, 기업 내외부적으로 발생하는 정보를 서로 공유하고 새로운 정보를 생성하며 빠른 의사결정을 도와주는 기업 통합정보시스템을 말한다.[63]

ERP는 데이터를 한곳에 저장함으로써 모든 데이터를 통합적으로 관리할 수 있게 해주었고, 기능 중심에서 프로세스 중심으로 업무처리 방식의 근본적 변화를 가져왔다. 그러므로, ERP는 기업조직의 업무처리 방식을 고도화하고, 한정된 자원을 효과적으로 관리함으로써 업무를 좀 더 원활하게 수행할 수 있도록 지원해 주는 정보시스템인 것이다. ERP는 기업의 운영 전체 과정을 볼 수 있는 조직의 창문 역할을 하는 유일한 통합 솔루션이다. 보다 적은 투자로 보다 큰 효과를 얻도록 하는 것이 ERP가 해결해야 할 과제이다. ERP가 도달하고자 하는 최종 목적지는 기업의 자원인 사람, 돈, 자재, 기계를 통합적으로 관리하여 상호 시너지 효과를 창출하고 이를 통해 고객 만족 및 조직성과를 극대화하는 데 있다. ERP는 주로 제조기업에 한정해서 규정하는 경향이 있는데, 현재는 제조기업의 범위를 넘어서 서비스업이나 정부 및 공공단체에 이르기까지 이용 범위를 한정하지 않고 적용 범위가 확대되고 있다. 현재의 ERP는 기업이나 단체의 인사, 회계, 물류, 제조, 서비스 등 전 분야에서 일어나고 있는 전체 기능들에 대해 효과적 관리와 통제를 지원하고 지역적으로 분산된 조직 간의 업무기능의 연계와 관리를 지원하기 위한 통합적인 측면을 고려하고 있다. ERP는 기업의 자재 소요량 계획에서부터 출발했다. 1970년대에 자재관리의 합리화에 큰 성과를 보인 MRP^Material Requirement Planning는 1980년대에 와서는 생산 전반에 소요되는 자원으로 확대되어 MRP II^Manufacturing Resource Planning를 통해 관리했으며, 1990년대에 들어 기업 전반에 걸려 보유 중인 한정된 자원을 효율적으로 사용하기 위한 ERP가 개발 운영되고 있다. 2000년대부터는 기업 내의 자원 활용의 최적화뿐만 아니라 기업 간 생산, 운영 및 재무상의 협업을 통해 고객과 주주의 가치를 증대하는 산업에 특화된 새로운 비즈니스 전략으로 ERP II가 개발, 적용되고 있다.

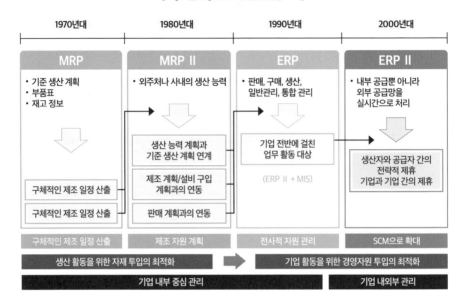

일반적으로 ERP를 구축하는 방법은 해당 기업에 맞는 시스템을 처음부터 설계하여 자체 개발하는 방법과 ERP 패키지를 구매하여 자사환경에 맞게 수정하는 방법이 있다. 시스템을 자체적으로 개발하려면 먼저 '프로세스 공학process engineering'을 바탕으로 한 실무 지식이 필요하며, 객체화 기술이 중심이 된 첨단 소프트웨어 개발 기술이 필수적이다. 현재 대부분의 기업에서는 자체 개발하여 시스템을 구축하기보다는 패키지를 구입하여 ERP를 구축하고 있는데 이는 패키지를 도입하여 구축하는 것이 여러 가지 장점이 있기 때문이다. 패키지 도입을 통한 ERP 구축은 자체 개발보다 비용을 절감하고 실패 위험을 줄일 수 있다. 또한, 빠른 시간 내에 적응하여 선진 정보기술을 활용할 수 있다는 장점이 있다. 하지만, 일선에서 ERP 구축 기업들을 보면 ERP

패키지가 지니고 있는 본래의 본질을 훼손하면서까지 해당 기업의 업무 프로세스에 맞추려는 오류를 겪는다. 그렇게 되면 ERP 패키지가 가지고 있는 본래의 장점을 잃어버리고, 해당 기업의 비효율적인 업무프로세스에 ERP 시스템을 맞추게 되는 문제가 있다. 그러므로, 반드시 시스템 엔지니어와 컨설턴트의 도움을 받아 해당 기업의 업무프로세스를 선행적으로 혁신한 후 ERP 시스템 도입하여 고객화하는 것이 바람직하다. 이때, 전문가와 해당 기업의 구성원 간의 열정적인 업무혁신 노력과 소통에 따라 ERP 시스템이 성공적으로 고도화 될 수 있다.

ERP의 기능은 생산, 설계, 재무, 회계, 영업, 인사 등의 순수 관리 기능과 경영지원 기능을 포함한다. ERP는 단순한 정보시스템이 아니라 혁신적인 업무처리 방식이나 구조를 근본적으로 개혁하여 업무의 생산성을 극대화하는 강력한 통합 솔루션이다. 예를 들면, 이전의 모든 기업 활동은 영업이 완료된 후 생산 계획이 수립되고 공장이 가동되는 순차적인 구조라면, ERP는 기업 내의 모든 정보를 실시간으로 통합 처리하면서 비능률적인 업무프로세스가 발견되면 경영 체계를 재설계하여 개선시키는 개념이다. 업무프로세스를 본질적으로 혁신하는 방안에 활용되는 기법으로 비즈니스 프로세스 리엔지니어링BPR : Business Process Re-engineering[65]을 많이 이용한다.

ERP 도입 초기에는 기업들의 경영혁신 수단으로 컨설팅 회사에 의뢰하여 BPR을 수행하고 BPR 결과가 도출되면 이를 바탕으로 정보시스템을 전문적으로 개발하는 SISystem Integration 업체에 외주 용역을 주거나 자체 개발 또는 BPR 결과에 적합한 ERP 패키지를 선택하는 방식으로 ERP를 도입했다. 그러나, 최근에는 많은 구축 경험과 검증을 통해 ERP 시스템들이 선진 프로세스를 자체적으로 갖추게 되면서 별도의 BPR을 수행하지 않고 자사의 실정에 맞는 ERP 패키지를 도입하는 추세이다. 하지만, 아직까지는 ERP 내에 구현된 선진 프로세스들이 국내 기업의 업무 처리방식이나 상거래 관행에 맞지 않는 부분이 많아 적용상에 혼란은 다소 있다.

ERP 패키지의 기능은 큰 업무 단위로 업무를 정의, 개발했기 때문에 공급기업별로 뚜렷한 차이가 나타나지 않는다. 기업을 운영하는 데 필요한 기본적인 업무기능은 대부분 공급기업이 다 같이 제공하기 때문이다. 그러나 공급기업별로 업무기능을 구분하는 기준의 차이가 이러한 모듈별로 각기 다른 이름을 붙이는 데 오는 혼란이 있다. 또한, ERP 패키지별 규모에 따른 추가적인 기능이나 기능의 깊이에는 많은 차이를 보이기 때문에 ERP 패키지를 선정할 때는 공급기업으로부터 충분한 설명과 사례를 통해 해당 기업에 적합할 것인지 검토 후 결정하는 것이 바람직하다.

- **통합업무시스템** : 기존 정보시스템은 회계, 영업, 생산 등 분업화된 부문의 요구에 따라 제각각 데이터베이스를 사용하여 업무 간 정보시스템으로 통합되지 못해 비효율적이었다. ERP 패키지는 물류, 제품 개발, 재무 등의 기업 내 모든 업무를 실시간으로 연동시킨 통합 시스템이다.
- **통합데이터베이스** : 기존 정보시스템은 판매, 생산, 회계, 인사 등 개별 업무 시스템을 위한 개별 데이터베이스를 구축했는데, 이는 개별 데이터베이스 간 코드 체계의 불일치를 발생시켰다.

기업의 경영전략에 따른 ERP 시스템이 구축될 경우, 다양한 산업 분야 기업 고객들의 사례를 반영함으로써 업계의 성공 사례best practice 를 적용할 수 있고 선진 정보기술과 R&D를 통한 새로운 경영과 기술 방식을 반영할 수 있다. 또한 각 업체 전문가들이 축적된 지식과 다양한 경험을 획득할 수 있다. ERP 도입을 통해 기업은 급변하는 경영환경의 변화와 정보기술의 발전에 능동적으로 대응하려는 고민을 동시에 해결할 수 있을 것이다. ERP를 도입하게 되면 업무 측면에서는 원재료, 제품, 반제품 등의 재고관리능력이 향상되고, 계획생산체계 구축이 가능해질 뿐만 아니라 생산실적관리도 용이해진다. 또한, 필요정보의 구성원간 공유화가 가능해지고, 영업에서 자재, 생산, 원가, 회계에 이르는 정보의 흐름이 일원화된다. 정보시스템 측면에서 보면 시스템 표준화를 통해 데이터의 일관성을 유지하고, 개방형 정보시스템으로 자율성과 유연성이 극대화되는 것은 물론, 클라우드 기반 컴퓨팅 구현으로 시스템 성능이 최적화되며, 신기술을 이용하여 사용하기 쉬운 정보 환경을 제공할 수 있다.

ERP 시스템은 고객을 직접 대면하는 모듈뿐만 아니라 공급사슬관리 지원 모듈을 포함하는 시스템으로 발전해 나가고 있다. 이러한 부가적인 고객관계관리CRM 및 공급사슬관리SCM 모듈은 광범위한 ERP 시스템의 한 부분이 되었다. 이를 확장형 ERPextended ERP라고 한다. 모든 기업은 서로 다르기 때문에 단일 성과지표를 적용할 수 없다. 그러나 ERP시스템 도입으로 성과를 창출하는 기업들은 유사한 문제점을 가지고 있는 것을 알 수 있다.

PDM은 기업 간 전자상거래 구현에 중요한 역할을 담당하며, 제품 정보의 관리와 공유를 위해 동시공학[66]적 접근방법concurrent engineering approach으로 전자적 문서관리를 처리하게 하는 개발거래 지원 도구이 다. PDM은 제품 설계도, 부품 구성도, 각종 규격서, 설계 분석서, 엔 지니어링 데이터 등 제품의 수명주기에 발생하는 제품 데이터를 통합 하여 효과적으로 관리하고, 제품의 개발이나 수정에 필요한 제품 관 련 데이터의 흐름을 효율화하는 시스템이다. 제품과 관련된 모든 정보 를 통합적으로 관리하고 기능 중심의 각 부서에서 독립적으로 관리하 는 제품 데이터와 CAD/CAM, EDM, MRP, 그룹웨어 등 기업에서 활 용되는 응용소프트웨어를 효과적으로 연결하여 기업의 생산성과 경영 의 효율을 개선하고자 고안된 것이 PDM이다. PDM은 제품과 관련된 모든 정보를 제품 구조와 동기화하여 통합적으로 관리하는 데 필요한 응용 프로그램으로 필요한 시점에 그 정보를 정확히 전달할 수 있도록 지원한다. 이러한 PDM의 기능은 제품 데이터 관리 기능과 프로세스 관리 기능으로 구분된다. 제품 데이터 관리 기능은 컴포넌트 분류 기 능, 문서 분류 기능, 제품의 구조관리 기능 등 3가지 관점으로 세분한 다. PDM에서 컴포넌트는 업무의 필요에 따라 사용자가 쉽게 검색할 수 있도록 계층형 네트워크 구조의 다양한 클래스로 분류되어 데이터 베이스에 저장된다. 컴포넌트나 어셈블리와 관련된 부서는 설계도, 3 차원 모델링, 기술자료, 스프레드시트와 같은 파일과 같은 형태의 클 래스로 분류할 수 있으며, 각각의 문서에 대한 파트, 문서번호, 작성자, 작성일 등의 속성을 지닌다. 이와 동시에 컴포넌트와 문서의 관계를 정의하고 관리할 수 있다. PDM은 제품 데이터를 물리적 관계뿐만 아니라 제조, 재무, 유지보수 등 제품수명주기 각 단계에 필요한 형태로 구조화하여 표현할 수 있다. 데이터 관리 기능은 데이터에 대한 접근과 참조 및 상호 참조가 쉬운 형태로 데이터를 구조화하는 기능을 말한다. 이러한 데이터 관리 기능의 프로세스를 생성하고 수정하는 방식은 작업 관리 기능, 작업 흐름관리 기능, 작업 이력관리 기능 등 3가지로 분류할 수 있다. 작업 관리 기능은 작업 수행의 결과 데이터에 어떤 변화가 발생했는지 관리하는 것이다. 한 제품이 개발되어 상품화되기까지 수명주기의 각 단계에서 무수히 많은 변경이 발생한다. PDM은 엔지니어가 변경에 무관하게 작업할 수 있도록 기존 데이터와 변경된 신규 데이터를 모두 보관하고 이에 대한 정확한 정보를 제공하므로 필요한 버전의 데이터를 검색하여 사용할 수 있다. 그리고 작업 흐름관리 기능은 필요한 정보를 필요한 시점에 필요한 사용자에게 제공하여 업무의 효율을 높여준다. 또한, 작업 이력관리 기능은 지금까지 진행된 작업의 이력을 구조화하여 관리하는 것을 말한다.

MES Manufacturing Execution System : 제조실행시스템

ERP가 기업의 경영층에 의사결정 정보를 제공해 준다면 MES는 중간관리층에 운영에 대한 의사결정을 할 수 있도록 도와준다. MES는 공장의 현장을 운영하고 계획을 추적하고 그리고 생산성도 향상시킨다. MES는 주문에서 완제품까지 생산활동을 최적화할 수 있는 정보 및 제어 솔루션으로 제조기업의 경쟁력 향상을 위한 핵심 역할을 수행한다. 제조현장은 일반적으로 많은 설비와 인력 그리고 복잡한 공정 및 자동화에 따른 정보흐름의 속도가 매우 빠르다. 그래서, 제품 생산의 전반적인 상황을 실시간으로 파악하는 것이 매우 어렵다. MES는 제품을 생산하는 현장에서 일어나는 생산현황정보를 4M^{Man, Machine, Material, Method} 관점에서 직간접적으로 수집, 집계하고 실시간으로 정보를 처리함으로써 현장작업자에서 경영층에 이르기까지 생산현장의 정보를 공유할 수 있는 환경을 만든다. 또한, 공유된 정보를 기반으로 의사결정된 내용을 시스템에 반영함으로써 생산운영활동을 최적화하는 것을 돕게 된다. 생산하는 제품에 따라 제조현장의 모습은 달라지겠지만, MES는 현장 설비에 작업지시를 하고 작업자 및 관리자에게 제조 관련 정보를 제공한다. 작업진행정보를 실시간으로 수집하고, 공유하며 부적절한 상황을 제거하기 위해 현장을 통제함으로써 현장의 생산목표를 달성하고 품질개선, 오류방지, 균형생산 등의 의사결정에 도움을 준다. MES의 궁극적인 목표는 생산성 향상과 사이클타임 감축, 설비효율향상, 불량감소, 재고감축, 제조원가절감을 통한 제조경쟁력을 강화하는 것이다.

[그림59] MES 개념도

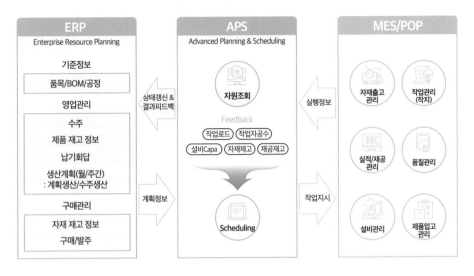

MES는 표준화된 패키지를 운영할 수 없다. 왜냐하면, 각 제조기업의 제조환경이 모두 다르기 때문이다. 그러므로, MES의 구성 모듈도 그 기업의 환경에 맞게끔 설계하여 개발하는 것이 좋은데, 일반적으로 제어, 실행, 분석계층으로 나누어 개발, 운영하는 것을 권장한다. 또, MES 모듈의 메뉴의 많고 적음은 중요한 사항이 아니다. MES를 통해 어떠한 의사결정과 운영을 할 것인가에 따라 메뉴 및 기능이 설정되어야 한다. 일반적으로 제어계층은 제조 및 물류설비 자동화를 담당하게 되는데 물류제어, 설비제어 모듈로 구성되게 된다. 실행계층은 제조실행 및 효율최적화를 담당하며, 작업지시, 생산실행, 설비엔지니어링 모듈로 구성된다. 분석계층은 제조품질향상을 목적으로 하는데, 생산분석, 품질분석 모듈이 있다.[67]

| [그림60] MES 구성 및 주요 모듈 |

분석 Layer	생산분석 (Manufacturing Report) 생산 자요 실적 및 지표 설비종합효율 불량 주요지표		품질분석 (Yield Management System) 수율분석, 공정 품질분석 비정형 이미지분석, 영상분석 비정형 설비로그분석	
실행 Layer	작업지시 (Manufacturing Seheduling System) 공정 단위 생산계획 수립 실시간 작업 우선순위	생산실행 (Manufacturing Operation System) 재공, 재고 및 공정 이력 설비 등 리소스 관리 제조공정 진행 및 제어	설비엔지니어링 (Equipment Engineering System) 설비 미세 상태 정보관리 설비 주요 파라메터관리 설비공정 품질 정보관리	
제어 Layer	물류제어 (Material Control System) Carrier 및 물류설비 상태관리 물류 최적 경로 및 우선순위관리 반송 설비에 물류 지시		설비제어 (Tool Control) 생산 진행 정보 및 검계측 정보 수립 설비 상태 및 이상 정보 수집 설비 자동 운전	

자료 : 삼성SDS(2015)

그러나 제조기술과 생산 역량이 증대되고 기술이 발전해 나감에 따라 MES의 기능은 확장되어 가고 있다. 또한, 운영정보기술의 전체 구성에서 MES는 제조현장과 가장 밀접한 정보 소통을 이루는 핵심 솔루션이기 때문에 시스템을 설계 운영할 때 주의할 사항은 ERP와의 통합 운영을 위한 인터페이스가 고려되어야 한다는 것이다. 통상적으로 ERP와 MES의 데이터베이스만 인터페이스 하면 된다고 쉽게 생각할 수 있으나, ERP와 MES를 통합 구축할 경우나 각각의 시스템을 구축 후 통합할 경우는 프로세스 리엔지니어링을 통해 명확한 업무프로세스 설계를 통해 데이터베이스를 연동하는 것이 시스템의 성과를 향상시킬 수 있다.

CRM은 기업이 고객과 진행되는 여러 가지 활동에 대한 정보를 관리하는 시스템으로서 기업이 고객과 관련된 자료를 분석하여 고객 중심으로 자원을 집중하고, 이를 바탕으로 고객 특성에 맞는 마케팅 활동을 하는 과정이다.

정보사회에서 CRM은 e-CRM으로 진화하는데 e-CRM은 고객관계 마케팅customer relationship marketing이 인터넷 비즈니스에 확장된 개념으로 현대 마케팅의 주요 핵심 수단인 목표 마케팅의 세분화 전략을 인터넷 비즈니스에 활용한 것이다. 단 한 명의 고객까지 세분화하여 고객의 개별화된 특성을 파악하고 맞춤 서비스를 제공하는 데 그 목적이 있다.[68]

CRM 시스템의 전략은 기존 고객이나 잠재 고객 모두 대상으로 삼을 수 있다. 또한, 기존 판매 상품뿐만 아니라 새로운 상품을 대상으로 전개할 수도 있다. 하지만, CRM 시스템의 전략 원칙은 기존 고객의 고객관리라는 것을 잊지 말아야 한다. CRM 시스템의 전략에는 고객 유지 전략, 고객 활성화 전략, 교차 판매 전략, 과거 고객 재활성화 전략, 신규 고객 확보 전략이 있다.

- **고객 유지 전략** : 고객이 구매한 제품에 대한 다양한 정보를 제공하여 구매 제품에 호의적인 태도를 갖게 한다. 동시에 구매 고객에게 개인적인 관심을 표명함으로써 가치 있는 고객으로 대접받고 있다는 감정을 갖게 할 수도 있다.

- **고객 활성화 전략** : 빈도가 상대적으로 높은 소비재인 경우에는 상표 충성도의 제고, 사용빈도 증가 등의 고객 활성화 전략이 필요하다. 이를 위해서는 기존 고객에게 인센티브를 제공하거나 샘플링, 쿠폰, 경품 등의 판매 촉진 전략과 결부한 마케팅 활동을 전개해야 한다.

- **교차 판매 전략** : 기업이 다양한 제품을 생산하는 경우에 유용한 전략으로, 신제품의 판매를 위해 기존 제품의 데이터베이스를 이용하는 것이다. 특히 제품 간의 연관성이 높을수록 더욱 효과적인 교차 판매가 가능하다.

- **과거 고객 재활성화 전략** : 상품 및 서비스를 구매한 경험이 있는 고객은 거래 실적이 전혀 없는 고객에 비해 가치 있는 고객으로 전환될 가능성이 더 크다. 이를 위해서는 과거 고객에 대한 데이터베이스를 유지, 관리해야 한다. 과거 실적을 면밀히 분석하는 동시에 거래를 중단하게 된 이유도 파악할 필요가 있다. 이러한 분석을 통해 가치 있다고 판단되는 고객에게는 비용 효율적인 마케팅 활동을 전개해 나갈 수 있다.

- **신규 고객 확보 전략** : 구매 가능성 정도에 대한 고려 없이 무작위로 잠재 고객을 추출하여 데이터베이스 마케팅 활동을 전개하는 것이다. 이 전략은 제품 문의를 통한 고객 리스트 확보 등의 중간단계를 거치지 않기 때문에 사전 작업에 드는 비용이나 시간을 절약할 수 있지만 잠재 고객의 신규 고객화 비율이 낮다.

CRM의 기본요소는 다음과 같다.

- **시장과 고객에 대한 이해** : 시장과 전략을 기반으로 하여 고객을 분류하고 고객 데이터베이스 및 데이터 마이닝을 통해 고객가치를 관리
- **최적 서비스 개발** : 고객을 연구하고 해당 고객에게 적합한 제품과 서비스를 어떤 채널을 통해 제공할 것인가를 관리
- **고객유치** : 판매 및 영업 중심의 자동화 시스템 구현
- **기존 고객의 유지** : 고객 충성도를 창출하고 유지하기 위한 고객 서비스 제공

SCM Supply Chain Management : 공급사슬관리

기업은 고객에게 가치를 제공할 때 모든 활동을 기업이 혼자서 수행할 수는 없다. 공급사슬은 원재료로부터 제품을 생산하고, 처리하며, 최종 소비자에게 유통시키기 위한 비즈니스 프로세스 네트워크를 말한다. 특히, 공급사슬은 공급자로부터 최종 소비자에게 재화 및 용역을 전달함으로써 가치를 창출하는 과정 또는 활동을 포함한다. ERP 시스템은 기업과 사업 파트너 간에 재고, 정보 및 재무 흐름을 원활하게 조정함으로써 효율적 공급사슬관리를 도모한다. 또한 이러한 업무 간 조정은 계획, 조달, 제조 및 배송 등과 같은 공급사슬관리를 촉진한다. 고객에게 가치를 전달하기 위한 가치전달체계에 있어서 고객,

소매상, 도매상, 제조업자, 부품 및 자재 공급자 등 다양한 공급사슬에 참여하는 조직들이 존재한다. 공급사슬관리SCM는 이들 가치전달체계에 참여하는 조직들 간의 정보를 서로 공유하여 생산성을 높이기 위한 관리방법을 말한다. 이는 상품의 공급 과정을 시장 상황에 맞게 최적화함으로써 경영의 효율을 극대화하는 것이 목적이다.

SCM은 기업 전체의 최적화를 위해 존재했던 정보, 물류, 현금에 관련된 업무 흐름을 공급사슬 전체의 관점에서 검토하여 정보의 공유화 및 업무 처리의 근본적인 변혁을 꾀하고 공급사슬 전체의 효율을 향상시키려는 관리시스템이다.

SCM 시스템이 과거보다 중요해진 이유에 있어서는 기업 활동 글로벌화, 다품종 소량생산체제, 기술의 급속한 발전이라는 요소가 있다.

- **기업 활동의 글로벌화** : 생산, 부품 조달 및 구매, 보관 및 물류, 운송, 판매 및 유통 등의 기업 활동이 글로벌화 됨에 따라 공급사슬의 리드타임이 길어지고 불확실해졌다. 물론, 최근 코로나19에 의한 팬데믹은 공급사슬의 운영 전략 불확실성이 더욱 높아졌다. 이에 따라 글로벌한 공급사슬 및 물류의 합리적인 계획, 관리와 조정, 통제가 더욱 중요해졌다.
- **다품종 소량생산체제** : 고객의 다양한 요구에 맞추어 제조, 납품해야 하는 다품종 소량생산이 보편화 되었다. 따라서 재고 및 물류 관리의 효율성을 높이기 위해서 SCM의 역할이 더욱 중요해졌다.
- **기술의 발전** : ERP 등에 의해 기업 내 프로세스가 정보화되고

EDI, Internet, Web, e-commerce 등의 기술이 급속히 발전했다. 이에 따라 공급사슬 간의 프로세스를 적극적으로 통합할 수 있게 되어 SCM이 더욱 중요성을 갖게 되었다.

- SCM의 주요 구성을 보면 SCP^Supply Chain Planning와 SCE^Supply Chain Execution로 구성된다.

SCP는 공급사슬을 구성하는 다양한 요소(제조공장, 유통센터, 공급자)의 관계를 파악하고 시장수요를 예측하여 공급사슬 전체에 대한 최선의 계획을 수립하는 것을 말한다. 또한, SCP는 물류 및 제조, 구매 부분의 계획 기능을 동기화, 효율화하는 것을 목표로 한다. SCE는 공급사슬의 구매, 운송, 생산, 배송, 제품 인도 과정을 더욱 효율화하고 소비자에게 서비스를 효과적으로 전달하는 실행적 활동이며, 수요와 공급의 균형이 맞는 효율적 실행을 목적으로 한다.

- SCE **주문관리시스템** : 상품의 주문, 견적 기능과 주문현황을 비롯하여 배송, 주문 취소, 입금, 반품 등 고객과의 연결통로 역할을 한다.
- SCE **구매관리시스템** : 자재 조달에 필요한 공급자 평가 및 발주, 입하 처리를 하는 공급자와의 연결통로 역할을 한다.
- SCE **창고관리시스템** : 제품의 입, 출고와 관련된 하역과 창고 내의 보관위치, 적재방법, 제품의 품질, 보관 효율증대, 재고이동, 조정, 폐기 등의 활동을 효율적으로 처리하기 위한 시스템이다.
- SCE **운송관리시스템** : 차량배차, 제품입차, 운송경로 설계 및

운송에 필요한 정보를 신속히 수집하여 이를 가장 효율적으로 관리하고 최소의 비용과 최단 경로로 수송을 제공하는 시스템이다.

ERP 시스템을 구축한 기업에서의 공급사슬은 계획plan, 조달source, 제조manufacture, 배송delivery 활동을 지원하는 통합된 프로세스이다. 기업의 ERP 시스템은 데이터 및 정보를 기업 내부 및 외부 공급기업 등과 공유함으로써 가시성 향상 및 합리적인 의사결정을 내릴 수 있게 한다. 추가적으로 CRM을 SCM 모듈과 통합함으로써 매출 예측의 정확성을 높일 수 있다. CRM은 고객 주문을 파악하고 이러한 정보를 바탕으로 고객 트렌드 및 구매행위를 파악한다. 매출 관련 정보는 제조 및 구매 결정을 용이하게 만든다. 기업경영은 개발관리, 공급관리, 고객관리, 경영관리 활동으로 이루어지는데 모든 프로세스는 고객의 요구사항을 받아 신속히 대응하는 방향으로 끊임없이 개선된다. 이를 위해서는 전 공급망의 각 부문이 같은 정보를 공유하고, 이 정보를 기반으로 계획을 수립해야 한다. 이렇게 검증된 수요를 바탕으로 제조부문과 구매부문에서 주요 자재와 생산 자원을 준비함으로써 공급의 제약요소를 해소해 공급 가용성을 높이는 것이다. 또한 효율적 물류운영으로 고객 납기 만족도를 제고하며, 이러한 과정을 통해 자원 운영의 효율화와 이익의 극대화를 추구할 수 있다. 이렇듯 SCM은 공급망 내의 정보 집중화를 통한 불확실성 감소와 수요-물류-공급의 동기화된 계획수립, 글로벌 운영 최적화를 고려한 전략적 동시 공급 계획의 수립으로 공급망 내 가시성과 의사결정 속도를 높인다.[69]

02

인공지능기술

　최근 기업에서는 정보사회를 넘어 4차 산업혁명과 같은 급격한 환경의 변화로 인해 점점 복잡해지고 다양한 문제가 나타나고 있다. 이러한 변화에 신속하고 성공적으로 대처하기에는 기업을 둘러싼 환경 변수가 너무도 많고, 기업에 축적된 경험과 지식이 부족하다는 것을 기업 스스로 인지하고 있다. 이와 같이 불확실한 환경에서 신속한 의사결정이 필요할 때 인공지능을 기반으로 한 시스템이 매우 유용하게 활용될 수 있다. 지능은 문제 해결 및 인지적 반응을 나타내는 총체적 능력을 말한다. 컴퓨터는 스스로 작업의 내용과 의미를 이해하지 못하며, 작업의 결과로 발생 가능한 일을 추론하지도 못한다. 컴퓨터는 인간이 가지고 있는 지능이 없다. 지능 정보시스템은 인공지능기술을 활용하여 구축된 다양한 유형의 정보시스템을 포괄적으로 지칭하고 있다. 4차 산업혁명의 핵심 도구로 부상하고 있는 인공지능은 혁신적인 컴퓨팅 능력의 지속적인 발전과 과학적 문제를 해결하는 수학적 알고리즘의 발전에서 비롯되었다. 현재 인공지능은 자연어 처리, 머신러닝, 딥러닝 등을 활용하여 외부 인지, 논리, 추론, 예측 등 다방면에서 혁신적으로 발전하고 있다. 제조기업이 인공지능기술을 활용하기 위해서는 기업 내부와 제조현장에서 벌어지는 많은 일들에 대한 데이터를 사물 인터넷을 통해 수집하고, 이를 클라우드에 저장하여 빅 데이터 기법을 활용하여 분석하고, 분석된 결과를 머신러닝 및 딥러닝 솔루션을 통해 지능화시킴으로써 인공지능 시스템을 구현할 수 있을 것이다.

이번 장에서는 인공지능과 관련된 인공지능기술에 대해 알아본다.

사물 인터넷

다양한 스마트 기기는 데이터의 폭발적인 증가에 가장 큰 역할을 했으며, 그렇게 수집된 데이터는 우리가 사는 세상을 빠르게 바꾸어놓고 있다. 일반적으로 스마트 기기나 장치는 정보를 모아 인터넷으로 서로 통신한다. 이런 일들이 가능한 이유는 현대사회에서 사용되는 모든 장치가 더 스마트해졌기 때문이다. 이런 일들의 시작점 역할을 한 것은 애플의 아이폰이 세상에 나온 후부터였다. 그 이후로 스마트 TV, 스마트 워치, 스마트 온도계, 스마트 냉장고, 스마트 설비 등이 사람들에 의해 만들어졌다. 사물 인터넷은 데이터를 생성하거나 소비하고, 네트워크로 연결되며, 플랫폼은 데이터를 수집, 저장, 분석을 통한 가치 창출을 담당한다. 기계가 서로 연결되어 정보를 공유하는 것이 사물 인터넷이라는 것이다. 기계가 서로 통신함으로써 잠재적으로 인간의 개입 없이 일련의 필요한 조치를 결정할 수 있음을 의미하는 것이다. 예를 들면, 제조설비의 운용조건이나 상태를 특정한 센서를 통해 클라우드에 데이터를 전송하고 전송된 데이터는 제조설비의 운용 상태를 분석함으로써 제조설비의 점검 및 보수 일정을 알아서 스케줄링함으로써 설비를 최적화시킬 수 있도록 할 수 있다. 그러나, 사물 인터넷은 사람이 아닌 사물에 의해서 데이터가 생성된다. 사물thing 이란 가전제품, 모바일 장비 등 전통적인 형태의 다양한 형태로 존재한다. 다양한 존재가 가치 있는 데이터를 생성 또는 자연발생 되기 위해서는 자신을 구별할 수 있는 IP[70]를 가지고 인터넷에 연결되어야 하며, 외부 환경으로부터 데이터 취득을 위해 센서를 내장하는 형 태로 구성되어야 한다. 사물 인터넷의 기본 개념은 '사람이 조작하고 개입하는 것을 최소화시켜 사물과 사물, 즉 휴대폰과 보일러나 자동차 열쇠와 자동차가 서로 데이터를 주고받는 기술을 말한다. 1999년 MIT의 케빈 에쉬턴Kevin Ashton이 사물 인터넷이라는 용어를 처음 소개한 후 사물 인터넷은 인터넷에 연결되어 인터넷과 같은 방식으로 작동하는 센서들을 의미하게 되었다. 사물 인터넷은 자유롭게 데이터를 공유하고 예상하지 못했던 어플리케이션을 구현함으로써 컴퓨터가 주변환경을 인식하고 마치 인간의 신경계처럼 작동할 수 있도록 해준다'고 하였다.[71]

사물 인터넷이란 좁은 의미로는 '센서와 사물 간 지능 연결이 가능한 사물thing 그 자체를 의미하지만, 넓은 의미로는 사람, 사물, 공간 등 모든 것이 인터넷으로 연결되어 이를 통해 생성된 엄청난 양의 데이터들이 산업의 모든 분야에 활용되는 현상 그 자체를 의미하기도 한다.'[72]

4차 산업혁명의 핵심요소가 '연결'과 '지능화'라는 점에서 지능화된 사물 간의 통신을 나타내는 사물 인터넷은 가장 핵심이 되는 기술이라 하겠다.

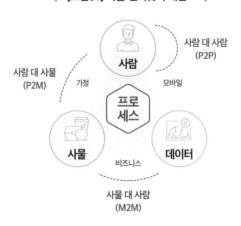

[그림61] 사물 인터넷의 개념[73]

사물 인터넷은 우리가 인식하기도 전에 우리의 일상에 깊숙이 함께 하고 있다. 직장과 가정, 심지어는 우리가 이동하는 중에도 이용하고 있다. 차량의 시동을 원격으로 건다든지, 차량을 어디에 주차 시켜놓았는지 확인한다든지, 차량의 상태가 어떤 상태인지 모니터링한다든지, 우리는 알고자 하면 보유하고 있는 차량의 상태에 대해 모든 정보를 파악할 수 있다. 또한, 요즘의 스마트제품은 사람들의 기호와 행동까지 파악해서 필요를 예측하고 움직임에 반응한다. 의료분야에서는 환자 상태를 모니터하고 응급상황을 간병인에게 알리며 전문 의료진에게 진단 가능한 의료 데이터를 제공하고 환자가 의사의 처방을 따르게 할 수 있다. 사물 인터넷 기기를 통해 심장 박동을 비롯한 생명유지 기관을 추적하고, 혈당을 모니터하며, 활동량과 수면 단계를 기록한다. 이러한 정보들은 의사가 더 이상 환자의 진술에만 의존하지 않아도 되며, 사물 인터넷을 통해 환자의 건강과 생활 행태에 대한 데이터를 직접 제공할 수 있기 때문에 보다 더 과학적인 데이터를 근거로 처방을 내릴 수 있게 되는 것이다.

사물 인터넷은 비즈니스에 큰 효익을 제공한다. 제품을 만들어 파는 기업들이 제품을 스마트하게 만들면, 제품이 어떻게 사용되고 있는지에 대한 정보를 얻을 수 있다. 지금까지와 마찬가지로 고객들에게 제품을 인도한 후 거래가 끝나는 것이 아니라 고객이 제품을 구매한 후 어떠한 사용 행태를 보이는지에 따라 고객에게 맞는 제품으로 개선할 수 있게 될 것이다. 사물 인터넷의 가장 큰 기회는 기업 운영을 최적화하는 데 있다. 제조설비와 같은 스마트 기기에서 생성된 데이터는 기계를 운영하는 방법을 개선하는 데 도움을 줄 수 있으며, 기업은 이를 통해 다양한 프로세스를 자동화하고 효율과 신뢰도를 높이며, 비용을 절감할 수 있다. 그러므로 제조 산업에서 사물 인터넷이 기술을 선도하고 활발히 사용되는 것은 매우 유익한 일이다.

미국의 GE는 산업 인터넷이라는 개념을 통해 모든 세밀한 작동을 보고할 수 있는, 서로 연결된 기계장비에서 점점 더 많은 가치를 발견하고 있다. 로봇 및 자동화 기업인 ABB는 센서를 이용해 로봇의 점검 요구를 모니터함으로써 부품이 고장 나기 전에 점검, 보수하도록 하고 있다. 지멘스는 기차와 철도의 센서에서 데이터를 수집해 예측 정비를 수행하며 에너지 효율을 높인다.

사물 인터넷은 많은 비즈니스 기회를 제공한다. 즉, 기업은 고객을 더 잘 이해할 수 있고, 기업 운영을 효율화하며, 새로운 고객가치를 만들고, 수익을 끌어올릴 수 있다. 기업의 경영자와 책임자가 충분히 이해하고 실행한다면 말이다.

클라우드

몇 년 전까지만 하더라도 생소한 용어였던 클라우드가 이제는 디지털 기술을 얘기하는 곳이라면 어디서든지 쉽게 들을 수 있고 그 중심에 있는 용어이다. 많은 사람들이 클라우드cloud를 초기에 '구름'이라고 불렀다. 이는 사용자들의 입장에서 보면 제공자들의 서비스가 구름에 가려진 것 같이 눈에 보이지 않기 때문에 지어진 이름인 것 같다. 이제 디지털 기반 사회에서는 구름이라는 기후적 용어보다 기술적 용어로서 정보를 담고 있는 '가상공간의 총합'이라고 불린다. 4차 산업혁명의 시대에는 네트워크로 연결된 컴퓨터를 통해 할 수 있는 일이 점차 증가한다. 클라우드 컴퓨팅은 정보를 자신의 컴퓨터가 아닌 인터넷에 연결된 다른 컴퓨터들을 이용하는 처리하는 기술이다. 클라우드 컴퓨팅 제공자는 컴퓨팅 자원의 풀pool을 형성하고, 다수의 고객들이 이를 공유하고 필요한 만큼 나누어 쓰게 된다. 클라우드 서비스를 제공하는 대표적인 기업이 아마존, 구글, 애플, 마이크로소프트 등이다. 방송 매체나 주식시장에서 보면 글로벌 클라우드 서비스 제공기업들의 재무적 성과와 기업가치는 우리가 상상한 이상으로 폭발적인 성장과 평가를 받고 있다. 클라우드 서비스 제공기업들이 올리는 성과는 이제 단순히 하드웨어를 공유하는 개념에서 클라우드를 통해 연결된 지능에 더욱 미래가치성이 부여되는 것으로 보인다. 통신 네트워크를 거쳐 가상 서버를 통해 여러 장소에서 하늘에 떠있는 구름을 보듯이 우리는 언제 어디서나 필요한 정보를 축적하고 활용할 수 있게 되었다. SAP의 Leonardo, 네이버의 NEVER Cloud, 아마존의 AWS, 마이크로소프트의 Azure, 구글의 Google Cloud, 애플의 iCloud 등 세계적으로 대표적인 IT 기업들은 너도나도 클라우드를 구축하고 가상세계에서 펼쳐나갈 서비스를 고도화해 나가고 있다. 소비자는 자신의 데이터를 자신의 창고처럼 클라우드에 저장하고 언제든지 꺼내 쓰며, 다른 사람들이 만들어 놓은 많은 응용프로그램utility SW을 활용하여 다른 사람들이 만들어 놓은 데이터를 활용하여 실시간으로 함께 일할 수 있게 되었다. 이제 기업들은 기업에서 발생되는 경영정보, 운영정보, 설비정보, 제조정보, 품질정보, 조건정보 등 수많은 정보를 클라우드에 저장하고 분석하고 예측하고 통제해 나간다. 물리적 세계와 디지털 세계를 잇는 가교 역할을 클라우드가 하는 것이다. 4차 산업혁명과 더불어 컴퓨터뿐만 아니라 수많은 기기들이 사물 인터넷으로 연결되고, 그 결과 지금까지 다루지 않았던 엄청난 양의 데이터가 인터넷으로 쏟아지고 있다. 이러한 데이터의 저장과 처리는 클라우드를 통해 제공하는 대용량 스토리지와 강력한 그래픽프로세서GPU : Graphic Processing Unit가 아니면 도저히 불가능하다. 다행히 이러한 강력한 프로세스를 개별 이용자가 구매할 필요 없이 클라우드를 통해 원하는 만큼, 원하는 시간에 빌려 쓸 수 있다는 것이다. 4차 산업혁명 시대에는 생산과 소유 대신, 이처럼 연결과 공유가 중요해지는 세상이다.

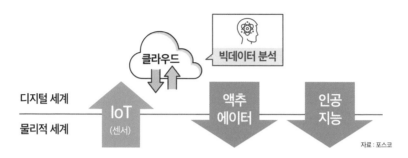

[그림62] 디지털 혁명에서 클라우드의 역할

자료 : 포스코

클라우드 개념

클라우드란 개념은 1965년 인공지능 언어인 LISP 개발자인 존 메카시가 제시했는데, 컴퓨터 환경을 공공시설 사용하는 것과 같은 개념을 제시한 것에서 유래되었다고 한다. 현재 클라우드 컴퓨팅의 목표는 일반 사용자들이 각 분야의 기술에 대한 전문적인 지식 없이도 정보통신기술을 이용하여 사용할 수 있도록 하는 것이다. 즉, 클라우드 컴퓨팅은 업무수행에 있어서 비용절감을 목적으로 하고 있으며, 바이러스와 같은 방해물들에 의해 지연되지 않고 집중할 수 있도록 도와주는 역할을 담당한다. 이러한 클라우드 컴퓨팅은 유틸리티 컴퓨팅, 그리드 컴퓨팅, ASPApplication Services Provider 등 기존 기술들과 여러 가지 패러다임이 혼합되어 진화 발전한 것이라 할 수 있다. 클라우드 컴퓨팅은 일부 특정한 사람들만 컴퓨팅 환경을 독점했던 메인 프레임 시대에서 개인적으로 활용 가능한 PC 시대를 거쳐서, 이제 언제 어디서나 시공간에 구애받지 않고 자유롭게 사용하는 컴퓨팅 시대로 전환된 것을 의미한다. 일관성과 규모의 경제를 달성하기 위해서 유한한 컴퓨팅 자원을 다수의 사람들이 공유하는 개념이라고 할 수 있다.

클라우드 특징과 모델

클라우드 컴퓨팅의 구성은 5가지 특징과 3가지 서비스 모델 그리고 4가지 전개모델로 구성되어 있다.[74] 클라우드 컴퓨팅의 기본 특징은 고객이 서비스 제공자와의 별다른 상호작용 없이도 자동적으로 필요한 만큼의 컴퓨팅 역량을 확보하여 사용하는 1) 주문형 셀프서비스, 다양한 클라이언트 플랫폼에 의해서 사용 및 접근될 수 있고, 네트워크상에서 이용한 2) 광역 네트워크 접근, 컴퓨팅 자원들이 혼합된 형태를 유지하면서 사용자의 요구에 맞게 서비스되기 위한 3) 자원의 공동사용, 탄력적으로 준비 및 제공하고 수요에 맞춰 신속하게 확장, 축소가 가능한 4) 신속한 탄력성, 미터링 기능을 활용한 자원 사용의 통제 및 최적화가 가능한 5) 측정된 서비스로 5가지 특징을 들 수 있다.

클라우드 컴퓨팅 서비스는 인터넷상에 자료를 저장해 두고 필요한 자료나 프로그램을 자신의 컴퓨터에 설치하지 않고도 인터넷의 접속을 통해서 언제 어디서나 이용할 수 있는 것을 의미한다. 이 클라우드 컴퓨팅 서비스 모델은 사용자가 사용하고자 하는 범위에 따라 소프트웨어Saas, Software as a Service, 플랫폼Paas, Platform as a Service, 기반시설Iaas, Infrastructure as a Service의 3가지 모델로 구분한다. 상세한 서비스 범위에 대한 사항은 다음 마이크로소프트에서 제시한 다음 그림을 참고 바란다.

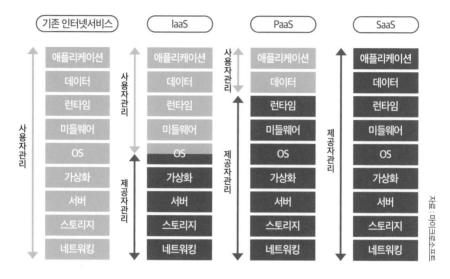

[그림63] 클라우드 서비스별 IT 자원의 제공과 관리범위

저료 : 마이크로소프트

클라우드를 소유하는 형태에 따라 규정한 배치모델은 프라이빗 클라우드priviate cloud, 커뮤니티 클라우드community cloud, 퍼블릭 클라우드public cloud 및 하이브리드 클라우드hybrid cloud의 4가지 형태로 구분한다. 주요 특징은 다음 그림64와 같다.

[그림64] 클라우드 컴퓨팅 서비스 배치모델

구분	주요 특징
공개형 클라우드 (Public Cloud)	• 공개형 클라우드(Public Cloud)는 인터넷을 통해 일반 사용자에게 리소스를 공유하고 서비스를 제공하여 누구에게나 공개된 개방형 서비스(External Cloud) 형태로 사용량에 따라 과금하는 형태(Pay-as-you-go)로 제공되는 서비스 • 퍼블릭 클라우드의 인프라는 서비스를 판매한 업체가 소유함, 예를 들어 아마존 웹서비스(AWS), 마이크로소프트, 구글과 같은 공개형 클라우드서비스 제공자들은 자신들의 데이터 센터를 소유·운영하고 있음
폐쇄형 클라우드 (Private Cloud)	• 특정 조직 내부에서 클라우드 컴퓨팅 사용 환경을 제공하여 폐쇄적으로 구현하는 서비스(Internal Cloud) • 프라이빗 클라우드 인프라는 해당기관 또는 제3자에 의해 관리할 수 있으며, 영역 내/영역 외에 사용자가 조직에 포함되는 여부에 따라 권한 할당이 가능함

구분	주요 특징
폐쇄형 클라우드 (Private Cloud)	• 특정 조직 내부에서 클라우드 컴퓨팅 사용 환경을 제공하여 폐쇄적으로 구현하는 서비스 (Internal Cloud) • 프라이빗 클라우드 인프라는 해당기관 또는 제3자에 의해 관리할 수 있으며, 영역 내/영역 외에 사용자가 조직에 포함되는 여부에 따라 권한 할당이 가능함
혼합형 클라우드 (Hybrid Cloud)	• 공개형 클라우드(Public Cloud)와 폐쇄형 클라우드(Private Cloud)의 혼재된 형태로 중요 자료는 폐쇄형 클라우드에 보관하고, 부분적으로 공개형 클라우드를 활용하는 형태로 운영 • 데이터와 애플리케이션의 이동을 가능하게 하는 표준기술로 하나로 묶거나 2개 이상의 클라우드를 통합함
커뮤니티 클라우드 (Community Cloud)	• 비슷한 환경의 정부기관 및 단체들이 공통으로 사용하기 위한 목적으로 만들어진 서비스 • 분산되어 있는 관계사항(목적, 정채그 보안요구사항, 협약)을 공유함

자료 : 미국 국립표준기술연구소 참조(2011)

개인용 컴퓨팅 환경과 인터넷 환경, 클라우드 환경을 비교하면 다음과 같다.

[그림65] 컴퓨팅 환경 간 비교

구분	개인용 컴퓨팅 환경	인터넷 환경	클라우드 컴퓨팅 환경
데이터 저장 위치	개인용 PC, 노트북	서버 클라이언트	클라우드 서버 (온라인)
자원 구매 및 폐기 주체	사용자	사용자	서비스 제공자
사용자 컴퓨터 설치되는 소프트웨어	OS, 응용소프트웨어	OS, 응용소프트웨어, 클라이언트	클라이언트 (웹브라우저)
데이터의 소유 및 관리	소유와 관리가 동일	소유와 관리가 일부 분리	소유와 관리 분리 • 소유 : 사용자 • 관리: 서비스 제공자
제공서비스	오프라인 컴퓨팅 서비스 문서작성, 통계, 계산, 그래픽 작업 등	기본 인터넷서비스	• 가상 서버/데스크톱 서비스 • 스토리지 제공서비스 • S/W 임대서비스 등

개인용 컴퓨팅 환경은 개인용 컴퓨터가 보급된 시점부터 지금까지

유지되어 오고 있다. 하지만, 새로운 흐름인 클라우드 기반의 컴퓨팅 환경으로 인해 개인용 컴퓨팅 환경은 급속도로 줄어들 것으로 생각된다. 데이터를 수집, 보관, 활용하는 주체가 특정 개인에서 많은 이해관계자들로 옮겨가고, 인터넷 기술이 발달해 감에 따라 각각의 컴퓨터에 데이터를 보관하고 사용하는 것보다 인터넷을 기반으로 하여 많은 사람들과 데이터를 공유하여 협업할 수 있는 구조가 되었다. 특정한 개인이 보유한 데이터가 본인에게는 쓸모없거나 당장 활용될 수 없을 수도 있겠지만, 공유된 데이터를 활용하여 새로운 가치를 만들어내는 이해관계자들에게는 매우 유용할 수 있다. 그러한 필요성이 증가되고 있고, 활용성이 증가하게 되었다. 아직도 많은 기업은 각 개인이 데이터를 사유화하고 있고, 이를 통해 의사결정권자에게 가공된 데이터로 정보를 제공하고 있다. 개인용 컴퓨팅 환경은 개인 컴퓨팅 자산을 투자하게 되므로 많은 투자금액을 지불하게 된다. 또, 이렇게 개인별로 투자된 컴퓨팅 자산의 중복투자와 운영효율성은 매우 낮을 수밖에 없다. 반면 인터넷 환경에서는 예측되는 저장 데이터의 양과 데이터의 활용 정도traffic에 따라 투자하게 되는데, 이 역시도 유연성이 떨어질 수밖에 없지만, 데이터의 공유 및 정보의 불균형성은 많이 해소할 수 있을 것으로 보인다. 클라우드 컴퓨팅 환경에서는 웹 기반으로 클라우드 서비스 제공자에 의해 제공된 자원을 사용자가 사용한 만큼 비용을 지불하기 때문에 투하자본을 줄일 수 있다. 또한, 응용소프트웨어의 권리 강화(저작권, 사용권)에 따른 비용증가로 인해 클라우드 환경에서 공동적으로 구매하여 활용하게 됨으로써 권리 사용에 대한 비용을 줄일 수 있다. 앞으로는 개인용 컴퓨팅 환경은 단순히 데이터를 주고받는 터미널terminal로서의 역할을 하게 될 것으로 보이며, 빅 데이터, 인공지능의 활용이 증가하게 됨으로써 클라우드 기반의 컴퓨팅 환경으로 전환되는 것은 이제 큰 흐름으로 보인다.

빅 데이터와 인공지능

데이터는 4차 산업혁명의 핵심기술(인공지능, 사물 인터넷, 자연어 처리, 안면 인식 등)을 실현시키는 데 있어서 가장 필수적이다. 데이터가 없다면 핵심기술은 사용되지 못할 것이다. 엄밀히 말하면 데이터 자체는 전혀 새로울 것이 없다. 새로운 것이란 데이터의 디지털화이다. 우리가 하는 거의 모든 행동은 실시간으로 디지털 발자국digital footprint이 남는다. 우리는 생활 속에서 우리의 활동을 디지털로 저장하고 있다. 온라인 쇼핑, 뉴스 앱 읽기, 사이버 선물하기, 친구에게 문자 보내기, 사진 찍고 공유하기, 넷플릭스 영화 보기, 페이스북 글쓰기 등 우리는 모두는 매 순간 데이터를 만들고 있다. 우리나라 중소기업의 대부분은 본원적 생산활동에 집중한 나머지 4차 산업혁명의 핵심기술에 사용될 만한 데이터가 그다지 많지 않다. 아니다. 데이터가 많지 않은 것이 아니라 데이터를 디지털로 바꾸어 놓지 못했을 수도 있다. 아직도 여전히 생산활동에서 발생되는 여러 가지 정보를 아날로그 방식인 종이로 된 서식에 펜으로 기록하고 있고, 이를 단순히 사무 응용프로그램(워드 프로세스, 엑셀 등)에 저장하고 있다. 이렇게 저장된 데이터는 분석하거나 응용 가능성이 떨어진다. 빅 데이터는 디지털 환경에서 생성되는 데이터로서 그 규모가 방대하고 거의 실시간으로 생성되며, 형태도 다양(수치, 문자, 영상 등)한 대규모 데이터를 일 컫는다. 빅 데이터의 핵심 쟁점은 데이터를 더 많이 모을수록 새로운 통찰력을 더 쉽게 얻을 수 있으며, 미래에 무슨 일이 발생할지 예측할 수도 있다는 것이다. 빅 데이터를 활용하기 위해서는 데이터 분석 기획을 하거나, 데이터를 수집, 처리하거나, 데이터를 분석 및 시각화하는 기술이 요구된다. 데이터 분석 기획은 새로운 비즈니스의 발굴을 위해 빅 데이터 분석 기회를 확인하고 분석하고자 하는 목표를 명확히 함은 물론, 의사결정 요소를 구체화하는 과정을 말한다. 빅 데이터 수집과 처리를 위해서는 다양한 기술이 활용된다. 빅 데이터 플랫폼에 따라 적용되는 기술이 다르기 때문이다. 데이터 분석은 기획 단계에서 결정한 분석 목표를 분석기법을 적용하여 구체화하는 단계를 말한다. 분석된 데이트를 이해관계자가 쉽게 활용 가능하게 하기 위해 시각화 기술을 활용하게 되는데, 이는 분석결과를 잘 설명하게 도움을 준다.

　대량의 데이터를 분석함으로써, 이전에는 알지 못했던 패턴과 역학관계를 발견할 수 있다. 데이터와 데이터 간의 관계를 이해할 수 있을 때, 미래 결과를 더 정확히 예측할 수 있으며, 예측된 정보를 기반으로 다음에 행해야 할 합리적인 방안이 나올 수 있는 것이다. 이러한 데이터들을 기초로 자동화를 제어하기 위한 로직logic[75]을 설계할 수 있고 이를 발전시켜 학습learning하여 지능intelligence을 갖게 한다면 로봇이나 설비에 인공지능 기반 데이터가 될 수 있는 것이다. 그러므로, 데이터를 통해 우리가 살고 있는 세상을 이해하고 더 발전된 방향으로 변화시킬 수 있다는 말은 허언虛言이 아니다. 또한, 인류 역사를 바꾸어 나가는데 인공지능AI이 가장 큰 영향을 미칠 것이라는 생각이 점점 현실화되어 가고 있는 것 같다. 인간의 지능이 점점 고도화되고 복잡 다양해짐에 따라 새로운 기술이 세상을 뒤엎고, 우리의 삶을 획기적으로 탈바꿈시켜 나가고 있다. 인공지능AI은 이제 우리 일상 가까운 곳에 우리와 함께하고 있다. 아마존, 넷플릭스, 스포티파이, 구글, 네이버 등 플랫폼 기업들이 제공하는 각종 추천 및 알고리즘algorithm[76]뿐만 아니라 데이트 앱, 피트니스 트래커에 이르기까지 이제 일상의 모든 분야에 AI가 적용되고 발전되어 가고 있다. 제조업 분야에서도 제조의 효율화와 정확성을 위한 장비운용조건, 공정특성뿐만 아니라 제품의 품질수준을 결정하는 품질특성을 인공지능으로 학습함으로써 최적화된 의사결정을 내릴 수 있도록 하고 있다. 인공지능 기술이 접목되기 위해서는 우수하고 정교한 지능을 형성할 양질의 데이터가 많아야 하고, 지능이 여러 가지 의사결정을 할 수 있도록 학습을 시켜야 한다. 세상을 바꾸어 나가는데 IT 기술을 활용한 빅 데이터와 인공지능이 사람들을 더 편리하고 안전하고 행복하게 해 나갈 것이라는 믿음이 커져가고 있다.

빅 데이터(Big data)

기업조직이 대규모 데이터를 분석해서 의미 있는 정보를 얻고자 하는 시도와 노력은 이전에도 많이 있었다. 그러나 현재의 빅 데이터 환경기반은 과거와는 비교할 수 없을 정도로 데이터의 양, 데이터의 질, 데이터의 다양성 측면에서 좋아졌다. 이런 관점에서 봤을 때 빅 데이터는 4차 산업혁명에서 혁신과 경쟁력 강화, 생산성 향상을 위한 중요한 원천이다. 빅 데이터는 대용량이면서 빠르게 전파되기 때문에 중요한 패턴을 찾기가 쉽지 않고, 유용한 정보의 증가만큼 불필요한 정보도 급증하고 있다. 빅 데이터 기술은 이러한 대규모 데이터 중에서 가치 있는 정보를 선별하여 결과를 분석하는 기술이다. 빅 데이터 기술을 활용해 분석한 결과를 이용하면 미래 예측이나 예산 절감이 가능하다. 빅 데이터 기술이 관심의 대상이 되는 이유는 비정형 데이터를 분석 및 활용할 경우 고객의 정황적 경험이나 본인도 모르는 습관 등 다양한 형태의 정보를 추출할 수 있어 개별 고객에 대한 관리가 가능하기 때문이다.

빅 데이터와 비즈니스 데이터는 사용 목적 및 운영 측면에서 차이가 있다. 물론, 비즈니스 데이터는 빅 데이터의 원료material가 될 수 있다. 기존의 비즈니스 데이터들은 기업의 운영을 위해서 사용되는 데이터들이다. 기업을 운영하기 위해서 자재를 구매하고, 생산하고, 판매하는 일련의 과정을 거치게 되는 데 각 과정에서 필요한 정보를 저장하고 필요 시 변경한다. 또, 비즈니스 데이터는 어떤 고객이 언제 어떤 상품을 구매했는지와 같이 정확한 거래정보를 기입하기 때문에 개개의 데이터가 중요하다. 이에 비해 빅 데이터는 기업의 운영과 개별 거래에 필요한 비즈니스 데이터와는 성격이 다르다. 먼저, 데이터의 형태가 비정형 데이터가 많다 보니 저장하기가 용이하지 않다. 또, 비즈니스 데이터의 사용 목적은 개별 거래에 대한 정확한 기입과 보존, 그리고 필요 시 변경하는 것이었다. 하지만, 빅 데이터의 주목적은 대량의 데이터를 취합하여 새로운 정보를 예측하는 것이다. 빅 데이터의 사용 목적이 통합된 관점에서 데이터를 분석하여 새로운 사실을 예측하는 것이다 보니 개별 데이터 하나하나의 정합성과 유효성은 상대적으로 그 중요성이 떨어진다. 하지만, 얼마나 많은 데이터들을 받아들여 빠르게 수평적으로 확장할 능력을 갖추었는지, 분산 가용성 및 응답성을 가졌는지는 중요한 요소가 된다.

ICT 기술의 활용성, 확장성, 정확성은 결국 데이터의 양과 품질에 달려있다. 인공지능^AI은 자신이 학습한 데이터만큼만 똑똑하다. 데이터가 편향되거나 신뢰할 수 없는 수준이라면, 그 결과 역시도 편향되어 있거나 신뢰할 수 없을 것이다. 전문가들이 기업의 경영자나 책임자에게 데이터의 중요성을 강조하는 것은 이러한 이유 때문이다. 그러므로 기업이 인공지능^AI로부터 최상의 결과를 얻고 싶다면, 데이터가 가능한 한 편향되거나 배타적이지 않도록 고려해야 한다. 우리가 만들어 내는 데이터 자체의 양과 그것이 늘어나는 속도는 매우 방대하고 빠르다. 오늘날 전 세계의 데이터의 90%가 지난 2년 만에 생성된 것이며, 또한 이용할 수 있는 데이터의 양은 2년마다 2배씩 증가하고 있다.[77]

시장조사 및 컨설팅기관 IDC에 따르면, 전 세계의 데이터양은 2018년 33 제타바이트^zetabyte[78]에서 2025년 175 제타바이트로 증가할 것이라고 한다^Data age 2025, The digitalization of the world, IDC. 그러므로, 빅 데이터는 더욱 커져가고 있다. 점점 증가하는 데이터로 인해 분석해야 하는 데이터의 유형, 종류 등 사물 인터넷으로 인해 수집되는 데이터는 매우 새롭고 다양해지고 있다. 오늘날의 데이터는 사진 데이터, 동영상 데이터, 음성 데이터, 동작 데이터, 문자 데이터 등 그 형태가 매우 다양하고 새롭다. 그러므로, 우리가 처리해야 할 데이터는 점점 더 비구조화^非構造化되어 가고 있는 것이다. 비구조화된 데이터는 분석하기에 매우 까다로울 수밖에 없다. 다량의 데이터를 수집하고, 데이터를 전처리^前處理

하는 데 많은 비용과 시간이 오래 걸리며, 고도로 전문화된 전문가가 요구된다. 빅 데이터 분석을 통한 가치 창출을 위해서 다양한 전문가가 필요하다. 데이터 과학자, 현장 전문가, IT 전문가, 비즈니스 전문가, 공급사슬 협력업체, 고객, 서비스 사용자, 컨설턴트 등 다양한 전문가들과의 협업이 성과를 높일 수 있다. 그래서 최근에는 인공지능^{AI}과 머신러닝^{ML}을 활용하여 데이터 수집, 데이터 준비, 데이터 클리닝, 분석모델개발, 그리고 의미 있는 정보 생성 및 전달을 포함하는 모든 분석 절차를 자동화하는 증강분석$^{augmented\ analysis}$이 많이 활용되고 있으며, 증강분석기법을 활용하여 사람들은 전문가의 도움 없이도 데이터를 활용하여 얻고자 하는 정보를 뽑아낼 수 있다. 최근 빅 데이터 시대로 접어들면서 규모를 가늠할 수 없을 만큼 많은 정보가 쏟아지고 있다. 이 때문에 필요한 자료를 정리하고 다양한 분석결과를 쉽게 알아볼 수 있도록 효과적으로 전달하는 것이 더욱 중요해지고 있다.

그렇다면, 도대체 빅 데이터가 비즈니스에 어떻게 쓰이는가?

◇ 비즈니스 의사결정지원

비즈니스를 운영함에 있어서 많은 일들이 의사결정에 의해서 앞으로 나아가게 될지 퇴보하게 될지 결정된다. 더 나은 의사결정을 함으로써 비즈니스가 성공적으로 수행될 수 있게 된다. 전략적 의사결정, 타겟 고객 설정, 새로운 사업영역 참여 여부, 최적의 파트너 협상, 적절한 인재 채용, 이익 극대화 방안 등 비즈니스를 위해 다양한 분야에서 최선의 의사결정을 내려야 한다. 데이터를 통해 비즈니스, 시장, 경쟁자, 공급자 및 이해관계자의 상황을 더욱더 잘 이해할 수 있게 됨은 물론이거니와 미래에 벌어질 일 또한 예측 가능해진다. 빅 데이터를 활용한 의사결정을 위한 정보는 올바른 결정을 함에 있어서 필요 불가결한 요소이다. 그러므로 모든 비즈니스에 걸쳐 데이터는 더 스마트한 결정을 내리는 데 사용될 수 있다.

◇ 고객 및 트렌드 이해

고객 없는 기업은 존재할 수 없다. 고객이 원하는 것이 무엇인지? 고객의 욕망이 어떤 것인지 이해한다면 고객에게 더 나은 제품 및 서비스를 제공할 수 있다. 마케팅 전략 및 고객 판매계획을 수립할 때 우리는 과거 고객이 구매한 정보를 기반으로 분석하고 계획을 세운다. 하지만, 현대사회의 고객은 매우 변화무쌍하고 다양하며 차별화된 제품과 서비스를 요구하고 있음은 물론 트렌드에 매우 민감하게 반응한다. 이제 기업은 현재 고객이 무엇을 원하는지를 뛰어넘어 미래에 무엇을 원하는지 정확하게 예상할 수 있다. 넷플릭스는 고객이 다음에 감상하면 좋을 컨텐츠가 무엇인지 고객의 여러 상황을 판단하여 추천한다.

고객의 요구는 더 이상 표준화가 아니라 차별화되고 있다. 그러므로, 많은 기업들은 고객정보를 수집하여 고객에게 적합한 정보만을 제공해 준다. 예를 들면, 한 의류회사는 고객의 상세정보를 수집하여 고객이 요구하는 의류만을 제조, 공급하고 있다.

◇ 스마트제품의 개발

고객을 더 잘 이해하게 되면, 고객이 원하는 바를 더 정확히 제공할 수 있다. 고객이 필요로 하는 지능적으로 반응하는 스마트제품과 서비스를 출시할 수 있다. 스마트 스피커, 스마트 워치, 스마트 체중계 등 각 개인에 적합한 스마트제품을 개발하고 제공해 줄 수 있다. 스마트 제품은 고객과 연결되는 또 다른 사물 인터넷 인프라가 될 것이며, 이는 고객을 보다 더 풍성하게 할 데이터를 얻는 원천이 될 수 있다. 이를 통해 고객과 공급자는 상호 선순환 관계가 유지될 수 있다.

◇ **내부 운영효율성과 수익성 향상**

비즈니스 프로세스와 운영상의 모든 일은 빅 데이터로 간소화되고 정확해질 것이다. 고객의 요구에 맞는 제품의 수요가 얼마나 될 것인지 정확히 예측함은 물론, 고객에게 제공될 제품의 가격의 적정성을 찾거나 직원들의 이직을 낮추고 생산성을 높이며 공급사슬을 강화하는 등 업무프로세스 전반에 걸쳐서 향상을 꾀하고 관리 가능하게 할 것이다. 효율을 높이고 비용을 절감하며, 프로세스를 자동화함으로써 기업의 수익은 향상될 것이다. 즉, 데이터는 새로운 수익 흐름을 창출할 수 있다. 데이터는 기업의 가치를 올릴 수 있다.

빅 데이터 활용을 위한 방안

데이터 보안과 데이터 프라이버시라는 문제에도 불구하고 데이터가 주는 효익이 크다고 생각한다. 기업이 빅 데이터를 잘 활용하기 위해서는 첫째, 조직 전반에 걸쳐 데이터 사용능력을 키워야 하며 둘째, 데이터 전략을 수립해야 하며, 셋째, 기업의 기술적, 관리적 데이터를 디지털로 전환하기 위한 디지털 인프라(스마트공장)를 구축해야 한다.

조직 전반에 걸쳐 데이터 사용능력을 강화함으로써 조직의 구성원들이 데이터를 더 잘 다룰 수만 있다면 보다 더 좋은 결과를 얻을 것이다. 데이터 사용능력을 강화하기 위해서는 먼저 기업 내의 데이터 활용 수준이 어떻게 되는지를 파악하는 것이 중요하다. 어떤 데이터를 어떤 방법으로 수집하여 수집된 데이터를 가지고 어떻게 활용하는지를 파악함으로써 데이터 사용능력을 강화하기 위한 추진 방향이 결정되게 된다. 데이터 활용능력이란 기업에서 수집된 데이터를 원하는 결과를 얻기 위해서 모두 사용될 수 있는 정도를 말한다. 그러므로, 조직구성원들이 데이터의 중요성을 인식하고 상호 소통을 활발하는 것이 필요하다. 이러한 활동을 통해 데이터 활용전문가를 양성하고 데이터를 어떻게 하면 잘 활용할 수 있는지에 대한 교육도 중요하다.

데이터 전략을 올바르게 새우는 것도 중요한데, 데이터 전략은 사업의 성과개선에 영향을 줄 수 있는 핵심데이터에 집중할 수 있게 만든다. 사업 성과에 영향을 미치는 핵심적인 데이터를 모아야지 성과에 영향이 없는 아무 데이터나 모으는 것은 엄청난 비용을 야기하게 된다. 기업조직에 최대한 이익을 줄 수 있는 정확하고 구체적인 데이터를 찾아야 하며, 데이터 전략은 그러한 활동을 전개해 나가는 데 중요한 방향점이 되어준다.

데이터를 수집하기 위해서는 데이터를 수집할 수 있는 인프라가 구축되어야 한다. 기업에서 관장하는 데이터는 조직 내부에서는 기술데이터와 관리데이터가 있으며 조직 외부에서는 비정형적 데이터가 존재한다. 우선 조직 내부의 데이터를 수집하기 위해서는 데이터 수집경로(프로세스)를 결정하고 어떤 데이터가 수집되어 어떤 정보로 전환할 것인지를 명확히 해야 한다. 예를 들자면, ERP 시스템에서는 제품 및 자재의 재고 금액이 실시간으로 산출될 수 있어야 하며, MES 시스템에서는 제품 및 자재의 재고 수량이 명확히 파악될 수 있어야 한다.

인공지능

코로나19 팬데믹 상황이 장기화되면서 일상생활의 양식이 바뀌고, 산업 구조도 크게 변했다. 특히 디지털 전환digital transformation은 기존보다 5배나 빠르게 진행되고 있다고 한다. 디지털 경제의 금융, 온라인 진료, 온라인 수업 등의 교육과 같은 다양한 분야에 걸친 비접촉 솔루션과 디지털화가 확대되고 있다. 이에 따라 공장과 소비 등 산업은 물론이고 학교 등 교육현장, 그리고 진단, 자동화, 간호 등 의료현장에서도 AI의 활용이 크게 확대되고 있다. 기존 산업영역에 AI 기술을 접목하여 스마트공장, 스마트 유통 등을 가능하게 하고, 의료, 금융, 회계, 법률 등 전문가 영역의 업무를 고도화하는 데에도 AI 기술이 도입되고 있다. 한편으로는 AI의 영향력 확대에 비례해 일자리 상실, 프라이버시 침해, 킬러 로봇의 등장 등 부정적 문제에 대한 우려도 증가하고 있다. 이에 대응하기 위해 정책, 국제윤리규정, 관련 법, 제도에 대한 논의도 활발하게 진행되고 있다. 이는 산업과 기술의 긍정적 발전을 위한 전제조건이기 때문이다. AI가 4차 산업혁명의 핵심 기술임을 부정하는 이는 없다. 왜냐하면, AI는 사물 인터넷, 가상현실, 챗봇, 안면 인식, 로봇과 자동화, 자율주행차 등 수없이 많은 기술의 근본기술이기 때문이다. 하지만, 제조기업을 운영하는 경영자들은 매스컴에서 얘기하듯 인공지능의 중요성과 필요성을 피부로 느끼지는 못하고 있는 것 같다. AI가 다양한 분야와 산업에 적용된다고는 하지만 당장 우리 기업에서 적용되어지거나, 가까운 경쟁기업에서 도입, 운영하여 크게 성과를 보았다고 하는 기업을 찾기 힘들기 때문이다. 그럼에도 불구하고 AI가 우리 기업에 적용되는 것이 효과적일 것이라는 기대가 있다. 제조기업은 점점 제조 활동에 참여하는 인력을 구하기 어려워지고 있고 이제 사람들은 어렵고 힘든 제조업에서 일하기를 꺼리고 있다. 그렇다면, 왜 제조업에서는 인공지능 기술을 활용해야 할까? 인공지능은 건강, 교육, 환경, 사회, 문화, 에너지, 의료, 정부, 기업 등 다양한 분야에 새로운 시장을 창출하고 다양한 기회를 가져오는 동시에 그동안 풀 수 없었던 난제難題들을 풀 수 있는 잠재력을 지니고 있다. 그동안 인간이 정복하지 못한 병들을 해독하고, 이를 치료할 수 있는 약물을 개발한다든지, 시대적 상황에 따라 미래에 요구되는 인류의 발전을 위한 교육 프로그램을 제시한다든지, 탄소중립을 위해 설비의 핵심관리특성이 무엇인지, 어떻게 개선해야 할지 등 인간이 과학적이고 객관적인 데이터를 기반으로 지능화하여 의사결정 할 수 없었던 것에 대한 정보를 제공해 줄 수 있을 것으로 기대한다. 스마트공장은 에너지 소비를 줄이고, 탄소배출량을 감소시키며, 제품품질을 향상시킴은 물론, 실시간 주문과 생산으로 최적의 재고를 관리함으로써 효율을 높이게 될 것이다. 인공지능 기술을 활용할 수 있는 것은 빅 데이터가 있기 때문에 가능하다. 인공지능AI은 문제를 해결하고 패턴을 식별하고 다음에 무엇을 해야 하며, 미래의 결과가 어떨지 예측하기 위해 일련의 데이터에 알고리즘을 적용하는 것을 말한다. 이

과정에서의 관건은 데이터양quantity과 품질quality이며 데이터를 통해 학습해서 시간이 지날수록 데이터 해석력이 발전하는 능력이다. 그러므로 기업에서 운영되는 여러 가지 활동과 상태에 대한 데이터를 어떻게 모으고 어떻게 사용할지 고민하면서 스마트공장을 구축해야 한다. 데이터의 양과 품질에는 빅 데이터를 다루는 방법이 활용되고 데이터를 통해 학습하기 위한 방법에는 머신러닝machine learning 기술이 활용된다. 머신러닝은 스스로 학습하는 기술을 가르친다. 자동화는 특정한 일을 하기 위해 미리 프로그램된 규칙을 가지고 기능하지만, 인간의 두뇌는 미리 프로그램된 규칙이 아니라 데이터를 통해서 배우게 된다. 데이터를 통해 배우는 과정에서 성공과 실패를 경험하며, 시간이 지날수록 능력이 향상된다. 그리고 이제까지 배운 것으로부터 결정을 내리고 조치를 취한다. 따라서 단순히 기계에게 지켜야 할 규칙을 입력하는 게 아니라 기계 역시 데이터로부터 '학습'할 수 있다. 인간과 마찬가지로 기계도 학습할 수 있는 데이터가 많을수록 더 정확하고 똑똑해진다. 그렇기 때문에 지난 수년간 AI가 그토록 급격한 발전을 이룰 수 있었다. 초기 알파고가 세상에 나와 사람들을 깜짝 놀라게 할 때만 하더라도 인공지능이 일상에 이렇게 큰 영향을 미칠 것이라고 아무도 예상하지 못했다. 인공지능이 우리가 예상하는 것보다 훨씬 더 발전하게 된 것은 의미 있는 데이터의 양과 품질이 몰라보게 좋아지고 있기 때문이고 이를 뒷받침해 줄 수 있는 기초기술, 즉 데이터통신, 네트워크, 클라우드, 엣징 컴퓨팅 등의 기술이 몰라보게 발전했기 때문이다. AI가 발달하면서 기계는 인간이 만든 알고리즘에서 작동하는 것에서 이제는 스스로 학습하는 기능이 부가되면서 인간이 발견하지 못하는 패턴과 빠른 학습을 통해 빠른 분석과 정확한 판단을 할 수 있게 진화하고 있다. 일각에서는 AI가 우리 일상의 일부로 스며드는 정도가 아니라 산업과 비즈니스를 통째로 전환할 것이라고 까지 말한다. AI는 모든 비즈니스와 산업계 전체를 뒤바꿀 뿐만 아니라 개인의 작업에도 영향을 미치고 있다. IBM의 예측에 따르면 전 세계적으로 1억 2천만 명 이상의 사람들이 앞으로 3년 이내에1문에 재교육을 받아야 한다. 특히 AI로 인해 가능해진 자동화로 인해 많은 사람들이 일자리를 잃게 될 것으로 내다보고 있다. 지금까지 사람들은 너무 단순한 육체적 일을 하는 데 시간을 많이 보냈다. 사고할 수 없는 로봇을 통해 단순하고 반복적인 일을 하게 하고 사람들은 보다 고차원적으로 사고하고 혁신적인 일을 함으로써 부가가치 있는 일과 삶을 보다 풍요롭게 할 수 있을 것으로 생각된다. 기계가 좀 더 지능화되어 인간이 하는 일을 더 많이 맡을 수 있게 되면, 인간 고유의 능력, 즉 창조성과 공감, 비판적 사고 등이 미래에는 더 가치 있고 중요해질 것이다.

머신러닝과 딥러닝

머신러닝machine learning은 인공지능에 없어서는 안 될 필수적으로 적용되는 핵심기술이다. 머신러닝은 데이터를 기반으로 인지, 이해 모델을 형성하거나 컴퓨터가 스스로 학습하여 최적의 해답을 찾기 위한 학습지능learn intelligent이다. 기본적인 규칙만 설정된 상태에서 입력받은 데이터 및 정보를 활용하여 스스로 학습하는 것이다. 기존 데이터 세트의 규칙과 절차를 분석하여 미래의 데이터를 예측하는 통계적 프로세스이다. 머신러닝은 프로그램과 전문가를 통해 규칙과 표준을 배우고 추리하여 소프트웨어로 구현되는 것과는 달리 데이터에 통계적인 방법을 적용하여 더욱 정확한 판단을 내리게 한다. 과거에는 시스템 개발자가 직접 모델링하였으나 최근에는 머신러닝 기반의 인공지능 발전으로 스스로 데이터를 반복 학습하는 단계로 진화해 나가고 있다. 머신러닝은 다양한 분야에서 활용되고 있는데, 상품 추천, 신용카드 사기거래 탐지, 주가예측, 구매행동에 기반한 고객 세분화, 제품 불량 패턴 분석 및 원인분석, 자율주행 등 다양한 분야에서 우리가 모르는 사이 실생활 곳곳에서 활용되고 있다.

딥러닝deep learning은 머신러닝의 발전된 개념으로 최근 상상할 수 없을 정도의 발전을 거듭해 오고 있다. 딥러닝은 뉴런 세포로 구성된 인간의 뇌와 유사한 구조를 가진다. 머신러닝은 인간이 통계학에 기반하여 설계한 특징을 학습하는 분류, 회귀 및 군집모델이라고 한다면 딥러닝은 뇌의 구조를 활용한 인공 신경망 기술을 활용한 새로운 머신러닝 기법인 것이다. 딥러닝은 머신러닝 기술에 기반을 두어 인간의 두뇌를 모방한 인공신경망artificial neural network 이론을 근거로 인간의 뉴런과 유사한 입력계층 및 복수의 은닉계측을 활용하는 학습방식으로 컴퓨터가 스스로 인지, 추론, 판단하는 방식의 알고리즘이다. 딥러닝은 데이터를 바탕으로 컴퓨터가 스스로 특징을 만들고, 그것을 토대로 분류할 수 있는 역량이다. 인간이 설계한 특징을 학습하는 것이 아니라 컴퓨터가 스스로 특징을 만든다. 딥러닝의 발전은 통신기술의 발달로 인해 인터넷에 의해 축적된 방대한 양의 데이터에서 오는 빅 데이터와 이를 처리하기 위한 컴퓨팅 및 저장능력의 향상에 따른다. 이미지 인식, 음성인식, 번역 등에서 획기적인 발전을 하고 있으며 이미지 인식 분야는 단순하게 물체의 종류를 알아맞히는 것을 뛰어넘어 이미지 전체를 대화형 문장으로 설명하는 수준에 이르고 있다. 이세돌과 대결한 알파고가 딥러닝 기반의 인공지능인 것이다.

03

가상화 기술

정보기술이 발전함에 따라 현실세계에 극도로 확장된 가상세계가 본격적으로 끼어들고 있다. 가상 자산, 가상 화폐 등 현실세계에서 다루던 많은 것들이 가상세계에서 자산화, 가치화되기 시작했다. 인터넷, IoT 기술이 발전하고 클라우드 컴퓨팅 등이 등장하면서 이제 사이버-물리시스템을 특정하게 되었다. 물리적 세계는 실제 우리가 살고 있는 공간을 일컫고 있으며, 사이버 세계는 인터넷 공간을 의미한다. 스마트공장은 그동안 눈부신 발전을 이룬 자동화, 정보화의 기반을 가진 제조기업에 ICT를 융합하여 적용하고 설비로부터 모든 생산운영과정까지 자율 최적화를 실현하는 것이다. 이를 추구하기 위해서는 다양한 상황 변화에서도 정확성이 높은 효율적인 '제조 최적화의 달성'이다. 이를 위해서는 가상화 기술인 디지털 트윈과 CPS가 적용되고 고도화되어야 한다. 사물 인터넷과 인공지능의 등장은 더 많은 기업에서 가상공간에서 현실세계를 시뮬레이션해 볼 수 있는 가능성을 높여주었다. 단순한 스마트 기기나 복잡한 산업 설비에 이르기까지 모든 것이 데이터를 수집하고 공유할 수 있으므로 누구든 이런 데이터를 이용해서 디지털 모델을 만들 수 있다. 그렇게 함으로써 디지털 모델에 약간의 변화를 줬을 때 무슨 일이 일어나는 지까지 관측할 수 있다. 만약 현실에서 이런 변화를 준다면 대단히 큰 비용이 들고 위험하며 불확실성이 높아졌을 것이다. 하지만, 변수를 조정하여 변화를 디지털세계에서 관찰할 수 있다면, 많은 돈을 들이거나 위험을 감수하지 않고서도 이제 가능한 일이 되었다.

[그림66] 인간-기계 시스템과 사이버-물리시스템

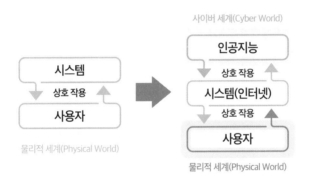

가상물리시스템은 현실 모델과 가상 모델의 상호작용, 시뮬레이션을 통해 현재의 제조과정을 최적화하는 기술이며, 이를 통해 자율적인 가치 창출 시스템을 구현하는 것이 새로운 도전이다. 스마트공장의 궁극적인 모형은 물리적 공간과 가상적 공간이 통합되어 운영되는 것이다. 가상화 기술은 스마트공장의 최상위 수준을 구현하기 위해 없어서는 안 될 필수적인 기술들이다.

디지털 트윈

　기업 운영은 하루하루가 전쟁 같다. 늘 예측하지 못한 상황이 발생하고, 상황마다 의사결정의 기로에서 고민하는 것이 경영의 본질이다. 이렇듯 예상하지 못한 상황에서 현대 디지털 기술을 활용하여 더 나은 의사결정을 내리게 할 수는 없을까? 인공지능 기술을 결합한 '디지털 트윈' 기술이 그 해답이 될 수도 있다. 디지털 트윈^{DT : Digital Twin}은 프로세스, 제품, 제조 자원 또는 서비스의 가상 모형이다. 가상세계와 물리적 세계를 결합하여 데이터 분석 및 시스템 모니터링을 통해 문제가 발생하기 전에 이를 차단하고 중단시간을 방지하여 새로운 기회를 개발한다. 디지털 트윈은 실시간 모니터링, 시뮬레이션, 메타버스 등과는 다르다. 가상의 모델과 현실이 통신기술로 연동돼 서로 동기화되어 상호 영향을 주는 것이 디지털 트윈의 핵심이다. 실시간 모니터링은 컴퓨터 대시보드^{dashboard} 등 가상공간에서 현실을 시각화해서 보여준다. 현시점의 정보를 가상공간에서 재현할 뿐 현실세계와 가상세계가 서로 영향을 미치는 것은 아니다. 여기서 한 단계 나아간 것이 시뮬레이션이다. 현실을 가상에 옮겨 모델을 만들어 놓고 모델 및 가상환경의 조건을 변화시켜 보는 것이다. 특정 조건에 따라 모델의 반응을 확인하는 작업이 시뮬레이션을 통해 현실 모델의 개선점을 파악할 수 있다. 하지만 시뮬레이션 자체가 현실을 바꾸진 못한다. 일방향적이다. 하지만, 디지털 트윈은 현실과 가상이 양방향으로 영향을 미친다. 현실의 '쌍둥이'인 가상 모델이 시뮬레이션 형식으로 끊임없이 현실과 비교, 대조 작업을 벌인다. 실시간으로 바뀌는 현실 조건을 가상 모델에 반영하기 위해서다. 그리고 가상 시뮬레이션을 통해 나온 결론을 현실에 적용한다. 가상과 현실이 서로 '최적화 보정 작업'을 하는 셈이다. 메타버스metaverse는 통상적으로 디지털 트윈보다 더 넓은 개념으로 정의된다. 특정 설비만이 아니라 설비를 작동시키는 작업자까지 아바타 등으로 가상세계에서 재현하는 것이 메타버스인 것이다. 메타버스에서는 현실과 가상세계가 서로 개별성을 유지할 수 있다는 것도 차이점이다. 만약 가상으로 구축된 도시 한복판에서 교통 체증이 일어날 경우 메타버스 서비스에서는 이를 단순 발행상황으로 그냥 놔둘 수 있다. 반면 디지털 트윈은 이 상황을 바탕으로 도시의 교통망을 분석해 개선안을 수립하여 현실에 반영하게 되는 것이다. 디지털 트윈을 가상세계와 물리적 세계의 실시간 동기화가 가능한 교량 역할의 기능을 보유하여 다양한 서비스를 제공할 수 있다. 첫째, 센서를 사용하여 실시간 상태, 작업상태, 위치에 대한 데이터를 수집하는 스마트 구성요소는 실제 세계를 가상으로 표현하는 데 필요한 요소이다. 둘째, 구성요소는 센서가 모니터링하는 모든 데이터를 수신하고 처리하는 클라우드 시스템이며, 마지막으로 이 입력은 비즈니스 및 기타 상황별 데이터에 대해 분석되어 서비스화되는 과정으로 설명할 수 있다. 실제 환경에 적용할 수 있는 가상환경 내에서 다양한 목적을 위하여 다양한 모형들로 실제 설비를 묘사하고 있다.

응급상황이나 전시상황에서 신속히 의사결정을 해야 할 때 직관에 의존하는 경우가 많다. 전문가일수록 자신이 경험하지 못한 상황일지라도 과거의 여러 경험을 유추하고 상관관계를 파악하여 최선의 결정을 내릴 수밖에 없다. 풍부한 경험과 함께 상상력이 직관력의 또 다른 조건이 될 수도 있다. 상상력은 경험하지 않은 가상의 상황을 연상하여 경험하게 한다는 것이다. 경험이 과거 겪었던 상황에 대한 축적이라고 한다면 상상력은 경험하지 않은 상황에 대한 인식과 경험을 쌓게 해준다. 의사결정 분야에서 '자연주의적 의사결정'의 개척자인 게리 클라인Gary Klein은 이를 '멘탈 시뮬레이션'이라고 했다. 머릿속 가상의 시뮬레이션을 통해 현실에서 경험하지 못한 환경에 대해 훈련한다는 의미이다. 실제가 아니라 가상이지만 이 또한 새로운 경험을 가능하게 한다. 훌륭한 직관은 결국 경험이라는 과거의 데이터와 시뮬레이션이라는 미래의 데이터로 만들어진다. 디지털 트윈이란 현실을 디지털 환경에서 구현해 현실과 가상을 연동하는 기술이다. 가상환경과 실제 환경을 연동하여 현실세계 시공간의 제약을 극복하는 기술이다. 훌륭한 직관력을 가진 사람이 다양한 멘탈 시뮬레이션mental simulation을 통해 다양한 시나리오를 생성하고 이를 기반으로 훌륭한 판단을 내리듯이 디지털 트윈에서 경험하지 못한 상황을 끊임없이 재현하고 이런 상황의 복합적인 상관관계를 인공지능으로 학습시켜 최적의 의사결정을 내리게 하는 방식이다. 현대 인공지능의 핵심인 기계학습machine learning은 과거 데이터를 학습하는 방식이다. 과거 데이터를 통해 맥락을 파악하고 판단을 내리게 하는 개념이다. 그런데 과거 데이터가 없다면 어떻게 될까? 한 번도 경험하지 못한 상황이 전개되면 과거 데이터를 통한 학습은 의미가 없을 수 있다. 이런 한계를 극복하기 위해 디지털 트윈을 통해 과거가 아니라 미래의 가상 시나리오를 시뮬레이션하고 이를 인공지능으로 학습하게 함으로써 풍부한 경험과 상상력을 결합한 디지털 직관을 구현하는 것이다.

공장에서는 디지털 트윈을 활용하여 설비의 상태, 문제의 원인과 결과, 환경과의 관계 등의 데이터를 축적하고 향후 나타날 이상 징후를 사전에 감지하여 미리 대응하거나 개선할 수 있도록 해야 한다. 또한, 근로자, 관리자 등 인력의 디지털 트윈인 아바타도 중요하다. 근로자의 역량, 경험 등을 담고 있는 아바타가 공정의 디지털 트윈과 연결되어 근로자의 역량에 맞게 공정 정보를 제시해 줄 수 있어야 한다. 이는 작업자들의 고령화로 인해 오랜 시간 경험에 의해 만들어진 노하우를 공정에 적용하는 데 한계가 있기 때문이다. 디지털 트윈은 제품 개발, 부품 조달, 생산, 유통, 고객관계 등 생애주기 전반에 적용되어져야 한다. 현실 공간에서 모든 사물에 연결되어야 함은 물론이거니와 모든 사물의 디지털 복제품이 가상공간에서도 연결되어 물리적 현실과 실시간으로 소통되어야 한다. 디지털 기술의 발전이 이제는 사람의 직관을 디지털화하는 기술로 진화 중이다.

시뮬레이션

기술이 발전해 감에 따라 물리적 상황을 가상기술을 이용하여 실험하거나 재현해 나감으로써 예측하거나 추정할 수 있는 일이 많아졌다. 새로운 제품을 만들거나, 현재 운영되는 시스템의 방식을 바꾸거나, 운영되고 있는 공장의 여러 가지 상태(설비, 물류, 재고, 흐름 등)를 가상기술을 이용하여 최적의 방법을 찾아가는 데 활용할 수 있다. 이렇게 함으로써 예상되는 문제점을 개선하거나, 최적화를 찾거나, 실현 불가능성을 미리 발견하게 되는 것이다. 이때 사용되는 기술이 시뮬레이션인데, 시뮬레이션Simulation은 실제로 실행하기 어려운 실험을 간단히 행하는 모의실험을 말하며, 그 실험결과에 따라 행동이나 의사결정을 하는 기법이다. 시뮬레이션을 하기 위해서는 시뮬레이션 모델링을 구축해야 하는데, 시뮬레이션 모델링simulation modeling은 디지털 컴퓨터를 이용하여 실험을 수행하는 계산 기술로서 시간의 흐름에 따라서 시스템이 어떻게 행동하는지를 묘사하기 위한 논리모형, 수리모형 등을 포함한다. 시뮬레이션은 비록 실제 시스템과 차이가 있지만 실제 상황에서 시도할 수 없는 기능을 제공하는 장점이 있다. 시뮬레이션 모델링은 실제 시스템보다는 모델을 구축해서 변화의 효과를 예측하는 것이 타당하다. 시뮬레이션 모델이 현실 상황과 유사하다면 시스템 혹은 장비 도입으로 생기는 변화가 어떠한 영향을 미칠 것인지 알 수 있기 때문에 시뮬레이션 기술이 필요로 한다. 제조기업에서 시뮬레이션 기술을 적용하는 경우는 설비도입 비용이 막대하거나, 재무적 리스크가 큰 경우, 그리고 내외부적 상황으로 인해 직접적인 실행이 불가능한 경우에 시뮬레이션 기술을 적용해 본다. 시뮬레이션을 통해 얻을 수 있는 장점은 여러 가지가 있겠지만 먼저, 실제로 도입하여, 실험할 수 없는 요인들을 모두 포함시켜 예측을 할 수 있다. 또한, 여러 가지 요인을 포함시켜 시뮬레이션함으로써, 제조공정에 가장 적합한 요소를 찾을 수 있다. 스마트공장자동화 설비가 고가高價일 경우, 사전 시뮬레이션을 통해 도입 전 비용적 측면에서 리스크를 줄일 수 있는 장점이 있다. 시뮬레이션은 실제로 대상시스템을 현장에 구축하지 않고 컴퓨터상에서 모델을 만들어 실행하고 예측 결과를 얻음으로써 실제 현장과 거의 흡사한 자료를 얻을 수 있다. 하지만 생산성 향상을 위해서는 시스템의 문제점이나 상황의 변화에 따른 시스템의 대응을 분석하고, 시스템의 분석에서 밝혀진 문제점을 해결하기 위한 대안의 평가 등이 요구된다. 최근 스마트공장 구축 시 활발하게 적용되고 있는 3D 공장 시뮬레이션은 실제 생산시스템을 구성하는 근로자, 기계/설비, 원자재 등을 3D 공간에 배치하여 가상적인 제조현장을 구축하고 모의 운영해 볼 수 있도록 지원하고 있다. 시뮬레이션으로 제품을 가상으로 생산하여 설계 및 제조 프로세스의 최적화를 논리적이고 효율적으로 진행할 수 있다. 생산과정에서 발생할 수 있는 설계상의 문제점을 미리 가상 생산으로 확인이 가능하여 오류를 줄일 수 있다. 시뮬레이션을 통해 생산 시 정체되는 구간을 사전에 예측을 할 수 있으며, 해소방안을 미리 수립할 수 있으며, 설비 시뮬레이션을 통해 가동률을 분석하고, 상세 작업 내용이 확인이 가능하여 설비 재배치를 통해 효율성을 높일 수 있다. 현장의 설비 레이아웃을 통해 동선을 확인할 수 있으며 작업장 재배치를 통해 동선 효율성을 높일 수 있다. 목표 생산량만큼 생산이 가능한지 시뮬레이션을 통해 확인이 가능하며, 목표 생산량에 도달하기 위해 적합한 순서가 무엇인지 알 수 있다. 시뮬레이션을 통해, 적재 가능한 면적 및 용량을 미리 사전에 분석하여, 작업장 내에서 병목 구간을 사전에 예방이 가능하다. 아울러 적재용량과 적재 면적을 조절하여 낭비요인을 감소시킬 수 있다. 지속적인 공정 시뮬레이션을 통해, 설비가 가동 한계에 도달하는 순간을 예측이 가능하여, 비가동되는 것을 예방할 수 있다. 또한 설비가 고장 발생 시 경우도 예측이 가능하여, 특정 설비로 인해 다른 설비가 영향을 받는지, 받는다면 얼마나 받는지에 대한 분석이 가능함에 수리 시간을 사전에 확보가 가능하며, 대처 매뉴얼 수립이 가능해, 큰 문제로 이어지는 것을 사전에 예방할 수 있다.

CPS

CPS^{Cyber-Physical System}, 즉 가상물리시스템은 가상시스템과 물리시스템의 연동으로 실현된다. 가상시스템은 컴퓨터의 환경으로서 프로그램, 데이터, 모형들로 구성되며, 물리시스템은 우리가 다루는 실제 세계의 자원들로 구성된다. 가상시스템과 물리시스템을 연동하기 위해서는 네트워크 기술, 통신기술 등을 이용하여 물리시스템에서 발생하는 모든 현상들을 실시간으로 가상세계에 반영되어야 한다. 모든 물리시스템에서의 움직임이 실시간으로 가상시스템에 반영되기 위해서는 논리적 모형과 계산을 통해서 물리시스템을 실시간으로 제어하고, 이를 반영한 물리시스템의 변화 정보를 다시 가상세계에 전달하여 최적의 제어를 연속적으로 실행해야 한다. 디지털 트윈과 CPS와의 차이점은 디지털 트윈은 물리시스템의 현상을 가상시스템에서 있는 그대로 실시간으로 모니터링할 수 있다는 것인데 반해, CPS는 여기에 덧붙여 가상시스템에 구축된 인공지능을 활용하여 가상시스템에 지시하고 이를 물리시스템에서 운영되는 자원을 제어함으로써 최적화를 통한 가상물리시스템의 융합을 이루는 데 있다. 완전 자동화 공장의 경우 자동화를 구성하는 장비와 설비들이 물리시스템이라면 기계 내에 제어 프로그램과 전체 기계들을 구동하는 제어 시스템이 가상시스템인 것이다. 기계의 물리적 하드웨어와 제어 프로그램이 가상물리시스템의 대표적인 예이다. 공장은 모든 제어 프로그램에 의하여 실시간으로 모든 정보를 주고받으며 제어되고 있다. 가상물리시스템의 주요 기술은 가상의 세계와 실제 세계를 연동하기 위하여 실제 세계에서 발생하는 현상을 실시간으로 반영하기 위하여 사물 인터넷 기술 등이 사용된다. 현실세계와 가상세계를 연동하여 표현하는 기술로는 디지털 트윈의 물리적 모형화 기술, 논리적 모형화 기술, 역공학적 해석 모형화 기술이 있다. 하지만, 이러한 디지털 트윈 기술은 아직 초기 단계이고 다양한 현상을 대변할 수 없기 때문에 다양한 사용 목적에 따라 적합한 서비스 모형을 제공하기 위하여 다각적인 모형 개발 기술이 요구되고 있다.

[그림67] 사이버–물리시스템 개념

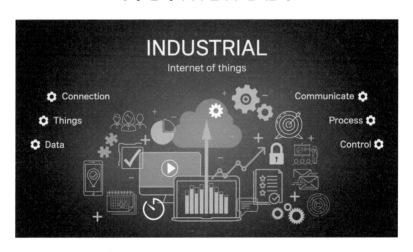

04

자동화 및 로봇기술

최근 제리 카플란Jerry Kaplan 교수가 저술한 책, 『인간은 필요 없다 Humans need not apply』에서 인공지능이 발전함에 따라 더욱 가속화될 기술변화가 근본적인 방식으로 노동시장을 교란시킬 것이라고 하였다.[79] 컴퓨터 기술의 진보에 힘입어 최근 로봇공학robotics, 지각perception, 기계학습machine learning 분야가 발전을 거듭하고 있다. 그러한 발전은 인간의 능력과 비교할 만큼 필적한 능력을 갖거나 한층 뛰어나 시스템들의 토대가 되었다. 기계들은 의식이 없고, 자아성찰이 불가능하며, 독립적인 개체로서 열망이나 욕구가 전혀 없다. 그렇지만, 정해진 임무에는 믿기 힘들 정도로 뛰어난 능력을 발휘한다. 기계가 어떤 방식으로 일하는지 인간으로서는 완벽하게 이해하지 못한다. 이 분야에 보편적으로 적용되는 용어는 없다. 분야와 연구영역에 따라 기계학습machine learning, 신경망neural network, 빅 데이터big data, 인지체계 cognitive system, 유전알고리즘genetic algorithm 등 다양한 이름으로 불린다. 지금까지는 자동화라고 하면 정해진 작업현장에서 특정한 목적을 위해 맞춤형 기기들이 반복적인 단일 업무를 수행하는 것을 주로 의미했다. 하지만 인공지능을 기반으로 한 새로운 시스템들은 인간의 안전을 지키고 집 페인트칠을 하고 보도를 청소하고 빨래를 하고 커피를 만드는 등 인간의 일상생활 속 깊숙한 곳에서 일하고 있다. 로봇공학의 목표가 업무를 기계화하고 자동화해 인간의 일을 빼앗는 데 있는 것이 아니다. 오히려 기계가 효과적으로 인간을 돕고 함께 일하는 방안을 찾는 데 있다. 로봇은 숫자를 계산하고 무거운 물체를 들어 올리며, 특정 환경에서 정밀하게 작업하는 면에서는 인간보다 우수하다. 인간은 추론하는 능력, 과거 경험에서 도출하는 능력, 상상하는 능력을 지닌 덕에 추상화, 일반화, 창의적 사고에서 로봇을 앞선다. 이처럼 로봇과 인간은 더불어 일하면서 상호 간의 기술을 향상시키고 보완해 나가고 있다. 인간에 의해 지배되던 일자리도 기술의 발전에 따라 기계나 로봇이 급속히 대체해 나가고 있다. 하지만, 기계와 로봇, 자동화를 위해 새로운 기술을 적용하기 위한 엔지니어링은 결국 사람에 의해 발전되어 가고 있기 때문에 인간이 수행하는 절대적인 일자리는 오히려 증가하고 있다. '구조적 실업構造的 失業[80]'에 대응하기 위해 우리나라는 4차 산업혁명과 신기술 습득을 위해 근로자들을 교육훈련시켜 스마트인력으로 양성하는 데 총력을 기울이고 있다. 우리나라는 그동안 제조업 중심의 산업을 활성화시켜 왔다. 이는 자동차, 조선, 반도체, 디스플레이 등 로봇과 자동화를 통해 경쟁력을 확보해 나감으로써 주력 산업으로 육성해 나갔다. 로봇은 로봇산업 자체의 경쟁력도 중요하지만, 활용 기업의 제조경쟁력에 영향을 주는 기간 산업이라 하겠다. 스마트공장의 궁극적인 목표는 무인지능형 자동화 공장이다. 그러므로, 자동화와 로봇에 대한 적용은 공장의 제조혁신을 위해 더욱더 활발하게 적용되어야 하고, 단순한 자동화에서 벗어나 지능형 자동화가 이루어져야 한다. 이를 통해 우리나라 제조업의 경쟁력의 원천기술이 하드웨어 중심의 경쟁력이 아닌 기술기반 소프트웨어 중심의 경쟁력이 되어야 한다.

자동화

디지털 기술의 발전은 여러 측면에서 인간의 생활을 획기적으로 바꾸어 놓고 있다. 디지털 기술과 비교되는 개념의 아날로그 기술은 기계와 전기기술이 기반이 된다. 이를 응용한 기술과 제품은 기능과 성능 면에서 인간의 능력에 비해 많은 부분이 열등劣等하였다. 디지털 기술의 초기 제품들은 아날로그 기술에 비해 속도와 정밀도 등의 수준이 낮았으나, 혁신적인 발전은 곧 아날로그 기술 수준을 넘어 이제는 인간의 능력을 넘어서는 단계에 도달했다. 인간이 기계를 만들고 조종하며 활용하는 시대에서 기계가 인간의 생활을 선도하는 시대가 되어 버린 것이다. 디지털 기술이 모든 분야에 활용되어 기술과 제품의 개념을 바꾸어 놓고 있는 상황에서는 기술과 인간의 관계를 새롭게 정의하고 인간과 기계 사이의 상호작용도 새롭게 정의해야 한다. 아날로그 시대에는 기계의 능력이 인간에 비해 열등하기 때문에 인간이 기계에 적응하면서 기계를 활용해야 했다. 하지만 이제는 디지털화된 기계가 여러 측면에서 인간보다 우수한 능력을 보유하게 되었으므로 이 기계들의 사용자인 인간이 기계에 적응하기보다 기계가 인간에 적응하도록 할 수 있다. 이렇게 인간과 기계 사이의 상호작용이 역전되는 시점을 하나의 특이점singularity이라고 정의할 수 있다. 그동안 혁신적으로 발전한 디지털 기술과 정보통신기술은 인간이 생활 속에서 추구하는 욕구를 상당 부분 충족시켜 주었으며 이에 대해 인간의 감각과 인지기능을 넘어서는 기술과 제품까지 출현하고 있다. 현재의 기술 수준은 이미 인간이 필요성을 느끼는 기술과 제품보다 앞서 있으며 기술을 개발하는 개발자들의 호기심과 기술발전 결과를 소비자들은 따라가며 활용하는 상황이다. 특히 컴퓨터 성능의 빠른 발전과 디지털 기술과 기존 기술의 융합 결과로 나타난 인공지능, 로봇, 사물 인터넷 등은 미래의 인간 생활을 또 다른 차원으로 변화시킬 것으로 예상된다. 산업혁명과 과학기술의 발전은 인간의 생활에서 신체적인 행동을 편리하게 해주었다. 반복적인 행동이나 무리한 힘을 요구하는 행동들은 대부분 기계가 대신하게 되었고, 나아가 정밀한 동작이 요구되는 작업도 기계가 수행하고 있다. 즉, 강한 힘을 발휘하거나 정밀한 동작을 수행하는 기능을 가진 로봇들이 지속적으로 발전하면서 많은 부분에서 인간의 신체가 하는 일을 대체하고 있다. 로봇은 산업 현장에서 인간이 하기 어려운 반복작업이나 힘든 작업을 빠르고 정확하게 수행하는 생산성 향상의 핵심기술이다. 다른 한편으로는 화재와 재난 현장, 심해와 우주 공간같이 인간이 접근하기 어려운 상황에 투입하여 인간을 보조한다. 로봇이 인간의 신체적인 기능을 주로 수행하는 기계적인 기술 중심이라면 인공지능은 인간의 두뇌기능을 수행하기 위한 컴퓨터 기술이다. 로봇과 인공지능 기술의 융합은 정보처리와 판단, 행동으로 이어지는 인간의 생활 중 많은 부분을 대체할 수 있다. 로봇과 인공지능을 바라보는 시각은 이 기술들이 인간이 하는 많은 일을 빼앗을 것이라는 우려가 포함되어 있다. 로봇과 인공지능을 결합한 기술이 다양하게 출현하는 경우, 인간의 일자리가 획기적으로 감소할 것이라는 예상은 쉽게 할 수 있다. 하지만, 로봇을 제조현장에 도입하여 적용하는 것은 인간의 역할을 제거하기 위한 것이 아니다. 기술혁신으로 인해 인간의 수행하는 단순 반복적인 일의 성과가 이제 로봇의 그것을 따라갈 수 없기 때문이다. 전기차 생산의 대명사가 된 테슬라는 KUKA, FANUC와 같은 산업용 로봇을 투입해 높은 수준의 자동화를 진행해 나가고 있다. 일론 머스크는 2016년에 "공장의 제조 라인에 사람이 있어서는 안 되며, 사람은 자동화 라인을 관리하는 업무에만 투입되어야 한다."고 했다. 제조 산업의 비즈니스 경쟁력인 생산성과 품질을 극적으로 높이기 위해서는 결국 사람보다 더 빠르고(속도), 사람보다 더 오래(시간) 일하는 로봇의 투입이 필수적인 상황이 되었다. 로봇의 능력이 인간을 앞서가는 시점이 되는 시점이 오게 되니까 공정의 병목현상이 발생하게 되고 이로 인해 생산과정에서 불량의 발생빈도가 높아져 기업의 경쟁력에 저하현상이 일어나게 되었다.

스마트한 공장이 구축되려면 공장을 운영하고 통제하는 두뇌 역할의 인텔리전트한 관리시스템과 더불어 실제로 작업자 역할을 수행하는 제어 시스템이 있어야 한다. 또한, 작업자의 손, 발에 해당하는 구동기기, 그리고 작업자의 감각기관에 해당하는 계측용 센서들도 필요하다. 그리고 구성원들이 유기적으로 협력하여 작업을 하기 위한 작업자 간의 통신수단 또는 작업자의 손과 발의 동작 지시를 전달하는 신경망과 같은 역할을 하는 산업용 통신이 필수적인 구성요소 중의 하나가 된다. 현재의 공장은 이러한 구성요소들이 통신을 통하여 계층적으로 구성되어 있으며, 향후 스마트공장이 진화하면서 점차적으로 계층을 넘어 자유로운 정보교환이 이루어지게 될 것이다.[81]

| [그림68] 공장자동화의 계층 구성도 |

제조현장은 과거 진행된 3차례의 산업혁명을 거쳐 오면서 동력에 대한 혁신(증기, 전기), 정보에 대한 혁신(컴퓨터, 정보통신, 인터넷)을 통해 눈부신 생산성 향상을 이루었다. 그 과정에서 '인력을 기계의 힘'으로 대체하고 '인간의 활동을 기계의 자동화'로 대체하는 기술은 꾸준히 발전해 왔다. 초기의 자동화는 기계 캠, 전기 로직 등 기계적인 방식으로 진행되어 왔으나, 1960년대 초에 자동차 회사의 주도로 소프트웨어를 적용한 공장자동화 기기가 도입되었다. 자동차 생산 모형 변경 시에 조립 라인의 가변성 확보를 위해 소프트웨어를 탑재한 제

어 자동화 기기를 제안하였으며 이것이 현재의 공장자동화의 핵심인 PLC^{Programmable Logic Controller}의 태동이다. 최초 PLC 적용 시에는 하드웨어로 구성된 로직 회로를 대체하는 논리 제어^{logic control} 기능으로 출발하였으나 지속적으로 다양한 기능들을 추가하며 전 산업의 표준 제어기기로 확신한 자리매김을 하게 되었다. 현재는 일부분은 PC 제어기로 대체되고는 있으나 여전히 산업 자동화 분야에서 가장 선호하는 기기이다. 한편 제어의 속도가 비교적 느린 대규모의 공정제어에서는 PLC 발전 시기와 맥을 같이 하여 DCS^{Distributed Control System}가 적용되어 왔다. 그러나 PLC의 기능향상, 통신체계 완비 그리고 상대적으로 저렴한 가격으로 대부분 어플리케이션 현장에서 PLC로 대체되어 왔고 현재는 특정한 분야에서만 DCS가 적용되고 있다. 최종적으로 기계를 자동적으로 동작시키고 외부의 정보에 대해 필요한 동작을 결정하는 기능은 초기의 부분적 자동화 과정을 거쳐 이제는 인공지능을 활용하는 완전 자동화 단계까지 이르러 있다. 자동화는 스마트공장에서 없어서는 안 될 핵심 분야이다. 하지만, 지금까지 노동비용이 저렴하고, 자동화 기계의 기술력에 한계가 있어서 적용에는 많은 문제가 있었다. 하지만, 4차 산업혁명시대에는 기술혁신으로 인해 자동화 기계에 대한 도입비용도 매우 낮아졌고, 투자 대비 효율 측면에서도 이전과는 비교할 수 없는 성과를 보여주고 있다. 우리나라 중소 제조기업은 그동안 사람 중심의 제조 활동에 초점을 맞추었다. 하지만, 이제는 노동 인구의 고령화 및 제조업에 대한 사람들의 인식이 바뀌어 노동인력 확보가 매우 어렵게 되었다. 빅 데이터 기술과 인공지능 기술을 활용하여 그동안 사람에 의해 축적된 제조 노하우를 지식화, 지능화함으로써 인간 중심의 제조 활동을 기계 중심의 제조 활동으로 전환 가능하게 되었다. 하지만, 여전히 제조기업들은 자동화를 설계하고 제작, 운영할 수 있는 엔지니어에 대한 중요성 인식이 떨어진다. 제품에 따라, 제조 활동의 공정에 따라 자동화는 설계되고 개발되어야 한다. 제조 활동을 보다 효율적으로 생산성을 높이기 위한 자동화를 설계하기 위해서는 제조기업과 자동화 제작기업과의 깊이 있고 폭넓은 협력체계가 구축되어야 한다. 일회성 개선, 단일 품목 자동화, 단일 공정 자동화가 아닌 공장의 수준을 획기적으로 바꿀 엔지니어링 기반 자동화 설계가 이루어져야 한다. 공장 전체를 조망하면서 원자재 입고에서부터 제품 출하까지 완전한 자동화, 지능형 자동화를 구현하기 위한 노력을 계속해야 한다. 제품을 만들어 판매하는 것도 중요하지만, 이러한 경쟁력 있는 공장을 만드는 것이 더욱 중요한 시절이 되었다. 스마트공장을 구축하려는 기업들은 정보화, 자동화, 지능화를 위한 능력 있는 파트너를 발굴하고 지속적인 협력체계를 구축해야 한다. 때로는 말도 안 되는 구상으로 실패할 수도 있지만, 이런 엉뚱한 도전으로 새로운 기술과 시도가 많이 이루어져야 한다. 3D 기술과 시뮬레이션 기술의 발전은 이러한 엉뚱한 도전에서 마주치게 될 실패 위험을 낮추어 줄 수 있을 것이다. 자동화를 구축하기 위해서는 많은 복잡한 공학기술이 접목되어야 한다. 제조기업은 이러한 공학기술을 적용할 터전을 마련해 주고, 자동화 기업은 공학기술을 연구하고 실험하고 적용함으로써 새로운 공장의 수준과 개념으로 스마트공장을 구현해야 할 것이다. 우리는 도전을 통해 실패하는 것을 두려워하지 않는다. 하지만, 도전을 통해 실패할 일을 처음부터 시도하지 않는 것은 아닐까?

로봇

로봇에 대해서 아직도 많은 사람들이 생각하기에는 수많은 기술 중 하나로만 생각하는 경향이 있다. 하지만, 로봇은 기계와 비교해 인지 능력과 판단능력을 지닌다는 측면에서 완전히 다른 영역이다. 기계는 사람에 의한 인지, 판단에 기반해 작업을 수행하지만, 로봇은 스스로 인지, 판단, 제어를 통해 작업을 수행해 나간다. 기계가 단위시간당 생산성을 획기적으로 높이기 위해 '자동화'를 목적으로 고도화되어 왔다면, 로봇은 인간의 개입을 필요로 하지 않는 '무인화'를 궁극적인 목적으로 고도화해 나가고 있다. 로봇의 완성은 다양한 인간의 삶에 광범위한 변화를 가져다줄 것이다. 생산활동, 물류활동, 판매활동, 가사활동 등 인간활동 전반에 걸쳐 우리 삶의 형태를 완전히 바꾸어 놓을 것이다. 그러므로, '무인화'는 인류 역사상 처음으로 맞이하는 거대한 기술변화일 뿐만 아니라 사회 시스템 자체를 변화시키는 매우 중요한 이슈가 아닐 수 없다. 그래서, 로봇에 대한 관심이 높을 수 밖에 없는 것이다. 단순한 기계와 같은 로봇이 데이터 시대를 맞아 로봇을 다른 기계와 구분 짓는 특징이 있는데, 바로 자동으로 행동할 수 있는 지능과 능력이다. 초기 단순한 기계형식의 로봇 형태에서 기술의 복합적 혁신을 통해 로봇은 지능적으로 발전해 나가고 있다. 복합적 혁신은 인공지능, 센서, 사물 인터넷 그리고, 빅 데이터의 발전에 기인하다. 인간이 조종하는 로봇에서 이제 스스로 생각하고, 행동하고, 조정해 독자적인 세계를 구축함은 물론 인간을 제압하는 시대가 올 것이라는 예상의 정당성이 커져 나가고 있다. 인공지능은 인류의 마지막 발명품으로 인간이 중심인 경제시대는 이제 끝이라는 신호가 여기저기에서 나온다. 제조현장과 정보시스템의 완전 통합을 이루기 위해서는 인간과 로봇 간의 협업이 필수적으로 요구된다. 현재 생산성이 필요한 작업은 로봇을 활용하여 완전 자동화 방식으로 작업하고, 유연성이 요구되는 작업은 인간에 의해 수동으로 진행하고 있다. 하지만, 미래에는 자유자재로 회전하고, 균형을 잡고, 생각하며 행동하는 로봇에 스마트센서를 부착함으로써 인간과 로봇이 각각 수행했던 작업 간의 벽을 허물 수 있을 것이라 생각된다. 4차 산업혁명으로 촉발된 기술혁명과 더불어 국내 노동법령의 강화로 인해 주 52시간 근로시간제 운영과 최저임금의 급격한 인상으로 노동비용의 증가로 인해 글로벌 제조경쟁력이 악화되었다. 이러한 현상을 타개하기 위해 스마트공장을 구현하는 기업들은 자동화를 구축함에 있어서 로봇기술을 도입하여 적극적으로 활용하고 있다. 또한, 관련 기술의 발전과 함께 로봇산업이 활성화됨에 따라 로봇을 도입하는 비용이 매력적인 수준까지 형성되었다. 로봇은 제조현장뿐만 아니라 인간과 함께 역할을 나누어 3D[Difficult, Dirty, Dangerous] 분야에서의 단순한 역할을 하고 있음은 물론이거니와 로봇 스스로 차량을 운행하며, 주식을 매매하고, 환자를 진단하는 등 인간의 일상 깊숙한 일까지 관여하고 있다. 전 세계적으로도 인건비 증가, 고령화에 따른 노동인력의 감소, 글로벌 공급망의 장애와 재편으로 인한 리쇼어링[reshoring][82]의 증가 등으로 각 국가는 자국의 제조경쟁력을 확보하기 위해서 로봇을 활용한 스마트화를 촉진하고 있다. 이에 정교한 로봇의 수요는 급격히 늘어나고 있다. 로봇은 스마트공장 구축에 있어서 핵심적인 기술이며, 자산이다. 스마트공장의 실현을 위해 제조의 방식과 패러다임을 변화시켜야 하는 혁신도구가 바로 로봇인 것이다. 로봇도 산업화 사회에서 생산성 향상이나 노동을 대신하는 산업용 로봇에서 지능화 사회로 오면서 보다 인간과 친숙한 인간 친화형 로봇으로 발전하고 있다. 지금까지 제조혁신을 주도해 온 산업용 로봇은 제조의 패러다임이 소품종 대량생산에서 다품종 소량생산으로 변화하면서 한계에 도달하였다. 정해진 순서와 방법에 의해 반복적인 작업을 하던 산업용 로봇은 이제 사람과 함께 협동하며, 사람이 작업하듯이 지능을 가진 로봇으로 바뀌어 가고 있는 것이다. 이는 사람과 로봇이 안전하게 공존하며 생산성의 혁신을 이루는 모습으로 기계 위주에서 IoT와 빅 데이터, 인공지능 등 다양한 기술들이 융합된 지능화된 산업사회로 발전을 거듭하고 있다. 제조기업은 이제 돌이킬 수 없는 혁신의 흐름을 타고 있다. 노동자 중심의 제조에서 지능형 로봇 중심의 제조로 트렌드가 바뀌어 가고 있다. 반복적이고 힘든 일은 로봇에게 맡기고 사람은 생각하고 조합하여 소통하여 새로운 창의성을 발휘해야 하는 일들을 한다. 사람은 어떻게 하면 현재 주어진 제조환경을 변화시키고, 기계, 설비, 로봇, 기술 등의 자원 활용을 극대화하여 성과를 향상시킬 것인지를 고민하여 창의적인 개선방안을 찾는 일을 하는 것이다. 단순하고 반복적이며 근력을 이용해야 하는 일들은 이제 사람의 업무 범주에서 멀어져 가고 있다. 생각하고, 고민하고, 새로운 도전과 시도를 하고, 반복적인 일들을 시스템화시킴으로써 사람은 보다 성과 지향적이 된다. 로봇은 제조 활동에 있어서 다양한 공정 프로세스에 사용되어진다. 제조로봇, 측정로봇, 물류로봇 등이 가장 대표적이다. 우리나라의 많은 기업들은 원천기술의 부족함을 뛰어넘어 새로운 도전으로 글로벌 로봇 회사들과 경쟁하기 위한 노력을 기울이고 있다. 하지만, 보다 성공적인 로봇을 만들고 사람이 개입하지 않고 지능적인 공장이 되기 위해서는 이러한 로봇이나 새로운 시스템에 대한 끊임없는 도전이 필요하고 실패를 용인하는 산업 구조가 되어야 한다. 우리는 새로운 시스템을 적용할 때 반드시 성공해야 한다. 왜냐하면 다음은 없기 때문이다. 제조기업들은 새로운 자동화와 로봇을 적용할 때 보다 도전적이고 창의적인 접근이 필요하다. 작은 실패가 큰 실패를 줄여줄 수 있다는 생각으로 접근해야 한다. 선진국들의 제조부흥 의지와 생산인력의 부족현상을 해결하기 위한 방안으로서 로봇의 사용은 크게 늘어날 것이다. 특히, 인공지능과 디지털 트윈, 다양한 스마트로봇을 중심으로 한 스마트공장의 구축은 빠르게 확산될 것이다. 로봇이 아직은 우리의 기대를 충족시켜 주고 있지는 못하는 데, 그 이유는 머리에 해당되는 인공지능의 수준이 낮기 때문이다. 최근 전 세계적으로 인공지능의 비약적 발전으로 로봇이 생각하기 시작하고 점점 똑똑해지고 있다는 점이 로봇의 고도화를 기대할 수 있게 하고 있다. 산업혁명으로 기계가 태어났고, 자동화는 지속적으로 진화해 왔다. 로봇을 활용한 지능적 자동화는 이제 제조기업의 성공요인 중 하나가 되었다. 온라인 혁명에 이어 이젠 인공지능을 장착한 지능형 로봇의 등장으로 물리세계의 무인화 혁명이 가능해지고 있는 것이다.

제 3 부

성공적인 스마트공장을 위해서 어떻게 할 것인가?

7장

성공적인 스마트공장 구현을 위해 기업이 해야 할 일들

　많은 기업들이 스마트공장을 구축하지만, 어떤 기업은 성공하고 어떤 기업은 실패한다. 똑같은 절차와 방법, 그리고 시장참여자가 있음에도 결과는 달라진다. 왜일까? 스마트공장을 구축하는 데 성공과 실패요인이 무엇일까? 이러한 질문에 명쾌한 답을 내놓기는 쉽지 않다. 회사들마다 제각기 처해 있는 여건이 다르기 때문이다. 하지만, 중소기업이 스마트공장을 추진하는 데 실패하는 요인을 미리 알게 된다면, 실패 확률을 조금이나마 줄일 수 있지 않을까? 스마트공장은 복합적인 시스템이다. 그러므로, 어떤 한 분야가 성공한다고 반드시 성공했다고 할 수 없으며, 어떤 한 분야가 실패했다고 반드시 실패했다고 말할 수도 없다. 스마트공장을 추진하는 데 실패하는 요인을 의식 관점, 목표 관점, 시스템 관점, 성과 관점에서 이해함으로써 이를 기반으로 성공의 길로 갈 수 있지 않을까 싶다. 스마트공장의 실패요인을 이해하고 기업들이 성공적인 스마트공장을 구현하기 위해서 해야 할 일들을 알게 된다면, 성공적인 스마트공장 구축을 통해 경쟁력을 확보하는 중소기업이 많아질 것이라 기대한다.

01

중소기업의
스마트공장 실패요인

　모든 조직이 그렇겠지만, 혁신을 성공적으로 이끄는 것은 쉽지 않은 일이다. 특히, 매일매일 기업의 생존을 위해 싸워야 하는 중소기업으로서는 더욱 어렵다. 중소기업이 혁신을 성공하거나 성공했다고 하는 얘기를 좀처럼 듣기가 쉽지 않다. 충분하지 못한 자원, 훈련되지 못한 인력, 성공으로 이끄는 혁신도구에 대한 이해 부족 등 중소기업의 성공적인 혁신을 가로막는 장애물은 이루 셀 수 없을 만큼 많다. 검증된 혁신도구가 세상에 나오면 너도나도 검증된 혁신도구를 접목하기 위해 열심히 학습하여 활용한다. 4차 산업혁명시대에 디지털 전환을 위해 제조기업이 선택한 것은 스마트공장이라는 혁신도구이다. 과연 얼마나 많은 중소기업들이 스마트공장을 성공할 수 있을까? 특정 기업이 스마트공장 구축과 실현을 성공했는지 실패했는지 어떻게 평가할 수 있을까?

　스마트공장이 실제 제조현장에서 정보시스템만으로 완성되는 것은 아니지만 적용되는 응용시스템application system은 매우 중요한 역할을 한다. 이는 올바르게 일하는 방향과 방법을 안내하고 있기 때문이다. 모든 제조공장은 관리 프로세스와 엔지니어링 프로세스가 있다. 이러한 프로세스는 정보시스템으로 각 부문이 연결되고 안정적으로 실행되어야 한다. 만약 정보시스템을 도입하고 구축하였는데 각 부문의 관리업무나 엔지니어링 업무가 실제적으로 연결되지 않는다면 이는 시스템을 도입한 것뿐이지 운영 측면에서는 아무 의미가 없는, 성과를 고려하지 않은 시스템을 구축한 것이나 마찬가지이다.

중소기업이 스마트공장을 추진 시 실패하는 주요요인은 다음과 같다.

첫째, 의식적인 관점에서 보면, 기업을 운영하는 책임자인 경영자가 디지털 전환, 정보화, 4차 산업혁명 등 시대적 변화에 따른 제조 패러다임에 대해 인식해야 한다. 과거와 같이 자본을 들여서 기계설비를 투자하고 고객이 요구하는 제품을 많이 생산하는 것으로는 경쟁력을 더 이상 유지할 수 없음을 인식해야 한다. 아날로그 시대처럼 주관적이고 추론적인 감각에 의한 의사결정은 기업을 위험에 빠지게 할 여지가 많다. 최근 매스컴을 통해 중견기업의 경영자가 과거 관행으로 경영했을 때 일어나는 많은 위험을 보게 된다. 이제 아날로그가 아닌 디지털을 기반으로 한 시스템을 통해 데이터를 가지고 의사결정 하는 과학적 관리가 필수가 되었다. 시대적으로 인적자원은 이제 스마트 역량을 갖춘 인재가 확보되고 육성되어야 한다. 아쉽게도 중소기업의 조직구성원은 정보관리 역량이 매우 부족하다. 데이터를 모으고, 이를 가공하고 분석하여 효율을 극대화할 수 있는 방안을 모색하는 인재가 필요한 시대이다.

둘째, 목표관점에서 보면, 스마트공장에 대한 본질적인 내용을 이해하지 못한 채, 스마트공장을 구축하는 활동을 전개할 경우, 우선 정부의 지원사업에 의존하게 된다. 물론, 정부도 기업을 직접적인 자금으로 지원하는 것이 아니라 간접적인 방법(계몽, 캠페인, 제도개선)으로 기업이 스스로 혁신하게 하는 것이 바람직하다. 정부의 경제역량은 결국 기업에 의해서 만들어진다. 정부의 역할은 기업이 패러다임과 환경을 잘 알고 혁신해 나갈 수 있도록 마중물 역할을 해야 한다. 하지만, 구조적인 침체기에 직면한 제조기업을 혁신하기 위해 정부는 직접적인 예산지원을 시도하고 있고, 이는 기업들의 본질적인 혁신을 가로막는 장애로 작용하고 있다. 정부지원사업 위주로 스마트공장을 추진하다 보니 성과보다는 도입 위주로 진행되고 있다. 정보시스템을 통해 기업은 과학적 의사결정 도구로 활용해야 한다. 정부의 직접적인 금전지원을 통해 기업은 혁신의 필요성, 성공의 간절함이 줄어든다. 결국 기업은 스스로 변화하고 혁신해야 하는데도 말이다.

| [그림69] 중소기업의 정보화 실패요인 |

- 최고 경영자의 정보화에 대한 인식 부족
- 과학적 Data기반 의사결정 필요성 이해 미흡
- 조직구성원들의 정보관리 역량 부족

- 정부지원사업 주도의 현장 디지털화 추진 ➡ 도입 위주, 활용도 떨어짐
- 효율적이고 효과적인 경영을 위한 의사결정 도구 활용 미흡
- 도입 및 구축 ➡ 실행, 성과를 위한 스스템으로 전환 필요

- 정보화 구축 전략 수립 없이 시스템만을 도입(패키지)
- 업무합리화, 업무표준화 없이 현행 업무를 전산화로 구축
- 사내 정보시스템 관리자 확보 및 운영 부재
- 사용자들의 운영 체득화 및 시스템 개선 노력 미흡

- 지속적인 투자 및 관리부재로 활용도 및 성과 낮음
- 경영성과관리 시스템과의 연계성 부재
- 업무개선을 통한 성과지향적 시스템 구축 필요

셋째, 시스템 관점에서 보면, 중소기업의 스마트공장 구축이 시작
된 시점보다는 좋아졌지만, 여전히 중소기업의 목적은 시스템 도입에
머물러 있다. 물론, 시스템을 도입하고 운영하여 지속적으로 개선해
나가면서 기업의 성과와 연동시켜 나가야 하지만, 이를 충분히 실행할
만큼의 인적자원이 마련되어 있지 않다. 정보화 구축 시 기업의 전략
과 정책 방향을 기반으로 구축하는 것이 아니라 타사에서 도입된 패키
지 위주의 시스템을 도입하는 데 많은 시간을 할애하고 있다. 시스템
은 살아있는 유기체와 같다. 즉, 시스템은 환경(내, 외부)에 맞게 계속 변
화하고 진화해야 한다. 또한, 시스템을 도입 시 업무합리화나 표준화
없이 현행 업무를 전산화로 만드는 경우가 많다. 현행 업무 방식을 막

대한 자금을 투자해 가면서 전산화할 이유가 없다. 정보시스템을 통해 업무가 획기적인 개선과 의사결정 정보가 제공되어야 한다. 중소기업에 데이터를 다루고 정보를 관리하는 정보시스템 담당자를 두는 것은 쉽지 않다. 하지만, 앞으로 중소기업의 경쟁력은 시스템에 있기 때문에 핵심인재를 확보하는 노력을 게을리해서는 안 된다.

넷째, 성과적인 측면에서 보면, 시스템은 살아있는 유기체이다. 그러므로, 지속적인 투자와 관심으로 최적화되도록 노력해야 한다. 한 번의 일시적인 투자만으로는 성공할 수 없다. 중소기업은 시스템을 도입한 후 구성원들의 필요성 부재와 경영진의 관심 부족으로 운영이 안 되는 경우가 많다. 어떤 경우는 적지 않은 돈을 투자하고도 방치하는 경우도 많다. 시스템을 운영하지 않으면 운영성과를 만들어 낼 수가 없다. 시스템에 대해 구성원들이 완전히 체득화하고 실행하고 운영해야 성과로 이어질 수 있다. 시스템을 고도화하는 것은 시스템을 운영하는 사람들이 아니라 시스템 엔지니어에 의해서 이루어져야 한다. 시스템 운영자들은 그저 열심히 시스템을 활용하고 실행하여 성과를 만들면 된다. 시스템 활용을 통해 성과가 개선되지 않는다면, 그것은 잘못된 시스템이다. 그러므로, 시스템은 성과관리시스템과 연계를 통해 운영됨으로써 시스템 운영이 성과로 어떻게 나타나는지를 확인할 수 있다. 하지만, 중소기업들은 이러한 객관적 관리도구를 활용하여 경영하지 않는다. 검증된 혁신도구임에도 이를 이해하고 학습하고 적용하는 데 너무 많은 에너지를 빼앗긴다고 생각한다. 이러한 생각이 타파될 때 비로소 중소기업의 성장 기회가 열릴 것이다.

지금도 많은 제조기업과 소프트웨어 개발 회사가 제조현장 관점(고객 관점)에서 실질적이지 못한 정보시스템을 구축하는 것은 다양한 분야의 전문영역들을 통합해야 제대로 구축이 가능한데 전문영역들의 주장이 서로 융합되지 않아 개선하기 매우 어려운 것이 사실이다. 정보화 영역의 전문가를 들자면, 정보전략수립 전문가, 제조실무 전문가, 프로세스 혁신 전문가, 소프트웨어 개발 전문가 등이다. 각각의 전문영역은 많은 전문지식과 기술 그리고 실패와 성공의 경험을 융합하도록 요구하고 있다. 그런데 지금까지 국내의 SI 활동은 PI^{Process Innovation} 활동이 선행되고 소프트웨어 전문가가 투입되는 여러 전문가의 협업보다는 소프트웨어 개발 전문가에 의해 주도적으로 추진되어 온 것이 정보화의 왜곡된 과거라고 할 수 있다. 이것은 소프트웨어 개발자의 잘못이라기보다는 정부정책의 잘못, 각 분야 전문가들의 무지無知에서 기인한 것이 대부분이다. 제조회사의 임원도, 제조회사의 실무자도, 생산관리 컨설턴트도 정보화에 대해서 깊이 있는 고민을 하지 않았고, 돈만 지불하면 소프트웨어 공급기업이 모든 것을 다해 준다는 잘못된 생각으로 지금까지 임해왔기 때문이다. 시스템을 개발하는 것은 예술가의 행위와도 닮았다. 무無에서 유有를 창조하는 어려운 작업이다. 하지만, 우리는 엔지니어를 존경하지 않는다. 그저 기술을 제공해 주는 단순 용역 제공자로서 대우한다. 엔지니어에게 충분한 시간과 기회를 제공해서 엔지니어가 본연의 기술을 펼칠 수 있는 기회를 제공해야 한다. 또한, 엔지니어가 해당 기업의 성과를 극대화할 수 있는 엔지니어링을 할 수 있도록 해야 한다. 기술 자산, 지식 자산에 대해 너무 홀대忽待하고 있다. 우리는 눈에 보이는 것에 너무 익숙해져 있다. 눈에 보이지 않다면 가치가 없는 것으로 생각한다. 하지만, 세상은 이제 눈에 보이는 것보다 눈에 보이지 않는 것에 더 많은 가치를 부여한다. 디지털을 기반으로 한 제조혁신, 스마트공장 시대가 시작된 지금 이러한 미숙한 관행이 변하지 않는다면 성공적인 스마트공장 구축을 가로막을 것이며, 설령 막대한 민간투자와 정부지원 예산으로 추진한다고 하더라도 이는 결코 성공하지 못하고 결국 제조기업은 투자하는 돈(세금)만 낭비하는 활동으로 전락하고 말 것이다. 제조기업이 스마트공장을 구축하기 위해 도전하는 길은 멀고도 험한 길이다. 하지만, 지금은 이 길 외에는 선택할 수 있는 길이 없다.

02

기업이 스마트공장 구축을
성공하기 위해 고려할 사항

    스마트공장을 구축하여 성공으로 이끄는 길은 매우 험난하고 복잡하다. 하지만, 성공으로 가는 길에 비법이 따로 있지 않다. 스마트공장을 구축하는 것은 패러다임과 기술 그리고 환경의 변화에 따라 선택될 수밖에 없는 혁신도구이다. 스마트공장을 도입하고 구축하는 것이 성공을 담보하지는 못한다. 그러나, 환경의 변화에 대응하기 위한 최소한의 혁신이 일어날 수 있는 동기가 되어야 한다. 기업은 생존하고 있는 한 혁신과 개선의 순환이 계속 진행되어야 한다. 시대의 발전에 따라 혁신의 도구도 발전해 나간다. 하지만, 혁신의 도구를 활용하여 혁신에 성공하기 위해서는 고려해야 할 사항들이 있다. 스마트공장을 성공적으로 구축하고 운영하기 위해 고려해야 할 사항에 대해 설명하고자 한다.

경영자 의지 및 학습

　우리나라에서 중소기업으로 분류될 수 있는 규모는 체감적으로 매출액 기준 1,000억 미만 기업으로 생각된다. 정부에서 관리하는 기준은 그것과는 다를 것이다. 필자가 이렇게 구분하는 이유는 매출 규모 1,000억 이상인 기업은 조직과 시스템으로 운영되는 경우가 많고, 1,000억 미만인 기업은 사람에 의해서 운영되는 경우가 많기 때문이다. 매출 규모 1,000억 이상 기업은 일반적으로 중견기업으로 분류한다. 물론, 사업의 형태나 업무를 수행하는 방식, 그리고 사업 환경이 다르겠지만 규모적인 측면에서 보면 일반적인 분류는 1,000억 이상 기업을 중견기업으로 나눌 수 있다.

　대부분의 중소기업은 고객이 요구한 단위 부품을 만들어 납품하거나 소규모 제품을 만들어 틈새시장에서 경쟁하는 경우가 많고, 중견기업은 어느 정도의 시장규모에서 완성된 제품을 만들어 경쟁하거나 원료기반 제품을 만들어 공급하는 경우가 많다. 그러므로, 중소기업은 제조 활동에서 사람에 의존하는 경우가 많고, 중견기업은 플랜트성 설비에 의존하는 경우가 많다.

　대기업은 중소기업, 중견기업을 여러 개 보유한 기업으로 집단을 이룬다. 이 책은 중소기업을 위한 목적으로 쓰여졌다. 중소기업은 자체적으로 학습하고 기획하는 자원과 기능이 부족하다. 그래서, 외부 전문가의 도움을 받는 것이 효과적이다. 중소기업의 경우 대표자의 책임과 역할이 70~80%를 차지한다고 하여도 무리가 아닐 것이다. 대표자가 결정하면 하는 것이고, 대표자가 결정하지 못하면 못하는 것이다. 중소기업은 대표자가 회사를 세우고 산전수전 다 겪고 모진 풍파를 이겨내면서 만든 기업이기 때문에 중견기업이 되기 전까지는 대표자가 최종 책임을 지고 의사결정 할 수밖에 없다. 또, 중소기업의 대표자는 내부조직과 외부 환경 및 이해관계자들 사이의 정보를 유통시키는 가교架橋역할을 하는 유일한 통로이다. 중소기업은 자원이 풍부하지 않기 때문에 해당 기업의 가치 창출 프로세스를 조직구성원들이 수행하고, 미래를 위한 준비와 기업조직의 혁신성을 위한 정보는 대표자가 외부활동을 통해 수집하고 취득하여 조직구성원에게 제공하는 역할을 해야 한다. 경쟁하고 있는 시장과 환경 속에서 해당 기업의 혁신 방향을 찾아내는 것은 대표자의 몫인 것이다. 조직구성원 중 대표자에게 혁신을 제안하는 경우는 드물다. 대표자가 전력으로 달리지 않으면 조직구성원들은 걷는 일조차 게을리한다. 중소기업 대표자는 매일매일 기업혁신을 위해 전력으로 달려야 한다.

패러다임 변화와 기술의 혁신으로 제조업의 경쟁구조는 몰라보게 바뀌었다. 만일, 이러한 패러다임 변화와 기술혁신에 대응하기 위해 기업의 변화와 혁신을 결정했다면, 그것은 오롯이 경영자의 몫이 되는 것이다. 매일매일을 경쟁하면서 생존하기 위한 노력을 하는 가운데에서도 기업의 성장과 미래를 위한 전략적 의사결정을 끊임없이 고민해야 하는 것이 중소기업 대표자의 숙명인 것이다. 기업의 지속성장 가능성을 확보하기 위한 방향과 방법이 결정되었다면, 결연한 의지를 보여야 한다. 조직구성원들에게 외부 환경변화 그리고 기업이 처한 현실을 냉정하고도 객관적으로 설명하고 변화와 혁신에 동참해줄 것을 요구하고 공유해야 한다. 혁신 방향과 방법에 관련된 기술,

기법, 도구가 있다면 이러한 것들이 조직에 어떤 영향을 줄 것인지 학습해야 한다.

　스마트공장이 세상의 흐름이고 다른 경쟁기업들이 너도나도 하니까 해야 한다는 맹목적성을 버려야 한다. 외부 전문가들을 통해 스마트공장이 무엇이고 왜 스마트공장을 구축해야 하는지, 스마트공장을 구축하기 위해서는 어떤 것들이 필요한지, 해당 기업이 스마트공장을 구축할 경우 얻는 효익이 무엇인지 등 대표자가 먼저 충분히 학습하고 기업의 지속성장 가능성에 도움을 줄 것이라는 확신이 들어야 한다. 그렇지 않다면, 혁신의 방관자가 될 가능성도 있다. 다른 회사들이 스마트공장을 통해 효과가 있다고 하니 우리 회사도 해보자 하고 책임자를 정하고 책임자에게 맡기고 정작 본인은 물러서서 구경만 하는 혁신 방관자가 될 수도 있다. 중소기업 대표자는 혁신 주체자가 되어야한다. 대표자가 변화하지 않으면 구성원들은 변화하지 않는다. 대표자가 위기의식을 느끼고 변화하게 되면 구성원들은 위기의식을 조금 인식하는 수준에 그칠 것이다. 그러므로, 혁신활동에 있어서 대표자는 확실한 리더가 되어야 한다. 혁신을 통해 기업의 패러다임이 바뀌고 성과가 나오기까지는 2~3년이 걸린다. 성공적일 경우, 2~3년 후 지속적이고 반복적인 성과를 얻을 수 있다. 오늘의 혁신을 통해 2~3년 이후 기업의 혁신성과의 지속성을 가져갈 수 있다면, 혁신에 소요되는 비용이 다른 어떤 비용보다 투자 대비 효율이 가장 좋을 수도 있다. 그렇기 때문에 기업들이 혁신에 매달리는 것이다. 혁신은 본질을 바꾸는 것이다. 본질을 바꾸기 위한 노력과 고통이 없다면 변화는 없다. 조직구성원들의 행동 변화는 의식의 변화로부터 시작된다. 조직구성원이 공감하고 동의하지 않는 혁신은 많은 어려움이 있지만, 올바른 방향이라면 대표자는 구성원들을 설득해서라도 혁신해야 할 것이다. 중소기업이 생존할 수 있는 유일한 길은 환경변화에 지속적으로 혁신하는 길 밖에 다른 길은 없다.

현실인식과 정확한 진단

중소기업이 스마트공장을 구축하는 데 의지만으로는 해결되지 않는 부분이 많다. 모든 기업 및 조직이 그렇겠지만, 자원이 한정적이다. 인적자원, 재무자원, 정보자원, 기술자원, 설비자원, 유형자원, 무형자원 등 중소기업이 가지고 있는 자원은 너무도 열악하다. 하지만, 그러한 열악한 자원을 가장 효율적이고 효과적으로 사용하고 있고, 사용하기 위한 노력을 게을리하지 않는 곳이 또한 중소기업이다. 자원이 충분하지 않기 때문에 어떻게 이 자원을 효과적으로 쓸까 고민과 고민을 거듭하게 되는 것이 중소기업이다. 자원이 여유롭지 못하다는 것은 중소기업의 생존법칙이 대기업과 중견기업의 그것과는 다르다는 것이다. 대기업과 중견기업은 미래를 내다보며 장기적 관점의 전략적 의사결정이 중요하다. 조직이 크기 때문에 움직임도 느리고, 변화도 느리기 때문에 빅 스텝으로 계획을 세우는 것이다. 하지만, 자원이 부족하고 규모가 작아 민첩하게 움직일 수 있는 중소기업은 중장기적 관점의 전략적 선택보다는 단기적인 생존 관점의 전술적 선택이 운영 기준이 될 것이다. 그러므로, 중소기업은 혁신을 중심으로 한 새로운 방법과

제도, 그리고 새로운 혁신방안을 적용하기 전에 반드시 해당 기업의 현실을 바르게 인식하는 것이 중요하다. 새로운 혁신은 비용과 시간을 수반한다. 새로운 혁신을 하는 동안은 성과가 일시적으로 떨어진다. 새로운 혁신을 하는 과정 속에서 조직구성원들이 감내堪耐해야 할 일의 양이 늘어난다. 생각의 차이에서 보면 혁신성과는 기업에는 도움이 되지만, 구성원에게는 도움이 되지 않는다고 생각할 수도 있다. 중소기업의 대표자가 아무리 단기적이고, 눈에 바로 보이는 혁신성과를 바라지만, 조직의 운영원리는 그러하지 못하다. 기업은 많은 조직구성원에 의해 만들어진 유기체이며, 많은 이해관계자와의 상호작용을 하며 운영되기 때문이다. 중소기업은 사업 도메인에서 어떠한 위치에 있는지, 고객과의 공급망 사슬에서 어떤 위치를 확보하고 있는지, 현재 생산하고 납품하는 제품의 수명주기가 얼마나 되는지, 속해 있는 사업이 기술 중심인지, 노동 중심인지 등 스마트공장을 추진하고자 하는 기업은 반드시 해당 기업이 처해 있는 상황을 명확히 인지해야 한다. 내부 환경, 외부 환경 등 처해 있는 환경에 대한 올바른 인식과 구성원과의 공감은 혁신동력을 만들어 내는 데 도움이 된다. 내, 외부 환경분석기법이나 3C 분석Customer, Competitor, Company, BCG matrix 분석, SWOT 분석 등의 분석 도구는 이러한 현실을 객관적으로 인식하기 위한 좋은 도구이다. 기업이 처해 있는 상황을 객관적인 도구로 인식했다면, 전문가에 의해 스마트공장에 대한 명확한 진단을 통해 해당 기업의 스마트공장 추진방안을 모색하는 데 도움을 받아야 한다. 스마트공장 추진을 위한 진단은 수준 진단, 분야 진단으로 나누며, 진단을 통해 해당 기업의 디지털 수준과 스마트공장 수준, 스마트공장을 추진하는 방향을 설계하는 데 없어서는 안 될 절차이다. 외부 전문가를 통한 진단은 해당 기업의 스마트공장 수준도 파악하게 되겠지만, 조직구성원들의 인식을 확인하는 데도 도움이 된다. 이처럼 스마트공장의 성공적인 추진을 위한 방안으로 현실인식과 전문가로부터의 명확한 진단을 제시했지만, 결국 기업의 본질적 혁신을 위해 반드시 거쳐야 할 절차인 것이다. 스마트공장은 혁신활동이다.

전략수립과 정부정책의 이해

기업의 내부 환경과 외부 환경의 변화를 진단하고 인식하였다면, 조직구성원 모두가 혁신에 참여하기 위한 청사진을 제시해야 한다. 혁신활동을 하는 데 도구만 익힌다고 혁신이 저절로 이루어지지 않는다. 혁신활동은 전사적인 활동이다. 기업의 대표나 경영진만 또는 관리직원들만, 현장직원들만 혁신활동에 참여하는 것이 아니다. 혁신활동은 경영자에서부터 제조현장의 작업자까지 모두가 참여해야 하는 활동이다. 특정 조직만 참여하는 경우의 혁신활동은 반드시 실패하게 되어 있다. 전사적으로 혁신하기 위해 전체 구성원들에게 혁신활동의 필요성을 공감하게 하여 혁신에 적극적으로 참여하게 하는 것은 혁신의 시작이다. 우리는 이러한 활동을 변화관리라고 부른다. 변화관리 활동은 혁신을 수행하는 동안 지속적으로 이루어져야 한다. 그저 반짝 설명회나 발대식kick-off 정도 한다고 변화관리의 시작이 될 수 없다. 변화관리 활동에 대한 다양한 방안이 기획되어야 한다. 혁신활동에 대한 아이디어를 제시하거나 혁신활동에 참여하는 정도에 따라 보상하거나, 혁신활동의 진행상황을 공유할 수 있는 소통방안을 기획하거나, 다양한 방법으로 혁신동력이 떨어지지 않도록 지속적인 이벤트를 만들어 내야 한다. 조직구성원 모두가 동참할 수 있도록 하기 위해서는 추진전략이 명확해야 한다. 기업이 처해 있는 상황, 내부 환경과 외부 환경의 변화, 사업적인 전략관점, 기업의 성과를 개선하기 위해서 선택한 혁신도구, 이를 활용해 어떤 절차와 방법으로 혁신을 전개해 나갈지에 대한 방향성 등에 대해서 전략서를 문서화하여 조직구성원들에게 명확히 공유해야 한다. 전략수립을 하기 위해서 선행되어야 할 사항은 현실인식과 진단이다. 이러한 과정을 통해 기업이 나아가야 할 방향을 설정하는 것이다. 만일, 내부에서 이러한 전략서를 개발할 수 없다면 이는 외부 전문가의 도움을 받는 것이 좋다. 중소기업은 대부분 사업을 운영하기 위한 전투요원이 있을 뿐 정책을 수립하는 전략가가 없기 때문이다. 만일, 전략기획자를 보유하고 있는 중소기업이 있다면 미래를 위해 준비할 수 있는 여유가 다소 있다고 할 수 있다. 일반적으로 스마트공장 추진전략을 수립하여 이를 다듬고 정리하는 데 소요되는 기간은 약 1개월~3개월 정도가 된다. 기업의 내부, 외부 환경의 자료를 수집하고, 기업의 구성원들의 의견을 수렴함은 물론, 성공기업의 사례를 통해 우리 회사가 나아갈 방향을 설정하는 데 많은 시간이 소요된다. 중소기업 입장에서는 매일매일을 생존을 위해 활동하다 보니 이러한 시간이 너무 길고 의미 없는 시간이라고 느끼는 경우도 있을 것이다. 특히, 마음 급한 중소기업 대표자라면 더욱 그렇게 느낄 것이다. 하지만, 올바른 전략을 통해 성공적인 혁신이 이루어질 수 있음을 이해해야 한다. 스마트공장을 성공적으로 구축하고 운영하기 위해서는 스마트공장 추진전략서를 명확히 규정하고 공유해야 한다. 스마트공장 추진전략서가 한 번에 나오지는 않는다. 스마트공장 추진전략서가 만들어지고 조직구성원들과 공유하고 의견을 수렴하여 다시 수정되고 이를 다시 공유하고…. 이런 과정을 통해 조직구성원들은 기업의 스마트공장 추진전략을 이해하게 될 것이다. 제조기업의 스마트공장은 기업의 본질을 바꾸는 디지털 전환의 혁신이기 때문이다.

스마트공장 구축을 통한 혁신활동뿐만 아니라 많은 중소기업 혁신활동에 대해 정부에서는 다양한 지원사업을 개발해서 도와주고 있다. 혁신활동이 무조건 성공한다면 모르겠지만, 대부분의 혁신활동은 실패의 길로 들어선다. 그만큼 혁신활동은 어렵고 힘든 과정이다. 하지만, 혁신활동을 지속적으로 도전해야 하는 이유는 처해 있는 환경의 변화가 급변하여 혁신활동 도전을 통해 절반의 성공이라도 계속 이루어야 기업이 뒤처지지 않기 때문이다. 특히, 혁신활동을 수행할 여유조차 없는 중소기업의 경우는 외부 전문가나 고객 그리고 정부로부터 혁신에 대한 동기부여가 지속적으로 필요하다. 그러므로 중소기업의 혁신활동은 외부 전문가나 정부의 지원사업을 활용하는 것이 도움이 된다. 기업 내부에서 중소기업에 대한 정부지원사업에 대해 이해하는 것도 좋지만, 외부 전문가나 컨설팅회사에 의뢰하여 해당 기업에 적합한 목적에 맞는 지원사업을 매칭하는 것이 보다 효과적일 것이다. 제조기업의 디지털 전환을 돕는 정부지원사업은 기술개발에서부터 사후관리까지 전 과정에 걸쳐서 진행되고 있다. 정부지원사업은 매년 정부의 국정과제와 예산에 따라 편성되어 제시되기 때문에 지속적으로 확인하여 참여하는 것이 중요하다. 정부지원사업의 특징은 혁신 주체인 기업이 도전하지 않으면 도움을 받을 기회가 없는 것이며 기업의 혁신 활동에 정부는 혁신을 돕기 위한 동기부여 역할을 하는 것이다. 혁신은 기업이 하는 것이지 정부가 하는 것이 아니다. 그러므로 기업은 혁신 주체자이며 정부는 혁신 보조자이다. 스마트공장 지원사업의 경우 대부분이 혁신 자금을 직접 지원해 주고 있는 데 이를 통해 많은 부작용이 있는바, 혁신 주체인 기업이 혁신할 수 있도록 간접 지원하는 데 더 많은 정책개발이 필요하지 않을까 생각된다.

올바른 구축과 철저한 실행

스마트공장을 성공적으로 구축하는 일이 쉽지는 않은 행로이다. 스마트공장이 성공적으로 구축되기 위해서는 스마트공장 구축을 성공하기 위한 프로세스를 철저히 이행하는 것이 최선이다. 스마트공장에 대한 이해, 현실인식과 구성원들의 혁신동기부여, 명확한 전략수립과 공감, 올바른 구축을 위한 능력 있는 솔루션 공급기업과의 협업 등 스마트공장을 성공하기 위한 요소는 많다. 스마트공장을 올바르게 구축하려면 공급기업에게만 맡겨서는 안 된다. 스마트공장 구축과정에 기업이 충분히 참여하고 이해해야 한다. 스마트공장을 성공으로 이끄는 기업의 특징을 보면 기업 스스로 혁신에 적극적으로 참여하고 의견을 제시한다. 스마트공장 구축에 대한 상세한 실천계획을 수립하고 이를 철저히 실행하고 확인해 나간다. 혁신의 주체가 기업임을 인식하고 공급기업으로부터 최대의 도움을 얻기 위해 노력한다. 실패하는 기업은 그 반대이다. 소극적이고 남의 일처럼 대한다. 공급기업과 협업이 원활하지 않다. 불평, 불만만 많고 적극적으로 참여하지 않는다. 그러므로, 혁신을 성공하기 위해서는 좋은 기업문화가 기반이 되어야 한다. 그러나, 좋은 기업문화는 하루아침에 만들어지지 않는다. 그렇지만 좋은 기업문화가 성공으로 이끄는 가장 중요한 요소임을 잊어서는 안 된다. 좋은 기업문화를 만들기 위한 방안은 관련 도서를 참고하기 바란다. 공급기업은 단순한 용역회사가 아니다. 우리 기업의 디지털 전환을 돕기 위해 함께 노력해 나갈 파트너이다. 우리 기업이 보유하고 있지 못한 ICT 기술을 활용하여 우리 기업에 가장 적합한 디지털 전환을 함께 이루어 나갈 파트너인 것이다. 공급기업과 우리 기업은 갑과 을의 관계가 아니다. 수평적 관계이자 동반자 관계이다. 우리 기업이 공급기업을 존중하고 우대할 때 공급기업도 우리 기업의 스마트공장 구축을 성공적으로 이끌어 디지털 전환을 돕기 위해 최선의 노력을 다할 것이다. 스마트공장 세부 실행계획을 기반으로 프로젝트 참여자들은 진행상황을 모니터링하고 상호 피드백을 제공해야 한다. 주간, 월간, 분기, 연간단위로 서로 협의하여 진행상황에 대한 내용을 공유할 시점을 정해야 한다. 진행상황에 대한 내용은 우리 기업 조직구성원들에게도 공유되어야 한다. 스마트공장 구축은 전사적 혁신활동이기 때문이다. 스마트공장 구축이 진행되는 과정에서 개발이 진행되는 중간단계, 완료되는 완료단계에 종합적인 진행사항 검토가 이루어져야 한다. 스마트공장이 목표한 대로, 설계한 대로 개발이 이루어졌는지, 이를 기업에 적용하기 위한 방안이 무엇인지, 적용 시 예상되는 문제점이 무엇이고, 어떻게 개선되는 것이 좋을지 등 계획대비 철저한 이행이 이루어졌는지를 확인해야 한다. 이러한 점검 및 피드백에 대한 계획은 세부 실행계획에 반영되어서 반드시 진행될 수 있도록 해야 한다. 만일, 원하는 목표와 설계대로 스마트공장이 개발이 되었다면, 시뮬레이션을 통해 적용 가능성을 확인해야 한다. 조직구성원들이 개발된 시스템에 대해 확인하고 서로 연계된 시스템 간의 인터페이스에 문제가 없다면 비로소 실행단계로 나아갈 수 있다. 일반적으로 실행단계에서 공급기업의 개발자가 해당 실무자에게 몇 번 교육하고 함께 실행해 보고 직접 실행해 보도록 하는데 이것으로는 충분하지 못하다. 보다 더 계획적으로 실행에 임해야 한다. 시스템 분야별로 책임자를 지정하고 시스템을 직접 운영할 실무자를 결정하며, 언제 어떻게 실행해서 어떤 결과를 언제 확인할지, 확인된 내용을 어떻게 개선에 반영할지 등 철저히 실행하기 위한 구체적인 계획이 마련되어야 한다. 여기서 개략적인 시스템 사용자 매뉴얼을 정할 수 있으나, 패키지인 경우를 제외하고 고객의 요구사항과 상황에 따라 개발된 경우에는 계속 변경되기 때문에 사용자 매뉴얼을 구체화할 수 없고, 오히려 사용자가 스스로 사용 매뉴얼을 정해 가면서 운영하는 것이 바람직하다. 시스템이 성공적으로 개발되었다면, 성공적으로 실행하기 위해서는 짧게는 6개월, 길게는 1년이라는 시간을 가지고 실행하여 개선해 나가야 한다. 필자는 이 기간을 체득화 기간이라고 부른다. 체득화 기간 동안 사용자는 시스템에 대한 이해도가 높아지고 맨 처음 시스템을 설계할 때 반영하지 못했던 부분을 알게 된다. 하지만, 체득화 기간에는 새로운 컨셉으로 개발하는 것은 지양해야 한다. 즉, 개선하는 것은 좋으나 개발하는 것은 좋지 않다는 것이다. 체득화 과정에서 시스템 구조나 프로세스를 변경하지 않는 편의성 위주의 개선은 권장할 만하다. 하지만, 설계과정에서 미처 고려하지 못한 근본적인 문제를 다루어서는 시스템을 완성할 수 없다. 그러므로, 체득화 과정을 통해 개선하고 근본적인 개발은 시스템의 운영성과를 모니터링하면서 결정하는 것이 바람직하다. 또한, 시스템 운용에 있어서 공급기업과의 유지보수 계약을 통해 시스템을 계속 사용자에게 적합하도록 보완해 나가야 한다. 또한, 시스템의 일정 기간이 지나면 재설계하여 지속적으로 개선해 나가야 한다.

성과측정과 지속적 개선

스마트공장을 구축하는 것은 기업의 성과를 개선하기 위해서이다. 기업의 성과를 개선하지 못하는 시스템은 무용지물이다. 기업의 성과를 개선하기 위해서는 활용되어지는 시스템의 성과를 측정하는 것에서부터 시작해야 한다. 성과의 측정은 이제 스마트공장을 통해 마련된 성과관리 대시보드dashboard에 의해서 관리되어야 한다. 스마트공장을 통해 제조경쟁력을 높여야 한다. 제조기업의 제조경쟁력이라는 것은 결국 생산성 향상, 품질향상, 원가절감을 통한 고객 만족이다. 만족한 고객은 그 기업이 만들어 낸 제품을 다시 구매할 것이다. 그렇게 함으로써 제조기업과 고객은 함께 성장해 나간다. 고객의 요구는 이제 대량생산이 아니라 고객별 맞춤생산을 요구하고 있다. 고객별 맞춤생산을 하면서도 대량생산체제와 같은 원가경쟁력을 가질 수 있는 유일한 방법은 스마트공장을 통한 디지털 전환이 그 답이다. 과거와 같이 노동력을 통해, 효율이 떨어지는 설비에 의해, 공급자 위주의 대량생산으로, 제조 활동을 영위하던 시대는 지났다. 이제 고객은 개성을 중시하고 자신만을 위한 차별화된 제품을 요구한다. 스마트공장을 구축했다면 스마트공장을 통해 얻게 되는 성과를 측정해야 한다. 스마트공장을 구축하기 위해서 기업은 많은 비용을 지불한다. 스마트공장을 구축하기 위해 조직구성원들을 교육하고 훈련하며 혁신하기 위해 소요된 비용이 막대할 것이다. 그리고, 스마트공장 구축을 위해 외부 전문가 또는 솔루션 공급기업에게 지불한 비용도 엄청나다. 솔루션을 개발하고 이를 적용하며, 운영하기 위해 소요된 비용도 상상 이상일 것이다. 이처럼 기업의 디지털 전환, 스마트공장을 구축하기 위해 소요된 비용을 산정하고 스마트공장을 통해 얻게 되는 성과가 어떠한지 측정하는 것은 기업경영에 기본 중의 기본이다. 투자효율을 계산해야 한다. 기업은 투자를 최소화하고 성과를 최대로 얻기 위한 노력을 혁신운동을 통해 전개해야 한다. 혁신운동을 통해 얻는 기업의 효익은 기업의 지속 가능성을 높여준다. 스마트공장을 통해 얻는 성과는 생산성 향상, 품질향상, 원가절감, 납기준수와 같은 직접적인 성과를 측정할 수 있겠지만, 일하는 방식, 소통하는 방식, 데이터를 다루는 방식 등 디지털 전환을 통해 얻게 되는 간접적인 성과도 측정할 수 있다. 기업의 운영은 인과관계因果關係의 원칙에 의해서 이루어진다. 아무 일도 하지 않으면 아무런 성과도 없다. 기업의 성과를 개선하기 위해서는 기업의 성과를 개선할 수 있는 시스템을 구축해야 한다. 스마트공장을 구축할 때 대표자는 측정하고자 하는 성과에 대한 지표를 설정해야 한다. 지금까지는 과거 경험이나 감각으로 경영을 했다면, 이제부터는 디지털을 활용하여 데이터를 기반으로 한 과학적 관리를 해야 한다. 스마트공장을 통해 얻게 되는 성과가 무엇인지를 명확히 측정해야 한다. 성과 지향적 경영을 하기 위해서는 기업의 대표자가 성과 지향적 소통을 조직구성원들과 해야 한다. 성과 지향적이 된다는 것, 데이터를 기반으로 소통한다는 것, 과학적 관리에 의한 합리적 의사결정을 한다는 것은 말처럼 쉽지 않으며 단기간에 할 수 있는 일도 아니다. 기업의 모든 구성원들이 디지털을 기반으로 데이터로 말하는 방식을 끊임없이 채택하고 소통한다면 이는 시간이 말해줄 것이다. 성과performance라는 것과 결과result라는 것은 엄밀히 다르다. 성과는 목표지향적이다. 그러므로, 성과를 향상시키기 위해서는 지향할 목표를 결정해야 한다. 이는 기업이 올바른 방향으로 가기 위한 지향점을 제시하게 될 것이다. 성과관리에 대한 보다 상세한 내용은 성과경영에 대한 관련 도서를 참조하기를 바란다. 성과를 측정하는 것만으로는 성과가 개선되지 않는다. 성과를 측정하고 난 후 성과를 개선하기 위해서는 혁신적인 노력을 기울일 조직구성원들이 필요하다. 혁신적인 조직구성원들은 기업의 성과를 개선하기 위해서 끊임없이 연구하고 노력한다. 스마트공장을 구축하는 것은 우리 기업의 현상을 더욱 분명하고 객관적인 시각으로 볼 수 있게 만든다. 측정된 성과를 바탕으로 수많은 혁신기법을 활용하여 기업은 성과를 개선할 수 있다. 결국 성과를 개선하는 것은 사람이다. 성과를 측정하는 것은 쉽다. 하지만, 성과를 모니터링하는 것은 쉽지 않다. 측정된 성과로는 예측할 수 없다. 그러나, 모니터링된 성과로는 예측 가능하다. 우리 기업에게 영향을 미치는 고객의 구매패턴이나 발주동향이 어떻게 되는지, 고객이 요구하는 사항이 어떻게 변화되고 있는지, 고객에게 제공하는 제품의 적시제공시점 관리의 정도가 어떻게 되는지, 고객의 불만족 사항이 어떤 제품, 어떤 유형인지, 공급자가 제공하는 제품의 품질경향이 어떻게 되는지, 공급자의 가격변동 폭이 어떻게 변화하는지, 공급자와의 협상력을 높이기 위해서는 어떤 노력을 기울여야 하는지 등 많은 문제들에 대해 모니터링된 성과지표들은 해결방안을 제시해 줄 것이다. 성과를 모니터링하는 것은 최소 1년 이상의 데이터를 읽어야 한다. 물론, 기업의 회계연도가 1년 단위이기는 하나, 무엇보다 중요한 것은 성과지표들의 움직임을 볼 수 있어야 하며, 이러한 성과지표들의 움직임을 통해 개선목표와 방향을 결정할 수 있어야 한다. 계획된 데이터들은 빅 데이터로 활용 가능하며, 빅 데이터로 구조화된 데이터는 인공지능의 학습 데이터가 될 수 있다. 성과지표를 활용하여 성과를 개선하는 노력은 조직구성원들의 몫이다. 스마트공장의 성과는 지속적으로 개선되어야 하며, 지속적인 개선을 하는 주체는 결국 조직구성원들이 될 것이다. 결국 기업은 사람이다.

8장

올바른 스마트공장 생태계 조성을 위한 제언

4차 산업혁명 시대, 디지털 기반 시대, 뉴노멀의 시대에서는 나 혼자만 잘한다고 해서 살아남는 것은 불가능하다. 스마트공장을 올바르게 구축, 운영하기 위해서는 어느 한 기업이나 조직의 영향에 의해서 결정되기보다는 생태계에 참여하는 모든 조직의 건설적인 상호작용이 중요하다. 스마트공장을 구축하고자 하는 기업(수요기업), 스마트공장 구축을 도와주는 기업(공급기업), 스마트공장 구축을 통해 국가 제조경쟁력을 강화하고자 하는 조직(정부기관), 스마트공장에 대한 연구와 경험을 통해 방향을 제시하는 전문가(엔지니어), 스마트공장을 발전시키기 위해 새로운 기술을 발전시켜 나가는 조직(연구기관, 대학) 등 어떤 한 조직이라도 참여하지 않는다면 균형적이고 합리적인 스마트공장을 구현해 나가는 데 한계가 있을 것이다.

이 장에서는 스마트공장을 성공적으로 추진하기 위해서 본질적인 혁신에 대한 자세, 정부가 수행하는 각종 지원사업의 명암, 스마트공장 추진을 위한 정부지원사업의 문제점, 스마트공장 고도화 전략과 방향 등을 다루면서 스마트공장의 성공적인 생태계 조성에 대한 제언을 하고자 한다.

01

본질적 혁신 추구

제조기업이 스마트공장을 구축하는 가장 큰 이유는 탁월한 경쟁력을 갖기 위해서이다. 탁월한 경쟁력이란 경쟁자가 없는 독보적인 운영 방식을 가지는 것이다. 과거의 경쟁은 상대방이 있었지만 현재에는 상대방이 없다. 독보적인 기술과 독보적인 시장 그리고, 독창적인 사업 모델을 가져야 한다. 고전의 경영전략 이론에서 얘기하는 원가전략, 차별화 전략, 집중화 전략은 현시대에서는 그저 참고해야 할 요소이지 핵심요소는 아니다.

이제 스마트공장을 구축하더라도 투자한 비용과 노력에 비해 얻는 효익이나 목표한 경쟁력을 확보할 수 없다면, 미련 없이 추진을 중단해야 한다. 스마트공장은 기업이 속해 있는 업종이나 디지털 수준에 따라서도 매우 차이가 많다. 일부 중소기업 대표자는 기업이 속해 있는 업종의 다른 기업들이 스마트공장을 구축하고 있기 때문에 추진하겠다는 생각을 가진 대표가 많다. 물론, 경쟁기업들이 경쟁력을 강화하기 위한 목적으로 스마트공장을 구축하고 있고, 해당 기업이 스마트공장을 구축하지 않는다면 경쟁력을 잃을 수도 있을 것이다. 하지만, 기업 마다의 여건이 모두 다르다. 제조 산업의 큰 패러다임은 아날로 그에서 디지털로의 전환은 분명하다. 하지만, 시장의 성장 잠재력이 없는 산업군에 속해 있는 제조기업은 투자를 최소화하고 어떻게 하면 손실을 줄일 것인지 고민하는 것이 필요하다. 전문가를 통해 객관적인 시각으로 해당 기업의 현황을 명확히 진단하고 전략적 관점에서 스마트공장을 구축하는 것이 효과적이라는 결정이 나면 그때 진행해도 늦지 않다. 오히려, 스마트공장을 구축하기에 앞서 충분히 준비하고 스마트공장 구축을 할 수 있는 환경과 여건(전략, 정체성, 문화, 인적자원 등)을 먼저 만들어 추진하는 것이 바람직하다. 그저 마음만 앞서서는 좋은 결과를 얻을 수 없다. 스마트공장을 구축하는 것은 누군가에게 보여주기 위해서 형식적으로 추진하는 것이 아니다. 물론, 대부분의 대표자가 많은 투자가 이루어져야 하는 중요한 전략적 판단을 그렇게 쉽게 결정하지는 않겠지만 말이다.

스마트공장은 기업의 운영방식을 근본적으로 바꾸는 작업이다. 기업의 근본적 운영방식에 가장 큰 영향을 미치는 것은 기업문화企業文化이다. 기업문화에 대해 중소기업 대표자들은 그다지 중요하게 생각하지 않는 것 같아 안타깝다. 기업에서 벌어지는 많은 문제들의 근원을 살펴보면 기업문화에서 기인하는 것들이 많은데도 말이다. 좋은 기업문화를 갖게 되면 많은 문제들이 해결될 것이다. 좋은 기업문화를 갖게 되면 좋은 인재가 모일 것이다. 좋은 기업문화를 갖게 되면 의사소통이 원활할 것이다. 좋은 기업문화는 좋은 고객, 좋은 공급자와의 거래를 촉진할 것이다. 기업문화란, '그 기업이 가지고 있는 고유한 정체성과 그 기업이 보유하고 있는 유, 무형적인 운영방식을 의미'한다. 해당 기업의 경영자의 철학, 구성원들이 가지는 생각과 행동, 기업에서 사용되는 언어와 소통방식, 문제를 바라보는 시각과 해결에 접근하는 방법, 고객과 이해관계자들을 대하는 태도 등 기업문화는 그 기업이 가지는 다양한 형태의 고유한 성질을 말한다. 기업문화는 눈에 보이기도 하지만, 눈으로 볼 수 없는 것이기도 하다. 그렇기 때문에 그 기업에 맞는 좋은 기업문화를 만드는 것이 매우 중요한 일이다. 하지만, 좋은 기업문화를 만드는 것은 말처럼 쉬운 일이 아니다. 기업문화가 좋은 기업은 지속성장 가능성이 높다. 기업문화가 좋은 기업은 그 기업을 들어서는 순간 좋은 기업이라는 것을 느끼게 한다. 중소기업 대표자 중 그 기업에 맞는 고유한 기업문화를 만들고, 기업문화를 좋게 만들기 위한 노력을 하는 경우를 볼 수 없다. 중소기업을 다녀봐도 기업문화를 좋게 하는 프로그램은 없는 것 같다. 기업문화가 모든 시스템의 근본이라는 것을 인식이 필요하다. 스마트공장은 좋은 기업문화라는 토대 위에서 추진해야 성공 가능성을 높일 수 있다. 기업의 성과는 좋은 기업문화를 바탕으로 핵심역량을 가진 인재들의 능동적인 활동으로 충분히 좋은 성과를 만들어 낼 수 있다. 기업성과는 결과이지 과정이 아니다. 하지만 기업성과를 만들어 내는 것은 좋은 과정이 수반되어야 한다. 좋은 과정을 실행하기 위해서는 좋은 기업문화가 뿌리내리고 있어야 한다.

  스마트공장은 경쟁력을 확보하기 위한 혁신도구임을 잊어서는 안 된다. 스마트공장을 통해 본질적 혁신을 추구해야 한다. 스마트공장이 궁극적인 목적이 되어서는 안 된다. 스마트공장을 통해 제조업의 환경변화에 대응하고 글로벌한 경쟁력을 확보하는 것이 궁극적인 목적이 되어야 한다. 본질적인 혁신을 추구하는 데 있어서 단순히 설비 자동화를 하기 위해 스마트공장을 추진해서는 안 된다. 스마트공장은 공장을 스마트화하려고 하는 활동이지 설비자산을 통해 자동화하려는 활동이 아니다. 이제 설비투자를 통해 단순히 생산능력capacity을 높이겠다는 생각은 버려야 한다. 설비자산으로 사업하던 시대는 지났다. 어떻게 하면 고객 중심적인 시스템을 구축하는가 하는 것이 중요한 시대가 되었다. 고객 맞춤형 제조시대인 것이다. 스마트공장 구축을 통해 본질적 혁신 추구는 온데간데없고 정부지원을 통해 자동화 설비를 들여놓으려는 대표자들이 많다. 설비자산을 투자하면 기업의 생산성이 올라가는가? 설비자산을 투자하면 얼마나 해당 기업의 경쟁력이 올라가는가? 그러한 투자가 그 기업의 성장 지속 가능성을 높여줄 수 있는가? 유형자산, 물적자산을 투자하면서 양적으로 성장하던 시대는 지났다. 이제는 기술 자산, 정보자산에 투자하면서 질적으로 성장하는 시대가 되었다. 누구나 하는 경영방식이 아닌 해당 기업만의 고유한 경영방식과 운영방식, 경영철학과 사상이 깃든 경영방식이 글로벌한 경쟁력을 가져다줄 것이다. 제조기업의 핵심 경쟁력 요소는 생산성 혁신, 고객품질 향상, 최적원가 실현, 고객 요구시점 즉시 제공이다. 제조기업이 가지는 원칙적인 경쟁력 요소를 외면한 채 좋은 제조기업이 될 수 없다. 제조기업의 핵심 경쟁력 요소를 충족시키고 강화하기 위해 스마트공장을 구축하는 것이다.

정부에서는 중소기업들의 스마트공장 구축을 위해 많은 지원사업을 펼치고 있고, 다양한 혜택을 제공하고 있다. 하지만, 정부에서 시행하는 많은 지원사업들은 누구를 위한 것일까? 정부는 스마트공장 지원사업에 대해서만 홍보한다. 중소 제조기업들이 왜 스마트공장을 구축해야 하는지? 스마트공장이 중소기업들에게 어떤 효익을 가져다주는지? 스마트공장에 적용되는 기술이 무엇이고, 이러한 기술들이 기업들에게는 어떤 도움이 되는지? 등 패러다임 변화와 기술혁신에 대응하기 위해 기업들이 수행해야 할 혁신에 대한 얘기는 하지 않는다. 정부에는 많은 연구기관과 유능한 인재가 많다. 기업의 본원적 혁신을 돕기 위해 국가가 나선다면, 정부에서 일하는 많은 유능한 인재들이 한마음으로 기업들의 혁신을 돕기 위해 계몽운동을 벌여야 한다. 상용화되지 않는 추상적인 연구개발에만 매달릴 것이 아니라 기업들과 함께 호흡해야 한다.

국가의 경쟁력을 확보하기 위해서는 기업의 경쟁력이 올라가야 한다. 패러다임 변화와 기술혁신에 따른 4차 산업혁명의 시대에 기업의 경쟁력을 위해 선택할 수밖에 없는 일일지도 모른다. 하지만, 지금 정부에서 추진하고 있는 스마트공장 지원사업은 길을 잃은 것 같다. 국가 경제에 막중한 역할을 하고 있는 기업들이 변화하는 패러다임 속에서 근본적으로 혁신하기 위해 정부에서 선도적으로 혁신을 위한 동기부여를 할 수 있다. 하지만, 자생적인 혁신과 노력이 바탕이 되어야 하는데, 정부의 지원금을 받기 위한, 정부에 기대어 혁신의 주체가 아닌 참관자가 된다면 기업의 근본적인 혁신은 불가능할 것이다. 기업은 고객이 요구하는 요구사항을 기반으로 고객이 원하는 가치를 만들고 고객에게 제공해야 하는 막중한 역할의 본질을 잊어서는 안 된다.

02

정부지원사업의 명암(明暗)

행정학이나 정치학에서 말하는 정부의 역할에 대한 중요성을 굳이 거론하지 않더라도 현대사회에서 정부 역할의 중요성은 점점 커져가고 있다.

세계 각국 정부는 저성장, 인플레이션, 고령화, 핵 위협, 에너지 및 식량자립, 기술 및 경제 전쟁 등 많은 어려움 속에서 해당 국가의 국민들의 행복한 삶을 추구해 나가고 있다.

최근에 벌어지고 있는 미국과 중국 간의 경제패권 다툼 속에서 글로벌 공급망이 급속도로 단절됨으로써 90년대에 진행된 세계화가 순식간에 붕괴되고 있다. 또한, 각국은 자국의 경제적 이익을 위해 실리實利적인 외교와 자국주의自國主義를 더욱 강화해 나갈 기세이다. 전 세계는 코로나로 인해 많은 경제적, 사회적 내상內傷을 입었는데, 이를 추스르기도 전에 러시아는 우크라이나를 침공하여[83] 세계 경제를 한순간에 공포로 몰고 가고 있다.

정부지원사업의 명明

정부는 국가의 경제를 담당한다. 국가 경제의 뿌리는 경제주체인 기업이다.

기업이 글로벌 경쟁력과 미래 성장 가능성을 가지게 된다면, 그 국가는 지속 가능할 것이다. 정부는 이러한 기업의 경쟁력 확보를 도와주기 위해서 전장戰場 속에서 싸우는 기업들을 적극 지원한다. 정부는 기업에게 현재의 전쟁에서 이기기 위한 물자를 지원해 주기도 하지만, 미래의 전쟁에서 이기기 위한 물자를 지원해 주기도 한다. 세계 경제는 국가 간 정치, 외교, 문화, 경제 등 다양한 분야에서 서로 경쟁하고 협력한다. 세계 경제의 주도권을 갖기 위해 각국은 각국이 보유한 자원을 활용해 국가 경쟁력을 높이기 위한 노력을 지속한다.

국가 경제에 영향을 미치는 많은 요소가 있지만, 차별적, 독보적 기술을 확보하는 것은 국가 경제의 승패를 좌우할 만큼 중요하다.

기업의 입장에서 정부지원의 필요성이 제기되고 활용되는 측면에서 본다면,

첫째, 글로벌 경제 현황과 기술현황, 패러다임 변화에 맞는 국가의 장기적인 정책에 입각한 기술개발 정책과 로드맵을 정부에서 제시함으로써 기업들은 미래 경쟁분야의 방향을 설정해 나갈 수 있다.

둘째, 과거 일반제품의 기술은 시장 영향력도 작지만 개발하는 비용도 그렇게 크지 않았다. 그러므로 기업은 자체적으로 연구개발자금

을 조달하여 투자하고 개발하여 이를 사업화시켜 나갔다. 하지만, 현대사회에는 세계적 경쟁력을 갖는 기술력을 확보하기 위해서는 천문학적인 개발비용이 소요된다. 그러므로 기업이 자체적으로 기술개발 비용을 감당하기에는 힘들고 위험도 너무 높기 때문에 정부의 기술적, 금전적, 인력적 측면에서의 지원은 기업들로 하여금 기술개발에 대한 위험을 분산할 수 있는 효과를 제공해 준다.

셋째, 국가 간 글로벌 경쟁을 위해서는 경쟁에 참여하는 기업들이 시대적으로 맞는 정책과 경쟁력을 확보해야 함으로써 정부는 이러한 기업들의 혁신 방향을 제시하고 마중물 역할을 해줌으로써 기업의 혁신이 더욱 촉진되는 효과가 있다.

넷째, 국가 경제를 책임지는 정부 입장에서는 국가의 자원을 효율적으로 운용하기 위해 정책적 방향으로 균형적인 국가 경제발전을 도모하게 될 것이다. 그래서, 정부는 국가의 장기 국가 경제발전 계획을 수립함과 아울러 이를 토대로 국가의 전반적 분야에서 균형적으로 실현시키기 위한 정책을 실행 해 나간다.

다섯째, 비용적인 측면뿐만 아니라 국가가 보유하고 축적한 기술 인프라, 기술 인재, 핵심기술을 보유한 연구기관들과 기업의 협업을 통해 국가의 미래를 책임질 탁월한 기술을 확보할 수 있을 것이다.

우리나라는 원천기술을 확보하기 위한 기초과학기술 연구와 확보된 기술의 사업화 및 상업화에 많은 아쉬움이 있다. 하지만, 그렇다고 하더라도 국가의 이러한 정책과 협력을 통해 기업의 경쟁력을 확보할 수 있는 기회가 있다면 반드시 수행해야 한다.

미래 세대를 위한 기술을 확보하는 것은 자원이 부족한 우리 기업으로서는 미래를 살아갈 수 있는 밑천이 될 것이다. 정부에서 정책적으로 개발된 기술 로드맵을 중심으로 기업들과 상호 협력함으로써 국가 경쟁력에 영향을 미칠 수 있는 미래기술을 많이 만들어서 활용하여야 할 것이다. 기술의 개발과 확보도 중요하지만, 기술의 응용과 사업화, 비즈니스 모델의 개발 등과 같은 가치를 만들 수 있는 부분도 더욱 고민해야 할 과제이다. 스마트공장 확산, 보급을 위한 국가의 지원도 제조기업의 환경 및 구조적 패러다임 변화 속에서 생존하기 위한 디지털 대전환에 국가의 정책과 자원을 배분함으로써 미래를 준비해 나갈 수 있는 것이다. 우리나라는 세계 5위의 제조강국이다. 하지만, 디지털 전환이나 패러다임 변화에 적절한 대응을 하지 못한다면, 제조 후진국으로 밀려나가는 것은 시간 문제일 것이다.

정부지원사업의 암暗

정부는 기업을 지원하기 위해 각종 제도를 마련하고 이를 기업들에게 제공함으로써 기업 활동을 도와주고 있다. 하지만, 지금은 너무도 많은 지원사업들이 오히려 기업 간의 자유경쟁을 방해하고 기업이 스스로 본질적 혁신을 추구하는데 장애요소가 되고 있다. 또한, 지원사업의 종류의 다양성뿐만 아니라 중복성은 기업의 혁신을 돕는 것이 아니라 오히려 혁신을 저해하는 기능을 한다. 기업은 자유롭게 활동해야 한다. 자유롭게 기술을 개발하고 자유롭게 시장을 만들며, 자유롭게 좋은 가치를 유통시키고, 자유롭게 성장해 나가야 한다. 하지만, 지금은 정부의 제도와 규제 속에서 기업들은 아무런 혁신도 하지 못하고 있는 실정이다. 기업 활동의 근본구조는 자유시장이다. 기업이 운영하는 사업은 시장경제 논리에 따라 자유시장이 되어야 하지만, 정부의 지원과 개입은 기업의 독립성과 자율성을 오히려 해치고 있다. 정부의 지원을 통해 정부정책에 기반한 산업 구조의 개선과 혁신이 이루어지기를 바랄 것이다. 그래서, 정부의 지원이 마중물이 되기를 바랄 것이다. 하지만, 지금은 지원자가 아니라 참여자가 되고 있다. 정부가 경제활동에 참여해서는 안 된다. 정부가 경제활동에 참여함으로써 시장을 왜곡 현상을 일으킨다. 현재 많은 지원사업의 경우, 한계를 넘은 것 같다.

정부지원사업이 기업들에게 좋은 영향을 줌에도 불구하고 다른 한편에는 다음과 같은 나쁜 영향도 있다.

첫째, 정부지원사업은 기업들이 본질적인 혁신을 추구하는 데 방해 요인이 되고 있다. 기업은 고객지향적으로 고객이 원하는 제품을 만들어 고객에게 선택되고 고객과 함께 성장해 나가야 한다. 기업의 본질은 고객이 원하는 제품을 가장 효율적으로 만들어 고객에게 제공하고 그 대가를 통해 성장하고 수익을 얻어야 한다. 하지만, 각종 지원사업은 기업의 핵심가치인 고객 중심이 아닌 지원사업을 통해 연명해 나가는 수단이 되고 있다. 정부지원사업에 대한 정책 방향이 전환되어야할 시점인 것 같다.

둘째, 정부지원사업은 오히려 중소기업들을 과보호 상태에 놓이게 하고 있다. 정부지원사업에 대한 잘못된 인식과 정책을 아는 기업만 반복적으로 수혜를 받는 몇몇 기업에게 편중된 지원과 중복지원은 정작 혁신기업에게 돌아갈 지원마저 기회를 빼앗아 가고 있다.

셋째, 정부지원사업이 더욱더 거대한 정부를 만들고 있다. 각종 기업에 대한 지원사업들을 개발하고, 기획하고, 홍보하고, 평가하고, 관리하는 데 더욱더 많은 정부의 예산이 소요되고 있고, 쓸데없이 많은 비용이 쓰여지고 있다. 기업들의 혁신을 돕는 직접예산보다 오히려 이를 관리하기 위한 간접비용이 점점 늘어나고 있어 정작 필요한 예산을 적절하게 배분하고 있지 못하다.

넷째, 정부지원사업의 종류가 많아 주관기관별 중복된 예산이 많고, 정부에서 추진할 사업과 지방자체단체가 추진할 사업의 경계가 모호해짐으로 인해 중앙정부 예산과 지방자치단체 예산의 효율적 운용이 저해되고 있다.

다섯째, 정부지원사업의 예산으로 운용되는 연구기관, 관계기관 등 이해관계기관들은 정부지원사업의 예산의 효과적 사용을 통해 기업들의 혁신성을 확보해야 하나 연구기관의 운용목적에 따라 예산을 운용하다 보니 지원의 실질적인 효과를 보기 힘들다.

정부는 국민들의 세금을 거둬들여서 운용된다. 정부의 각종 지원사업도 예산의 출처는 세금이다. 국민들이 낸 세금을 국민들에게 돌려주는 것은 맞다. 하지만, 정부지원사업의 경우는 철저히 경제성 원리에 따라서 운영되어야 한다. 적은 예산으로 효과를 극대화 시키기 위해서 정부 및 지방자치단체는 노력해야 한다. 정부의 주인은 국민이다.

국민이 이룬 국가의 경제를 지속 가능하게 하기 위한 실질적인 노력이 필요한 시점이다. 국민의 세금은 국가 경제에 가장 필요한 곳에 쓰여져야 한다.

스마트공장 지원의 문제점

스마트공장 확산×보급사업에서 정부는 이제 시장 참여자가 되려고 하는 것 같다. 정부의 지원사업은 대부분 정부지원금과 참여기업의 투자금을 매칭하는 방식으로 운영된다. 그렇게 운영되다 보니 공급기업은 고객의 역할을 하는 주체가 둘로 인식되는 착각을 하게 된다. 솔루션 제공기업의 서비스를 구매하는 수요기업과 수요기업에게 돈을 지원해 주는 투자자 역할을 하는 정부로 고객의 주체가 둘인 것이다. 스마트공장 지원사업의 경우, 스마트공장을 구축하고자 하는 수요기업은 스마트공장을 구축하기 위한 추진방안 및 계획을 공급기업 또는 솔루션 제공기업과 함께 수립하여 정부에 지원을 위한 신청을 하게 된다. 이때, 공급기업은 거래를 촉진하기 위해 시장에 공급기업의 역량과 능력을 알리기 위한 마케팅과 홍보를 통해 수요기업을 만나게 되고 여러 경쟁자들을 물리치고 수요기업과 사업추진을 위한 계획을 수립한다. 이 단계에서 공급기업이 수요기업인 고객을 만나 상호 사업추진의 합의에 도달하기까지는 최소 6개월에서 2년이라는 시간이 소요된다. 하지만, 이러한 수요기업과 공급기업 간의 합의는 현재의 운영구조라면, 정부지원사업에 신청하는 조건이 필수이다. 정부지원사업에 신청할 수 있는 조건이 안 되거나 또는 그 당시 정부에서 지원하는 사업이 없다면, 고객은 프로젝트를 추진하지 않을 공산이 크다. 왜냐하면, 프로젝트 추진을 위해 정부에서 직접 지원하는 비율이 50%~80%로 지원금액 및 비율이 절대적인 비중을 차지하기 때문이다. 그러므로 스마트공장 구축을 위해 정부에서 비용을 직접적으로 지원하는 비중이 높기 때문에 중소기업 입장에서는 반드시 지원사업을 통해서 사업을 수행하고자 할 것이다. 어떤 경우는 지원금액에 맞추어 프로젝트를 수행하는 어처구니없는 일도 벌어지고 있다. 공급기업과 수요기업이 상호 추진에 대한 합의가 이루어져 추진방안을 담은 사업계획서를 작성하여 정부지원사업에 신청하고 난 후 여러 단계의 평가를 받아 선정되면 사업을 추진하는 구조이다. 이때, 공급기업은 수요기업에게 솔루션을 제공하기 위해 상당히 오랜 시간 신뢰를 얻기 위한 활동과 기술제공능력, 사업수행능력, 보유한 솔루션, 공급기업 재무능력, 평판, 유사 경험 등을 바탕으로 고객(수요기업)으로부터 선택받게 된다. 하지만, 이러한 선택으로 사업이 시작되는 것은 아니다. 수요자와 공급자가 결정되었지만, 중간 관여자인 정부의 지원결정을 받는 단계가 남아 있다.

어찌 보면 수요기업은 공급기업의 기술력이나 경험도 중요하지만, 정부의 지원사업에 선정되느냐 그렇지 못하느냐가 더 중요한 요소가 된다. 수요기업은 정부에서 자금을 직접 지원해 주는 사업이 있기 때문에 지원사업이 선정되지 않는다면 사업을 진행하지 않는다. 그렇기 때문에 공급기업 및 솔루션 제공기업은 수요기업의 여러 가지 상황, 요구조건 등을 감안하여 정부의 지원사업에 신청하게 된다. 논리적으로는 수요기업이 정부지원에 신청하는 것이지만, 기술적, 절차적, 운영적 방법을 모르는 수요기업이 사업계획서를 작성하거나, 기술을 준비하지는 않는다. 온전히 솔루션 또는 서비스를 제공하는 제공기업의 몫이다. 고객의 선택은 받았지만, 또 다른 고객정부의 선택을 받을지 못 받을지도 모르는 상황에서 공급기업은 어쩔 수 없이 투자를 하지 않을 수 없다. 더욱이 중요한 것은 수요기업과의 협의와 합의는 수시로 이루어지지만, 정부의 지원사업은 정부의 예산편성기간과 맞물려 있기 때문에 많은 시간을 평가와 행정을 하는 데 시간이 소요된다. 정부의 예산편성기간에 추진을 하려고 하다 보니 수요기업은 필요한 시점에 프로젝트를 할 수 없고, 공급기업은 너무도 많은 시간을 행정업무를 하는 데 소요하며, 불확실성 높은 사업을 추진하는 데 많은 기다림의 시간이 있는 것이다. 가장 안타까운 것은 공급기업이 경쟁력을 확보하는 데 전력을 다하고 시간을 써야 하는데 불확실성에 시간을 써버리는 것이 안타까운 현실이다. 물론, 기업은 해당 기업의 현상과 추진 방향 그리고, 전략을 명확히 이해하고 추진해야 할 것이다. 하지만, 중소기업의 경우, 그러한 추진 방향과 전략을 문서화하거나 명문화하는 데에는 한계가 있다. 자체적으로 추진계획을 문서화하고 이를 제3자에게 설명할 수 있는 능력을 갖추기도 해야 하겠지만, 대부분의 경우 중소기업은 그러한 기획능력을 갖추기가 쉽지 않다. 그러므로, 외부 전문가의 도움을 받게 된다. 정부의 평가자 입장에서는 중소기업의 대표자나 책임자가 그런 추진계획에 대해 속 시원한 설명을 듣지 못하니까 외부 전문가 또는 공급기업에게 답변을 요구하는 경우도 많다. 본래의 취지는 이해되지만, 현실적인 대안이 필요하다. 하지만, 현재의 스마트공장 지원사업 프로세스는 이해할 수 없는 것이 한두 가지가 아니다.

 몇 해 전부터 스마트공장 지원사업을 통해 설비를 도입할 수 있는 상황이 되니까 많은 기업들이 신청하여 예상하지 못한 경쟁률을 기록했다(지역에 따라서는 7:1의 경쟁률을 기록한 곳도 있다고 한다). 설비도입 비용을 지원하지 않았을 때는 각 지역 제조혁신센터에서 적극적인 홍보활동을 벌여 신청기업을 받은 것에 비해 너무도 차이가 많았다. 또, 행정 간소화라는 이름으로 스마트공장을 추진하고자 하는 기업으로부터 한 페이지의 간단한 신청서를 받아 접수를 받다 보니 자사 능력도 파악하지 못한 기업들이 대거 신청에 나섰다. 이때 설비 제조사 및 공급기업들의 적극적인 홍보 및 마케팅도 한몫하였다. 하지만, 가장 중요한 것은 제조기업의 스마트화에 대한 정확한 인식 부족이 저변에 깔려있다. 제조설비 도입을 목적으로 한 기업이 정보시스템과 잘 연계하여 운영되는 기업이 과연 얼마나 될까? 그러므로, 스마트공장을 구축하는 시점이 아니라 스마트공장을 운영하는 시점에 지속적으로 평가가 이루어져야 한다. 그렇기 때문에 기업이 스마트공장을 구축하고 성과가 나는 프로젝트에 대해서만 정부는 지원을 통해 혁신을 촉진해야 한다. 대부분의 경우, 공급기업의 불성실은 수요기업의 태도에 의해 영향을 받는다. 수요기업의 시스템 운영실태의 문제점은 수요기업에 제재가 이루어져야 하지만, 여전히 시장에서는 공급기업에 제재가 이루어지는 경우가 많다. 또, 신청하는 시점도 해당 기업이 필요한 시점에 수시로 진행하던 것이 행정 효율을 높이기 위해 상, 하반기로 나누어서 정해진 기간에 신청을 받아서 진행하게 되었다. 단순히 신청서만 가지고 해당 기업을 평가하다 보니 신청자가 많아졌고, 많아진 신청기업 모두를 평가하다 보니 평가비용 및 평가기간이 지연될 수밖에 없었다. 하지만, 신청내용에 대한 평가뿐만 아니라 현장평가, 사업계획 발표평가, 적정가격 평가(원가감리) 등 평가만 여러 단계를 거치는 웃지 못할 해프닝이 벌어지고 있다. 평가기간과 비용이 많아지게 되니 자연히 선정되는 시점이 지연되어 상반기가 끝나는 6월이 되어야 선정이 이루어진다. 수요기업인 중소기업은 스마트공장 구축을 위한 준비를 하면서 생산활동을 통해 제품을 계속 만들면서 기업을 영위하면 되지만, 공급기업은 프로젝트를 수주하여 운영되다 보니 상반기 모든 시간을 평가받는 데 소요해 버린다. 그렇다 보니 공급기업의 재정상태도 악화되고, 개발인력은 또 다른 기회를 찾아서 떠나게 되며, 정작 프로젝트는 하반기 6개월 이내에 처리해야 하는 편중현상으로 모든 인력들을 총동원하여 해결해야 하는 수준이 되어버린다. 이는 스마트공장 시스템의 품질과 프로젝트 관리의 품질, 모두를 낮추는 악영향을 준다. 또한, 지금의 스마트공장 지원사업의 지원 프로세스는 정보화에 초점을 맞추어 져 있다. 지원사업에서 자동화 설비를 도입할 수 있도록 하는 것이 필요했다면, 지원 프로세스도 이에 적합한 프로세스를 구성해야 했지만 자동화에 대한 단계별 추진 프로세스를 점검하고 확인하며 검증할 수 있는 프로세스가 없다. 자동화 설비에 대한 설계, 제작, 설치, 시운전, 운영의 단계까지 각 단계별 프로세스나 검증할 수 있는 내용이 없다. 더욱이 각 기술의 융복합으로 인해 정보화와 자동화를 통합하는 시스템에 대한 추진 프로세스도 명확히 규정할 필요가 있다. 스마트공장 추진목표를 수립하는 데 있어서, 성과관리의 방식도 변화가 필요하다. 현재의 스마트공장 지원사업은 사업기간이 6개월에서 9개월로 정해져 있다. 스마트공장을 제대로 설계하고, 구축하는 데에도 부족한 시간에 시스템 운영을 통해 얻고자 하는 기대인 목표성과를 결정하고, 측정하는 것은 바보 같은 짓이다. 스마트공장의 운영성과를 제대로 측정하기 위해서는 최소한 2년 이상이 절대 필요한 시간이다. 왜냐하면, 시스템을 구축하는 기간 1년, 시스템을 운영하는 기간 1년을 최소한 지켜봐야 한다. 현재 운영되고 있는 정부의 감리와 시스템 성과평가에 있어서 성과에 대한 측정은 엉터리 그 자체이다. 논리적으로 되지 않는 사항을 애써 모른 체하지 말자. 성과측정에 있어서 모두가 거짓말쟁이가 되지 말자.

스마트공장을 구축하면 고용률이 높아진다? 스마트공장을 구축하면 육체노동적 단순 반복적인 업무는 줄고 시스템을 기획하고 설계하고 운영하고 분석하고 개선하는 인력은 늘어난다. 하지만, 스마트공장 구축을 통해 성과가 나타나려면 적어도 2년 이상의 시간이 필요하다. 스마트공장 구축을 시작했다고 바로 성과가 나지 않는다. 오히려 스마트공장을 구축한 초기 1년은 조직이 혼란을 겪는다. 일하는 방식이 바뀌었기 때문이다. 아무리 정부의 고용률 증가 정책목표가 다급하다고 하더라도 눈 가리고 아웅 하는 짓은 말자. 이제 제조기업은 무인자동공장을 목표로 스마트한 인공지능기반 공장으로 변화되어야 생존 가능성이 조금이라도 늘어난다.

중소기업의 제조경쟁력을 높이기 위해 지원했던 스마트공장 지원사업이 공급기업의 개발 경쟁력을 모두 갉아먹는 상황이 되어 버렸다. 공급기업의 컨텐츠와 기술력을 향상시켜 글로벌 기업들과 경쟁시키겠다는 정부의 소리는 메아리가 되어 떠돌기만 한다.

마지막으로 수요기업과 공급기업 그리고, 관계되는 모든 기업들의 윤리적 행동준수가 절대적으로 필요하다. 여전히 수요기업과 공급기업 간의 뒷거래가 난무하다. 정작 스마트공장 지원사업의 본래의 취지와 목적을 훼손하는 행동들이 일어난다. 아무리 감시하고 확인해도 그런 기업이 줄어들지 않는다. 시스템적으로, 원천적으로 그런 비윤리적 행위가 이루어지지 못하도록 해야 한다. 그러기에 앞서 이제 우리나라의 국격國格을 높이기 위해 기업들의 윤리적 행동이 세계의 경쟁력을 높일 수 있는 길이라고 생각된다. 새삼 위대한 투자가 워렌 버핏의 말이 생각난다. "공짜 점심은 없다."

스마트공장 고도화 추진전략

정부의 스마트공장 추진전략

2014년부터 시작된 정부의 스마트공장 확산, 보급사업은 사업 초기 중소 제조기업을 대상으로 20,000개 기업을 스마트공장으로 구축하겠다는 목표로 사업을 추진하였다. 제조 산업과 ICT 산업의 융복합이 확산되고 저비용, 다품종, 유연생산방식의 필요성이 대두됨은 물론이거니와 제조업의 근본적인 패러다임 변화가 급속도로 일어나 정부는 대기업과 함께 새로운 제조 산업을 일으켜야 하는 필요성을 인식하고 산업혁신운동 3.0을 정책 방향으로 결정했다. 이는 중견, 중소 제조기업에서 생산하고 있는 제품의 생산성, 품질을 높이고, 원가를 절감하고, 납기를 줄여 글로벌 제조경쟁력을 높이는 스마트공장 확산·보급사업이다. 이 사업은 2014년 시작하여 2020년까지 스마트공장 10,000개를 구축 목표로 추진하다가, 2017년 10월에 2022년까지 스마트공장 2만 개 구축 목표로 수정했고, 문재인 정부가 들어서면서 스마트공장 사업을 담당하는 중소벤처기업부 전담조직이 신설되고, 또한 중소 제조기업에서 많은 정부지원 요청을 함으로써 2022년까지 스마트공장 구축 목표를 기존 20,000개에서 30,000개로 확대했다. 양적 투입 위주의 제조업 성장 방식에서 벗어나 생산현장의 스마트화를 통한 획기적인 생산성 향상과 경쟁력 제고를 지향하는 방식으로 스마트공장 보급, 확산 추진계획을 제시하였다. 초기 20,000개 기업을 목표로 한 것은 국내 10인 이상 제조기업 67,000개의 약 50%인 중소 제조기업을 스마트화한다면 제조 산업의 패러다임을 바꿀 수 있는 기틀을 마련할 수 있을 것이라고 생각하게 되었다. 즉, 20,000개 중소 제조기업에 스마트공장을 보급하여 디지털 전환을 진행한다면, 국내 제조 중소기업의 디지털 기반을 확보할 수 있을 것으로 판단한 것이다. 스마트공장 확산×보급이 시작된 2014년도는 박근혜 정부에서 제조업의 중요성을 이슈화하면서 산업혁신운동 3.0이라는 명칭으로 혁신운동을 전개, 스마트공장을 핵심과제로 제시하였으며, 대기업과의 협약으로 각 지역의 창조경제혁신센터를 민관합동으로 설립하여 지원해 나갔다. 산업혁신운동 3.0의 핵심은 제조기업의 디지털 전환과 인공지능 기술을 활용한 무인자율공장이었다. 또한 우리나라의 스마트공장 모델은 독일 모형Industries4.0을 벤치마킹하고 있는데, CPS 구현을 통해 제조 산업의 근원적 변환을 추구하고 있다. 하지만, 국내 중소 제조기업의 현실은 제조중심의 인적자원과 설비자원을 활용한 노동집약적 산업으로 고객이 설계 개발한 제품을 고객이 정한 기준에 따라 저렴하게 좋은 품질로 원하는 시점에 제공하는 것이 일반적이었다. 하지만, 개발도상국의 노동집약적 산업에 대한 경쟁력이 높아져서 우리나라는 더 이상 노동 중심 경쟁력으로는 개발도상국을 이길 수 없는 지경이 되었다. 그렇다고, 선진국형 전략기술을 확보하기 위해 제품기술을 연구개발하여 새로운 제품을 제조하기에는 원천기술이 너무 부족하다 보니 새로운 제품을 개발하여 새로운 시장을 창출하여 공급할 수 있는 구조가 되지 못했다. 그래서, 그나마 경쟁력이 있는 제조공정 기술분야를 중점적으로 이를 디지털화함으로써 기존의 경쟁력을 강화함은 물론 제조기술과 디지털 기술을 결합한 새로운 형태의 사업 도메인을 개발하고자 하는 방향으로 스마트공장의 정책은 흘러갔다. 하지만 아쉽게도 고객표준에 따른 노동집약적 제조 활동은 중소기업들이 디지털 기반 혁신을 해야 하는 핵심동인이 되지 못했다. 이에 정부정책은 자연스럽게 중소 제조기업의 운영 및 관리에 대한 정보를 디지털화하는 데 초점을 맞추고 진행할 수밖에 없었다. 중소 제조기업의 운영관리에서 데이터 및 정보관리 수준을 들여다보면 여전히 고전적인 방법인 필기도구를 활용하여 수기로 인쇄 매체에 기록하여 운영되고 있다. 그렇다 보니 기록된 데이터나 정보를 활용할 방안이 없었다. 그래서, 정부는 스마트공장 보급, 확산 사업을 통해 제조기업의 운영 데이터를 디지털화함으로써 기업에서 운영되는 현황을 디지털 데이터화시켜 실시간으로 관리하고 제조공정 및 생산기술에서 운영되는 핵심 노하우를 축적하는 데 초점을 맞추었다. 그래서, 대부분이 제조공정 운영의 정보를 디지털로 전환하는 사업들이 중심이 되어 기업에서 일어나는 여러가지 생산정보, 구매정보, 품질정보 등을 디지털로 바꿈으로써 유의미한 데이터를 수집, 축적하기 시작하였다. 하지만, 아쉽게도 기초단계로 도입된 솔루션을 고도화 사업으로 연계해 추진하지 못한 기업들이 대부분 활용률이 매우 낮았다. 이는 스마트공장의 궁극적인 목표인 무인자율공장으로 가는데 장애요소가 된다고 생각된다.

‖　**[그림70] 2019년 스마트공장 확산 및 고도화 전략**　‖

비전	**스마트 제조혁신으로 중소기업 제조강국 실현** * 일자리 6.6만 개 창출, 제조업 매출 18조 원 확대
목표 (2022년)	(중소기업 스마트공장 보급) 3만 개 구축　(스마트 산업단지) 3만 개 구축 (안전한 제조 일자리) 산업재해 30% 감소　(스마트공장 전문인력) 10만 명 양성

추진방향	추진과제
I **공장혁신** 중소기업 50% 스마트화 달성	1) 스마트공장 3만 개 구축 지원　2) 대·중소기업 상생형 모델 확산 3) 스마트공장 공급기업 육성 촉진　4) 스마트 제조혁신 전문인력 1만 명 양성
II **산단혁신** 제조혁신의 거점구축	1) 스마트 산업단지 선도 프로젝트 추진 2) 제조 데이터 수입·분석·활용 지원 3) 산업단지 스마트 인프라 확충
III **일터혁신** 사람 중심의 일터문화 조성	1) 노동자친화형 일터 조성 2) 노동자가 함께 만드는 스마트공장 3) 민관이 함께하는 제조혁신 분위기 확산
IV **혁신기반** 민간·지역 중심 상시혁신체계	1) 지역 중심 제조혁신 추진체계 구축 2) 중소기업 제조혁신 컨트롤타워 구축

자료 : Smart Manufacturing Vol.12(www.komia.or.kr)

　문재인 정부는 스마트공장의 수준을 단순히 공장 운영 데이터를 수집, 활용하는 것에서 벗어나 더욱 고도화(지능화, 가상화)된 스마트공장을 구축하기 위해 중소기업 30,000개를 목표로 수정, 확대하고 1,500개의 선도모델 구축 및 지원금액을 상향하여 기초수준의 스마트공장을 고도화된 스마트공장으로 전환하기 위한 방향으로 전개되었다. 또한, 스마트공장 고도화에 필요한 기술을 확보하기 위해 기술개발에 집중적으로 지원하고, 기업의 인력을 스마트화시키기 위해 현장인력 및 전문인력 40,000명을 육성하는 계획을 발표하였다. 2019년에 발표된 '스마트공장 확산 및 고도화 전략'을 살펴보면 개별기업을 지원하는 것에서 벗어나 산업단지, 업종 등 지역 및 기업군 중심으로 지원하며, 민간 중심의 스마트공장 확산 및 대기업이 참여하는 상생형 모델을 추진함으로써 중소기업의 생산성 및 경쟁력을 향상시키고자 노력하고 있다. 하지만, 이러한 정책변화에 있어서 정부지원의 중복성 배제방안을 구체화하고 고도화 전략이 더욱 세밀하게 짜여져 있어야 하지 않았을까 하는 아쉬움이 있다. 초기 정부 중심으로 범국가적 차원에서 통합적으로 추진되었으나, 시간이 경과하면서 각 지방자치단체가 참여하고 지원함으로써 국가 전략적 차원이 아니라 지방전략 차원에서 추진됨으로써 전문성이 떨어지고 지방자치단체 간의 이해관계가 상충하며 혼란스러워졌다. 또한, 각 지방자치단체에서 별도의 조직을 구성하여 운영되다 보니 관리인력의 중복성으로 예산을 효율적으로 사용하지 못하게 되는 아쉬움이 많았다.

최근 발표된 윤석열 정부의 스마트 제조혁신전략에 따르면, 기초단계의 스마트공장 구축에 대해서는 기업이 자발적으로 참여하여 추진하도록 하고 고도화단계 추진에 대해서만 일부 기업들에게 지원하겠다는 정책발표를 하였다. 하지만 아쉽게도 중소기업들의 제조경쟁력 확보를 위해 무기를 손에 쥐여주었다가 갑자기 모든 무기를 빼앗아 가는 형국이라 과연 중소기업들이 이러한 정책 환경에 대비해 나갈 수 있을지 의문이 든다. 중소기업의 제조경쟁력 강화를 위해 이제는 정부에서 보다 더 세밀한 전략이 필요한 시점이 아닌가 생각된다.

스마트공장 성과측정에 대한 반성

스마트공장의 구축 성과는 어떻게 측정하는 것이 바람직할까? 상기에 언급했듯이 초기 정부는 스마트공장 확산×보급 지원대상 기업수를 목표로 세운 것은 제조업의 스마트공장 확산×보급을 통해 디지털 전환의 기반을 만들고자 했던 것이다. 하지만, 예상과는 달리 초기 참여하고자 하는 중소 제조기업의 수가 적어서 주관기관에서는 확산×보급 지원업체 수에 대한 목표를 달성하기 위해 많은 홍보를 통해 참여업체를 모집했다. 하지만, 이러한 현상은 오히려 내실 있는 스마트공장 구축에 나쁜 영향을 미쳤다. 지금도 여전히 중소기업들은 스마트공장 지원사업을 통해 설비(제조, 자동)를 도입하려는 양적 투자사업이라는 생각을 가지고 정보화, 데이터화에 대한 관심은 적으며, 일부 도입기업과 공급기업의 비윤리적 행위로 인해 많은 선의의 피해자들이 만들어졌다. 일부 이런 부정적 상황들로 인해 스마트공장 구축 기업의 시스템 활용률 및 가동률이 현격하게 떨어지는 것이 현실이다. 또한, 추진하고자 하는 사업에 대한 추진계획 평가도 스마트공장 전문가에 의한 검토가 되지 못하고, 각 기관에서 선임한 실무경험이 부족한 비전문가들에 의해 평가되다 보니 현장에서는 많은 갈등과 마찰이 생겼다. 더불어, 평가자 개인의 경험에 의한 평가가 이루어져 평가의 객관성과 신뢰성이 떨어지는 경우를 경험하였다. 평가자의 역할이 평가자 역할뿐만 아니라 촉진자accelerator의 역할도 매우 중요함에도 불구하고 지원대상선정을 위한평가 위주로 진행되다 보니 신청한 기업과의 마찰이 끊이지 않았다. 평가를 진행함에 있어서도 제조전문가와 IT 전문가가 함께 평가에 참여하여 진행함으로써 한쪽으로 치우치는 일을 막아야 했지만, 예산 문제, 전문가 확보 문제로 충분하지 못했다. 이는 명백한 행정의 오류라고밖에 볼 수 없다.

스마트공장 성과를 측정하는 데 있어서 측정 항목, 측정 도구, 측정 기간이 합리적으로 설계되어야 했지만 그렇게 하지 못했다. 이는 최근 일각에서 제기되는 스마트공장 성과에 대한 의구심을 낳게 하는 요인이 되었다. 스마트공장을 구축하는 가장 큰 목적은 생산성 향상이다. 생산성이 향상되는 데 근본적인 변화는 디지털 전환으로 인해 생산성이 향상되어야 하는 것이다. 생산성이 올라가기 위해서는 불량품이 적어서 원부자재를 투입하여 제품을 만드는 과정까지 직행률 및 수율이 높아져야 한다. 생산성 향상을 통해 단위 원가가 줄어든다. 단위 원가를 줄이기 위해서는 직접 노무비가 줄어들어야 한다. 직접 노무비가 줄어든다는 것은 제조에 투입되는 직접인력이 줄어들어야 되는 것이다. 하지만, 주관기관은 고용률 증가를 성과지표로 제시하여 디지털화, 스마트화를 통한 성과와 배치되는 지표를 내세운다. 생산성을 향상시키기 위해 공정기술을 개선할 수 있다. 공정기술은 쓸데없는 공정을 없애고, 그 공정에 해당되는 선진화된 설비를 도입하여 혁신적으로 생산성을 개선하는 것이다. 하지만, 스마트공장은 공정기술을 통해 생산성을 개선하는 것이 아니다. ICT 기술을 활용하여 데이터를 기반으로 합리적 의사결정을 지원하고 데이터를 통한 무인자율공장을 만드는 것이 핵심이다.

[그림71-1][그림71-2][그림71-3] 2021년 스마트공장 도입성과, 스마트 제조혁신추진단 자료

1. 저변확대 - 스마트공장 구축 및 고도화

1 목표 초과 달성

[스마트공장 보급 목표]

'22년 30,000개

[스마트공장 보급(누적)]

'21년 목표 23,800개
↓
실적 25,039개

■ 누적보급수
□ 당해년 보급수

227 / 227
963 / 1,240
1,560 / 2,800
2,203 / 5,003
2,900 / 7,903
4,757 / 12,660
7,139 / 19,799
5,240 / 25,039
4,961 / 30,000

2014 2015 2016 2017 2018 2019 2020 2021 2022

2. 동반성장 - 대중소상생형 스마트공장

1 자발적 확산 체계 마련

대기업이 중소기업과 협력하여 스마트공장을 구축할 경우
정부가 후원하는 상생형 스마트공장 구축 지원
대·중소기업 동반성장 및 민간의 자발적 확산 체계 마련

2 상생 인식 확산

'21년 대비 32개 주관기업이 참여해 중소기업 스마트공장
구축 지원 및 관련 노하우 전수

* ('19년) 10개사 → ('20년) 18개사 → ('21년) 32개사 → ('22년) 35개사(예정)
** (대기업, '21년 기준) 삼성전자, 삼성전기, 삼성SDI, 삼성디스플레이, 포스코,
현대자동차그룹, LG전자, LS일렉트릭, 두산, LG이노텍, 세메스,
(공공기간, '21년 기준) 한국수력원자력, 한국수자원공사, 한국전력, 한국가스공사,
한전KPS, 한국전력기술, 한국중부발전, 한국동서발전, 한국서부발전, 한국남주발전,
한국광해광업공단, 부산항만공사, 울산항만공사, 한국철도공사, 한국지역난방공사,
한국남부발전, 한국석유공사, 인천공항, 인천항만수도권매립, 인천환경공단

3. 도입성과 - 공정·경영 개선성과

1 공정 개선 성과

생산성 28.5%   품질 42.5%   원가 15.5%   납기준수율 16.4%

2 경영 개선 성과

고용율 2.6명 증가   매출액 7.4%   산업재해 6.2%
(기업당 평균 고용)

자료 : 스마트제조혁신추진단

　　정부가 성과측정을 위해 제시하는 일반적 항목에는 생산성 향상, 품질향상, 원가절감, 납기준수율, 고용률, 매출액 증가, 산업재해 저감 등이 있다. 제시된 성과항목이 얼핏 보기에는 타당성이 있는 것처럼 보인다. 하지만, 실상을 들여다보면 디지털화를 통해 스마트공장을 구축하여 사업이 마무리되는 시점인 6개월에서 1년 이내에 이러한 성과항목을 측정하여 성과 타당성을 따지는 것이 옳은 일인가 생각된다. 적어도 성과측정은 시스템을 구축 후 1년 이상 운영되는 시점인 착수

후 2년 정도가 되어야 타당성 있는 성과를 측정할 수 있다고 생각된다. 성과는 단기측정만 해서는 안 되고 지속적으로 모니터링 되어야 한다. 그리고, 가장 중요한 것은 도입기업이 그러한 성과를 기업 스스로 피부로 느낄 수 있어야 한다는 것이다. 성과를 피부로 느낀 기업들은 외부(정부, 고객)에서 강제하지 않더라도 자발적인 노력을 통해 지속적으로 시스템을 고도화하고 혁신활동에 도전하기 위한 투자를 감행할 것이다. 보다 성공적으로 국내 중소 제조기업의 스마트화를 이끌기 위해서는 차라리 스마트공장을 구축하겠다고 참여하는 모든 기업에게 기회를 줘야 한다. 지속적인 공장혁신, 제조혁신이 일어나야 한다. 스마트공장을 구축하겠다는 모든 기업이 참여하게 하고, 모든 기업들을 지원대상으로 하되, 정부의 정책 방향에 맞는 스마트공장 구축을 통해 실제적으로 스마트공장을 통해 얻고자 하는 성과를 달성한 기업에게 차별적으로 지원을 한다면, 스마트공장 구축을 하고자 하는 기업이 형식적으로 하는 일을 막게 될 것이다.

스마트공장을 구축하게 된다면 고용률이 올라간다? 스마트공장을 통해 경쟁력이 높아져 매출이 늘어나서 인원이 추가로 고용된다면 모를까 1년 만에 그러한 성과를 내는 것은 거의 불가능하다. 제조에 참여하는 직접 인원보다는 오히려 스마트공장을 운영하기 위한 스마트화 인력을 추가로 고용하여 고용률이 늘어났다면 신빙성이 있다. 과연 우리 제조기업에서 일하는 스마트인력이 얼마나 늘어났을까?

스마트공장 고도화 방향

2021년까지 국내 스마트공장 지원 누적 수는 25,039개이다.[84] 아마도 2022년 말이 지나면 정부가 목표한 30,000개 기업을 대상으로 한 스마트공장 지원이 이루어질 것이다. 30,000개 기업 중에는 기초수준 단계의 지원을 받고 추가로 중간단계의 지원을 받은 기업도 있을 것이다. 지원기업 중 약 75%의 기업이 기초수준의 스마트공장을 도입하여 운영하고 있다고 한다. 기초수준의 스마트공장을 도입한 기업들은 얼마나 구축된 솔루션을 잘 활용하고 있을까? 기초수준의 스마트공장을 구축한 것이 문제는 아니다. 그것은 지금까지 우리 중소 제조기업들은 전통공장을 벗어나지 못했으니 당연히 제조공정 및 운영관리를 디지털로 전환시키면서 기초수준의 스마트공장을 구축하여 운영하게 된 것이다. 하지만, 기업별 스마트공장의 추진전략을 명확히 기획하고, 설계해서 스마트공장을 단계별로 구축하고 진행하며, 성과를 모니터링했어야 했지만 그러하지 못했다.

필자는 사업 초기부터 우리나라 중소 제조기업을 모두 진단하고 진단한 결과에 따라 스마트공장의 지원전략을 펴자고 관련기관에 건의했다. 모든 중소기업을 대상으로 할 수 없다면 각 지역의 주력기업을 중심으로 진단하고 전략을 세워 실행한다면, 제조경쟁력을 확실하게 높일 수 있는 스마트공장이 구축될 수 있을 것이라고 제언했다. 하지만, 스마트공장을 구축하겠다고 신청한 기업을 대상으로 지원하다 보니 산업이나 국가적 차원에서 효율이 떨어지는 기업을 지원하는 비효율이 발생했다는 생각을 지울 수 없다. 국가와 국가 간의 경쟁에서 국가의 재정자원을 효율적으로 운용할 수 있는 방안과 전략을 짜야 한다. 그것은 기본적인 경쟁력을 지닌 기업을 대상으로 집중적인 육성을 통해 국가 전체 기업의 효율과 효과를 향상시킬 수 있을 것으로 보인다.

스마트공장을 고도화시키기 위해서는 전통공장 수준에서 단번에 고도화 수준으로 올릴 수 없다. 그리고, 기업에 따라 스마트공장의 수준이 단계별로 고도화될 수 있는 기간이나 노력이 다를 수 있다. 어떤 기업은 기초수준 단계의 구축을 통해 성과를 많이 내고 만족도가 높은 기업이 있는 반면에 어떤 기업은 성과가 낮고 만족도도 낮은 기업이 있을 수 있다. 그러므로, 보다 대상기업들을 면밀히 진단하고 검토해서 가장 효율적으로 스마트공장을 구축할 수 있는 대상기업을 선정하고 효율적인 구축방안을 모색해야 한다. 만일, 가능하다면, 최고 수준의 스마트공장 수준인 인공지능 기반 무인자율공장을 구축하는 것이 가장 좋겠지만, 그것은 실현 가능성이 낮다. 기술적으로나 개념적으로는 가능할지 모르겠지만, 기업의 현실을 고려한다면, 단계별로 추진하는 것이 바람직하다. 그리고 가장 중요한 것은 투자효율이다. 막대한 자금을 투자하여 스마트공장을 구축하는 것이 중소기업경영에 효과로 나타난다면 언제든지 도전해야 한다. 형식적인 성과평가가 아니라 실질적인 성과평가가 이루어져야 한다. 성과평가 시 기술, 실무, 현장, 환경을 골고루 이해하는 전문가에 의해 평가가 이루어져야 한다. 성과평가는 이론이 아니다.

최근 스마트공장 핵심기술에 대한 연구개발이 활발하다. 아직 국내 스마트공장 핵심기술을 보유하고 있는 공급기업들이 적고, 그러한 기술을 적용한 사례가 많지 않다. 스마트공장을 고도화시키고 싶어도 아직 관련 핵심기술의 완성도가 떨어지니 적용하는 데에도 신중을 기할 수밖에 없다. 스마트공장 구축을 통한 제조기업의 디지털 전환이 반짝하는 유행이 되어서는 안 된다. 국내 제조기업의 운영 패러다임을 바꾸는 근간이 되어야 한다.

필자는 스마트공장의 고도화 방향을 다음과 같이 제시한다.

첫째, 정부에서 가장 먼저 해야 할 일은 현재까지 추진했던 기업들의 운영실태를 다시 한번 면밀히 검토하여 스마트공장 구축을 통해 정부가 얻고자 했던 본질적 목표를 달성하였는지를 확인해 보아야 한다. 잘못을 따지기 위함이 아니라 고도화 추진 방향을 설정하기 위함이다. 물론, 보급 및 지원대상 기업 수도 중요할 것이다. 하지만, 무엇보다 중요한 것은 스마트공장이 가지는 본질적 혁신인 제조경쟁력이 얼마나 높아졌는가를 확인해 봐야 한다. 제조경쟁력은 국가 경쟁력이다. 또한, 구축된 시스템이 얼마나 활용되고 있고, 기업성과에 영향을 주었는지를 확인해야 한다. 그리고, 부족하고 미흡한 기업이 있다면, 어떻게 개선하여 시스템을 보강하고 지속적인 혁신 및 고도화를 시켜 나갈 것인지를 전략적으로 접근하여 지원된 기업의 스마트화 수준을 높일 수 있는 방안을 수립해야 한다. 기업은 해당 기업의 스마트공장 수준 및 경영전략 관점에서 스마트공장의 고도화 필요성과 방향을 설정하는 것이 바람직하다.

둘째, 단일 기업의 스마트공장 고도화는 기업의 독립성에 따라서 결정되어야 한다. 어떤 특정 기업이 시장에서 공급망에 의해 운영되는 기업이 아니라면 기업의 독립적인 스마트공장의 완전성을 위해 요구되는 솔루션을 구축, 운영하여야 한다. 즉, 필요에 의해서 도입한 각각의 응용시스템(ex. CRM, ERP, MES 등)의 사용성을 확인하고 사업의 특성에 따라 각각의 해당 기업의 스마트공장 완성도를 높이기 위해 요구되는 적합한 응용시스템을 추가하거나 고도화하여 구축하는 것이 바람직하다. 물론, 응용시스템의 활용성과 완전성을 고려하지만 그 전제사항은 제조현장에서 운영되고 있는 설비와의 연결성connectivity이 이루어져야 한다. 왜냐하면, 제조현장에서 발생되는 제조 데이터가 장비로부터, 작업자로부터, 공정으로부터, 센서로부터 수집되어 응용프로그램을 통해 운영되어야 하기 때문이다.

만일, 해당 기업이 독립적으로 운영되는 기업이 아니라 공급망에 의한 가치흐름에 참여하고 있는 기업이라면 공급망 전체의 스마트공장 추진전략에 따라 진행하는 것이 바람직하다. 이에 기업의 경쟁력은 단일 기업에 있는 것이 아니라 공급망의 경쟁력에 있다. 자동차산업의 경우는 공급망에 의해 가치를 만드는 대표적인 산업이다. 이런 산업군에 속해 있는 기업들은 해당 산업의 대표기업들이 모여 상호 이해관계가 되는 스마트공장을 설계하고 운영하는 방안을 수립하여 추진하는 것이 비용, 시간, 효율을 모두 만족시켜 나갈 수 있을 것이다. 공급망에 가장 중요한 역할을 하는 기업이 중심이 되어 공급망에 참여하고 있는 모든 기업이 참여한 공급망을 연계한 시스템이 구축되고 운영되어야 한다. 모기업에서 발주하면 협력사의 생산능력이나 부하를 감안한 발주와 구매가 자동적으로 이루어질 수 있도록 해야 하며, 만일 해당 공급망의 생산능력이 안 될 경우에는 대안을 제시하는 예측 시스템이 되어야 한다. 공급망의 시스템은 가장 저렴하게 가장 빠르고 정확하게 운영될 수 있는 방안이 제시되어야 한다.

| [그림72] 개별기업의 스마트공장 고도화 전략 |

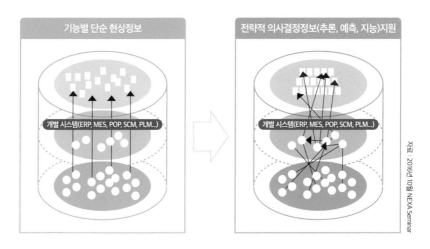

기능별 단순 현상정보

전략적 의사결정정보(추론, 예측, 지능)지원

개별 시스템(ERP, MES, POP, SCM, PLM...)

개별 시스템(ERP, MES, POP, SCM, PLM...)

자료 : 2016년 10월 NEXA Seminar

셋째, 각각의 필요에 의한 기능 솔루션을 도입해서 운영하고 있는 것을 통합, 운영하는 시스템이 되어야 한다. 각각의 필요에 의해 도입된 시스템에 더하여 데이터 통합을 통해 시스템의 성과를 통합적으로 모니터링하고 개선할 수 있는 시스템이 구축되어야 한다. 통합데이터로 운영되는 시스템도 단순히 공정성과에 대한 모니터링을 하는 것과 좀 더 고도화되어 통합데이터로 운영되는 시스템에서 쌓여있는 데이터를 해석하고 분석하여 공정의 최적해最適解를 제공해 줌으로써 성과를 개선하는 방법이 있다. 성과를 개선하기 위해서는 빅 데이터 & 인공지능 솔루션을 활용하여 할 것이다. 최근에 정부에서 관심 있게 추진하는 사업 중에 '디지털 클러스터' 사업이 있다. 이는 공급사슬을 기반으로 한 클러스터를 구성한 후 완제품 제조기업에서 공급업체까지 클러스터를 통해 공정별 데이터를 연동하고 이를 수집, 분석함으로써 예측 가능하도록 하는 것이다. 즉, 단위 스마트공장 간 시스템 통합을 통해 전체 공급사슬에 있는 스마트공장 간의 데이터를 실시간으로 공유하고 분석하여 최적화하는 것이다.

| [그림73] 공급사슬 스마트공장 고도화 전략 |

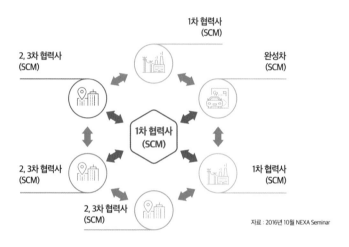

자료 : 2016년 10월 NEXA Seminar

넷째, 스마트공장의 궁극적인 목표인 CPS&AI기반 무인자율공장을 구현하는 것이다. 고객 요구사항, 시장의 변화, 공급사슬의 가치흐름, 가치제조 시스템을 가상물리시스템을 구축하여 미래형 스마트공장을 구현하는 것이다. 고도화된 시스템과 고도화된 스마트인재에 의해 운영되는 최적화된 시스템을 구축하는 것이다. 이 단계까지 도달하기 위해서는 많은 장애가 있으며, 많은 시행착오가 우리를 기다리고 있을 것이다. 최근 보도에 의하면 테슬라의 CEO 일론 머스크는 로봇을 기반으로 한 무인자율공장을 구현하기 위한 시도를 하고 있다. 2022년 테슬라의 4개 글로벌 생산공장의 생산능력은 205만대이다. 하지만, 2030년에는 2,000만대를 생산할 것이라고 호언장담하고 있다. 지금의 10배에 해당되는 생산능력이다. 기존에 완성차 회사가 생산능력을 높이는 방법은 공장의 수를 늘리는 것이었다. 하지만, 테슬라는 무인 자율공장을 통해 UPH^{Unit Per Hour}를 극적으로 향상시키려고 하는 것이다. 이것을 달성하기 위한 방법은 인공지능과 로봇이 기반이 된 무인자율공장을 통해 혁신적인 스마트공장을 구현하는 길밖에는 없다고 생각된다. 이처럼 우리나라의 제조기업들도 혁신적인 사고를 통해 제조강국으로서 거듭날 수 있는 최적의 공장을 만드는 것이 필요하다. 꿈꾸는 자만이 이룰 수 있다.

스마트공장을 구축하고 실현하는 것이 꼭 정부의 동기부여에 의해서 실행되는 것만은 아니다. 제조강국으로서 세계적인 제조경쟁력을 확보하기 위해서는 기업이 반드시 추진해야 할 혁신 방향임에는 틀림이 없다. 스마트공장의 추진 방향 및 고도화 방향에 대한 정답을 가지고 있는 전문가는 없다. 지금 우리가 처해 있는 현실에서 우리가 이루고자 하는 꿈을 가지고 하나하나씩 달성해 나간다면 그 길이 스마트공장의 마지막 종착지가 아닐까 생각한다.

정부의 지원사업은 이제 직접적인 지원에서 간접적인 지원 방향으로 바뀌어야 한다. 혁신의 동기는 제공해 주지만 혁신을 하는 주체는 결국 기업이기 때문이다. 스마트공장을 통해 경쟁력을 확보할 수 있는 길이라면 기업 스스로 혁신의 길을 찾고 실행해 낼 수 있을 것이다. 스마트공장 고도화를 통해 성공한 기업이 많으면 그 길이 곧 진리가 될 것이다.

04.
성공적인
스마트공장을 위한 제언

기업이 제대로 혁신해야 한다.

기업이 혁신을 하는 것은 기업 스스로의 경쟁력을 갖기 위해서이다. 지난 50년 동안 한국의 중소기업들은 혁신이라는 주제로 기업을 변화시키려는 노력을 기울였다. 하지만, 올바르게 혁신을 이해하고 제대로 된 혁신을 추진한 기업은 기대와는 달리 많지 않다. 기업의 대표들은 제조 중심적, 노동 중심적, 설비 중심적, 자본 중심적 활동에만 관심이 많았다. 정작 비즈니스에 대한 관심과 공부는 게을리 한 것이 사실이다. 기업 혁신을 위해 찾게 되는 'CEO 아카데미'나 '세미나' 등에서도 혁신을 위한 학습보다는 사람과의 관계 중심적 활동에 치우치게 된다. 물론, 학습 모임에서 만난 대표는 같은 고민을 하는 대표들과 동지애를 느끼기도 하고 사업 파트너가 되기도 한다. 하지만, 성공적인 기업 운영을 위해 혁신하는 방법, 경영하는 방법, 새로운 전략 수립 방법, 조직을 운영하는 방법, 성공한 기업사례, 실패한 기업사례

등 많은 경험과 지식을 갈망한다. 하지만, 중소기업 대표들을 위한 내실 있는 교육이나 훈련 프로그램이 없는 것이 사실이다. 이러한 내실 있는 교육, 훈련 프로그램이 보기 드문 이유는 중소기업 대표들이 공부에 관심이 없어 참여도가 낮기 때문이다. 어쩌면 정말 유익한 교육 프로그램이 없기 때문일 수도 있다. 지금까지는 대표자가 기업 운영에 대한 지식을 기반으로 운영하기보다 고객의 책임자와의 인간관계에 중점을 두었다. 기업을 성장시키고 혁신시키기 위해 중소기업 대표자는 열심히 공부해야 하고, 공부하는 데 드는 비용을 아까워해서는 안 된다. 교육 프로그램을 기획하고 개발하는 기업들이 더 훌륭한, 마음에 와닿는, 참여자들에게 감동을 주는 기업경영에 현실적으로 사용 가능한 교육을 개발하기 위해서는 많은 돈이 들어간다. 교육 소비자가 돈을 지불하지 않는데 좋은 프로그램이 나오기 만무하다. 지식에 투자하지 않는데 좋은 지식이 만들어지지 않는다. 경영에 인문학, 공학, 철학이 따로 없다. 기업을 경영하는 사람은 세상의 다양한 지식을 효율적으로 습득하고 기업경영에 적용해야 한다. 기업에 활용되는 것은 결국 융합된 경험과 지식이다.

기업은 혁신하지 않으면 살아남을 수 없는 시대에 살고 있다. 기업은 비즈니스를 통해 가치를 창출하고 이를 통해 고객과 함께 혁신해 나가야 한다. 지금까지, 아니 현재도 제조기업은 비즈니스를 통한 가치 창출보다는 자본투자를 통한 수익을 얻고 있다. 지금까지는 사업을 통한 수익보다는 자본투자를 통한 수익이 훨씬 많은 부富를 대표자들에게 가져다주었다. 그렇다 보니 기업 대표자들은 비즈니스를 혁신하는 노력을 기울이기보다는 자본투자를 통해 손쉽게 수익을 얻을 수 있는 방안을 찾는 데 몰두했다. 팽창시대, 성장시대에서는 자본가치 증가속도가 비즈니스를 통한 가치 증가속도보다도 빨랐다. 하지만, 침체시대, 수축시대에서는 그러하지 못하다. 물론, 새로운 비즈니스 모델로 새로운 시장과 고객을 창조해 나가는 기업들이 많다. 하지만, 제조기업 대표자들은 과거 학습을 통해 비즈니스보다는 자본투자를 통해 수익에 대한 재미를 많이 봤다. 하지만, 기업경영은 재무적인 가치성과로 모든 성과를 대변할 수 없다. 기업 운영 목적이 수익을 내는 것이지만, 본질적인 목적을 들여다보면 많은 사명과 비전이 담겨 있다.

지금까지는 혁신을 위한 가치 창출을 위해서는 너무도 많은 시간과 노력이 필요했다. 자본투자를 통한 가치 창출과 비즈니스의 혁신을 통한 가치 창출에서 자본투자를 통한 가치 창출이 단기적으로는 수익도 크고 혁신을 통한 가치 창출보다 훨씬 쉽다.

우리나라의 중소 제조기업이 왜 스마트공장을 구축해야 하는지에 대해서는 이제 명확히 전달되었다고 생각한다. 우리나라는 자원이 없다. 그래서, 우리가 가용할 수 있는 자원인 인적자원, 지식자원, 사회자원이 가장 중요하다고 말할 수밖에 없다. 자원이 없다 보니 끊임없이 변화와 혁신을 부르짖으면서 여기에 집중할 수밖에 없기도 하다. 우리는 많은 국가에서 자원을 수입해서 우리의 기술과 노동력으로 고객이 원하는 제품을 만든다. 그것이 우리가 할 수 있는 가장 보편적인 방법이다. 그러므로, 우리가 제조를 통해 세계 각국과 경쟁하기 위해서는 생산기술과 공정기술로 무장하여 가장 잘 만들어야 한다. 그런데, 지금까지는 가장 잘 만들 수 있는 설비조차도 수입해서 사용했다. 원천기술이 없기 때문이다. 우리는 매일 고객이 원하는 제품을 빠르게 저렴하게 만들어서 제공하기 바빴다. 그렇다 보니 기술 쌓을 시간이 없었다. 또 기술 쌓을 돈이 없었다. 고객이 규정한 제품을 잘 만들어주는 데 집중하다 보니 수익을 내는 구조를 만들기가 쉽지 않았다. 고객이 원하는 제품을 빠른 시간내에 가장 저렴하게 만들어 공급하기 위해서 설비투자는 필수적이었다. 설비투자를 통해 제품을 생산하고 고객에게 제공한 후 새로운 제품의 생산을 위해서 또다시 설비를 투자하는 일이 반복되었다. 생산활동으로 만들어진 수익은 새로운 설비를 투자하는 데 모두 쓰여졌다. 그런 사정으로 중소 제조기업은 자금이 항상 부족하다.

제조기업은 일사불란하게 움직여야 한다. 마치 기계의 톱니바퀴가 돌듯 빈틈없이 돌아가는 기업이 경쟁력이 높다. 과거는 사람 중심의 혁신을 이루었다. 하지만, 이제 생산가능인구가 점점 줄어들고 있고, 청년들은 이제 제조기업에 참여하지 않는다. 앞으로 제조기업이 지속 가능성을 확보하기 위해서는 시스템 중심, 기계 중심, 로봇 중심으로 전환되어야 한다. 이처럼 시스템 중심, 기계 중심, 로봇 중심으로 전환되기 위해서는 데이터 기반이 되어 디지털 기업으로 거듭나는 방법밖에는 없다. 시대가, 경영 패러다임이, 기술발전이 이러한 혁신을 더욱 촉진하고 있다.

중소기업 대표는 새로운 사고로 무장해야 한다. 새로운 사고 속에는 디지털 기업, 고객 중심기업, 브랜드를 가진 기업으로 변화하기 위한 혁신 의지가 반드시 필요하다. 중소기업 종업원들은 새로운 세상을 인정하고 새로운 세상에서 경쟁하고 가치를 만들 수 있는 능력을 길러야 한다. 이제 단순한 일은 기계와 로봇이 한다. 기계와 로봇은 사람보다 일도 잘하고 비용도 적다. 만일 기계와 로봇이 하는 일을 사람이 하려고 하면 저임금을 감수해야 할 것이다. 하지만, 저임금은 삶을 살아가기 위한 기본적인 비용도 충족시켜주지 못할 것이다. 그러므로, 스마트화 역량을 가진 인재로 거듭나야 한다. 스마트화 역량은 개발되고 제공되는 스마트 기기와 장비를 사용하는 데 그치지 않는다. 생산성과 효율을 보다 극대화할 수 있는 혁신도구와 시스템을 운용할 수 있는 능력을 길러야 한다. 제조기업의 엔지니어링 핵심인재가 되기 위해서는 차별적인 엔지니어링 기술과 개발능력이 있어야 한다. 앞으로 10년이 채 남지 않았다.

제조기업이 과거와 같은 형식적인 혁신을 통해 생존할 수 있는 시대는 끝났다. 과거의 혁신이 노동 중심적, 일 중심적이었다면 이제는 시스템 중심적, 디지털 중심적이 되었다. 혁신하겠다는 선언으로 얻을 수 있는 것은 아무것도 없다. 이제 당장 디지털 혁신을 위한 활동에 착수해야 한다. 오늘의 혁신은 10년 후 기업의 지속 가능 여부를 결정하게 될 것이다. 지금의 아날로그 기업을 디지털 기업으로 전환하는 출발점은 스마트공장이다.

공급기업의 역량 확보

스마트공장을 성공적으로 추진하는 데 많은 참여자들이 있지만, 참여자 중 공급기업의 역할 중요성은 단연 으뜸이다. 하지만, 스마트공장 사업 초기 MES 위주의 생산정보시스템 구축 일변도로 지원을 하다 보니 소규모 공급기업(소프트웨어 개발기업)이 우후죽순 나타나기 시작했다.

모든 일이 그렇듯이 시장의 성장성이 높은 분야에는 많은 플레이어들이 몰리게 되어 있다. 하지만, 참여하는 공급기업들의 역량을 제대로 평가하지 않은 채 문호를 개방하다 보니 스마트공장의 궁극적인 목적과 목표를 기반으로 사업을 추진하는 것이 아니라 소프트웨어 개발능력으로 고객이 원하는 소프트웨어를 단순히 생산하는 공급기업들이 많아지게 되었다.

아쉽게도 정부의 주관기관은 스마트공장 사업참여를 위한 최소한의 역량 평가도 없이 개발인력만 일정수준 보유하고 있다면 스마트공장 공급기업으로 등록할 수 있게 했다. 스마트공장 사업에 참여하는 도입기업들은 많은 공급기업 중에서 선택할 수 있는 폭이 넓어졌지만, 그들의 능력을 객관적으로 평가하여 정보를 제공받는 데에는 한계가 있었다. 최소한의 스마트공장 공급능력을 제공할 수 있는 공급기업을 객관적으로 평가하고 평가한 사항을 수요기업에게 제공하여 공급기업 선택을 지원했어야 하지만 그렇게 하지 못했다. 그러한 결과로 성공하지 못한 스마트공장 프로젝트가 여기저기에서 나타났다.

스마트공장은 점점 진화하고 있고, 고도화되고 있다. 단순히 소프트웨어만을 생산해 낼 수 있는 능력이 있다고 스마트공장을 성공적으로 수행할 수 있다고 보기 어렵다.

그림42. 스마트공장 융합기술 3요소에서 보는 것처럼 스마트공장을 구축하는 데 요구되는 능력은 전략적 기능strategic function과 OTOperation Technology, ITInformation Technology의 놀리지웨어knowledgeware, 소프트웨어software, 하드웨어hardware를 통합하고, 융합할 수 있는 능력이 있어야 한다.

또한, 해당 기업의 중장기 스마트공장 추진전략 및 로드맵을 설계하고, 제시하며 꾸준히 기업의 역량을 스마트공장으로 높일 수 있는 기술을 보유해야 한다. 일각에서는 현재 진행되고 있는 스마트공장 확산, 보급사업이 2000년대 초에 정부에서 지원한 '중소기업 ERP 지원사업'과 '중소기업 생산정보화 지원사업'과 유사하다고 한다. 솔루션 공급기업은 중소기업의 업무효율을 올릴 수 있는 정보시스템을 개발하고 패키지package화하여 이를 찾는 고객에게 제공하였다. 이처럼 스마트공장 지원사업도 지금까지 진행된 여타 정부지원사업과 별반 다를 게 없었다.

2014년부터 진행되고 있는 스마트공장 확산, 보급사업도 제조기업을 대상으로 단계적 스마트화를 진행하려고 하다 보니 생산정보시스템인 MES제조실행시스템을 위주로 도입, 적용되었다. 하지만, 과거에 정부에서 진행한 정보시스템 지원사업은 대부분 공학적 접근으로 인해 정보시스템을 도입하고 적용하는 데 초점이 맞추어져 있었다. 그렇다 보니 솔루션을 도입해서 적용하는 데 중점을 두었다. 하지만, 현재 진행되고 있는 스마트공장 확산, 보급사업은 공학적 접근이라기보다는 경영혁신적 접근에 더 가까울 것이다. 단순히 스마트공장에 접목될 기술을 개발해서 적용하는 것에서 벗어나, 제조기업의 디지털 전환, 지속가능성, 비즈니스 전략적 결정 등 혁신을 통한 새로운 패러다임에 적응 가능하도록 해야 한다. 그러나, 여전히 공급기업의 대부분은 IT 솔루션을 보유한 기업들이 대부분이다. 제조기업의 혁신을 지원하기 위해서는 공학적 솔루션도 중요하지만, 경영혁신적 솔루션도 중요하다. 스마트공장이 기초단계에서 고도화단계의 중요성이 강조되고 있는 시점으로 제조기업이 단순히 솔루션을 도입, 적용하는 것에서 벗어나 실행 가능한 추진전략을 수립하여 기업의 지속 가능성과 혁신을 위한 방안이 구체화되어야 하는 시기가 되었다. 그렇기 때문에 공급기업은 단순히 솔루션을 개발하여 보급하는 것에서 고객의 지속 가능성과 혁신성을 고려할 수 있는 역량을 가져야 한다. 즉, 단순히 IT 기술만을 보유한 기업은 수요기업, 고객과 함께 호흡하며 그 기업의 경쟁력을 위한 솔루션을 완전하게 제공할 수 없다. 전략적 설계와 혁신적 프로세스, 경험과 핵심기술을 보유하며, 고객 관점에서 사고하고 혁신할 수 있는 공급기업이 필요하다. 또한, 복합기술(빅 데이터, 인공지능, CPS 등)을 보유한 각각의 기업들을 조직하고 협업체계를 만들 수 있는 능력을 보유한 공급기업이 필요하다. 스마트공장의 수준이 고도화되면 될수록 공급기업의 역량도 복합화되고 융합화되고 고도화되어야 할 것이다. 스마트공장의 국가 정책을 기획하고 집행하는 기관에서도 이러한 사실을 인식하여 공급기업의 역량을 향상시킬 수 있는 프로그램을 개발, 운영해야 한다. 그러나 아쉽게도 현재 스마트공장 지원사업에서 제공하는 공급기업 역량 향상 프로그램은 정부지원사업에 대한 행정적 이해를 돕거나 사업을 추진하는 데 필요한 산출물을 작성하는 방법을 교육하는 데 그치고 있다. 물론, 공급기업이 사업을 추진하는 데 있어서 작성되어야 할 산출물을 준비하는 것도 중요할 것이다. 하지만, 공급기업이 수요기업의 스마트공장을 성공시킬 수 있는 요소(전략, 제품, 솔루션, 서비스 등)를 개발하는 데 더 많은 시간을 투자해야 한다. 지금은 평가를 위한 산출물, 감리를 위한 산출물을 정리하는 데 너무 많은 시간이 소요된다. 스마트공장의 추진내용에 대한 상세한 내용을 통해 검증을 하는 것도 중요할 것이다. 하지만, 어떤 일에 대한 결과에 대한 가치가 과정에 대한 가치보다 적다면 그것은 잘못 설계된 프로세스이다. 만들어진 산출물이 사업 완료된 후 얼마나 재사용 되는지 생각해 보아야 한다. 작성된 산출물이 평가를 위해서 준비된다면 이는 낭비이다. 물론 작성될 산출물의 양이 공급기업의 업무에 중요한 영향을 미치지 않는다면 괜찮겠지만 지금의 경우는 쓸데없이 많은 형식적인 산출물 때문에 공급기업이 시간을 낭비하고 있다. 지금은 너무 형식적인 자료 작성이 많다. 꼭 필요한 핵심적인 자료가 정리되고 활용되고 철저히 관리되는 것이 필요하다.

정부의 역할-행정을 위한 행정을 하지 말자

정부의 역할은 국가운영에서 절대적이다. 정부는 국가의 미래를 책임진다. 국가의 미래 발전을 위해 나아갈 방향을 결정하고, 자원을 배분하며, 정책을 수립함은 물론, 세부 실행방안을 세워 실행해 나간다. 실행해 나가는 방법은 경제주체들이 뛸 수 있도록 동기를 부여하고 지원하는 것이다. 그러므로, 정부는 국가 경쟁력을 확보하기 위한 명확한 정책을 세우고 경제주체들로부터 동의를 얻어 실행해 나가면 된다. 그런데, 정부의 정책실행에 있어서 기업들에게 지원하는 사업에 있어서 행정적으로 너무 복잡하고 낭비가 많다는 것이다. 사업이 목적 중심적이지 않고, 형식 중심적이다. 각 지원사업은 그 추진배경과 목적이 분명히 있다. 그런데, 지원대상을 선정할 때 너무 많은 준비자료를 요구한다. 정작, 평가하는 평가자들이 그 자료를 상세하게 볼 수 없을 정도로 준비자료는 너무 많다. 연구개발 지원사업의 경우에는 사업계획서조차 평가위원들이 꼼꼼하게 읽어보지 않는다. 읽어볼 여유도 없겠거니와 사업계획서가 너무 방대하다. 사업계획서를 작성하고 발표자료를 또다시 요구한다. 매일 경제 전쟁을 치르는 기업은 구구절절 소설처럼 만든 사업계획서가 필요하지 않다. 기업은 실행 가능성 위주의 기획서가 대부분이다 보니 두꺼운 소설책을 만들지 않는다. 한두 페이지의 핵심내용으로 운영된다. 하지만, 정부지원사업은 사업계획서 따로 발표자료 따로 만든다. 아마 사업계획서 작성한 양만 보더라도 막대할 것이다. 하지만, 정작 사업계획서를 꼼꼼히 읽어보고 제대로 평가하지 않는다. 스마트공장 확산, 보급사업의 경우는 연구개발 지원사업과도 성격이 다른 지원사업임에도 더욱더 복잡하고 많은 서류를 요구한다. 평가단계도 너무 많다. 어떤 경우에는 정말 지원해 주기 위해서 사업을 기획한 걸까 하는 의구심이 들 때도 있을 정도로 요구서류가 많다. 문서를 위한 문서, 행정을 위한 행정이 아닌 실질적이면서 성과 지향적인 프로세스가 필요하다. 기업이 정부지원사업에 참여한다는 것은 이미 혁신하겠다는 의지를 지니고 있다. 그러므로, 필자가 제안하는 '선 구축, 후 지원' 체계처럼 지원사업에 참여하겠다는 모든 기업을 지원하면 된다. 그러므로 기업의 참여요건만 검토하여 요건에 문제가 없다면 모든 기업을 참여시키면 된다. 지금까지는 지원할 대상기업을 선정하는 데 너무 많은 행정적 절차와 서류가 있었다. 이는 대상기업이 하고자 하는 모든 일(계획)의 적합성과 타당성을 검증하려고 하니 생기는 것이다. 물론 공정성이나 객관성을 높여 타당성을 확보하자는데 있는 줄 안다. 그러나 계획대로 되는 일이 얼마나 될까?

그런데, 어렵게 지원대상 기업을 선정한 후 정작 지원사업 성과평가를 하는 시점에서는 흐지부지하는 경향이 있다. '선 구축, 후 지원' 방식으로 운영한다면, 선정은 쉽게 하겠지만, 지원은 그 기업이 실질적으로 얻은 성과에 따라 지원하게 됨으로써 훨씬 성과 지향적이 될 것이다. 정부지원사업은 많은 중소기업과 중견기업이 성장할 수 있는 기회를 제공하고 있는 것은 틀림없는 사실이다. 그러나 현재 정부지원사업 예산이 늘어나고, 그에 따른 관리인원보다 수요인원이 늘어나기에 관리 측면에서 부족하다. 이에 처음 정부지원사업 취지와 달리 수요기업 혹은 공급기업의 자금조달 수단으로 이용되는 즉, 부정 수급이 매년 이루어지고 있으며, 이에 정부에서는 매년 기준을 엄격하게 강화하는 등 많은 대응책을 제시하여 부정 수급을 방지하고 있으나, 관리인원 부족으로 모든 부정 수급을 방지하기에는 어려움이 있다. 이와 같이 관리인원 부족으로 생기는 문제점은 관리대상을 줄임으로써 가능할 것이다. 행정을 위한 행정을 버린다면 업무처리 절차가 간소화될 것이고, 업무처리가 간소화되어 누구나 쉽게 모니터링하게 된다면 부정한 방법이 개입될 여지를 줄일 수 있을 것이다.

선先 구축, 후後 지원시스템

중소기업을 육성하고 활성화하는 것이 국가 경쟁력에 있어서 중요하다는 것에 공감하며 또, 정부의 역할이 매우 중요하다는 것도 두말할 나위가 없다. 하지만, 아쉽게도 현재는 정부지원 제도의 특징을 보면 많은 낭비요소를 지니고 있으며, 일분일초가 아까운 경제상황에서 너무도 많은 에너지를 정부지원(평가)을 받기 위한 노력을 기울이는 기업이 너무 많다. 경영환경이 급변하는데 기업들에게 요구되는 기술, 혁신, 방법 등을 정부로부터 지원받는 데 소요되는 에너지와 노력이 막대하며, 행정적인 절차로 인해 필요한 시점에 지원을 못 받는 경우도 많다. 기업을 운영하는 데 있어서 자금이든 기술이든 인력이든 제때에 확보되고 운영되어야 하는데도 말이다.

정부는 국가가 나아가야 할 방향에 적합한 정책 방향을 결정하고 이를 과제화하여 기업들을 지원한다. 그러나, 현재의 정부지원사업의 프로세스를 보면 과제를 기획하고 이를 신청하여 평가받아서 선정이 되면 지원을 받는 프로세스로 되어 있다. 그런 프로세스로 진행되다 보니 많은 기업들이 제한된 예산에서 서로 경쟁하여 지원을 받고자 한다. 기업들이 추진하고자 하는 과제를 구체화하여 사업기획을 하면 이를 객관적으로 평가하여 지원 타당성을 결정한다. 이렇게 진행되다 보니 많은 기업들이 사업기획을 통해 사업신청서를 작성하게 되고 작성된 사업계획서를 전문가들로부터 평가를 받아서 지원 여부를 결정하게 된다. 이렇게 기업은 사업기획, 신청, 사업계획 평가까지 많은 시간이 소요됨과 아울러 정부기관에서는 지원(사업, 기술) 타당성을 평가하는 데 적지 않은 돈이 들어간다. 행정직원의 인건비, 경비, 운영비 및 평가위원의 수당, 출장비, 식사비 등이 소요된다. 물론 이러한 비용은 객관성과 타당성 그리고 성공 가능성을 높이기 위함이기도 하지만 전체 비용으로 보면 적지 않은 비용을 소모해야 한다. 하지만, 이것은 눈으로 보이는 직접비이다. 간접적으로 소요되는 비용은 더욱 크다. 사업계획서를 작성하고, 제출하고, 대기하고, 평가받기 위해 시간을 투자하고 출장비용이 소요된다. 그렇게 해서 선정되면 지원금을 받게 되겠지만, 그렇지 못한 경우는 비용과 시간만 날리게 된다. 기업은 이러한 비용도 아깝다. 사업기획에서 평가 및 선정까지 소요되는 시간이 대략 5개월~6개월이 소요되니 기업으로서는 얼마나 많은 에너지와 비용이 투자되어야 하겠는가.

　필자는 이제 정부가 지원사업에 대한 접근방식을 바꾸는 것이 필요하다고 생각된다. 정부는 지원사업을 통해 각 기업들이 새로운 기술을 개발하고 공정을 혁신하며 혁신할 자금을 지원하고, 새로운 도구를 도입하여 기업의 경쟁력을 높이려고 하는 것이다. 만일, 기업의 경쟁력을 높이려고 하거나 혁신하려고 하지 않는 기업은 지원사업에 참여하지 않을 것이다. 그러므로 필자의 접근방식은 정부지원사업에 참여하고자 하는 기업들은 평가 여부에 관계없이 모두 참여하도록 하는 것이다. 정부가 제시한 정책 방향과 과제에 대해서 기업은 연구하고 해당 기업에 요구되는 지원사업이 있다면 참여하는 것이다. 이때, 참여하고자 하는 모든 기업은 별도의 평가 없이 해당 과제를 정부지원사업에 등록 후 진행한다. 진행 착수 시 정부는 과제가 정부지원사업을 통해 추진하고자 하는 과제라고 인정되면 승인해 준다. 구체적인 타당성은 기업이 과제를 진행하는 과정 속에서 따져보면 된다. 승인을 통해 정부지원금 10% 정도를 먼저 지원하며, 해당 과제 추진조직을 구성할 때 정부에서 파견한 전문가 및 촉진자accelerator를 배정하여 프로젝트를 성공할 수 있도록 지원하고 촉진할 수 있도록 도와준다. 기업은 해당 과제를 추진하기 위해 소요되는 비용을 개별기업이 조달해야 한다. 물론, 정부에서 지원한 10% 정도의 예산 이외에 대해서 기업이 자체적으로 조달해야 한다. 이때, 기업 자체조달 시 조달능력이 떨어지는 경우는 정부의 일부 신용보증, 투자기관 연계 등의 방법을 활용하여 조달하게 한다. 해당 기업은 조달한 자금을 활용하여 해당 과제를 수행하며, 수행결과가 성과로 전환할 시점에 성과평가를 통해 정부지원을 받을 수 있다. 이때 수행성과평가는 매우 객관적이고 구체적이며 합리적인 관점에서 진행되어야 한다. 이를 통해 해당 과제의 성공(성과) 정도에 따라서 정부지원금을 차등 지급하는 시스템으로 바꾸는 것이 보다 효과적이라고 생각된다.

│ [그림74] 선 구축 후 지원 프로세스 │

과제기획	과제등록	혁신착수	혁신실행	성과평가
	정책 정합성 판단	지원금 10%	혁신자금 자체조달	혁신 성과 차등지원

선 구축, 후 지원하는 시스템으로 변경하게 된다면, 선정을 위해 소요되는 비용과 시간이 절감되고, 기업은 형식적인 사업기획을 하지 않을 것이며, 보다 성공 가능성이 높고, 사업성이 있는 지원과제들이 진행될 수 있을 것이다. 무엇보다 기업이 혁신해야 할 시기를 놓치지 않고 적기에 혁신할 수 있을 것으로 판단된다. 현재의 지원제도는 선정 평가하는 데 많은 노력과 에너지를 기울이고 있지만, 정작 선정된 과

제들이 처음 기획하고 계획했을 때의 결과와 성과를 얻지 못하는 경우가 너무 많다. 실패한 과제들이 많지만, 평가 시 선정되었기 때문에 성과에 대해서는 보다 관대한 것 같다. 그래서인지 정부지원과제를 통해 생존을 연장해 나가는 좀비기업^{zombie company}[85]들이 주변에 많이 보인다. 좀비기업을 일제히 정비하지 못하는 이유도 있을 것이라 생각된다. 하지만, 좀비기업들로 인해 혁신 기회를 놓치는 기업들이 더 많다는 사실을 알아야 한다. 또한, 선 구축, 후 지원시스템을 통해 중복지원을 받거나 지원사업의 속성을 잘 파악한 기업만이 반복적으로 지원받는 것도 통제할 수 있을 것으로 생각된다.

스마트공장 지원사업도 선 구축, 후 지원하는 시스템으로 바꾸는 것이 바람직할 것이다. 정부의 예산이 확보되는 시기와는 상관없이 연속적인 방법으로 해당 기업이 성공적으로 스마트공장을 추진하는 경우 추진된 결과와 성과를 기반으로 지원하는 것은 어떨까?

현재와 같이 신청, 평가, 선정하는 절차에 너무 많은 시간과 비용을 들이지 않고 효율적으로 운영함으로써 보다 단순하고 혁신적인 프로세스가 되지 않을까 제안해 본다.

기술연합체 구성과 건전한 생태계 조성

2014년부터 시작된 '산업혁신운동 3.0'은 제조 산업의 변혁을 불러일으키고자 범정부 차원에서 추진하였다.

이제 '산업혁신운동 3.0'은 '스마트 제조혁신운동'이라는 이름으로 변경하고 자리를 잡아가는 것 같다. 제조업을 영위하는 것은 쉬운 일이 아니다. 제품개발과 생산, 판로개척, 인적자원 확보에서부터 관리까지 어느 것 하나 쉬운 일이 없다. 이러한 중소기업에 불어닥친 환경은 말 그대로 격정적인 변화의 소용돌이 속에 있다.

제조기업들은 환경 변혁에 대응하기 위해 사업전환, 기술전환, 공정전환의 대전환을 꾀하고 있는데, 그 기반에는 디지털 전환이 자리하고 있다. 제조기업이 마주한 환경 속에서 지속성장 가능성 확보를 위해 추진하는 대전환은 이제 단일 기업이 보유한 단일 기술만 가지고 변화하는 환경을 헤쳐나가는 데에는 한계가 있다. 이에 핵심기술을 보유한 전문기업들은 산업을 선도할 기술 로드맵을 함께 설계해 나가야 한다. 또한, 기업 간, 기술 간 상호연계되고 통합, 융합되는 기술을 통해 대전환을 이루고자 지속적으로 노력해 나가야 한다.

과거에는 단일 기업의 기술을 통해 산업을 혁신시키고 기업의 경쟁력을 확보 및 강화해 나갈 수 있었지만, 이제는 단일 기업이 보유한 단일 기술만으로는 새로운 시대에 맞는 새로운 가치를 창출하는 데 어려움이 있다. 과거는 자동화 기술만 보유하여도 충분히 시장에서 서비스를 제공할 수 있는 능력이 있었다. 하지만, 현재는 자동화 기술과 함께 인공지능 기술을 통합 및 융합하여 고객에게 제공함으로써 가치를 배가시킬 수가 있게 되었다. 덧붙여, 로봇기술과 정보기술을 통합하여 최적운영을 하는 데 더욱 시너지 효과가 나게 되었다. 이처럼 이제 단일 기술을 보유한 기업들은 상호 시너지를 낼 수 있는 기술적 융합과 결합을 위해 다른 기업 및 조직과 기술연합체alliance를 구성해야 한다.

기술연합체는 기술을 가진 공급기업들만으로 구성되어서는 안 된다. 스마트공장 기술을 필요로 하는 수요기업, 스마트공장 기술을 공급하는 공급기업, 스마트공장 기술을 연구하는 연구조직 및 기관, 스마트공장 기술을 확산, 보급하기 위해 활동하는 전문가 등 많은 관련자들이 함께 스마트공장의 궁극적인 목적을 향해 함께 나아가야 한다.

스마트공장을 도입하고자 하는 기업을 위해 스마트공장에 필요한 정보전략기술, 생산운용기술, 정보통신기술 등을 종합적 관점에서 제공해 줄 수 있는 기술연합체를 구성함으로써 제조기업의 디지털 전환에 대한 실패 확률을 줄이고 성과를 극대화해 낼 수 있다고 생각된다. 기술연합체의 중심은 전략적 기획능력을 지닌 기업이 되어야 하고, 전략적 기획능력을 지닌 기업을 중심으로 각 단위 기술을 보유한 기업들이 연합하여 참여하는 것이 바람직하다 하겠다.

스마트공장의 성공 여부는 앞으로 기술연합체의 역량에 달려있다고 해도 과언이 아니다. 또한, 제조기업의 디지털 전환을 돕는 기술연합체는 건전한 스마트공장 생태계 속에서 더욱 빛을 발휘할 것으로 본다. 지금까지는 과거와 같이 단순히 제조기업들의 관리 프로세스를 전산화하는 수준에서 접근했다면, 이제는 스스로 생각하고 운영되는 스마트공장이 되어야 한다.

스마트공장은 우리 제조기업들의 디지털 전환을 위해 적용되어야 할 핵심기술이다. 이러한 핵심기술을 확산시키고 발전시키기 위해서는 정부, 기업, 연구기관, 학교, 전문가, 투자자 등 이해관계자들의 건전하고 투명한 참여가 필수적이다. 우리나라가 국제적인 경쟁력을 확보하기 위해서는 핵심적인 제조기반 기술을 제공하는 길밖에는 없다. 이는 어떤 한 조직만이 열심히 하고 올바른 길로 간다고 되는 것이 아니라 목적과 결의를 바로 세우고 관계된 이해관계자들이 함께 노력해야 한다. 건전한 생태계를 조성하기 위해서는 정부, 전문가, 학계뿐만 아니라 주체가 되는 기업이 함께 노력해야 한다. 정부는 제조기업의 디지털 혁신과 스마트공장 도입 운영에 대한 명확한 이해를 제공해주어야 한다. 또한, 제조기업의 디지털 전환과 스마트공장 구축에 대한 실질적인 사례를 지속적으로 공개하고 공유함으로써 고도화 및 발전된 스마트공장 구현에 도움이 될 것이다. 사례연구를 기반으로 성공 가능성이 높은 스마트공장 사업 및 기업에 투자자들이 적극적인 투자를 실행함으로써 제조기업의 디지털 전환에 대한 선순환 흐름이 만들어질 수 있을 것이다. 기술기반 클러스터를 조성하고 끊임없이 새로운 기술에 도전함으로써 기업들은 축적의 시간을 갖게 될 것이고 이는 새로운 경쟁력으로 변환될 것이라고 생각한다.

전 세계는 코로나19로 인해 제조기업의 중요성이 다시 부각되고 있고, 제조업의 경쟁력이 곧 국가 경쟁력이라는 인식을 다시 하고 있다. 제조강국인 대한민국의 많은 중소기업들의 디지털 전환과 스마트공장 구축 사례, 기술들은 또 다른 비즈니스 기회를 제공해 줄 수 있을 것으로 기대한다.

혁신을 향한 끝없는 여정을 함께 합시다.

2014년도 가을, 필자는 항공부품을 가공하는 경남 김해에 위치한 A회사의 공장혁신 컨설팅 프로젝트를 수행하고 있었다. 어느 날 오전에 현장직원들을 대상으로 한 교육을 마치고, A사 대표자와 점심식사를 함께 하게 되었는데 A사 대표는 식사를 하면서 회사 이야기, 인생 이야기, 어려웠던 과거시절 이야기 등을 들려주었다. 그런데, 회사가 몇 년간 계속 성장하고 있어 한편으로 흐뭇하기도 하지만, 한편으로는 두려움이 크다고 하였다. 규모가 커지고 성장함에 따라 대표자 자신이 관리하는 데 한계를 느끼고 있다고 하였다. 이런 어려움을 해소하고 보다 더 효율적인 관리와 구성원들의 일을 조금이라도 덜어주고 싶다는 심정으로 정보시스템인 ERP기업자원관리시스템를 도입하고 많은 비용을 투자했음에도 불구하고 전혀 기능을 하지 못하고 있는데 이유를 모르겠다고 어려움을 토로하였다. 그러면서, 공장혁신생산성 향상 프로젝트를 하러 온 내게 왜 그런지 이유를 찾아봐 달라고 하였다. 처음에는 내 전공분야?가 아니기 때문에 IT 분야의 전문가에게 의뢰하라고 하였는데, IT 전문가는 너무 기술적으로 설명하고, 회사 업무를 전혀 모른다고 불평하였다. 그래서, 나는 전공분야는 아니지만, A사 대표의 어려운 심정을 이해해 보자는 마음으로 그 기업이 구축한 ERP를 들여다보기 시작했다. 며칠 동안 ERP 구축을 위해 진행되어 온 과정과 정보시스템을 설계하기 위해 업무프로세스를 확인하고 표준화한 자료, 그러한 자료를 바탕으로 정보시스템을 설계한 자료, 프로그래머들에 의해 개발된 프로그램, 개발된 프로그램의 운영실태를 확인하고, 프로젝트에 참여한 담당자들의 의견을 들어본 결과 다음과 같은 결론에 도달하게 되었다.

첫째, 그 기업의 대표자와 조직구성원들이 정보시스템스마트화, 디지털화에 대한 지식이 전혀 없었다. 정보시스템에 대한 지식이 없다 보니 그저 정보시스템을 도입해서 구축하면 저절로 운영된다고 생각했다. '안타깝게도 너무 아는 것 없이 무지無知에서 시작했구나.' 하는 생각이 들었다. 그렇다 보니 정보시스템을 통해 업무를 혁신하겠다고 하는 인식이 없었다. 더군다나 경쟁사에서 정보시스템을 구축해 운영하고 있다는 고객의 말만 듣고 경쟁에 뒤처지지 않기 위해 정보시스템을 도입해야 하겠다는 막연함으로 성급한 마음에 정보시스템 공급기업에게 의뢰하여 추진하였다.

둘째, 정보시스템을 도입하고자 하는 기업은 제조업이고 정보시스템을 제공하는 기업은 소프트웨어 기업이다 보니 서로 전혀 소통이 되지 못했다. 용어도 용어이지만, 제조기업의 업무성격을 이해하지 못한 소프트웨어 기업이 그저 본인들이 보유한 시스템을 해당 기업에서 수정해 달라고 요청하는 것만 하다 보니 해당 기업의 업무를 개선하는 시스템이 되지 못했다. 아쉽게도 그들은 이를 '커스터마이징'이라고 불렀다.

셋째, 정확한 진단과 세밀한 계획이 없다 보니 체계적인 추진이 되지 못했다. 기업의 정보시스템에 대한 투자는 중요한 전략적 의사결정 중 하나임에도 불구하고 해당 기업은 장밋빛 미래만 바라봤을 뿐 철저한 준비와 체계적인 계획을 세워서 추진하지 못했다.

넷째, 정부지원에 의존한 나머지 본질적인 혁신에 초점이 맞추어 추진되지 못했다. 정보시스템이 기업의 성과를 개선하는 도구임에도 불구하고 정보시스템을 구축하는 것이 목적이 되고 말았다.

필자는 해당 제조기업과 소프트웨어 개발회사가 모인 자리에서 진단 결과를 자세하게 설명했다. 중소기업의 한계점을 서로 인정하고 제조기업이 혁신하기 위한 노력을 위해 소프트웨어 개발기업이 적극적으로 지원해 주기를 바라면서….

이후 다행스럽게도 이 제조기업은 소프트웨어 개발기업과 여러 차례의 논의와 원만한 합의를 통해 잘못 설계되고 개발된 시스템을 리모델링 프로젝트를 통해 잘못된 부분을 기초부터 다시 설계하여 그 기업의 업무프로세스에 가장 적합하게 운영될 수 있는 방안을 제시하고 시스템에 반영하였으며, 그 기업의 구성원들도 개발된 시스템을 이해하려는 노력과 함께 지속적으로 개선함으로써 사용자 편의성 기반의 시스템이 되도록 노력하였다. 현재는 성공적으로 정보시스템을 구축하여 운영하고 있으며, 계속 실행하면서 더욱 고도화시켜 나가고 있다.

A사의 사례는 단순히 관리를 위해 필요로 하는 정보시스템의 사례이기는 하지만, 필자가 경험하기에는 많은 중소기업들의 실태가 A사의 사례처럼 디지털화, 스마트화에 대한 정확한 이해 없이 추진하고 있다. 그렇기 때문에 성공에 도달하기 어렵다고 생각된다. 필자가 공장혁신 컨설팅에서 스마트공장을 구축하는 사업으로 전환하게 된 계기가 바로 A사의 사례가 동기가 되었다.

우리나라 제조업이 생존할 수 있는 유일한 방안이 있다면 디지털 전환을 통한 초격차 경쟁력을 갖는 방법밖에는 없다. 제조기업은 이제 더 이상 디지털 전환을 미룰 수 없다. 세상은 디지털 세상이 되어가고 있고, 사람들은 디지털 기기로 일상을 살아가는 데 제조기업은 지난 30년간 변화가 없었다.

기업 운영에 있어서 디지털로 운영되는 것이 얼마나 되는가? 기업이 만들어 내는 제품은 디지털 제품인데 정작 제조기업은 업무를 수행하는 데 디지털 방식을 활용하여 운영하고 있지 못하다.

기업의 디지털 정도를 가장 쉽게 알 수 있는 방법으로 요즘 필자가 기업 대표자들을 만날 때마다 묻는 질문이 있다. 그 기업의 재고자산 inventory이 얼마나 되는지 디지털 기기로 바로 확인 가능한가 하는 것이다. 그러나, 안타깝게도 많은 기업들이 현재 그 기업의 재고자산을 정확히 알지 못한다. 기업을 운영하는 대표는 해당 기업의 디지털 전환 정도가 어느 정도인지 파악해 보라. 해당 기업의 디지털 전환 정도가 그 기업의 경쟁력의 척도가 될 것이라 확신한다. 업무프로세스의 디지털 전환뿐만 아니라 사업의 디지털 전환이 일어나야 기업은 영속성을 가진 기업이 될 수 있다.

필자는 지난 25년간 제조기업들의 혁신을 함께 해 왔고, 그중에 10년간은 제조기업의 디지털 전환과 스마트공장 구축을 위해 많은 프로젝트에 참여했다. 많은 프로젝트에 참여하면서 경험하고, 보고, 느끼고 한 많은 것들을 이 책에 담아서 중소기업들의 대표와 조직구성원들과 공유하고 싶었다. 중소기업은 어떤 일을 할 때 사전에 많은 조사와 학습을 통해 지식을 획득한 후 추진하는 경우가 드물다. 그만큼 매일매일을 생존을 위한 노력을 게을리할 수 없기 때문이다. 이 책이 이런 중소기업들의 현실을 좀 더 이해하고 공감하며 기업을 혁신시키는 데 조금이나마 도움이 되었으면 하는 바람이다.

이 책을 정리하면서 가장 힘들었던 것은 그동안 경험하고 생각한 많은 것들을 글로 표현하는 것이 그리 쉬운 일이 아님을 뼈저리게 느꼈다. 처음으로 공유하고 싶은 내용을 글로 정리하다 보니 글이 투박하고 정제되지 못함에 읽어주시는 독자 여러분에게 용서를 구한다. 또 나름대로 구성을 체계화하기 위해 애썼지만 부족함을 실토한다. 하지만, 쓰여진 글이 투박하고 정제되지는 못했지만 진솔함을 담았다.

스마트공장은 제조기업이 반드시 선택해야 할 혁신도구이다. 하지만, 경영혁신을 위한 도구임에도 불구하고 스마트공장 전문가라고 하는 이들은 대부분 IT 전문가이다. 그렇다 보니 시중에 나와있는 스마트공장 관련 책자들이 기술 측면, 공학 측면에서 쓰인 경우가 많다. 그래서, 이 책이 더 의미 있는 것이 아닐까 기대해 본다. 디지털 기술을 활용하여 기업의 운영시스템을 바꿀 수는 있다. 하지만, 그 기업이 보유하고 있는 경영철학을, 기업문화를, 조직구성원의 생각을, 핵심 기술을, 중요한 운영방식을, 현시대에 맞게 완전하게 바꿀 수는 없다.

결국, 그것을 바꾸는 것은 사람이 해야 할 몫이다.

우리나라 중소기업은 2020년 말 현재 국내 전체 기업의 99.9%728만 개를 차지하고, 전체 기업 종사자2,158만 명의 81.3%를 담당할 정도로 우리나라의 중소기업이 맡은 역할은 절대적이라고 할 수 있다. 중소기업은 우리나라의 없어서는 안 될 핵심자원이다. 중소기업이 강인하지 못한 나라는 지속 가능성이 없다. 글로벌 경쟁에서 낙오할 수밖에 없는 것이다. 우리나라의 중소기업이 경쟁력을 확보할 수 있는 마지막 선택지는 디지털 전환에 있다고 생각한다. 많은 중소기업 대표자와 조직구성원들을 응원하며 혁신을 향한 끝없는 여정을 행복한 마음으로 함께 하고자 한다.

이 책이 세상에 나오기까지 도와주신 많은 분들이 있다. 경험을 나눈 분, 깨달음을 얻게 해주신 분… 우리 NEXA 식구들과 스마트공장 연구포럼 회원들, 그리고 아무 말 없이 든든하게 도와준 가족들에게 고마움을 전한다.

스마트공장 연구포럼 소개

필자가 좌장으로 활동하고 있는 스마트공장 연구포럼은 2016년 대구에서 설립된 민간 중심의 스마트공장 연계협력 네트워킹 플랫폼으로, digital transformation에 중점을 두고 공급기업, 수요기업, 전문가, 관련기관 간의 정보 교환 및 네트워킹 활동을 통해 공동으로 사업을 추진해 상생 협력과 SW 융합을 이루는 활동을 전개해 왔다. 현재 서울, 경기, 경남, 부산까지 전국적으로 확대되어 단절되어 있던 각 기관들을 연결해 스마트공장에 대한 기술정보 및 사례 공유, 선진공장 방문 등 활발하게 활동하고 있다. 위드코로나19 시대로, 현재 불안한 외부 환경을 극복하고, 위기에 대응할 수 있는 새로운 형태의 스마트공장 고도화 솔루션 및 서비스가 필요하기 때문에, 포럼을 통해 도입기업, 공급기업, 전문가 간에 상생형 교류를 형성하고, 스마트공장 플랫폼을 활성화 시켜 새로운 형태의 고도화 솔루션 구성 및 공동 연구과제를 도출해 사업을 추진하여, 성공 케이스를 축적하는 것이 목표이다.

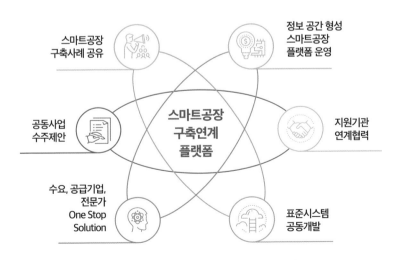

스마트공장 연구포럼 활동

1) 스마트공장 공동 사업 제안

2) Big Data/AI/RPA/자동화 /로봇 등 스마트공장 고도화 기술 사업기획 및 사업 추진

3) 제조기업들이 스마트공장 시스템을 실질적으로 현장에 적용시키고, 업무에 효율적으로 활용할 수 있도록, 각 기업에 맞는 표준 시스템 공동 개발 및 모델링 공장 형성

4) 성공 사례 공유를 목적으로, 세미나 및 선진 스마트공장 방문

5) digital transformation 및 스마트공장에 대한 세미나, 기술교류회, 사례발표회 행사 기획 및 추진을 통해 제조기업 계몽과 의식 개선하고, 최신정보 및 사례 데이터를 공유

6) 연구포럼 참여기업 간의 네트워크 강화를 위한 모임 운영협력간담회 개최

---

* 스마트공장 연구포럼에 참여하고 있는 기업은 다음과 같다.

수요기업 경진기계, 삼익THK, 상우하이텍, 부경정공

공급기업 넥사, 엠엔비전, 이노스벤, 티엔테크, KUKA, 3D오토메이션

지원기관 대구스마트제조혁신센터, 경북스마트제조혁센터, 계명대 산학협력단, 영남대 경북 빅 데이터 센터, 가람화첩, 렌더페이지, EDR, HD알파

▶ 보다 상세한 운영 내용은 www.nexasf.com을 참고하기 바랍니다.

미주

1   세계무역기구WTO : World Trade Organization

2   국제표준화기구ISO : International Organization for Standardization

3   최두환, "스마트팩토리로 경영하라", 허클베리북스, p18

4   패트리셔 E. 무디Patricia E. Moody : 최우수 생산 추구 협회가 발행하는 잡지 『타게트』 지의 편
     집인이자, 미국에서 잘 알려진 생산 및 제조분야의 컨설턴트이다. 생산팀, 카이젠활동, 신제품 개
     발, 공급사슬 등과 관련한 문제들을 혁신적으로 해결했고, 자신의 산업 경력 및 컨설팅 경험을 바
     탕으로 25년 이상 생산 관련 분야에 대한 작가로 활동해오고 있다. 그녀의 고객들 가운데는 솔렉
     트론, 모토로라, 존슨 앤 존슨 등이 있다.

5   리처드 E. 모얼리 : 플레버스 테크놀러지의 CEO이자 모디콘, 앤도버 콘트롤스 등 10여 개 회사
     의 공동 창업자이다. 그는 컴퓨터 디자인과 인공지능 분야에 관한 한 미국에서 가장 유명한 사람
     이며, 또한 카오스 이론을 생산현장에 적용하는 과제를 선구적으로 연구하고 있는 권위자이다.
     모얼리는 미국 및 국외에서 20개가 넘는 특허를 보유하고 있는데, 그중에는 이 책에서 자주 언급
     되는 공장제어 시스템의 핵심 도구인 프로그래머블 논리 제어기가 있으며, 이 기계의 최초의 모
     형은 현재 스미소니언 박물관에 전시되어 있다.

6   패트리셔 E. 무디, 리처드 E. 모얼리, "2020년 기업의 운명",사과나무, 2001. 10. 20, p27~40

7   인구데드크로스 : 출생아 수가 사망자 수보다 적어 인구가 자연 감소하는 현상이다. 저출산 고령
     화가 주원인이다.

8   BCG Hamderson Imstitude 2020 'BCG' Seminar

9   애자일 조직Agile Organization : 애자일은 민첩하고 날렵하다는 뜻을 지니고 있다. 소프트웨어
     개발 방법론 중에 최근에 각광받는 방법인데, 기존에 특정한 프로젝트를 수행 시 사전 목표 및 계
     획을 철저히 수립 후 프로젝트를 수행했다면, 목표만 있을 뿐 팀이 바로 실행하면서 발전시켜나
     가는 방법을 말한다. 최근 조직도 예측할 수 없는 외부 환경 때문에 이러한 팀 중심의 프로젝트
     활동이 많아졌다.

10   홍성국, "수축사회", 메디치, p29

11   팀 던럽, "노동 없는 미래", 비즈니스 맵, p17

12   심용운, '스마트생태계', 커뮤니케이션북스, 2015.1

13   정재윤, 나혁준, "스마트공장 경영과 기술−빅 데이터와 인공지능", 드림디자인, 2019.8.29

14   신규식, "스마트공장 경영과 기술", 드림디자인, p419

15   패트리셔 E. 무디, 리처드 E. 모얼리, "2020년 기업의 운명", 사과나무, p69

16 홍성국, "수축사회란 저성장 기조가 장기간 지속되면서 정치, 경제, 환경을 비롯한 사회 모든 영역의 기초 골격이 바뀌고 인간의 행동규범, 사고방식까지 영향을 미치는 현상", 메디치미디어 발행, 2018년 12월 10일

17 양적완화quantitative easing(QE) : 중앙은행 또는 이에 준하는 통화 발권 기관이 화폐를 발행한 후 그 화폐로 국채나 민간이 가지고 있는 일정 신용등급 이상의 채권을 매입하여 통화량을 늘리는 적극적인 통화정책이다. 중앙은행의 발권력을 이용하여 중앙은행 대차대조표의 규모를 대폭 늘려나간다는 특징이 있다. 한편, 양적완화로 유동성이 충분히 공급되어 경기가 회복되어갈 경우, 중앙은행은 양적완화 규모를 서서히 축소시킨다. 이러한 정책을 테이퍼링tapering이라고 한다.

18 홍성국, "수축사회", 메디치, 2018.12.10, p7

19 2006년부터 2013년까지 한시적으로 운영된 독일 연방정부 자문위원회

20 배경한 외, "스마트공장 경영과 기술", 2019. 8. 28, p208

21 스마트공장은 인간, 기계, 자원이 사회망을 통해 서로 자연스럽게 대화를 나누게 하며, 스마트제품을 생산한다. 스마트제품은 단일 식별자를 매개로 하여 생산 시기와 생산공정, 납품정보 등의 상세한 정보를 지니고 있다. 스마트제품, 스마트그리드, 스마트 물류, 스마트모빌리티 등의 연결은 스마트공장이 미래의 스마트 인프라스트럭처의 핵심이 되도록 할 것이다. 그리고 이는 전통적 가치사슬의 변환을 주도하고 새로운 비즈니스 모형을 일으킬 것이다. 스마트공장은 수직적 통합과 수평적 연결을 통해 초연결을 지향한다.

22 클라우스 슈밥, "제4차 산업혁명", 새로운 현재, 2016. 4. 27, p26

23 박한구 외, "4차 산업혁명, 새로운 제조업의 시대", 호이테북스, 2017. 7. 5, p24

24 다보스포럼WEF : World Economic Forum : 1971년 클라우스 슈밥이 창립한 세계경제포럼은 스위스 제네바에 본부를 둔 민관협력을 위한 국제기구이다. 세계경제포럼은 전 세계에 걸쳐 비즈니스, 정부, 시민사회까지 다양한 이해그룹의 리더들이 세계의 상황을 개선시키기 위해 함께 공동의 의무를 다할 수 있도록 포괄적이고 통합적인 플랫폼 역할을 한다.

25 클라우스 슈밥 "제4차 산업혁명", 메가스터디북스, 2016. 4. 20

26 나형배, 안예환, 황인극, "스마트공장개론", 청람, p8

27   박진우, "스마트공장 추진전략 및 진단/인증모델 세미나 2015"

28 산업통상자원부, 민관합동 스마트공장 추진단, 2017 스마트공장 지원사업, Guidebook

29 스마트 제조혁신추진단, "스마트공장 사업소개", 2015.12

30 나형배 외, "스마트공장 개론", 청람, p50

31 이동훈, "경영정보시스템", 한빛아카데미, 2017.8.8, p70

32 KAMPKorea AI Mamufactory Platform : 인공지능 중소벤처 플랫폼http://www.kamp-ai.kr

33 스마트공장 경영과 기술, 드림디자인, p228

34 정태용, "경영컨설팅 요인이 기업의 혁신활동과 경영성과에 미치는 영향에 관한 연구", 박사학위 논문, 2014. 8. p151

35 KS X 9001-1,2,3 : 2016, http://standard.go.kr

36 이정철, "중소기업 스마트공장 도입을 위한 진단과 추진전략수립", 2018. 10. 24, 세미나 자료 참조

37 BSC균형성과관리 : Balanced Score Card : Robert Kaplan과 David Norton에 의해 개발된 조직의 비전과 전략목표 실현을 위해 4가지재무, 고객, 프로세스, 학습과 성장 관점의 성과지표를 도출하여 성과를 관리하는 시스템으로써 단기적 성격의 재무적 목표와 장기적 목표가치들 간의 조화를 추구함.

38 Robert Kaplan & David Norton, "Strategy maps", 21세기 북스, p95

39 이태호, "미래비전과 중장기 경영전략", 어드북스, p14

40 마이클 유진 포터Michael Eugene Porter, 1947년 5월 23일~ : 경영학과 경제학을 주로 연구하는 미국의 학자이며, 모니터 그룹The Monitor Group의 설립자이기도 하다. 현재 하버드 비즈니스 스쿨의 비숍 윌리엄 로렌스 대학교 교수로 재직 중이다. 기업경영전략과 국가 경쟁력 연구의 최고 권위자인 마이클 포터의 연구는 전 세계 유수의 정부 기관과 기업, 비영리단체, 그리고 학계에서 널리 인용되고 있다. 또한 하버드 비즈니스 스쿨에서 거대 기업의 신규 CEO를 위한 프로그램을 담당하고 있다.

41 NEXA 진단보고서 2021. 11

42 PQCD : 생산성Productivity, 품질Quality, 원가Cost, 납기Delivery

43 특별특성 : 특별한안전, 보건, 품질 제조관리를 필요로 하는 구성품 자재, 조립운영에 적용되는 엔지니어링 지정 사양 또는 제품 요구사항을 말한다.

44 공정 FMEA : 잠재적 고장형태와 관련된 심각도, 발생도, 검출도 항목을 정량적으로 분석하여 위험우선순위도RPN를 결정하고 조치를 취하는 문서화된 체계적인 접근 기법임.

45 제조공정도 : 제조과정을 도식화하여 표현한 문서

46 관리계획서 : 제품의 제조를 관리하는 데 요구되는 시스템 및 프로세스의 서면 기술

47 작업표준 : 단위작업에 대하여 개개의 표준을 의미하며 이것은 가장 경제적인 방법이며, 현재로써는 가장 좋은 방법이다.

48 표준작업 : 작업표준을 모아서 작업자별, 공정별로 생산의 필요한 작업을 표준화 한 것을 말한다.

49 부적합사항 : 요구사항고객, 법적, 임의을 충족하지 않는 것

50 시정 및 예방조치 : 발견된 부적합을 제거하기 위한 행위/잠재적인 부적합 또는 기타 바람직하지 않은 잠재적 상황의 원인을 제거하기 위한 조치

51 PDAPersonal Digital Assistants : 개인용 전자 컴퓨터 개인정보를 관리하거나 컴퓨터와 정보를 주고받을 수 있는 휴대용 컴퓨터의 일종이다. 손으로 정보를 직접 써서 입력받을 수 있고, 무선 인터넷도 가능하다. 개인용 PDA와 산업용 PDA가 있다. 응용소프트웨어를 활용한 정보 입력, 출력, 바코드 스캐너 기능도 결합하여 활용 가능하다.

52 LAN card : network interface card로서, 데이터 송수신을 제어하는 핵심장비를 말한다.

53 gateway : 2개의 서로 다른 네트워크를 연결할 때 사용하는 장비로서 전송속도 차이의 변환, 프로토콜 변환, 주소 변환기능이 있다.

54 router : 네트워크 사이에서 인텔리전크 링크를 제공하는 여러 개의 작은 네트워크를 서로 연결하여 하나의 네트워크처럼 운영한다. 데이터를 전송할 때 데이터가 최적의 경로를 따라서 목적=지에 도달할 수 있도록 해 주는 라우팅 기능이 있다.

55 HUB : 포트로 수신된 데이터를 연결된 모든 포트로 다시 데이터를 전달하는 장치

56 bridge : 서로 같은 프로토콜을 쓰고 있는 다른 네트워크와 연결시켜 주는 장비

57 switch : bridge를 원조로 하여 그 특성을 더욱 개발하여 포트별로 collision domain을 나누는 장비

58 현성철, 스마트공장 연구포럼, 2022. 4. 26. 기술세미나 자료

59 랜섬웨어Ransom ware : 랜섬웨어란 몸값Ransom과 소프트웨어Software의 합성어이다. 시스템을 잠그거나 데이터를 암호화해 사용할 수 없도록 하고 이를 인질로 금전을 요구하는 악성 프로그램을 일컫는다.

60 OEMOriginal Equipment Manufacture : 주문자위탁생산
한 기업에서 제품을 기획하고 설계, 개발하지만 직접적으로 생산하지 않고 협력업체에 위탁하여 대량생산하는 방식

61 이동훈, "경영정보시스템", 한빛 아카데미, p383

62 "스마트공장 경영과 기술", 드림디자인, p230

63 홍승표, "디지털 경영과 ERP", 대경, p206

64 이동훈, "경영정보시스템", 한빛아카데미, 2017. 8. 20, p264

65 BPRBusiness Process Re-engineering : 마이클 해머와 제임스 챔피가 1993년에 소개한 기업의 활동과 업무흐름을 분석하고 이를 최적화하는 것으로 반복적이고 불필요한 과정들을 제거하기 위해 업무상의 여러 단계를 통합하고 단순화하여 재설계하는 경영혁신기법

66 동시공학Concurrent Engineering : 순차적인 단계로 진행되던 과거의 제품 개발과는 달리, 전체 프로세스를 담당하는 모든 부서가 통합된 시스템 아래 동시 진행과 상호교류로 제품 개발의 성공 가능성을 높이고, 개발기간과 비용을 줄이는 방법. 또 설계 프로세스에서 작성된 부품의 형상 데이터를 제조에 이용하는 등 데이터를 재입력하지 않고 될 수 있는 대로 재이용함으로써 제품 개발기간을 단축할 수 있다. 동시 공학의 목적은 개발과 테스트까지의 전 과정을 동시에 반복 진행하여 완벽한 신제품을 최대한 빨리 시장에 내놓음으로써 높은 수익률을 확보하는 것이다. IT 용어사전, 한국정보통신기술협회

67 정동곤, "스마트팩토리", 한울, p164

68 이동훈, "경영정보시스템", 2017. 8. 20, 한빛아카데미, p266

69 정동곤, "스마트팩토리", 한울, p191

70 IPInternet Protocol : 인터넷상에서 어떤 특정한 컴퓨터가 지니는 고유번호

71 Kevin Ashton, "Making Sense of IOT", 1999

72 심용운, "스마트생태계", 커뮤니케이션 북스, 2015.11

73 민경식, "Internet Of Things, NET Team", 한국인터넷진흥원, 2012.6

74 김보현, "스마트공장 경영과 기술, 클라우드 컴퓨팅", 드림디자인, 2019. 8. 28, p534

75 로직logic : 프로그램의 입출력 과정에 있어서의 논리적인 흐름.

76 알고리즘algorithm : 어떠한 문제를 풀어내기 위해 정해진 일련의 절차나 방법을 공식화한 형태로 표현한 것, 계산을 실행하기 위한 단계적 절차를 의미한다. 즉, 문제풀이에 필요한 계산절차 또는 처리과정의 순서를 뜻한다.

77 버나드 마, "다가온 미래", 다산사이언스, 2020.11.13, p70

78 기가바이트Gigabyte=1,000 Megabyte,
    데라바이트Terabyte=1,000 Gigabyte,
    페타바이트Petabyte=1,000 Terabyte,
    엑사바이트Exabyte=1,000 Petabyte,
    제타바이트Zetabyte=1,000 Exabyte.

79 제리 카플란, "인간은 필요 없다." 2016.1.29, 한스미디어

80 구조적 실업structural unemployment : 경제와 산업이 정보화, 지능화, 첨단화됨에 따라 근로자가 새로운 기술에 대한 이해, 숙련 정도, 연령 등에 따라 이질적이기 때문에 노동의 초과공급이 존재하는 산업으로부터 노동에 대한 초과수요가 존재하는 부문으로 이동할 수 없는 현상을 말한다.

81 박용운, "스마트공장 경영과 기술", 드림디자인, p359

82 리쇼어링reshoring : 제조업의 본국 회귀를 의미한다. 인건비 등 각종 비용절감을 이유로 해외에 나간 자국 기업이 다시 국내에 돌아오는 현상을 말하다. 장기화되는 경기침체와 급증하는 실업난을 해결하기 위함이다. 자국 기업이 해외로 이전하는 오프쇼어링off-shoring의 반대개념이다.

83 러시아, 우크라이나 침공2022 : 러시아가 2022년 2월 24일 우크라이나 수도 키이우를 미사일로 공습하고 지상군을 투입하는 등 전면 침공을 감행한 사태를 말한다. 러시아의 우크라이나 침공은 블라디미르 푸틴 러시아 대통령이 이날 우크라이나 내에서 특별 군사작전을 수행할 것이라는 긴급 연설과 함께 단행됐다. 이로써 2021년 10월 러시아가 우크라이나 국경에 대규모 병력을 집중시키면서 고조됐던 양국의 위기는 결국 전면전으로 이어지게 됐다. [네이버 지식백과]

84 스마트 제조혁신추진단, "2021년 스마트공장 도입성과", 2022.6

85 좀비기업Zombie company : 회생할 가능성이 없음에도 정부 또는 채권단의 지원을 받아 간신히 파산을 면하고 있는 기업을 가리킨다. [Naver 사전]

제조기업 **생존 키워드!**

스마트
팩토리

중소기업의 성공적인 스마트팩토리의
구축, 실행, 개선을 위한 안내서

초판 1쇄 발행 2022. 11. 10.

지은이 정태용
펴낸이 김병호
펴낸곳 주식회사 바른북스

편집진행 김재영
디자인 최유리

등록 2019년 4월 3일 제2019-000040호
주소 서울시 성동구 연무장5길 9-16, 301호 (성수동2가, 블루스톤타워)
대표전화 070-7857-9719 | **경영지원** 02-3409-9719 | **팩스** 070-7610-9820

•바른북스는 여러분의 다양한 아이디어와 원고 투고를 설레는 마음으로 기다리고 있습니다.

이메일 barunbooks21@naver.com | **원고투고** barunbooks21@naver.com
홈페이지 www.barunbooks.com | **공식 블로그** blog.naver.com/barunbooks7
공식 포스트 post.naver.com/barunbooks7 | **페이스북** facebook.com/barunbooks7

ⓒ 정태용, 2022
ISBN 979-11-6545-927-7 93320